Das Buch

Vieles, was unser Leben heute bestimmt, hat seine Wurzeln im Mittelalter. Hier liegen die Anfänge des modernen Denkens, hier entstehen die Vorstufen heutiger Wissenschaft und Technik sowie die Grundzüge unseres Geldwesens und unseres Rechtssystems. Im Zeitalter der Ritter und Burgen, der Kreuzfahrer und Kathedralen beginnt das moderne Europa.
Peter Arens wirft in seinem Buch einen neuen Blick auf diese lange, turbulente und vielseitige Epoche und beschreibt vor allem ihre kulturellen, gesellschaftlichen und wirtschaftlichen Errungenschaften. Dabei wird der Leser in die zentralen Lebenswelten des Mittelalters eingeführt.
»Spannend und leidenschaftlich geschrieben« *Gong*

Der Autor

Peter Arens, geboren 1961, studierte Germanistik, Romanistik und Politikwissenschaft in Mainz und Toulouse. Als Leiter der Redaktion »Geschichte und Gesellschaft« beim ZDF ist er seit vielen Jahren verantwortlich für zahlreiche große Dokumentationsreihen. Sein Fernsehfilm »Von Geishas und Gameboys – Japan im Umbruch« erhielt 1994 den Deutschen Kamerapreis und den Deutschen Wirtschaftsfilmpreis. Sein Buch *Sturm über Europa. Die Völkerwanderung* (Ullstein 2002) war ein Bestseller.

Peter Arens

Wege aus der Finsternis

Europa im Mittelalter

Ullstein

Diesem Buch liegt die Fernsehserie des ZDF »Wege aus der Finsternis. Europa im Mittelalter« zugrunde. Der Autor dankt herzlichst all denen, die ihm bereitwillig ihre Forschungsmaterialien zur Verfügung gestellt und ihm mit ihrem Rat zur Seite gestanden haben, insbesondere Prof. Dr. Gerd Althoff, Münster, für fachliche Beratung und Dr. Carl Dietmar für die Mitarbeit.

Umwelthinweis:
Dieses Buch wurde auf chlor- und säurefreiem Papier gedruckt.

Ungekürzte Ausgabe im Ullstein Taschenbuch
1. Auflage Oktober 2005

Umschlaggestaltung: Büro Hamburg
Titelabbildung:© Achim Bednorz, Kölnst
Satz: LVD GmbH, Berlin
Druck und Bindearbeiten: Ebner & Spiegel, Ulm
Printed in Germany
ISBN-13: 978-3-548-36766-8
ISBN-10: 3-548-36766-6

Für Barbara, Franka und Ella

Inhalt

Einführung
Das Hochmittelalter – Die Entdeckung einer versunkenen Zeit

Das ist ja finsterstes Mittelalter! Dieses abschätzige Urteil fällen wir, wenn wir etwas als altmodisch oder gar barbarisch empfinden. Das angeblich finstere Mittelalter – die *dark ages,* wie es im Angelsächsischen heißt – hat seinen schlechten Ruf zu Unrecht. Dunkel war das Mittelalter nämlich nur im wörtlichen Sinn, weil es außer dem kostbaren Bienenwachs keine wirklich effektiven Beleuchtungsmittel gab. Die Öllieferungen (Oliven- oder Walnussöl) aus dem spätantiken Südeuropa waren längst versiegt, und die Talglampen, mit tierischem Fett betrieben, taugten als Lichtquelle nicht viel. Ansonsten hat diese geheimnisvolle Epoche viele glanzvolle Seiten, die es zu entdecken gilt.

Der Begriff des Mittelalters wurde um 1500 geprägt, als die Menschen zu der Überzeugung gelangten, eine Epoche sei zu Ende gegangen und eine neue sei angebrochen. Im Allgemeinen werden die erste Gutenberg-Bibel (1454), die Entdeckung Amerikas (1492) und der Beginn der Reformation (1517) mit der Neuzeit in Verbindung gebracht. Die Erinnerung der Zeitgenossen war von den Krisen des Spätmittelalters, von den Hungersnöten, der Pest, der ein Drittel der europäischen Bevölkerung zum Opfer fiel, oder vom Hundertjährigen Krieg zwischen Frankreich und England geprägt, der bis 1453 gewütet hatte. Das Mittelalter ist eine Erfindung des Humanismus und der Renaissance, die an die bewunderte Antike anknüpfen wollten und die Zeit dazwischen, das *Mittel*alter, als kulturlos und blutrünstig empfanden. Damit fiel eine gesamte Epoche der Vergessenheit anheim.

Wer das Mittelalter mit Aberglauben und Rückständigkeit, mit Tod und Teufel, Pesthauch und Inquisition gleichsetzt, verkennt eine Epoche, die siebenhundert Jahre währte, von der Kaiserkrönung Karls des Großen im Jahr 800 bis etwa 1500. Dabei liegt im Herzen dieser langen Epoche ein Zeitabschnitt, der die Entwicklung unseres heutigen Europas maßgeblich beeinflusst hat. Das Hochmittelalter, die Zeit zwischen 1050 und 1250, steht augenblicklich im Mittelpunkt der Geschichtsforschung. Eine vergessene Zeit ist wieder zu Ehren gekommen, denn in ihr wurden die Grundlagen für das gelegt, was heute noch aktuell ist.

Nach dem Tod Karls des Großen und dem Zerfall des Karolingerreichs hatte sich in den Nachfolgereichen keine friedvolle, zivilisierte Gesellschaft entwickelt. Feudale Gewalt und Thronstreitigkeiten waren an der Tagesordnung, unter dem Fehdewesen hatte vor allem die waffenlose Landbevölkerung zu leiden. Invasoren aus Skandinavien und dem Osten machten Westeuropa schwer zu schaffen, Städte und Kulturlandschaften verrotteten. Das spätkarolingische Europa versank in der Dunkelheit. Dann aber, um die Jahrtausendwende, begann für die Völker des abendländischen Europa die Zeit eines »allmählichen Aufstiegs aus der Barbarei«, wie der französische Historiker Georges Duby schreibt. Bischof Thietmar von Merseburg notierte in seiner Chronik: »Kaum war das tausendste Jahr nach der Geburt des Erlösers Jesu Christ durch die sündenlose Jungfrau gekommen, erstrahlte die Welt in hellem Morgenglanz.« Was war geschehen?

Ab dem 11. Jahrhundert begann Europa sich von Grund auf zu verändern. Ausgehend von einer gesteigerten Getreideproduktion, die mit neuen Agrartechniken (Erfindung des Pferdegeschirrs, des eisernen Pflugs, der Wind- und Wassermühlen) sowie einem über lange Zeit günstigen Klima zusammenhing, kam es zu einem beträchtlichen ländlichen Wachstum und einer materiellen Besserstellung. Zwischen 1050 und 1250 nahm die Bevölkerung extrem zu, sie verdoppelte sich. In allen Bereichen der menschlichen Existenz kam es zu Umwälzungen. War um die Jahrtausendwende Europa noch größtenteils von

Wald bedeckt, wurden nun überall Bäume gefällt, Baumstümpfe ausgegraben, Entwässerungsgräben angelegt. Land wurde urbar gemacht, ländliche Regionen wurden besiedelt, aus Natur- wurden Kulturlandschaften. Hunderttausende machten sich in Spanien, Frankreich, England, Flandern und im Deutschen Reich auf Wanderschaft, um sich in der Ferne eine neue Existenz aufzubauen. Wer in die Städte ging, wurde ein freier Bürger: »Stadtluft macht frei«, hieß es, denn an den Stadtmauern endete die Herrschaft der Lehns- und Grundherren. Unzählige Städte wurden gegründet, in denen Patrizier und Zünfte den Ton angaben; dort entwickelte sich die Bürgergesellschaft der Zukunft, florierten der Handel und die Geldwirtschaft. Die Nachfrage nach Lebensmitteln, Rohstoffen und Luxuswaren stieg. Die internationalen Kaufleute Venedigs und Genuas sowie der Hanse bereisten ganz Europa, nie zuvor waren Güter über so große Entfernungen gehandelt worden. In Oberitalien kamen die ersten Banken, Schecks und Girokonten auf – die im heutigen Handels- und Bankwesen gebräuchlichen Termini und Abwicklungstechniken stammen von den lombardischen Bankiers. Paris wurde zur Weltstadt. Aus den französischen Domschulen entwickelten sich um 1200 die ersten Universitäten. Wissbegierige junge Menschen aus ganz Europa fuhren nach Frankreich, um in Theologie ihren Magister zu machen oder um den Bau jener atemberaubenden Kirchen zu studieren, die wie aus dem Nichts entstanden waren: die Kathedralen der Gotik, wahre »Glaspaläste des Himmels«.

Historiker sprechen heute sogar von den vielfachen Revolutionen des Mittelalters: von der Agrar- und Stadtrevolution, der Geld- und Handelsrevolution. Auch eine Revolution der Gefühle fand statt: Männer sangen Frauen von ihrer Liebe! In Südfrankreich propagierten die Troubadoure die Minnelyrik, die Liebe wurde zu einem wichtigen Thema. Feine Sitten eroberten die Fürstenhöfe, man gab sich jetzt höfisch und ritterlich. Ausgerechnet die mit Helm und Panzer ausgestatteten

Ritter versinnbildlichten mit ihren Tugenden wie Mut, Ehre und Höflichkeit ein neues Gesellschaftsideal und eine bessere Welt.

All diese Umwälzungen fanden auf der Grundlage der christlichen Religion statt, der größten denkbaren Orientierung der Gemeinschaft, denn im Hochmittelalter fühlten sich die Menschen vor allem durch die Kirche und den Glauben miteinander verbunden. Die von der katholischen Kirche ausgehende Christianisierung des Abendlandes schuf überhaupt erst den Kulturraum Europa.

Seitdem hat es nie wieder ein solches Aufblühen elementar neuer Lebensformen gegeben wie jene, die sich um 1200 im Umkreis von Kathedralen und Universitäten, Königshöfen und Handelsstädten herausbildeten. Die meisten Europäer, so George Holmes, leben heute in Städten und Dörfern, die schon zu Lebzeiten des heiligen Thomas von Aquin bestanden, und viele im Schatten von Kirchen, die bereits im 13. Jahrhundert erbaut wurden. Der moderne Nationalstaat mit seinem geschlossenen Territorium und seiner zentralen Verwaltung ist aus Monarchien hervorgegangen, wie sie Philipp II. August von Frankreich und Johann Ohneland von England geschaffen haben. Demokratische Regierungsformen erlebten ihre Geburtsstunde in den Vertretungssystemen der mittelalterlichen Stadtparlamente. Alle modernen Institutionen, die mit Autonomierechten versehenen Städte und Universitäten sowie die internationalen Ordensgemeinschaften der katholischen Kirche, sind in diesem Zeitraum entstanden.

Der bildhaften Aussage des Historikers Henri Pirenne zufolge kam im Hochmittelalter die »Achsendrehung nach Norden« zu ihrem Abschluss, das heißt, das Gravitationszentrum der Zivilisation verschob sich vom Süden, von den Stätten der Antike, zu den Völkern nordwestlich der Alpen. Hatten die Zentren um 400 noch Rom und Konstantinopel geheißen, später Bagdad oder Córdoba, war spätestens um 1300 Nordwesteuropa die Heimat einer der am höchsten entwickelten

Zivilisationen. In Norditalien bauten neuartige Handels- und Finanzunternehmen ein internationales Fernhandelssystem mit Kredit- und Versicherungswesen auf. Im französischen Kronland der Île-de-France setzten eine hoch entwickelte geistige Kultur und eine effektive politische Zentralmacht gemeinsam neue Maßstäbe, denen ganz Europa nacheiferte. In den wohlhabenden Kaufmannsstädten Flanderns wurden auf Zehntausenden von Webstühlen Textilien hergestellt, die bis nach Russland exportiert wurden. Es entwickelte sich eine gewerbliche Güterproduktion auf nie zuvor erreichtem Niveau – die stärkste Wachstumsperiode, die Europa vor der Industriellen Revolution des 19. Jahrhunderts erlebt hat. Vitalität und Kreativität der europäischen Gesellschaft drückten sich auch in der Mobilität der Menschen aus. Alle waren auf Reisen: Pilger, Mönche, Händler, Gelehrte, Diplomaten, Steinmetze, Siedler, Kreuzritter. Ein dichtes Netz von Pilgerwegen, zu dem es spezielle »Reiseführer« gab, führte nach Canterbury, Santiago de Compostela oder Rom.

An den Universitäten vermittelten die Professoren der Scholastik ein neues Weltverständnis. Sie dozierten nicht mehr nur über Gott und die heiligen Schriften, sondern sympathisierten mit Prinzipien der Logik und der beweisenden Vernunft. Laut Johannes Fried sind die ersten Ansätze eines naturwissenschaftlich-kritischen Denkens zu erkennen, die dem Klischee des unmündigen, wissenschaftlich verwirrten Mittelalters zuwiderlaufen: Die westliche Wissensgesellschaft beginnt sich zu formieren. Als der mongolische Gesandte Rabban Sauma im Jahr 1287/88 neben Konstantinopel auch westliche Metropolen wie Rom und Paris aufsuchte, war er weniger beeindruckt von den architektonischen Sehenswürdigkeiten als von der Pariser Universität. 30000 Studenten will er gezählt haben: »Sie erwarben Wissen, nämlich in Philosophie, Rhetorik, der Heilkunst, Geometrie, Arithmetik, in der Wissenschaft der Planeten und Fixsterne; sie waren ständig mit Schreiben beschäftigt und erhielten alle Stipendien vom König zum Lebensunterhalt.« All diese Disziplinen sollten zu den wissenschaftlichen Revolutionen des Abendlandes führen, Europa begann dem Orient und der arabischen Welt den Rang abzulaufen.

Mit der partiellen Säkularisierung legten die Menschen ein neues Selbstbewusstsein an den Tag, das nach politischer Gestaltung drängte. Neue Werte wie Freiheit, Souveränität und Demokratie gewannen an Bedeutung. Die Menschen begannen, sich selbst zu entdecken; Individualität, Grund- und Menschenrechte nahmen allmählich Konturen an. Auch wenn die geistigen Traditionen der beteiligten Völker – der Iren, Angelsachsen, Gallier, Skandinavier oder der Völker jenseits von Rhein, Elbe und Oder – unterschiedlich waren, »alles mündete in eine Vereinheitlichung des Denkens, wie es die Antike nie erreicht hatte« (Johannes Fried).

Die Faszination des Mittelalters beruht auf zwei unterschiedlichen Elementen, auf Fremdheit und Vertrautheit. Zum einen zieht uns sein fantastisch anmutendes Gepräge in den Bann: die ritterliche Welt mit Burgen aus Stein und Rüstungen aus Eisen, die schreckliche Angst der Menschen vor Höllenfeuer und ewiger Verdammnis oder der asketische Eifer der Mönche hinter dicken Klostermauern. Zum andern fasziniert uns die mittelalterliche Urbanität mit ihren Städten, Banken und Kathedralen, die vor achthundert Jahren ihren bis heute unaufhaltsamen Siegeszug angetreten hat. Es entstand eine Gesellschaft, deren Mentalität durch Gier und Neugier, Beharrungsvermögen und Erfindergeist geprägt wurde – eine Gesellschaft, die in kultureller, politischer, militärischer und wirtschaftlicher Hinsicht überaus erfolgreich war. Das vorliegende Buch beschreibt diesen vielgestaltigen Prozess und zeigt diese Wege aus der Finsternis auf. Der Mensch des Mittelalters wurde von »ruheloser Energie beseelt, die äußere Welt zu erforschen und ihre Bestimmung, aber auch sich selbst«, schrieb Jacob Burckhardt. Das prägt auch den Menschen unserer Zeit. Um das heutige Europa zu begreifen, muss man das Mittelalter verstehen, in dem der Aufbruch zur Moderne begann.

KIRCHE, KLÖSTER, KETZERTUM

Die Christianisierung Europas

Das Christentum fand im Römischen Reich günstige Bedingungen für seine Ausbreitung: Die religiöse Toleranz des römischen Staates wurde auch den Christen gegenüber aufrechterhalten. Bis zur Mitte des 3. Jahrhunderts gab es in der Tat keine allgemeine Christenverfolgung, sondern nur lokale Ausbrüche des Hasses gegen die Christen. Erst als mit der Reichskrise des 3. Jahrhunderts die Kaiser Opfer für die Götter von jedem Reichsangehörigen forderten, wurden die Christen, die die Opfer ablehnten, bestraft. Die durch Konstantin den Großen (um 285–337) und von Theodosius I. (347–395) zu einem gewissen Abschluss gebrachte Ersetzung der römischen Staatsreligion durch das Christentum und die sich daraus ergebende Durchdringung der kirchlichen, staatlichen und sozialen Sphären sicherten der durch Lehrstreitigkeiten und Sonderentwicklungen gefährdeten Kirche nicht nur ihre Einheit, sondern schafften auch die Voraussetzung für eine den Verfall des Imperiums überdauernde Kontinuität des römischen Erbes.

1386 ließ sich Jagiello (um 1351–1434), der Großfürst von Litauen, als letzter europäischer Herrscher taufen und bestieg nach seinem Übertritt zum Christentum und seiner Heirat mit der polnischen Königin Hedwig den polnischen Thron. Es hatte also rund tausend Jahre gedauert, bis sich das Christentum in dem Bereich, den wir heute als Europa verstehen, vollständig durchgesetzt hatte. Von der portugiesischen Atlantikküste bis zum baltischen Ostseestrand, von Irland bis zur Weichsel in Ostpolen, von Island bis nach Sizilien wurde fortan ein einziger Kult praktiziert, dasselbe Glaubensbekenntnis gesprochen und dieselbe Liturgiesprache, das Lateinische, benutzt. Letztlich hat erst die Christianisierung zur Konstituierung des Kulturraums Europa geführt, die christliche, die »katholische« Religion und die aus ihr hervorgehende westliche Weltanschauung sind der wichtigste Faktor für die Entstehung des vormodernen

Europa, auch wenn römische und germanische Einflüsse mit bestimmend waren.

Ein Gesetz und ein Glaube

In seinem *Isländerbuch* berichtet der Chronist Ari Thorgilsson über das Thing des Jahres 1000, die germanische Volks-, Gerichts- und Heeresversammlung, die über Annahme oder Ablehnung des Christentums in Island entscheiden sollte. Nachdem sie die streitenden Parteien, Christen wie Heiden, nicht einigen konnte, beauftragte die Versammlung, wie immer bei Streitfällen, den Gesetzessprecher, den einzigen Amtsträger in Island, mit der Entscheidung. Nun fällte der Gesetzessprecher Thorgeir von Ljosvath, selbst noch Heide, einen Schiedsspruch für die allgemeine Annahme des Christentums:

> Er legte sich hin und breitete seinen Mantel über sich und lag da den ganzen Tag und die folgende Nacht und sprach kein Wort. Aber am nächsten Morgen richtete er sich auf und ließ ansagen, die Leute sollten zum Gesetzesfelsen gehen. Dort hob er seine Rede an und sagte, es bedünke ihn, dass ihre Verhältnisse in eine unhaltbare Lage geraten seien, wenn nicht alle ein und dasselbe Gesetz hier im Lande haben sollten. Er stellte den Männern in mannigfacher Weise vor, dass man es nicht dahin kommen lassen dürfe, und sagte, das würde zu einer solchen Zwietracht führen, dass gewiss zu erwarten sei, dass Mord und Totschlag unter den Landsleuten entstehen würde, wodurch das Land veröden würde. Und er sagte: *Es wird sich bewahrheiten, dass, wenn wir den Gesetzesverband zerreißen, wir auch den Frieden zerreißen.* Und so verkündete er seinen Schiedsspruch: *Alle Menschen sollten christlich und die noch ungetauften getauft werden.* Alle Isländer sollten ein Gesetz und einen Glauben haben.

Um den Frieden in der Gesellschaft zu bewahren, wurde hier ein Kompromiss gefunden, der zur Übernahme des Christentums führte – ein einmaliger Vorgang in der Geschichte der Christianisierung Europas, der auch darum bemerkenswert war, weil der Übertritt zum Christentum in Island ohne Blutvergießen ablief.

Zu diesem Zeitpunkt gab es noch einige Gegenden Europas, in denen Stämme und Völker den alten polytheistischen Religionen anhingen. Beim Untergang des Weströmischen Reichs im Jahr 476 war die religionsgeografische Teilung Europas noch eindeutig gewesen: Nur in den Grenzen des Reichs hatte das Christentum bis dahin Fuß gefasst. Durch die von Bischof Remigius von Reims nach Siegen der Merowinger über Westgoten und Alemannen vorgenommene Taufe des Frankenkönigs Chlodwig 498/499 wurde die Christianisierung der nach Gallien eindringenden Germanen entscheidend gefördert. Sie markiert den Beginn der Erfolgsgeschichte der Christianisierung der diesseits und jenseits der alten Reichsgrenzen heimisch gewordenen Germanenstämme.

Die Taufe in Reims

Es war keine einfache Situation für den König. Seine Krieger verehrten noch die alten Götter, seine galloromanischen Untertanen waren katholisch, und seine Schwester, die den Ostgotenkönig Theoderich geheiratet hatte, war zum Arianismus übergetreten, wonach Christus mit Gott nicht wesensgleich, sondern nur wesensähnlich sei. Diese Lehre hatte das von Kaiser Konstantin 325 einberufene erste ökumenische Konzil von Nizäa als Irrlehre verdammt. Chlodwigs Frau Chrodechildis, eine Katholikin, drängte den König, sich katholisch taufen zu lassen. Chlodwig, der aus dem Haus der Merowinger stammende König der salischen Franken, handelte pragmatisch: In der Schlacht von Zülpich, 496/97 gegen die Alemannen ausgefochten, gerieten die Franken in große Bedrängnis. Chlodwig habe zunächst die alten Götter angerufen, berichtet Gregor von Tours in seiner *Frankengeschichte,* und erst als diese ihn im

Stich gelassen hätten, wandte er sich Christus zu und errang mit dessen Hilfe den Sieg. Ein Jahr später ließ er sich in Reims taufen.

> Zuerst verlangte der König vom Bischof, getauft zu werden. Er ging, ein neuer Konstantin, zum Taufbade, sich rein zu waschen vom alten Aussatz. Als er aber zur Taufe schritt, redete ihn der Bischof so an: *Beuge deinen Nacken, stolzer Sugambrer, verehre, was du verfolgtest, verfolge, was du verehrtest.* Es war nämlich der heilige Bischof Remigius ein Mann von Heiligkeit und hoher Wissenschaft. Also bekannte der König den allmächtigen Gott als den dreieinigen und ließ sich taufen. Von seinem Heer aber wurden mehr als 3000 Männer getauft.

Schon den Zeitgenossen war bewusst, dass Chlodwigs Schritt eine Entscheidung von größter Tragweite war, denn erstmals nahm ein Germanenkönig den katholischen Glauben an. Damit leitete Chlodwig den Prozess der Verschmelzung von Franken und Galloromanen ein, der dazu führen sollte, dass zwischen Rhein und Loire ein neuer, für die europäische Entwicklung äußerst bedeutsamer Kulturraum entstehen sollte. Später galten die Franken dann als die westlichen Erben des Römischen Imperiums.

Chlodwigs Nachfahren regierten die Franken bis zum Jahre 751, dann ließ der Karolinger Pippin, als »Hausmeier« (Vorsteher der merowingischen Hofhaltung) der mächtigste Mann im Reich, den letzten Merowinger absetzen und sich – mit Zustimmung des Papstes – zum König wählen und salben. Es war die Zeit, als das Christentum erstmals östlich des Rheins von Missionaren aus England und Irland unter germanischen Stämmen verbreitet wurde. Irland, das nie zum römischen Reich gehört hatte, war im 5. Jahrhundert, nicht zuletzt durch das Wirken des heiligen Patrick, christlich geworden. Die Angelsachsen wiederum waren seit dem Ende des 6. Jahrhunderts von Mönchen missioniert worden, die Papst Gregor der Große nach Kent geschickt hatte. Viele irische und angelsächsische

Mönche wandten sich dann dem Kontinent zu, selbst im Frankenreich soll es damals noch viele Anhänger der alten Götter gegeben haben. Der bekannteste irische Missionar war Columban, der 590 mit zwölf Gefährten aus dem Kloster Bangor (Nordirland) aufbrach, um in den Randgebieten des Merowingerreichs das Christentum zu predigen. Zu seinen Schülern zählten Kilian, der im Gebiet zwischen Main und Donau Mission betrieb, und Gallus, der bei den Alemannen am Bodensee zurückblieb, als Columban nach Italien gehen musste. An dem Ort, wo Gallus als frommer Einsiedler lebte, entstand später das berühmte Kloster St. Gallen.

Vom Rhein zur Weichsel

Aus der großen Zahl angelsächsischer Missionare, die seit Beginn des 8. Jahrhunderts im deutschen Raum wirkten, ragt Winfrid Bonifatius heraus, der, 672 oder 675 in Wessex geboren, seit 716 als Gehilfe des nicht minder berühmten Willibrord in Friesland auftrat. Willibrord hatte ein neues Konzept der Mission entwickelt, indem er sich vom Papst mit der Missionierung bestimmter Gebiete beauftragen ließ; durch die Bindung an Rom war seine Mission – im Gegensatz zur irischen – eine »römische«. Bei einem Besuch in Rom wurde Winfrid 719 vom Papst die Vollmacht erteilt, »allen im Irrtum des Unglaubens befangenen Völkern Germaniens« das Evangelium zu predigen. Nach altem christlichen Brauch gab ihm der Papst zudem den Namen des Tagesheiligen, des heiligen Bonifatius, den der Angelsachse fortan ausschließlich führte, um seine Rombindung zu dokumentieren. Seine erfolgreiche Missionstätigkeit führte ihn zu den Hessen, Thüringern und Friesen. Neben zahlreichen Klöstern, darunter Fulda, Tauberbischofsheim, Kitzingen und Ochsenfurt, gründete er die Bistümer Büraburg bei Fritzlar, Würzburg, Erfurt und Eichstätt. Legendär ist sein Auftritt in Geismar, wo er vor den Augen

Tausender Heiden die als Kultstätte hoch angesehene Donar-Eiche fällte. Mit dieser Handlung bewies er wie andere Missionare auch, dass der Christengott stärker war als die alten Götter (Tatmission). Bonifatius versuchte, eine Neuorientierung der fränkischen Kirche durchzusetzen, die sich stärker als bisher an Rom orientieren sollte. Dies blieb nicht ohne Widerstände bei den fränkischen Bischöfen. Er selbst wurde 746 zum Titularerzbischof von Mainz ernannt, wandte sich später aber noch einmal der Missionsarbeit zu, was man mit einer gewissen Resignation angesichts der Schwierigkeiten erklären kann. In Friesland wurde er im Sommer 754 mit zweiundfünfzig Begleitern von heidnischen Friesen erschlagen.

Was Bonifatius begann, führte Karl der Große fort – allerdings mit Feuer und Schwert. Er unterwarf endgültig die Friesen, und er führte mehr als dreißig Jahre Krieg gegen die Sachsen, einen lockeren Stammesverband, der in der norddeutschen Tiefebene siedelte und, wie ein Zeitgenosse notierte, »zu den viehischen Völkern ohne Religion und ohne König« gehörte. Blutiger Höhepunkt der Feldzüge war das Strafgericht von Verden an der Aller, wo an einem Tag des Jahres 782 mehr als viertausend Sachsen hingerichtet worden sein sollen. Karl betrachtete die zum Tode verurteilten Gefangenen als Hochverräter und Abtrünnige, da sie zu den Stammesgenossen gehörten, die sich bereits unterworfen und dem heidnischen Götzendienst abgeschworen hatten, dann aber seinen Zug über die Pyrenäen zu einem neuerlichen Aufstand ausgenutzt hatten. Die im Gefolge der Feldzüge eingeleitete Mission litt natürlich unter diesen Rückschlägen, erst 804, nach einem letzten Kriegszug, galt das Sachsenland als unterworfen und befriedet. Hrabanus Maurus, von 847 bis 856 Erzbischof von Mainz, meinte damals: »Die katholische Religion ist über den ganzen Erdkreis verbreitet.«

Bei der weiteren Missionierung des heidnischen Europa gab es aber auch immer wieder Rückschläge, so beispielsweise den Aufstand der Elbslaven im Jahr 983. Polen, Tschechen und selbst die Ungarn schickten sich damals an, Christen zu werden, doch ausgerechnet jenseits der Ostgrenze des ottonischen Reichs zwischen Elbe und Oder hielt sich das Heidentum sehr hartnäckig. Die slawischen Kleinstämme hatten sich mehr als widerwillig den Missionaren aus den neuen Bistümern Magdeburg, Brandenburg, Havelberg, Zeitz, Meißen und Merseburg gefügt, weil sie gleichzeitig mit Tributforderungen und Herrschaftsansprüchen sächsischer Großer konfrontiert wurden. Die schwere Niederlage, die Otto II. 982 in Süditalien gegen die Sarazenen erlitten hatte, nutzten die slawischen Stämme zu einem Aufstand, der die Ansätze der ottonischen Mission für Generationen zunichte machen sollte. Der Chronist Thietmar vom Merseburg hat den Aufstand geschildert:

> Völker, die nach Annahme des Christentums unseren Königen und Kaisern zu Tribut und Diensten verpflichtet waren, griffen, bedrückt durch die Überheblichkeit der sächsischen Großen, zu den Waffen. Die Schandtaten begannen am 29. Juni 983 mit der Ermordung der Besatzung von Havelberg und der Zerstörung des dortigen Bischofssitzes. Drei Tage später überfiel beim Läuten der Glocken ein Haufe slawischer Empörer das Bistum Brandenburg; sein Bischof hatte fliehen können, die dortigen Priester aber wurden gefangen genommen. Alle Kostbarkeiten der Kirche wurden geraubt und das Blut vieler elendiglich vergossen. An Stelle Christi wurden fortan verschiedene Kulte teuflischen Aberglaubens gefeiert. Auch die Kirche von Zeitz wurde genommen und ausgeraubt. Der Abodritenherzog Mistui verbrannte den ehemaligen Bischofssitz Hamburg und legte ihn wüst. Die Slawen setzten den Unsrigen wie flüchtigen Hirschen nach, denn aufgrund unserer Missetaten hatten wir Angst, sie aber waren guten Mutes.

Erst im Rahmen der deutschen Ostsiedlung wurden die Missionsmöglichkeiten besser. Die Siedlungspolitik, die Heinrich der Löwe, der Herzog von Sachsen, seit 1160 in Mecklenburg einleitete, führte schließlich zum Durchbruch: die Durchdringung des Landes durch deutsche Siedlungen inmitten slawischen Landes unterstützte die herrschaftliche Erfassung des Landes und verbesserte auch die Möglichkeiten der Mission. Mithilfe des Abodritenfürsten Pribyslaw konnten neue Bistümer in Ratzeburg, Lübeck und Schwerin errichtet werden. Pribyslaw hatte die neuen deutschen Lehnsherren immer wieder darauf aufmerksam gemacht, dass den Abodriten angesichts drückender Steuerlasten und härtester Knechtschaft »der Tod besser als das Leben erscheint«. Dem Oldenburger Bischof, der ihn zur Annahme des Christentums aufgefordert hatte, antwortete er: »Wenn es dir und dem Herrn Herzog richtig erscheint, dass wir eines Glaubens sind, so sollte man uns auch die Rechte der Sachsen an Gütern und Einkünften geben; dann werden wir gern Christen sein, Kirchen bauen und unseren Zehnten zahlen.« Heinrich der Löwe, der Pribyslaw zuvor besiegt hatte, sah sich schließlich genötigt, ihm den größten Teil seines Landes zurückzuerstatten. Pribyslaw, 1167 Christ geworden, förderte fortan den neuen Glauben nach Kräften und rief noch mehr deutsche Siedler ins Land. Aus dem Stammesgebiet der Abodriten wurde das deutsche Land Mecklenburg. Nach und nach waren auch andere slawische Stämme, Heveller, Liutizen, Sorben, Pomeranen, zum Christentum übergetreten. Die Slawenmission war gegen Ende des 12. Jahrhunderts abgeschlossen. Das letzte heidnische Zentralheiligtum in den östlichen Regionen des Reichs, das des Gottes Svantevit, befand sich im Land der Ranen, in Arkona auf Rügen. Nachdem er die Insel erobert hatte, ließ der dänische König Waldemar die Kultstätte im Jahre 1168 zerstören und an ihrer Stelle eine Kirche errichten. Man sollte es sich aber nochmals vor Augen halten: Erst am Ende des 12. Jahrhunderts hatte sich das Christentum in Europa weitgehend durchgesetzt.

Die verbliebenen Anhänger polytheistischer Religionen waren nun die Balten, Völker wie die Prußen oder Pruzzen (die späteren Preußen), Kuren, Letten und Litauer. Sie wurden schließlich durch die »Schwertmission« des Deutschen Ritterordens zur Annahme des Christentums gezwungen. Mit Ausnahme der Litauer: Die widersetzten sich erfolgreich der kriegerischen Expansion des Deutschen Ordens und errichteten einen mächtigen Staat zwischen Russland und Polen. Ihr Großfürst Jagiello ließ sich, wie bereits erwähnt, erst 1386 taufen – weil er polnischer König werden wollte. Politisches Kalkül war also der Grund für den Übertritt der letzten Heiden zum römischen Christentum.

Die Geschichte der Christianisierung Europas ist in erster Linie die unerzählte Geschichte zahlloser namenloser Missionare, die für die Verbreitung der christlichen Lehre oft ihr Leben einsetzten. In den Chroniken der Zeit wird zumeist nur die Errichtung der Bistümer und der Aufbau einer kirchlichen Organisation in den Vordergrund gestellt; wie der einfache Bauer, der sich nach dem Willen der Missionare oder seines Fürsten zum Christentum bekehren ließ, dachte, das wird nicht berichtet. Unbestritten ist, dass die Christianisierung in der Regel friedlich verlief, mit den leider üblichen Ausnahmen. Dass Europa, abgesehen vom Osten und Südosten, sich dem lateinischen Christentum zuwandte, ist wohl die größte Leistung der römischen Kirche überhaupt. Die »Westkirche«, so formuliert der Wiener Historiker Michael Mitterauer, »hat dem Bereich, den heute die Europäische Union (mit Ausnahme Griechenlands) einnimmt, eine gemeinsame Grundlage gegeben: die Religion, den christlichen Glauben mit der einheitlichen Liturgiesprache Latein und spezifische Organisationsformen.« Insofern ist das Abendland, das christliche Europa, das Produkt eines Integrationsprozesses, der von Rom unterstützt und gefördert wurde, an dem aber auch andere kirchliche und weltliche Kräfte maßgeblichen Anteil hatten.

Das Papsttum – Die »Supermacht« des Mittelalters

Ohne das Papsttum, so kann man überspitzt formulieren, gäbe es kein Abendland. Es ist unumstritten, dass Europa, so wie es am Ende des Mittelalters geformt war, in erster Linie auf dem Wirken des Christentums und seiner hoch organisierten Religionsgemeinschaft beruhte. Dieses Europa mit vielen seiner wesentlichen Erscheinungsformen, die sich allerdings nur auf seinen Großraum beschränkten, profitierte aber entscheidend von der Gestaltungskraft der Kirche und des Papsttums.

Einige Sätze, die Jesus von Nazareth zu Simon, dem ersten seiner Jünger, gesagt haben soll, bilden die Grundlage für die Sonderstellung des römischen Bischofs innerhalb der Weltkirche. »Und ich sage Dir«, so die Worte Christi, wie sie im 16. Kapitel des Matthäus-Evangeliums überliefert sind, »Du bist Petrus, und auf diesem Felsen will ich meine Kirche bauen, und die Pforten der Unterwelt werden sie nicht überwältigen. Dir will ich die Schlüssel des Himmelreiches geben. Was du binden wirst auf Erden, wird gebunden sein im Himmel, was du lösen wirst auf Erden, das wird gelöst sein im Himmel.« In den anderen drei Evangelien sind diese Sätze nicht zu finden.

Schon seit der Spätantike beriefen sich die römischen Bischöfe auf die zitierte Matthäus-Stelle, wenn sie etwa mit den Patriarchen von Jerusalem, Alexandria, Antiochia und Konstantinopel um Leitung und Sitzordnung von Konzilien stritten. Im Weströmischen Reich war der Primat des Bischofs von Rom seit dem 4. Jahrhundert weitgehend anerkannt. Welche Befugnisse und Rechte aus diesem Primat aber abzuleiten waren, blieb in den folgenden Jahrhunderten durchaus umstritten. Von großer Bedeutung war das berühmte Dekret des Kaisers Theodosius I. aus dem Jahre 380, in dem es hieß, alle Untertanen des Reichs hätten die Religion anzunehmen, »die der Apostel Gottes, der heilige Petrus, den Römern überliefert hat und der nun von Pontifex Damasus vertreten wird«. *Pontifex,* Brückenbauer, nannten die Römer traditionell ihre Kultfunktionäre, die eine Brücke, eine Verbindung zur Gottheit herstellen sollten. Der Name *Papa,* noch heute der päpstliche Titel im offiziellen Kirchenlatein, wurde wahrscheinlich aus der byzantinischen Kirche entlehnt, wo er als Ehrentitel für Äbte, Bischöfe und Patriarchen im Gebrauch war.

Die Konstantinische Schenkung – Eine Fälschung mit Folgen

An Versuchen, das Verhältnis zwischen Kirche und Staat zu definieren, hat es seit der Spätantike nicht gefehlt. Einer der ersten, der sich mit diesem Verhältnis eingehend beschäftigte, war Papst Gelasius I. (492–496). In einem Brief an den oströmischen, byzantinischen Kaiser in Konstantinopel äußerte er sich folgendermaßen:

> Zwei sind es nämlich, erhabener Kaiser, durch die an oberster Stelle diese Welt regiert wird: die geheiligte Autorität der Bischöfe und die kaiserliche Gewalt. Ihr wisst es, gnädiger Sohn: Wohl überragt Ihr an Würde das ganze Menschengeschlecht, dennoch beugt Ihr fromm den Nacken vor den Amtswaltern der göttlichen Dinge und erwartet von ihnen die Mittel zum Seelenheil. Ebenso erkennt Ihr, dass Ihr beim Empfang der himmlischen Sakramente nach geheiligter Ordnung eher der demütig Nehmende, nicht aber der Befehlende seid. In diesen Dingen seid Ihr demnach vom Urteil der Priester abhängig und dürft sie nicht unterjochen wollen.

Diese Gedanken sind als gelasianische »Zwei-Gewalten-Lehre« bekannt geworden.

Als dann im 8. Jahrhundert die Langobarden Rom bedrohten und aus Byzanz keine Hilfe kam, blieb den Päpsten keine andere Wahl, als den mächtigsten Herrscher des Abendlands, den fränkischen König, um Schutz und Hilfe zu bitten. Als

Die Konstantinische Schenkung: Konstantin überlässt Papst Silvester I. die kaiserlichen Herrschaftszeichen Phrygium und Baldachin sowie den Lateranpalast.

Gegenleistung für das Eingreifen der Franken und die Übertragung von Herrschaftsrechten in Mittelitalien und in Rom legitimierten sie die neue fränkische Dynastie, die Karolinger. Und sie erneuerten schließlich sogar das erloschene westliche Kaisertum, das »auf die Franken transferiert« wurde: *translatio imperii ad Francos,* Übertragung des Kaisertums auf die Franken, so wurde das genannt. Die Allianz mit den Franken führte aber auch zu einer Neuorientierung in Rom.

Das wohl wichtigste Dokument dieser Zeit ist eine Fälschung: Das *constitutum Constantini,* die so genannte Konstantinische Schenkung, ist die großartigste Fälschung der Weltgeschichte. Sie sollte vorgeben, eine alte, wichtige Urkunde zu sein, ausgestellt von Kaiser Konstantin, genannt der Große. Als er seine Hauptstadt nach Byzanz verlegte, das fortan Konstantinopel heißen sollte, so wird in dem Dokument suggeriert, übertrug er kurzerhand Rom und das gesamte Abendland dem Papst.

Das eigentümliche Werk besteht aus zwei Teilen. Im ersten wird die im 5. Jahrhundert entstandene Silvesterlegende referiert: Konstantin wird zum fürchterlichen Christenverfolger erklärt, der dafür von Gott mit Aussatz bestraft worden sei. Geheilt habe ihn Papst Silvester, der den Kaiser dann auch noch im Lateran getauft haben soll. Der zweite Teil beinhaltet die eigentliche *donatio* (Schenkung): Aus Dankbarkeit für seine Heilung bestätigt der Kaiser dem Papst zunächst seine geistliche Vorrangstellung vor den östlichen Patriarchen. Der Papst als Oberhaupt der universalen Kirche darf zudem Herrschaftszeichen und Insignien tragen, die nur dem Kaiser zustehen, etwa das *phrygium,* die spitze, weiße kaiserliche Haube, und den Purpurmantel. Wie der Kaiser darf der Papst auf einem Schimmel reiten, der Kaiser wird ihm den Steigbügeldienst leisten. Der Imperator selbst wolle sein Reich und seine Herrschaft in die »östlichen Regionen« verlegen, daher schenke er dem Papst den Lateranpalast, die Stadt Rom sowie alle Provinzen und Städte des Westens, »denn dort, wo die Hauptstadt der Christenheit ist, ziemt es sich nicht, dass der irdische Kaiser seine Macht ausübt«. Das Ganze trägt die Unterschrift des Herrschers, der zum Schluss noch vermerkt, er habe die Urkunde persönlich am Grab des heiligen Petrus hinterlegt.

Bis heute ist nicht hinlänglich geklärt, wer diese Fälschung veranlasst hat, wer das großartige Dokument gefertigt hat, wann es genau entstanden ist – man nimmt an im 8. oder 9. Jahrhundert. Damals waren Urkundenfälschungen allerdings nichts Ungewöhnliches. Die »Zeit der Fälschungen« hat Horst Fuhrmann das ganze Mittelalter genannt und dies mit beeindruckenden Zahlen belegt: Die Hälfte der Urkunden der Merowinger, die das Frankenreich vom 6. bis Mitte des 8. Jahrhunderts regierten, sei gefälscht, von den überlieferten 270 Urkunden Karls des Großen seien etwa hundert nicht echt. Die Liste ließe sich beliebig verlängern. In Klöstern und an Bischofssitzen wurde gefälscht, was das Zeug hielt, in der Regel, um alte Besitz- und Rechtsansprüche zu belegen. Man handelte schlicht nach der Devise: Der Zweck heiligt die Mittel.

Ist die Fälschung ein weiteres dunkles Kapitel der Papstgeschichte? »Nicht diese Fälschung veränderte die Welt«, glaubt Fuhrmann, »eine veränderte Welt akzeptierte die Fälschung. Wahrheit war im christlichen Mittelalter einfach das, was geglaubt wurde.« Im ganzen Mittelalter war man jedenfalls von der Echtheit der Konstantinischen Schenkung überzeugt.

Gregorianische Reform und Investiturstreit

Über lange Jahre hin verstaubte das *constitutum Constantini* in den Archivschränken der päpstlichen Kanzlei, erst in der zweiten Hälfte des 11. Jahrhunderts fand sich offensichtlich ein aufmerksamer Leser des Dokuments. Es war Papst Gregor VII., der in einigen Leitsätzen das gewandelte päpstliche Selbstverständnis formulierte: Sein berühmter *dictatus Papae* aus dem Jahre 1075 baut in vielerlei Hinsicht auf der Konstantinischen Schenkung auf, deren Kernsätze folgendermaßen lauten:

> Die römische Kirche ist allein vom Herrn gegründet worden. Allein der römische Bischof wird rechtmäßig universaler Bischof genannt. Er allein kann Bischöfe absetzen oder wieder aufnehmen. Sein Legat hat allen Bischöfen gegenüber auf dem Konzil den Vorrang, auch wenn er niederen Ranges ist, und er kann über sie das Urteil der Absetzung fällen. Auch Abwesende kann der Papst absetzen. Ihm allein ist es gestattet, wenn die Zeit es erfordert, neue Gesetze zu erlassen, neue Bistümer zu errichten, Kanonikerkapitel in Mönchsklöster zu verwandeln und umgekehrt, reiche Bistümer aufzuteilen und arme zusammenzulegen. Er allein darf kaiserliche Insignien führen. Allein des Papstes Füße haben alle Fürsten zu küssen. Sein Name allein darf in allen Kirchen feierlich genannt werden. Einzigartig ist dieser Name in der Welt. Ihm ist es erlaubt, den Kaiser abzusetzen …

Nicht einmal dreißig Jahre zuvor war noch Folgendes geschehen: Der deutsche König Heinrich III. war im Herbst 1046 nach Rom aufgebrochen, um sich zum Kaiser krönen zu lassen. Zugleich wollte er aber auch Ordnung in Rom schaffen, denn damals erhoben gleich drei Prälaten Anspruch auf die päpstliche Würde. Heinrich nutzte seinen Romzug zu einer einmaligen Demonstration königlich-kaiserlicher Macht: Auf einer von ihm einberufenen Synode in Sutri wurden die drei Päpste abgesetzt. Heinrichs Maßnahmen gegenüber diesen Päpsten standen in völligem Einklang mit dem Reformwillen, der sich in weiten Teilen der Kirche herauskristallisiert hatte, nicht zuletzt als Folge der cluniazensischen Reformen des Mönchtums: Aus der Klosterreform sollte eine allgemeine Kirchenreform werden.

Gerade die von Heinrich eingesetzten Päpste sollten die Positionen der Reformer teilen. Leo IX. (1049–1054) war ein Anhänger der cluniazensischen Reform. Er brachte zum Ausdruck, dass der Papst kein dem kaiserlichen Willen untergeordneter Bischof sein dürfe. Der erste Erfolg, den die Reformer in Rom verzeichnen konnten, war das Papstwahldekret, erlassen im Jahr 1059. Es regelte erstmals die Abfolge der Wahl und den Kreis der Wähler:

> Beim Tod des Bischofs dieser universalen römischen Kirche sollen zuerst die Kardinalbischöfe in sorgfältiger Überlegung beraten und dann möglichst bald die Kardinalkleriker hinzuziehen. Dann soll der übrige Klerus und das Volk der Wahl zustimmen. Um zu verhindern, dass das Leiden der Käuflichkeit bei irgendeiner Gelegenheit eindringe, kommt der Vortritt bei der Wahl des Papstes den Geistlichen zu, erst dann können die anderen folgen.

»Das Leiden der Käuflichkeit« – damit war der Ämterkauf in der Kirche gemeint. Schon seit dem Pontifikat Leos IX. waren drei Missstände in der Kirche in den Blick der Reformer geraten: 1. die auf allen Ebenen verbreitete Käuflichkeit der Ämter, Simonie genannt (das Wort ist der Apostelgeschichte entnommen, der Magier Simon soll versucht haben, dem Apostel Petrus die Geisteskraft abzukaufen), 2. die Laieninvestitur und 3. die Klerikerehe. Simonie und Zölibat waren innerkirchliche Themen, in der Frage der Laieninvestitur ging es gegen die königliche Beteiligung bei Bischofswahlen. Die Investitur war die feierliche Zeremonie, bei der der gewählte Bischof vom König, dem er einen Treueid leisten musste, seine Insignien erhielt, Stab und Ring. Üblich war sie seit der späteren Karolingerzeit, im 10. Jahrhundert wurde sie gängige Praxis, zumal viele Bischöfe im Dienst des Reichs auch weltliche Funktionen ausübten.

In den Reihen der Reformer hatte sich aber inzwischen eine neue Sichtweise durchgesetzt, der Herrscher wurde als Laie definiert, dem das Recht zur Investitur nicht zukam. Mit dem Schlagwort von der *libertas ecclesiae,* von der Freiheit der Kirche, hatte man die Wahl des Papstes ohne Mitbeteiligung des Königs postuliert, die Freiheit der Kirche schloss aber ebenso die freie Bischofswahl ein. Wenn man sie durchsetzen wollte, war die Konfrontation mit dem deutschen Königtum die logische Folge.

Von Canossa nach Worms

Unter »tumultuarischen Umständen« wurde 1073 ein Mönch zum Papst gewählt. Hildebrand, ein aus einfachen Verhältnissen stammender Mann, war seit 1059 als Archidiakon für die Verwaltung des kurialen Vermögens zuständig. Schon als das Papstwahldekret konzipiert wurde, hatte er eine wichtige Rolle gespielt. Seinen Einfluss spiegelt der Satz wider: »Hildebrand füttert den Papst im Lateran wie einen Esel im Stall.« Gregor, wie er sich nannte, war wahrscheinlich der erste Papst, der nicht dem Adel entstammte. Er zögerte nicht, die Kirchenreform voranzutreiben und scheute nicht vor Konfrontationen mit König Heinrich IV. zurück, mit dem er in der Frage einer Besetzung des Mailänder Bischofssitzes in Konflikt geriet und vor dem er überdies grundsätzlich Gehorsam forderte.

Der junge König Heinrich IV. hatte im gleichen Jahr bei der Besetzung des Mailänder Bischofsstuhls indessen sein königliches Verfügungsrecht geltend gemacht. Und er war zur Konfrontation entschlossen, ohne eine Ahnung von der Wende zu haben, die sich in Rom mittlerweile vollzogen hatte. Im Januar 1076 ließ er Gregor auf einem Reichstag in Worms kurzerhand absetzen, auch die sechsundzwanzig anwesenden deutschen Bischöfe stimmten zu. In einem Brief, gerichtet an den »Mönch Hildebrand«, teilte der König dem Papst den Wormser Beschluss mit:

> Du hast dich nicht gescheut, dich gegen die uns von Gott verliehene Gewalt zu erheben, du hast zu drohen gewagt, du würdest sie uns nehmen, als ob wir von dir das Königtum empfangen hätten, als ob in deiner Hand und nicht in Gottes Hand Königs- und Kaiserherrschaft lägen. Auch mich, der ich – wenn auch unwürdig unter den Gesalbten – zum Königtum gesalbt worden bin, hast du angetastet, mich, von dem die Überlieferung der heiligen Väter lehrt, dass ich nur von Gott gerichtet werden darf ... So steige denn du, der du durch dieses Urteil unserer Bischöfe und unser eigenes verdammt bist, herab, verlasse den Apostolischen Stuhl, den du dir angemaßt hast. Ich, Heinrich, durch die Gnade Gottes König, sage dir zusammen mit allen meinen Bischöfen: Steige herab, steige herab.

Heinrich glaubte, das tun zu können, was sein Vater dreißig Jahre zuvor auch getan hatte: den Papst abzusetzen. Doch nun kam das Neue, das Unerwartete, das Revolutionäre: Gregor antwortete schon im Februar, auf der berühmten Fastensynode 1076, mit dem Bannfluch gegen den König, mit der Exkommunikation, aber er ging noch weiter:

> Im Namen Gottes, des Vaters, des Sohnes und des heiligen Geistes, untersage ich dem König Heinrich, dem Sohn Kaiser Heinrichs, der gegen die Kirche in unerhörtem Hochmut aufgestiegen ist, die Lenkung des Rei-

ches der Deutschen und Italiens und löse alle Christen vom Band des Eides, den sie ihm geleistet haben.

Gegenseitige Absetzung und Verdammung – das hatte es in dieser Form noch nicht gegeben. Welche Fortschritte die Kirchenreform in den gerade vergangenen Jahren gemacht hatte, zeigen die Reaktionen auf das Vorgehen des Papstes. Sie wurden nicht zuletzt dadurch bestimmt, dass die Zeitgenossen eindeutige Zeichen göttlichen Zorns über Heinrich feststellten: Kirchen wurden vom Blitz getroffen, Anhänger Heinrichs starben plötzlich. Heinrichs Anhang schwand zusehends, eine fürstliche Opposition formierte sich, sie drohte Heinrich mit der Wahl eines Gegenkönigs. Die Reichsfürsten vereinbarten im Oktober 1076 in Tribur, dass Heinrich die Krone niederlegen sollte, wenn es ihm nicht gelänge, sich binnen Jahresfrist vom Bann lösen zu lassen. Das war die Ausgangssituation für den »Gang nach Canossa«, jenes Trauma der Deutschen, das noch Bismarck ins Spiel brachte, als er 1872, vor dem Ausbruch des Kulturkampfes, trotzig formulierte: »Nach Canossa gehen wir nicht!«

Dem gebannten König blieb im Winter 1076/77 allerdings nichts anderes übrig, als nach Canossa zu gehen, in jene Burg also, in die sich Gregor VII. begeben hatte, als ihm die Nachricht überbracht worden war, Heinrich sei mit kleinem Gefolge, mit seiner Frau und dem zweijährigen Sohn, trotz eines ungewöhnlich harten Winters über den Mont-Cenis-Pass nach Oberitalien gezogen. Heinrich erschien ohne Heer, fest entschlossen, eine rasche Absolution zu erreichen – ob aufgrund einer Vereinbarung der Vermittler mit dem Papst oder ohne eine solche, ist strittig: Drei Tage lang stand er jedenfalls barfuß und im Büßergewand vor dem Burgtor, betend und fastend. Am dritten Tag, am 28. Januar 1077, sah sich Gregor VII. genötigt nachzugeben. Heinrich wurde in die Burg eingelassen. Erst nachdem er sich schriftlich – einen Eid durfte er als Gebannter nicht leisten – verpflichtet hatte, den Papst oder seinen Stellvertreter als Schiedsrichter seines Konflikts mit den deutschen Fürsten anzuerkennen, den Schiedsspruch zu akzeptieren, wurde ihm die Absolution erteilt. Heinrich IV. lag in Kreuzesform, mit ausgebreiteten Armen, vor dem Papst, der ihn aufhob und ihm und seinen Begleitern das Abendmahl reichte. Damit war die Lösung vom Bann vollzogen, der deutsche König war wieder in die Gemeinschaft der Gläubigen aufgenommen worden.

Der Gang nach Canossa – Demütigung oder taktischer Sieg? Die Zeitgenossen haben die Bedeutung des Augenblicks erkannt. Mit Canossa war es zu einer Umkehrung der Machtverhältnisse gekommen: In Sutri war der Kaiser noch als Schiedsrichter Europas aufgetreten, in Canossa trat er als Büßer vor den Papst. Damit war der Anspruch des Papstes, auch den König/Kaiser absetzen zu dürfen, anerkannt worden, zugleich die *superioritas,* die Vorrangstellung, des Papstes in geistlichen Dingen. Das päpstliche Streben, den König aus den Dingen der Kirche herauszudrängen, war erfolgreich gewesen. Und insofern bedeutet Canossa in der Tat eine Wende in der Geschichte Deutschlands sowie Europas: Die Führung des Abendlands war auf den Papst übergegangen, das Zusammenwirken von geistlicher und weltlicher Autorität war 1077 aufgegeben worden.

Doch Heinrich hatte in den nächsten Jahren durchaus Erfolge zu verzeichnen, auch wenn er 1080 ein zweites Mal gebannt wurde – ohne den durchschlagenden Erfolg des ersten Banns. Gregor VII. musste 1084 ohnmächtig zusehen, wie sein Widersacher in Rom einzog und sich von einem Gegenpapst zum Kaiser krönen ließ. Die Normannen kamen Gregor schließlich zu Hilfe. Als »Befreier« angetreten, plünderten und verwüsteten sie die Ewige Stadt in einer Weise, dass sich die Bevölkerung gegen den Papst erhob. Gregor VII. musste Rom verlassen und starb ein Jahr später unter normannischem Schutz in Salerno. Seine letzten Worte sind überliefert: »Ich habe die Gerechtigkeit geliebt und die Ungerechtigkeit gehasst, deshalb sterbe ich in der Verbannung.«

Heinrichs Sohn und Nachfolger Heinrich V. blieb es vorbehalten, den leidigen Konflikt mit dem Papsttum zumindest vorläufig zu beenden. An eine Trennung von Staat und Kirche im modernen Sinne war damals nicht zu denken – dennoch kam es im Jahr 1122, im ersten Konkordat der Kirchengeschichte, zu einem Kompromiss: In langen Diskussionen hatten Kirchenrechtler die beiden Aufgaben der Reichsbischöfe voneinander abgegrenzt. Deren kirchliches Amt, die *Spiritualien,* bezog sich auf Seelsorge, Weihebefugnis, geistliche Jurisdiktion und theologische Lehre. Die weltlichen Aufgaben, die *Temporalien,* umfassten die Ausübung der ihnen übertragenen königlichen Münz-, Zoll- und Marktrechte sowie die Verwaltung der Kirchengüter. Heinrich V. verzichtete auf die Investitur der Bischöfe mit Ring und Stab, der Papst räumte ihm aber das Recht ein, der kanonischen Wahl der Prälaten beizuwohnen. Diese Art der Investitur der Bischöfe sollte fortan, bis zum Ende des Ancien Régime im 18. Jahrhundert, in Deutschland praktiziert werden. Dieser Kompromiss aber war dem Kaiser von den Reichsfürsten abgerungen worden, die sich zunehmend mehr als verantwortlich für die Wohlfahrt des Reichs verstanden.

Die Papstkirche

Das »römische System«, wie Hans Küng es genannt hat, wurde fortan von einer Tendenz zur Zentralisierung geprägt. Sie vollzog sich zunächst in der Ausweitung der päpstlichen Jurisdiktion, der innerkirchlichen Rechtsprechung. Bischofswahl und -weihe blieben der Ortskirche überlassen, Erzbischof durfte sich aber nur nennen, wer aus Rom das *pallium* erhalten hatte – die Bestätigung seiner Würde, eine weiße, mit sechs Kreuzen bestickte Wollstola, die vor der Übergabe an den Empfänger auf das Grab Petri gelegt worden war. Bis ins 11. Jahrhundert wurden Heilige aufgrund von Traditionen und/oder Beschlüssen der Ortskirchen verehrt, dann zog der Papst aber dieses

Verfahren an sich und entwickelte den »Prozess« der Heiligsprechung, das heißt, in Rom wurde entschieden, wer als Heiliger verehrt werden durfte und wer nicht, und wer künftig heilig gesprochen wurde.

Der Papst wurde zugleich oberste Lehrautorität in der Kirche. Von der *cathedra Sancti Petri* aus entschied er in Fragen der Glaubenslehre und der Liturgie, damit aber wurden in fast allen Bereichen des kirchlichen Lebens einheitliche Regeln für die gesamte lateinische Christenheit erstellt. Daneben aber versuchten die Päpste auch, ihre weltliche Macht zu steigern. Dieses Bemühen konkretisierte sich im Hochmittelalter vor allem darin, dass sich zahlreiche europäische Fürsten der Lehnsherrschaft des Papstes unterstellten, beispielsweise die normannischen Könige Siziliens und Unteritaliens, der König von Aragon und der von Portugal. Überdies gingen die Päpste daran, die Ritter Europas als *militia S. Petri* zu formieren und dem päpstlichen Gebot zu unterstellen.

Einen glanzvollen Niederschlag fanden die Zentralisierungsmaßnahmen auch in den ökumenischen Konzilien, den Versammlungen der Bischöfe der ganzen Christenheit, die in der Spätantike noch vom römischen Kaiser einberufen worden waren. Das vierte Laterankonzil, das Papst Innozenz III. einberufen hatte, zählte im Jahr 1215 mehrere Tausend Teilnehmer, über vierhundert Bischöfe, achthundert Äbte und Prioren, dazu kamen noch die Gesandten von Fürsten und Städten. Auf der Tagesordnung der Konzilien, die vom Papst und seinen Mitarbeitern vorbereitet und geleitet wurden, standen vielfach Themen, bei denen – wie im Fall von Simonie, Zölibat und Laieninvestitur – es nur darum ging, päpstliche Beschlüsse und Entscheidungen nachträglich zu bestätigen. Die Zisterzienser, die Ritterorden und später die Dominikaner und Franziskaner übernahmen im Auftrag des Papstes spezielle Aufgaben, etwa im Rahmen des gesamteuropäischen Kommunikationswesens, aber auch in der Heidenmission und im Kampf gegen Ketzer. Auf dem Konzil von Chalcedon (451) war festgelegt worden, dass Klöster der Jurisdiktion des Ortsbischofs unterstehen sollten. Die Cluniazenser wurden als erster Klosterverband aus dem Rechtsbereich der Ortskirchen ausgenommen, gemäß der Losung von der *libertas ecclesiae,* der Freiheit der Kirche. Auch das war ein bedeutsamer Schritt zur administrativen Zentralisierung der Westkirche: Supranational und überregional wirkende Ordensgemeinschaften wurden der Weisungsgewalt des Papstes unterstellt und trugen so zur Schaffung des europäischen Sozial- und Kulturraums bei.

Am Ende des 13. Jahrhunderts sollen in der päpstlichen Verwaltung schon etwa tausend zölibatäre Kleriker tätig gewesen sein. *Curia,* Kurie, wurde sie mittlerweile genannt, so wie man im alten Rom den Senat bezeichnete. Es handelte sich um eine multinationale Behörde, in der ausschließlich Männer arbeiteten, die im Kirchenrecht, im Kanzlei-, im Justiz- und Finanzwesen bewandert waren. Außer ihren religiösen und politischen Aufgaben erfüllte die Kurie somit die Funktion einer zentralen Aufsichtsbehörde der Christenheit. Die Kurie entwickelte sich zum effizientesten Verwaltungsapparat Europas. Einem gängigen Bonmot zufolge ist die Kurie heute, nach der Shell AG, die am besten funktionierende Organisation der Welt.

Innozenz III.: »Stellvertreter Christi« und »wahrer Kaiser«

Die so organisierte »Papstkirche« hatte ihre neue Führungsrolle schon am Ende des 11. Jahrhunderts eindrucksvoll bestätigt, im Aufruf zum Kreuzzug. Nur der Papst war damals imstande, die militärischen Potenziale der westlichen Christenheit zu bündeln. »Der Kreuzzug ist der Krieg des Papstes«, hat Michael Mitterauer festgestellt. Keine andere christliche Kirche habe unter der Leitung ihres Oberhaupts militärische Großunternehmungen dieser Art durchgeführt, die Kreuzzüge stünden für die Tendenz zur »Militarisierung« der Papstkirche.

Nicht zufällig wird Gregor III. in diesem Zusammenhang die Veränderung der Aussagen der Bergpredigt attestiert: Selig sollten nur die sein, die Verfolgung ausüben um der Gerechtigkeit willen.

Im Pontifikat Innozenz' III. (1198–1216) erreichte das Papsttum den Höhepunkt seiner weltlichen Macht. Innozenz gehört zu den so genannten Juristenpäpsten. Die kirchenrechtliche Ausbildung war an der Kurie mittlerweile ebenso wichtig wie die theologische. Innozenz III. hatte sich in Bologna und Paris juristischen und theologischen Studien gewidmet und als Kardinal seine Erfahrungen in der Arbeit der Kurie gemacht. Seine Zeitgenossen rühmten vor allem seine intellektuelle Brillanz. Schon am Tag seiner Weihe ließ er verlautbaren, dass die einzelnen Fürsten und Könige ihre einzelnen Reiche hätten: »Petrus aber überragt sie alle, wie an Inhalt so an Umfang der Herrschaft, weil er den vertritt, dessen die Erde ist und alle ihre Herrlichkeit, der Erdkreis und alle, die auf ihm wohnen.« Das entspricht dem Gedanken, der an der Universität in Paris gelehrt wurde: »Der Papst ist der wahre Kaiser.«

Die deutschen Wirren nach 1198 nutzte er, die Herrschaft im Kirchenstaat im vollen Umfang wiederherzustellen, mit allen Mitteln übrigens: »Wer Pech anfasst, der besudelt sich«, soll er gesagt haben. Kirchenhistoriker sehen in ihm den »zweiten Gründer des Kirchenstaates«. Die so genannten Rekuperationen, die Wiedergewinnungen verlorenen Landes, gingen aber weit über das hinaus, was der Kirchenstaat je besessen hatte. Und er beanspruchte eine Schiedsrichterrolle im welfisch-staufischen Thronstreit: Seither – das unterstreicht die epochale Bedeutung des päpstlichen Eingreifens – galt die *approbatio,* die beifällige Aufnahme des gewählten Königs durch den Papst, als konstitutives Element der deutschen Königsherrschaft. Erst der vom Papst approbierte König war der rechtmäßige König. Und nur dieser durfte in Rom die Bitte vortragen, zum Kaiser der Römer gekrönt zu werden.

In ähnlicher Weise griff Innozenz III. in die Verhältnisse

Frankreichs und Englands ein. Johann Ohneland, der seinem Bruder Richard Löwenherz auf dem englischen Thron gefolgt war, verdankte dem Papst letztlich seine Herrschaft. Nachdem Johann sich dem Papst unterworfen hatte, verbot Innozenz dem französischen König Philipp II. August kurzerhand die Invasion Englands, die dieser mit großer Aussicht auf Erfolg in die Wege geleitet hatte. Dem französischen König wiederum wurde in der päpstlichen Bulle *Per Venerabilem* bestätigt, dass er in weltlichen Dingen niemanden über sich habe. Frankreich wurde im 13. Jahrhundert zur verlässlichsten Stütze des Papsttums. Im Zusammenwirken kurialer und französischer Rechtsgelehrter, von *Kanonisten* und *Legisten,* entstand schließlich der Satz *rex est imperator in suo regno,* der König ist Kaiser in seinem Reich. Dies bedeutete eine radikale Abwendung von der Lehre vom *imperator dominus mundi,* vom Kaiser als Herrscher der Welt, die von manchen Staatstheoretikern vertreten wurde.

Innozenz III. drückte das Verhältnis von *sacerdotium,* dem Priestertum, und *imperium,* der weltlichen Herrschaft der Kaiser, durch das Gleichnis von Sonne und Mond aus: das Papsttum sei die Sonne, von der das Kaisertum, symbolisiert durch den Mond, sein Licht erhalte. Sich selbst sah er als Stellvertreter Christi, er führte als erster Papst den *vicarius Christi* in seinem offiziellen Titel. Und er fühlte sich »weniger als Gott, aber mehr als ein Mensch«. Nach Antritt seines Pontifikats rief auch er, als Haupt der Christenheit, zum Kreuzzug auf, der dann, im Interesse Venedigs, gegen Konstantinopel gelenkt wurde. 1204 eroberten und plünderten die »Kreuzfahrer« die alte Kaiserstadt am Bosporus und errichteten dort unter Führung französischer Großer das »lateinische« Kaiserreich, das der Papst später einmal als *nova Francia,* neues Frankreich, bezeichnete.

Die enge Verbindung zum französischen Königtum zeigte aber auch in Rom Auswirkungen. Einer seiner Nachfolger, Urban IV., Franzose von Geburt, verstärkte das Kardinalskollegium durch sechs französische Kleriker, was aber zu nationalen Gegensätzen innerhalb des Kollegiums führte. Gewählt wurden die Päpste seit 1241 im *Konklave,* einem streng von der Außenwelt abgeschlossenen Versammlungsort, sozusagen einer Klausur für die Kardinäle, die erst endete, wenn eine Rauchwolke verkündete, *habemus papam,* wir haben den Papst.

Bonifaz VIII. und Anagni – Das Ende »heiliger Herrschaft«

Ein nüchterner Kanonist, der Kardinal Benedetto Gaetani, bestieg im Jahre 1294 als Bonifaz VIII. den Heiligen Stuhl. Bonifaz richtete im Jahre 1300 das so genannte Jubeljahr ein, das von da an alle hundert Jahre gefeiert werden sollte (spätere Päpste verkürzten die Abstände auf fünfzig, dann auf fünfundzwanzig Jahre). In der Verkündigungsbulle wurde den Römern, aber auch den Christen in aller Welt, die in den Basiliken der Apostel Petrus und Paulus ihre Sünden bekannten, ein vollkommener Ablass der Sündenstrafen gewährt – was bisher nur durch Teilnahme am Kreuzzug erlangt werden konnte. Schon im ersten Jubeljahr strömten ungezählte Pilger nach Rom.

Möglicherweise vom Erfolg des Jubeljahrs berauscht, das der Papstkirche neue Einnahmequellen verschafft hatte, legte sich Bonifaz VIII. ein Jahr später mit dem französischen König an, der stärksten Stütze des Papsttums. König Philipp IV., genannt »der Schöne«, hatte einen französischen Bischof wegen Hochverrats verurteilen lassen. Der Papst verlangte dessen sofortige Freilassung. Bonifaz gebot daraufhin dem König, sich persönlich in Rom zu rechtfertigen. Doch der reagierte auf die päpstlichen Schreiben anders als erwartet. Philipp IV. ließ die Kurie wissen, dass er »in weltlichen Dingen« niemandem unterstehe. Diese Antwort wiederum nahm Bonifaz VIII. zum Anlass, im November 1302 die berühmte Bulle *Unam sanctam* zu publizieren, *das* klassische Dokument der »Hierokratie«, der priesterlichen Herrschaft. Es gebe nur eine Kirche, heißt es im Dokument, außerhalb der Kirche sei kein Heil. Die Kirche habe nur ein Haupt, und das sei Christus bzw. dessen Stellvertreter Petrus – und demnach der Nachfolger Petri, der jeweilige römische Bischof.

> Zu dessen Vollmacht gehören zwei Schwerter, das geistliche und das zeitliche. Das eine ist für die Kirche, das andere von der Kirche zu führen, das eine durch die Hand des Priesters, das andere, das weltliche, von Königen und Soldaten, jedoch nach Auftrag und Duldung des Priesters ... Deshalb kann kein Mensch Heil erlangen, wenn er sich nicht unter den Gehorsam des römischen Hohepriesters stellt.

So eindeutig und radikal ist der päpstliche Weltherrschaftsanspruch nie wieder formuliert worden: Wer sich dem Papst widersetzt, der widersetzt sich Gott, das war die Botschaft. Vor allem der letzte Satz, dass jeder Mensch heilsnotwendig dem Papst Gehorsam schulde, wurde am französischen Hof als Provokation aufgefasst. Als aus Italien bekannt wurde, dass Bonifaz VIII. entschlossen war, den König mit dem Kirchenbann zu belegen, handelte Philipp: Im September 1303 überfiel eine Truppe unter französischer Führung den Palast in Anagni, wo sich der Papst aufhielt. Angesichts der feindlichen Übermacht bewies Bonifaz persönlichen Mut. In vollem Ornat und mit der Tiara auf dem Haupt, der aus drei übereinander gesetzten Kronen bestehenden Kopfbedeckung des Papstes, wobei er einen dritten Kronreifen als Zeichen seiner weltlichen Macht hinzugefügt hatte, trat er seinen Gegnern entgegen: »Hier mein Nacken, hier mein Haupt«, soll er gerufen haben, er sei bereit, den Tod zu erleiden, aber nicht abzudanken, wie man von ihm gefordert hatte. Ob es an diesem 7. September 1303 zu Misshandlungen des Papstes gekommen ist, bleibt ungewiss, die Bevölkerung von Anagni konnte Bonifaz schon zwei Tage später aus der Gewalt der Franzosen befreien. Doch nur wenige Wochen später starb der Papst in Rom.

Mit ihm schwand auch die Vorstellung der päpstlichen Universalherrschaft. Ferdinand Seibt hat das wie folgt umschrieben:

Das politische Kraftfeld Europas war mit einem Schlag verändert: Nicht, weil ein Papst gefangen genommen worden war – das hatten die römisch-deutschen Herrscher in der langen Geschichte päpstlich-kaiserlichen Dualismus' mehrfach praktiziert; auch nicht, weil der Papst an den Folgen der Aufregung starb; sondern deshalb, weil eben nicht der Kaiser, die oberste weltliche Instanz der Christenheit, hier mit dem Papsttum einen Machtkampf in handgreiflichen Formen austrug, sondern ein König, der damit seine europäische Hegemonie demonstrierte.

Das so genannte Attentat von Anagni leitete zugleich die Verlegung der Kurie nach Avignon ein. Der zweite Nachfolger von Bonifaz VIII., der 1305 unter französischem Druck gewählte Erzbischof von Bordeaux, Bertrand de Got, der sich Clemens V. nannte, ließ sich in Lyon zum Papst weihen und dazu bestimmen, seine Residenz in Avignon zu nehmen. Damit begann die »Babylonische Gefangenschaft der Kirche«, die bis 1377 dauern sollte und zum weiteren Untergang der päpstlichen Machtstellung beitrug.

Im deutschen Reich besann man sich zu dieser Zeit auf andere als päpstliche »Wurzeln« des König- bzw. Kaisertums. Ludwig der Bayer (1314–1347), der vom Papst gebannt worden war, fand Unterstützung bei franziskanischen Theologen wie Wilhelm von Ockham; sein wichtigster Helfer wurde allerdings der Staatstheoretiker Marsilius von Padua. Dieser veröffentlichte 1324 die Schrift *defensor pacis,* Verteidiger des Friedens, eine der ungewöhnlichsten Schriften des ganzen Mittelalters. Gegen den päpstlichen Weltherrschaftsanspruch setzte er die Idee der Volkssouveränität: Alle politische Gewalt liege beim Volk und seinen Vertretern, den Fürsten, die oberste Instanz in der Kirche sei das Konzil und nicht der Papst; die Kirche sollte besitzlos sein, sich dem Staat unterordnen und sich auf die rein geistliche Sphäre beschränken. Marsilius bezweifelte sogar, dass der Papst der Nachfolger Petri sei, in der ganzen Heiligen Schrift finde sich kein Beleg dafür. Das waren wahrlich revolutionäre Thesen, die Marsilius zwangsläufig den Kirchenbann eintrugen.

Auch die deutschen Fürsten schlugen nun einen schärferen Ton an. Auf dem Frankfurter Reichstag von 1338 wurde eine Resolution verabschiedet, in der es hieß, die kaiserliche Gewalt stamme unmittelbar von Gott und nicht vom Papst. Diese Erklärung machte sich im Juli 1338 das deutsche Kurfürstenkolleg, bestehend aus sieben weltlichen und geistlichen Fürsten, die seit der Mitte des 13. Jahrhunderts den König kürten, zu Eigen. Der rechtmäßig von ihnen gewählte König bedürfe nicht der Billigung des Papstes, er dürfe sofort den »römischen« Königstitel führen und die Verwaltung des Reichs ausüben. Dieser Gedanke wurde in der Goldenen Bulle Karls IV. 1356 reichsrechtlich festgelegt. In diesem später als »Grundgesetz« des Reiches verstandenen Text, der die Königswahl allein in die Hände der Kurfürsten legte und bis 1806 – bis zur Errichtung des Rheinbundes, bei dem sechzehn süd- und westdeutsche Fürsten aus dem Reich austraten und in Paris unter Napoleons Protektorat den Rheinbund gründeten – gültig war, ist vom Papst und seinem Bestätigungsrecht keine Rede mehr: Dreihundert Jahre nach Canossa war die Wahl des deutschen Königs wieder eine rein deutsche Angelegenheit.

Das Papsttum, seit dem 11. Jahrhundert zur bedeutendsten Institution Europas aufgestiegen, hatte zunächst die Vorrangstellung des Kaisertums entscheidend geschwächt – nach einem Jahrhundert gesteigerter Machtausübung war es dann aber mit seinen eigenen, weltlichen Herrschaftsansprüchen gescheitert. Von der grundsätzlichen Auseinandersetzung um die rechte Ordnung von Kirche und Welt, in die sich Kaiser und Päpste seit dem 11. Jahrhundert verstrickten, profitierten andere politische Kräfte, die die Teilhabe an der Herrschaft in dieser Zeit nachdrücklich einforderten und durchsetzten: allen voran die weltlichen wie die geistlichen Fürsten, die uns im Reich seit dem 13. Jahrhundert als weitgehend unabhängige »Landesherren« begegnen; aber auch die Stadtgemeinden, die sich als neue rechtliche wie politische Einheiten etablierten. Das selbstbewusste Bürgertum in den aufstrebenden Städten stellte in vielerlei Hinsicht einen Antriebsfaktor dar, der die Wandlungen des Hochmittelalters vorantrieb.

Von diesen Wandlungsprozessen wurde selbst die Institution erfasst, die sich wie keine zweite der Abkehr von der Welt und ihrem Getriebe verpflichtet hatte: das Mönchtum. Jahrhundertelang bot die Benediktsregel die ausreichende Grundlage dieser Lebensform, ehe im Hochmittelalter neue Orden das monastische Ideal in vielfacher Hinsicht modifizierten – dies teilweise in so grundsätzlicher Weise, dass einige der Ordensgründer durchaus gefährdet waren, vom Ketzervorwurf und seinen Konsequenzen betroffen zu werden. Nicht zuletzt dem Augenmaß und der Urteilskraft eines Innozenz III. ist es zu verdanken, dass viele der scheinbar unorthodoxen religiösen Bewegungen in die Kirche integriert werden konnten.

Armut und Reichtum – Monastisches Leben im Abendland

Die europäische Christenheit, so behaupten einige Historiker, ist das Werk der Mönche. Dass es hauptsächlich Mönche waren, die als Missionare den wichtigsten Beitrag zur Verbreitung des Christentums leisteten, wurde bereits erwähnt. Doch die Klöster dienten keineswegs nur der Glaubensvermittlung unter den Heiden: Sie waren von Anfang an Zentren der Spiritualität, der Liturgie und der Gelehrsamkeit – und sie wurden zudem zu Stützpunkten wirtschaftlicher und politischer Macht, zu Schauplätzen kultureller und künstlerischer Aktivitäten und nicht zuletzt zu Stätten der Seelsorge und der Armenfürsorge. Insofern wirkte die eigentlich nach innen gekehrte monastische Lebensweise in mehr als einer Hinsicht aus weltabgeschlossenen Klostermauern in die mittelalterliche Welt zurück, um einer sich umfassend wandelnden Welt das geistig-kulturelle Fundament zu geben.

In der Nachfolge Christi und der Apostel

In der Nachfolge Christi hatten sie sich zur Besitzlosigkeit, Demut und Selbstverleugnung verpflichtet. Sie predigten Armut, Keuschheit und Gehorsam. Doch zugleich errichteten sie im 11. Jahrhundert die größte Kirche der damaligen Christenheit: Gemeint sind die Mönche des Klosters Cluny in Burgund. Cluny war Ausgangspunkt einer Reformbewegung innerhalb der Kirche, die auf ganz Europa übergreifen sollte. *Ecclesia semper reformanda* – die Kirche ist immer reformbedürftig, lautete eine zeitlose Losung, die die Cluniazenser aufgriffen. Schon der zweite Abt des 910 gegründeten Klosters, Odo, formulierte die Grundgedanken des cluniazensischen Reformwillens. Er war durchdrungen vom Elitebewusstsein des Mönchtums und glaubte, dass sich in den Gemeinschaften der Mönche das fortsetze, was der Apostelgemeinschaft zu Pfingsten widerfahren war: Wie die Jünger Jesu waren die Mönche durch den Heiligen Geist geeint und zu apostolischem Wirken bestimmt worden. Der Nachfolgegedanke schließt über Weltabsage, Besitzlosigkeit und Askese das Streben nach einer Existenz außerhalb der weltlichen Dinge ein. Damit sollen die Mönche fähig werden, den Ewigkeitszustand des Paradieses, den Frieden, das Fest der Engel, vorwegzunehmen.

Die cluniazensische Reform trug vor allem dazu bei, dass sich das Mönchtum seiner Eigenheiten bewusst wurde. Es begann damit auch, sich aus kirchlichen und weltlichen Abhängigkeiten zu lösen. Keine weltliche Macht, auch nicht der Ortsbischof, dürfe im Bereich des Klosters Cluny Hoheitsrechte ausüben, so ist schon in der Gründungsurkunde zu lesen. Der Staat dürfe nicht mehr in die Kirche hineinregieren. Cluny war aber an der Spitze der Reformbewegung nicht nur einflussreich, sondern auch mächtig und reich geworden. In der Mitte des 11. Jahrhunderts gehörten der Kongregation der Cluniazenser annähernd sechshundert Klöster an, etwa dreitausend in ganz Europa befolgten die Regel Benedikts, so wie

Singende Mönche (Psalm 92). Aus einem Psalter.

sie in Cluny ausgelegt wurde. Clunys Äbte fungierten als Diplomaten und Ratgeber von Päpsten und Fürsten.

Als aber die Mönche daran gingen, ihre dritte Kirche zu bauen, ein monumentales Gebäude, das nach liturgischen Vorgaben in äußerst rationaler Gliederung geplant war, da wurde erstmals Kritik geübt, zunächst nur am materiellen Aufwand. Die Mönche von Cluny hätten das Arbeiten eingestellt, sich von der *regula Benedicti* entfernt, die Hinwendung zu Gott in Gebet und Gottesdienst sei durch Äußerlichkeiten in Form von Bauten und Bildnissen ersetzt worden. Es war ein Mönch, der die Bauherren fragte: »Was macht das Gold im Heiligtum?« Wie der Bau der Kirche finanziert werde, sei ein Skandal.

Durch einen gewissen Kunstgriff wird das Geld ausgegeben, damit es sich vervielfacht, es wird ausgegeben und gemehrt, und Verschwendung schafft

Reichtum. Denn durch Anschauen verschwenderischer, aber wunderbar eitler werden die Menschen mehr zum Geben als zum Beten herangezogen. Wo mehr Reichtümer gegeben werden, wird auch williger gegeben. Vor goldbedeckten Reliquien laufen die Augen über und Börsen gehen auf. Es strahlt die Kirche in ihren Mauern, und an ihren Armen leidet sie Mangel! Ihre Steine kleidet sie in Gold, und ihre Kinder lässt sie nackt. Mit den Gaben der Bedürftigen wird den Augen der Reichen gedient. Die Neugierigen kommen, damit sie erfreut werden, und nicht die Elenden, damit sie genährt werden.

Schärfere Kritik an der Verweltlichung des Mönchtums ist selten geäußert worden. Es war Bernhard von Clairvaux, der Zisterzienser, der Cluny mit diesen Sätzen zurechtwies. Zugleich aber erinnerte er die Cluniazenser letztlich an die Ursprünge der klösterlichen Lebensform.

Asketen, Eremiten und Säulenheilige

Die Anfänge des Mönchtums liegen im Orient. Innerhalb der christlichen Gemeinschaft, die sich allmählich zu einer Institution mit hierarchischer Ordnung formierte, hatte sich vorwiegend in Ägypten seit dem 3. Jahrhundert ein Stand von Asketen herausgebildet, der in der Nachfolge der Apostel nur für den Glauben und die Erkenntnis Gottes leben wollte. Es waren vorwiegend Männer, die sich in Tugend und Verzicht übten, die außerhalb oder am Rand von Städten und Dörfern in Höhlen, auf einsamen Berghöhen oder in der Wüste lebten. Der berühmteste unter ihnen war Antonius der Große (gest. 356), genannt der Eremit. Als syrische Variante radikaler Askese entwickelte sich etwas später das *Stylitentum;* zu legendärem Ruhm als *Stylit* (Säulensteher) brachte es der heilige Symeon Stylites. Mehr als fünfunddreißig Jahre, bis zu seinem Tod, lebte er, um Gott näher zu sein, auf einer kleinen Plattform einer mehr als zwanzig Meter hohen Säule, jedem Wetter ausgesetzt, jeden Tag einer großen Menschenmenge predigend.

Schon zu Zeiten des Antonius wurde indessen das erste Kloster gegründet, in einem verlassenen ägyptischen Ort namens Tabannese. Nach dem Vorbild der Urgemeinde in Jerusalem setzte der Initiator, Pachomius, an die Stelle verstreut liegender Einsiedeleien das gemeinsame Leben in einer von Mauern umschlossenen Siedlung, dem Kloster (lat. *claustrum,* abgeschlossener Ort). Pachomius hatte seiner Gemeinschaft von Mönchen (griech. *monachos,* der allein Lebende) auch gewisse Regeln gegeben, jeder wohnte noch in seiner eigenen Behausung, es wurde aber gemeinsam gebetet, gearbeitet und gegessen.

Klösterliche Gemeinschaften galten fortan als Abbild der Kirche, als Bild des neuen Jerusalem und des neuen Paradieses. Nur in dieser Lebensweise konnte nach einer weit verbreiteten Vorstellung die Vollkommenheit der Nachfolge Christi erreicht werden. Der Kirchenlehrer Basilius von Caesarea (um 330–379) formulierte die erste Regel für die in klösterlicher Gemeinschaft lebenden Mönche, in der die Gewohnheiten für das Zusammenleben festgelegt waren: Schweigsamkeit, Enthaltsamkeit, Demut und Gehorsam sowie regelmäßiges Gebet. Die Arbeit gewann besondere Bedeutung, Arbeit nicht nur zur Aufrechterhaltung des klösterlichen Gemeinwesens, sondern auch zur Bewältigung sozialer Aufgaben außerhalb des Klosters. Sehr schnell nämlich hatte sich die Flucht der Einsiedler aus der Welt in ein Wirken des Mönchtums in die Welt hinein gewandelt.

In der christlichen Welt des 4. Jahrhunderts gab es damit das »normale« Leben in der Gemeinde und das asketische in der Mönchsgemeinschaft. Der Kirchenlehrer Eusebius von Caesarea (um 260–339) hat das wie folgt formuliert:

> Für die Kirche Christi sind zwei Lebensformen festgesetzt worden. Die eine führt über die Natur hinaus, hat nichts zu tun mit der gewohnten und normalen Lebensweise. Sie gestattet die Ehe nicht noch das Zeugen

von Kindern. Den Erwerb von Eigentum duldet sie nicht. Sie verwandelt die Lebensgewohnheiten der Menschen von Grund auf und macht, dass sie, von himmlischer Liebe angespornt, nur noch Gott dienen. Indem sie die Gottheit günstig stimmen, erfüllen sie eine priesterliche Aufgabe zu ihrem Wohl und zum Wohl der anderen. Dies ist die Norm des vollendeten christlichen Lebens. Doch es gibt ein anderes Leben, das die Rechte und Pflichten des staatlichen und sozialen Lebens des Menschengeschlechts nicht verwirft. Der Christ akzeptiert als durchaus empfehlenswert auch diese zweite Lebensweise.

Ein neues Denken: »Bete und arbeite.«

Seit dem 4. Jahrhundert hatten sich auch im Weströmischen Reich klösterliche Gemeinschaften gebildet. Der Mann, der den Mönchen der westlichen Christenheit ein Regelwerk an die Hand geben sollte, erläuterte seinen Grundgedanken mit einem einzigen schlichten Satz: »Wir haben diese Regel verfasst, auf dass wir durch ihre Befolgung in den Klöstern ein rechtschaffenes und gottgefälliges Leben führen mögen.« Und seine Grundregel umfasste nur drei Wörter: *ora et labora,* bete und arbeite. Benedikt von Nursia (480–547), aus einer vornehmen italischen Familie stammend, hat nichts anderes als die von ihm abgefasste Regel hinterlassen. Das Bedeutsame an dieser Regel ist aber, dass sie einen Modus enthält, der die elitäre Stellung des Mönchtums nicht nur bewahrt, sondern sie zur Voraussetzung für dessen gesellschaftliche Wirksamkeit werden lässt.

Benedikt, der als Einsiedler in die Mönchsgemeinschaft gefunden hatte, gründete im Jahre 529 auf dem Monte Cassino ein eigenes Kloster. Anstelle strenger Askese verlangte er in seinem Regelwerk, das aus einem Prolog und dreiundsiebzig Kapiteln besteht, den unbedingten Gehorsam des Einzelnen und die Disziplin der Organisation, für deren Aufbau er Hinweise gab. Der Abt steht dem Kloster mit unumschränkter Gewalt vor, ist aber verpflichtet, vor wichtigen Entscheidungen den

Rat der Mönche einzuholen. Der Abt wird vom Konvent gewählt und vom Ortsbischof bestätigt, die Kleidung ist für alle Klosterbrüder einheitlich festgelegt. Klare Bestimmungen regeln die Aufnahme von Neuzugängen (Novizen). Der Abt bestellt den Verwalter und Beauftragte, die über den Gemeinschaftsbesitz des Klosters zu wachen haben. Der Einzelne darf nichts besitzen: »Alles sei allen gemeinsam, und keiner nenne etwas sein Eigen.« Es wird gemeinsam gebetet, gearbeitet, gegessen und geschlafen. Die manuelle Arbeit ist vorgeschrieben, doch sie ist im Wechsel mit der Lesung heiliger Schriften über den Tag verteilt:

> Mit folgender Verfügung sei die Zeit für beides geordnet. Von Ostern bis zum 14. September sollen sie morgens, wenn sie die Gebete der ersten Stunde beendet haben, bis gegen die vierte Stunde arbeiten, was notwendig ist. Von der vierten Stunde aber bis ungefähr zur sechsten Stunde sollen sie sich der Lesung widmen. Wenn sie aber nach der sechsten Stunde vom Tisch aufstehen, sollen sie auf ihren Betten in völligem Schweigen ruhen, oder wer vielleicht lesen will, lese für sich so, dass er den anderen nicht störe. Und die Gebetszeit der neunten Stunde werde zeitiger gehalten, um die Mitte der achten Stunde. Und wiederum arbeite man bis zur Abendfeier, was zu tun ist. Wenn aber die besonderen Verhältnisse des Ortes oder die Armut es verlangen, daß sie selbst beim Einbringen der Feldfrüchte beansprucht werden müssen, seien sie nicht gekränkt, weil sie dann wahrhaft Mönche sind, wenn sie, wie auch unsere Väter und die Apostel, von der Arbeit ihrer Hände leben.

Zum religiösen Selbstverständnis Benedikts steht die sachlich-nüchterne, auf das konkret Praktische gerichtete Haltung seiner Mönchsregel nicht im Widerspruch. Gerade dieser durchaus *lateinische* Charakter bildete ja die eigentliche Grundlage für das Mönchtum des Westens. Der »Unbeständigkeit« des östlichen Mönchtums setzte er das Gebot des Bleibens am vorgeschriebenen Ort, die *stabilitas loci,* entgegen, damit gab er aber dem Mönchtum des Westens einen neuen Charakter. Seine

Regel ermöglichte das Weiterbestehen der klösterlichen Gemeinschaft als Gründung von Tochterniederlassungen. Das war die Voraussetzung für die spätere Entstehung von Kongregationen, in deren Niederlassungen die gleiche Regel befolgt wurde.

Als Monte Cassino am Ende des 6. Jahrhunderts durch die Langobarden zerstört wurde, bedeutete dies keineswegs den Abbruch der Entwicklung, im Gegenteil: Flüchtende Mönche kamen nach Rom und setzten dort das Werk fort. Im 8. Jahrhundert hatte die Regel des heiligen Benedikt fast alle anderen Regeln in den Klöstern des heutigen Frankreichs und Italiens verdrängt und wurde schließlich allein verbindlich im Reich der Karolinger. Charakteristisch blieb für lange Zeit die Selbstständigkeit der Einzelklöster, eine Struktur, die erst vom Klosterverband der Cluniazenser aufgebrochen wurde, bis sich im 12. Jahrhundert die Ordensstruktur durchsetzte, die den Brüdergemeinden eine hierarchische Ordnung gab.

Der St. Gallener Klosterplan

> Das Kloster soll wenn möglich so angelegt sein, dass sich alles Notwendige, nämlich Wasser, Mühle und Garten innerhalb des Klosters befindet und die verschiedenen Arten des Handwerks dort ausgeübt werden können. So brauchen die Mönche nicht draußen herumzulaufen, denn das ist für sie überhaupt nicht gut.

Bereits die Regel des heiligen Benedikt weist implizit darauf hin, dass es sich bei einem funktionierenden Kloster um ein kompliziertes Organisationsgebilde handelt. In keinem anderen mittelalterlichen Dokument ist dieser raumbezogene Gedanke so umgesetzt worden wie im berühmten St. Galler Klosterplan, der um das Jahr 820 entstanden ist. Es handelt sich um ein einzigartiges, außergewöhnliches Dokument, auf dem die Grundrisszeichnung eines Klosters mit all seinen kultischen, ökonomischen, pädagogischen, gastronomischen und karitativen Baulichkeiten festgehalten ist.

Der Plan, mit roter Tinte gezeichnet, ist vielleicht nur eine Beschreibung des »idealen« Klosters im 9. Jahrhundert, orientiert sich aber an Reichenauer Gegebenheiten, dem Ort seines Entstehens. Auf ihm sind die verschiedenen Gebäude des Klosters auf einer gedachten Fläche von 140 mal 220 Meter um die Stätte des Gebets, eine doppelchörige, dreischiffige Basilika, gruppiert. Der Kreuzgang liegt im Süden der Kirche, seine Bogenreihen umschließen einen quadratischen Garten, in der Mitte jeder Seite befindet sich eine größere Öffnung, die jeweils durch einen Weg mit der gegenüberliegenden verbunden ist. Wo sich die Wege kreuzen, ist ein Sevenbaum (lat. *savina*) gepflanzt, ein Immergrün, das als Symbol ewigen Lebens und des Paradieses gedeutet werden kann. Der *porticus ante ecclesiam,* die Säulenhalle vor der Kirche, war als Kapitelsaal gedacht, hier sollte »die fromme Schar nützlichen Rat halten« und sich zu den täglichen Lesungen, zu Gericht, Abtwahl und anderen Beratungen versammeln. Der Ostflügel verläuft vor einem zweigeschossigen Gebäude, dessen Erdgeschoss die Wärmestube, das *calefactorium,* und dessen Obergeschoss das *dormitorium,* der Schlafraum, einnehmen. Der Südflügel des Kreuzgangs lehnt sich an den gemeinschaftlichen Speiseraum, das *refectorium,* im Erdgeschoss eines gleichfalls zweigeschossigen Klausurgebäudes, dessen Obergeschoss als Kleiderraum eingerichtet ist. Der Westflügel schließlich ist an das Vorratshaus angebaut, unten befinden sich die Keller, das *cellarium,* mit den großen und kleinen Weinfässern, oben die Kammern für andere Vorräte. Das Vorratshaus stößt nicht direkt an die Kirche; zwischen beiden liegt ein Durchgangsraum zur Klausur, in dem die Gäste mit den Mönchen sprechen konnten. Auf der anderen Seite der Kirche, im Norden, finden wir Gästehaus, Schule und die Wohnung des Abtes. Östlich der Klausur waren meist die Kranken untergebracht und die Gärten sowie der Friedhof angelegt, während der südliche und vor allem der westliche Teil des Klostergeländes dem landwirtschaftlichen und handwerklichen Betrieb zugeordnet waren.

Nur gering waren die baulichen Veränderungen, die die Klöster im Verlauf des Mittelalters noch erfuhren, als bedeutendste Neuerung ist jene Halle zu nennen, die als »echter« Kapitelsaal diente. Man nimmt an, dass sich die Mönche bei kalter Witterung nicht am *porticus ante ecclesiam* trafen, sondern sich in geschlossene und möglichst geheizte Räume zurückzogen. So wurde später ein Kapitelsaal im Untergeschoss des Ostflügels eingerichtet, unter dem *dormitorium,* wo sich die Wärmestube für die Mönche befinden sollte. Zum Kreuzgang hin haben diese Hallen meist ein repräsentativ gestaltetes Portal, das vielfach von offenen Bogenstellungen flankiert wurde, die an die Entstehung aus einem Teil des Kreuzgangs erinnern.

Ob diese logisch durchdachte Gebäudegruppierung im 9. Jahrhundert schon architektonisch und baulich realisiert wurde, ist nicht mehr zu belegen. Aber die Idee war geboren, sie war Kommunikations- und Meditationsgegenstand, das geht aus dem Begleitschreiben des Abtes Haito von der Reichenau, der den Plan nach St. Gallen, an den Abt Gozbert, gesandt hat, hervor: »Ich habe Dir, liebster Sohn Gozbert, dieses bescheidene Exempel der Anschauung der Klostergebäude zugesandt, damit Du Deinen Geist an ihm üben kannst.« Und offenbar hat sich die Idee später als brauchbar erwiesen: Die im Plan entworfene Klausuranlage wurde seit dem 10. Jahrhundert mit nur geringfügigen Abwandlungen überall in Europa gebaut.

Monastischer Alltag: die Erfindung der Stunde

Nicht jedem Christenmenschen stand der Weg ins Kloster in gleicher Weise offen. Gewöhnlich bestimmten adlige Familien, um Erbteilungen zu vermeiden, ihre Söhne und Töchter für den geistlichen Stand. Diese traten schon in jungen Jahren als so genannter Oblate in ein Kloster ein, nachdem die Eltern eine Schenkung gemacht hatten. Ein beträchtlicher Anteil der Klöster rekrutierte sich also aus den Schichten, die Grundbesitz hatten.

Wie mag der Eintritt eines Jungen ins Kloster vonstatten gegangen sein? Die *pueri oblati,* die im Kloster erzogenen und für den Ordensstand bestimmten Knaben mussten sich vom ersten Tag an einer strengen Zucht unterwerfen. Unter der Kontrolle eines Lehrmönchs, der sie keine Minute aus den Augen ließ (nicht einmal bei der Notdurft), saßen sie beim Unterricht zwar zusammen, durften aber kein Wort miteinander wechseln. Gelehrt wurde Latein in Wort und Schrift und Rechnen, man lernte Gebete und Kirchenlieder auswendig. Die Lehrer machten die Knaben mit ausgewählten Texten der Bibel, Schriften der Kirchenväter und den Lebensgeschichten von Heiligen, mit den Ordensgründern und ihren Regeln vertraut. Bis zum 15. Lebensjahr dauerte diese Art von Ausbildung, dann begann die Novizenzeit. Mit etwa sechzehn Jahren legte der Novize die Profess, das Ordensgelübde, ab und verpflichtete sich zu Armut, Keuschheit und Gehorsam.

Damit war er in der Regel bis an sein Lebensende ans Kloster gebunden. Die Novizen nahmen einen neuen Namen an. Jetzt hieß es, sich einzufügen in eine strenge hierarchische Struktur innerhalb des Konvents, der Gemeinschaft der Mönche, die vom Professalter bestimmt war. Jüngere Mönche redeten ältere mit *nonus,* Großvater, an, untereinander galt man als *frater,* Bruder. In der Rangfolge des Professalters saßen die Mönche im Kapitelsaal, auch beim Gang zur Kommunion hielt man sich daran. Als Belohnung für den jeweiligen Lebenswandel wurden die Ämter im Kloster vergeben, wobei Mönche aus besonders angesehenen Familien zumeist bevorzugt wurden. Die jungen Mönche wurden zunächst als Schreiber eingesetzt, sie fertigten Güterverzeichnisse, Briefe und Kopien des täglichen Schriftgutes an. Begabte Brüder durften als Miniaturenmaler in den Skriptorien, den Klosterschreibstuben, tätig sein.

An der Spitze des Klosters stand der Abt, ihm hatten alle unbedingten Gehorsam zu leisten – seine Funktion beschränkte sich nicht nur auf das interne Klosterleben, er erfüllte auch Repräsentationsaufgaben nach außen. Der Kontakt zu Fürstenhöfen, Städten und anderen Klöstern wurde per Boten praktiziert, meist durch ältere, erfahrene Mönche, die auch die Priesterweihe hatten. Stellvertreter des Abts waren der Dekan und der Propst, Letzterer war für die Verwaltung des Grundbesitzes und alle wirtschaftlichen Dinge zuständig. Weitere Ämter waren der Zellerar, der die Vorräte, Geräte und die Kleiderkammer verwaltete und auch für die Küche verantwortlich war – in manchen Klöstern gab es den Kämmerer, der für die Kleidung der Mönche sorgte. Die Armenspeisungen und die Pflege der Kranken, zwei wichtige Funktionen monastischer Gemeinschaften, organisierte der Hospitarius. Der Pförtner hatte mehrere Aufgaben, von seiner Zelle am Klostereingang kontrollierte er die ein und aus gehenden Brüder, Laienbrüder, Besucher und Waren. Zugleich war er für das Läuten der Glocken zuständig, eine eminent wichtige Aufgabe angesichts des genau vorgeschriebenen Tagesablaufs der Mönche.

Nach etwa vierstündigem Schlaf begann der Tag der Mönche in einem Benediktinerkloster um ein Uhr morgens mit dem Nachtgottesdienst, den Vigilien (auch *Matutin* genannt). Es wurden Psalmen gebetet und Texte der Kirchenväter vorgelesen, an Sonn- und Feiertagen sang man zusätzlich feierliche Hymnen, etwa »Großer Gott, wir loben Dich«. Auf die Vigilien folgten um drei Uhr die *laudes*, die Lobgesänge. Daran schloss sich bei Tagesanbruch, etwa um sechs Uhr, das Morgengebet an, die Prim, bei der Psalmen und Hymnen gesungen wurden. Weitere Stundengebete waren die Terz um neun, die Sext um zwölf und die Non um fünfzehn Uhr, bei denen jeweils ein Hymnus mit drei Psalmen gesungen wurde. Die Vesper sollte noch bei Tageslicht um achtzehn Uhr stattfinden, das Nachtgebet, die Komplet, um einundzwanzig Uhr.

Vor- und nachmittags waren den Mönchen zwischen den

Stundengebeten feste Zeiten für Lesen und Schreiben zugeteilt. Die Hauptmahlzeit wurde nach der Sext gemeinsam im Refektorium eingenommen, zu Fastenzeiten wurde nur nach der Vesper gegessen, auch dabei wurden von einem wöchentlich wechselnden Vorleser Texte aus der Heiligen Schrift vorgetragen, für die Übrigen herrschte das Schweigegebot. Das Essen war erstaunlich abwechslungsreich und reichhaltig, wie aus den Rechnungsbüchern hervorgeht. Die Lebensmittel – Gemüse, Brot, Milchprodukte, Bier und Wein – kamen aus den eigenen Betrieben, Salz und Gewürze wurden auf dem Markt eingekauft oder von Händlern angeliefert. Klöster ohne Zugang zu Seen und fischreichen Flüssen (bzw. ohne eigenen Fischteich) mussten auch Fisch einkaufen, der ja in der Fastenzeit eine große Rolle spielte. Der Speiseplan wohlhabender Klöster zeigt, dass die Mönche und Nonnen keine »Kostverächter« waren, es gab vor allem Geflügel, Gänse, Enten, Hühner, Tauben, Wildgeflügel wie Wachteln und Fasane, Eier, Rüben, Weißkraut, Gurken, Bohnen und Linsen, am Freitag natürlich Fisch. Demgegenüber war der Genuss des Fleisches von Säugetieren nicht erlaubt.

Die Kleidung der Mönche war sehr einfach: Sie trugen in der Regel eine leinene Tunika, ein langes Untergewand mit kurzen Ärmeln, das auch als Nachtgewand diente, und die Kukulle, einen Mantel mit Kapuze. Zudem standen jedem zwei Hemden, zwei Hosen, ein Gürtel, ein Messer, eine Nadel und zwei Paar Schuhe zu, für den Sommer Sandalen, für den Winter Holzschuhe. Als Bettzeug dienten einfache Kopfkissen aus Stroh, eine Matte und eine Wolldecke. Auch das Waschen und Rasieren der Mönche war genau reglementiert, mehrmals am Tag wuschen sie sich die Hände und das Gesicht, gebadet wurde indessen an bestimmten Terminen im Jahr, man spricht von zwei- bis fünfmal im Jahr. Gerühmt wird die Hygiene der klösterlichen Latrine: Das *domus latrinarum* war zumeist in der Nähe des Dormitoriums errichtet, in vielen Klöstern leitete man Wasser durch die Aborte, um den Unrat wegzuschwemmen.

Der Soziologe Max Weber hat die mittelalterlichen Mönche die ersten »rational lebenden Menschen« genannt, dabei meinte er vor allem, dass sie ein Stunden- und Zeitbewusstsein entwickelt hätten; »die Zeit, oder sagen wir bescheidener, der Zeitgebrauch, ist eine Erfindung des Klosters«, so hat der Mediävist Otto Borst diese Aussage relativiert. Und so wurden immer präzisere Zeitmessgeräte benutzt, Wasser- und Sonnenuhren, seit dem 13. Jahrhundert die Räderuhr, die mechanische Uhr. Die Glocke, die im Turm der Klosterkirche erklang und die Mönche zum Gebet rief, bestimmte auch den Tagesablauf der Menschen in der Umgebung.

Eigenklöster und Totengedächtnis

Das Kloster Cluny in Burgund war 910 auf Initiative des Herzogs Wilhelm von Aquitanien gegründet worden. Es waren seit dem frühen Mittelalter in der Regel hohe weltliche oder geistliche Amtsträger, die Klostergründungen förderten und ausreichende Ländereien und Mittel zur Verfügung stellten für den Bau der ersten Klostergebäude. Zur Versorgung der Mönche wurden den Gemeinschaften Wälder, Felder, Wiesen, Weiden, Weinberge und Gewässer übereignet, zudem erhielten sie das Recht der Selbstverwaltung und -bestimmung, darunter vor allem die *Immunität,* die *Exemtion,* die Befreiung von bestimmten Lasten oder gesetzlichen Pflichten. Demnach übten im Kloster und in seinen Besitzungen idealerweise die aus den eigenen Reihen gewählten Vorsteher die Herrschaftsrechte aus. Die rechtliche Vertretung nach außen, in Prozessen etwa gegen andere Grundeigentümer, musste einem Laien übertragen werden, da Kleriker nicht vor weltliche Gerichte zitiert werden durften. Dieser Vertreter war der *advocatus,* der Vogt, vielfach ein Adliger aus der Umgebung.

Die von Königen gegründeten oder ihnen übertragenen Klöster, später »Reichsklöster« genannt, hatten das *servitium re-*

gis, den Königsdienst, zu leisten. Sie mussten den König und sein Gefolge – es war die Zeit des »Reisekönigtums« – beherbergen und Abgaben zur Finanzierung königlicher Heere leisten. Vor allem aber waren die Mönche zur Fürbitte für den König und die Mitglieder der Herrscherfamilie verpflichtet. Berühmte Gründungen des ottonischen Herrscherhauses im ostfränkisch-deutschen Reich sind Gandersheim und Quedlinburg. Erzbischof Bruno, der Bruder Ottos I., gründete um 960 in Köln das Kloster St. Pantaleon, in dessen berühmter Goldschmiedewerkstatt vermutlich die Reichskrone gefertigt wurde.

Aber auch Bischöfe und Angehörige des hohen Adels traten als Klostergründer auf, die auf diese Weise gegründeten Klöster waren die so genannten Eigenklöster. Das herrschende »Eigenkirchenrecht« besagte, dass demjenigen, der auf seinem Grund und Boden eine Kirche oder ein Kloster gegründet hatte, auch die Herrschaft darüber zustand. Der Grundherr, ein Laie, bestimmte also die Mönche für sein Kloster. In den auch »Hausklöster« genannten adligen Gründungen wurden die unverheirateten und unversorgten Söhne und Töchter untergebracht. Äbte und Äbtissinnen entstammten oft den Stifterfamilien, zudem wählten sich adlige Witwen bevorzugt ihre Hausklöster als Ruhesitze aus. In der Regel wurde in diesen Klöstern auch die Grablege für den Stifter und seine Familie eingerichtet, sodass eine immerwährende Verbindung zwischen Diesseits und Jenseits gegeben war.

Das Totengedenken war schließlich eines der wichtigsten spirituellen Aufgaben der Klöster. Die Toten gehörten mit dem Aussprechen ihres Namens im Gedächtnisgebet zur Gebetsgemeinschaft – die Mönche und Nonnen lebten und beteten nicht nur für ihr eigenes Seelenheil, sondern auch für das anderer, in erster Linie das des Stifters. Im Eigenkloster wurde eine ständige Fürbitte für ihn und seine Familie praktiziert, ihre Todesdaten wurden in die Nekrologien, die Totenbücher der Klöster, eingetragen. In diese kalenderartigen Verzeichnisse konnten sich aber auch auswärtige Adlige eintragen lassen, gegen entsprechende Schenkungen versteht sich. Die Zugehörigkeit zu einer Gebetsgemeinschaft ließ man sich etwas kosten, es ging schließlich um die Fürbitte bei Gott. Es gab zudem zwischen verschiedenen Klöstern Gebetsgemeinschaften, es erfolgten gegenseitige Eintragungen in Verbrüderungs- und Totenbücher.

Durch die Landschenkungen, die Gegenleistungen der Laien für das Gebet der Mönche und Nonnen, verfügten die Klöster über umfangreichen Grundbesitz, vor allem im Hochmittelalter waren sie zu grundherrschaftlicher Macht gekommen.

Bibliothek und Skriptorium: Wie ein Kodex entsteht

Europa – das Werk der Mönche. Diese Behauptung ist, wenn sie denn in dieser Unbedingtheit zutrifft, vor allem auf die geistige, kulturelle und wissenschaftliche Entwicklung des Abendlandes zu beziehen. Mit dem Niedergang der Schriftkultur, der dem Zusammenbruch des Weströmischen Reichs folgte, waren die Klöster die Plätze, in denen bis ins Hochmittelalter hinein die Schriftlichkeit Europas bewahrt wurde. Und es waren hauptsächlich Mönche und Nonnen, die die Vorgaben der karolingischen Renaissance erfolgreich umsetzten und dafür sorgten, dass literarische und wissenschaftliche Werke der Antike überliefert wurden. In Schulen und Bibliotheken der Klöster und der Bischofskirchen, deren Einrichtung Karl der Große in einem Rundschreiben im Jahre 789 angeordnet hatte, wurde das geistige Erbe der Antike bewahrt.

Die meisten Bibliotheken besaßen im Mittelalter höchstens drei- bis vierhundert Werke. Weil sie so kostbar waren, wurden viele Bücher sogar angekettet – man lieh sie nicht gern aus, vor allem weil die Ausleihzeiten ungeheuer lang waren, gar bis zu zehn Jahren. Wie viele Bücher las ein Kleriker damals? Im Allgemeinen begnügten sich die Mönche mit der Lektüre von ein bis zwei Büchern pro Jahr, die indessen mehrmals gelesen wurden. Der heilige Benedikt hatte verfügt: »Sonntags sollten alle lesen. Wenn ein Mönch jedoch faul ist oder zerstreut, sodass er nicht studieren kann, dann sollte ihm eine andere Arbeit zugeteilt werden.« Zudem sollten die Mönche, die die Klosterbibliothek aufsuchten, ihre Kapuze nicht zu tief übers Gesicht ziehen, damit man sehen könne, »ob sie schlummern, statt zu lesen«.

Für den Unterricht in den Klosterschulen, in denen seit dem 12. Jahrhundert auch Kinder des Adels unterrichtet wurden, die nicht für die geistliche Laufbahn bestimmt waren, standen für die Grammatikausbildung etwa die Lehrbücher des lateinischen Grammatikers Donatus Aelius (Mitte des 4. Jahrhunderts n. Chr.) zur Verfügung. Zudem hatte man vielerorts Bücher für Orthographie, Rhetorik und Dialektik angeschafft. Den weitaus größten Bestand der Bibliothek stellten indessen Ausgaben der Heiligen Schrift einschließlich der Apostelgeschichte und der Apostelbriefe. Es folgten theologische Werke, etwa die der Kirchenväter, so die Kommentare des Hieronymus, des Isidor von Sevilla zum Alten Testament und kleinere Werke des Augustinus. Für kirchenrechtliche Fragen griff man auf verschiedene Sammelschriften zurück, etwa auf Handschriften, in denen die Beschlüsse früher griechischer und lateinischer Konzilien publiziert waren. Weitere beliebte Texte, die im Unterricht benutzt werden konnten, waren antike Schriften, etwa Ciceros Schrift *Ad familiares,* Quintilians *Institutiones* und das Hauptwerk des neuplatonischen Philosophen Boethius, *De consolatione philosophiae* (»Über den Trost der Philosophie«), eine im Mittelalter weit verbreitete Lektüre.

In einem Kapitel seines berühmten Romans *Der Name der Rose* schildert Umberto Eco aus der Perspektive seines Chronisten Adson von Melk das *scriptorium* der Benediktinerabtei, die Schreibstube:

> Als wir am oberen Turm der Treppe angelangt waren, traten wir in das Skriptorium, und im selben Augenblick entfuhr mir unwillkürlich ein

> bewundernder Ausruf. Das Obergeschoss war nicht zweigeteilt, der Raum öffnete sich mir in seiner ganzen immensen Weite. Die rundgewölbten Deckengewölbe überspannten einen hellen, von herrlichem Licht durchfluteten Saal. Die Fülle der Fenster bewirkte, dass der große Saal sich auch zu dieser spätherbstlichen Nachmittagsstunde eines gleichmäßigen, diffusen Lichtes erfreuen durfte.

Die Glasscheiben, so berichtet Adson weiter, seien nicht farbig bemalt gewesen, wie in Kirchen üblich, sondern klar und durchsichtig, damit das Tageslicht in denkbar reinster Form eintreten konnte, ein Licht, das die Umwelt erleuchtete und gleichzeitig das im Licht verkörperte Geistesprinzip der *claritas* verkörperte.

> In jener Stunde beginnender Dämmerung erschien mir das Skriptorium wie eine fried- und freudevolle Werkstatt der Weisheit. Restauratoren, Kopisten, Rubrikatoren und Forscher saßen jeder an seinem Tisch, je einer vor jedem Fenster. Sie waren von den Gebeten zur Tertia, Sexta und Nona entbunden, damit sie das Tageslicht für ihre Arbeit voll ausnutzen konnten.

Die hellsten Plätze, so Adson, waren den Restauratoren, den erfahrenen Miniaturmalern und den Kopisten vorbehalten. Jeder Tisch hatte alles, was man zum Malen und Kopieren benötigte: Tintenfässer, feine Federn, die einige Mönche mit winzigen Messerchen schärften, Bimssteine, um das Pergament zu glätten, und Lineale, um die Zeilenlinien zu ziehen. Neben jedem Schreiber bzw. am oberen Ende der schräg gestellten Schreibfläche eines jeden Tisches stand ein Lesepult, auf dem der zu kopierende Kodex ruhte, manche Kodexe waren sogar mit Ketten am Pult befestigt.

So ähnlich ging es in der Tat in den klösterlichen Skriptorien in ganz Europa zu, bis zur Erfindung des Buchdrucks die wichtigsten Herstellungsstätten von Schrifttum aller Art. Im Altertum mit seiner ausgeprägten Schriftkultur waren Bücher

– in Form von Rollen, die aus zusammengeklebten Papyrus-Blättern bestanden – noch in professionellen Schreibstuben gefertigt worden. Papyrus und Wachstafeln waren die bevorzugten Schreibstoffe, wichtige Edikte und dergleichen mehr wurden in Stein oder auf Bronzetafeln verewigt.

Seit dem 4. Jahrhundert n. Chr. ging man dazu über, Pergament zur Buchherstellung zu verwenden. Pergament ist vom Standpunkt der zügigen Beschreibbarkeit, der Reiß- und Radierfestigkeit sowie der Dauerhaftigkeit der ideale Beschreibstoff. Es besteht aus Tierhäuten von Schaf (Lamm), Ziege und Kalb. Die Häute wurden nicht wie Leder gegerbt, sondern in Kalkwasser gebeizt, dann enthaart und glatt geschabt, gespannt, mit Bimsstein geglättet und schließlich auf beiden Seiten mit Kreideschlamm behandelt, der nach dem Trocknen und Klopfen eine glatte, oft samtartige, fast weiße Schreibfläche erzeugt.

Die Verwendung von Pergament hatte allerdings einen großen Nachteil: Die Herstellung von Büchern war sehr teuer. Für die Pergamentbeschaffung eines Buches von zweihundert Blättern wurden die Häute von etwa fünfzig Tieren benötigt. Mit Gold und Silber verzierte Prachthandschriften kosteten Unsummen. So ist überliefert, dass Abt Walther von Michaelbeuern in der zweiten Hälfte des 12. Jahrhunderts für zehn Talente (etwa zehn Mark Silber) eine kostbare Bibel auf Goldgrund erwarb.

Am Beispiel eines karolingischen Evangelienbuches seien die Arbeitsvorgänge bei der Herstellung eines Kodex kurz beschrieben: Je nach Anforderung des Auftraggebers hinsichtlich Text und Schmuck berechneten und konzipierten die – namentlich zumeist nicht genannten – Mönche das Format, den Schrift- und Bildspiegel, die Größe der Schrift, die Anzahl der Zeilen, Bilder und Zierseiten. Danach musste Pergament beschafft werden, eine Lage mit vier *bifolia* (Doppelblättern) wurde *quaternio* (Viererlage) genannt, dafür benötigte man schon die Häute von zwei Kälbern. Da Haar- und Fleischseiten des Pergaments ein unterschiedliches Aussehen haben, wurden die

Bifolia – aus Gründen der Einheitlichkeit – so angeordnet, dass Haarseite auf Haarseite und dementsprechend Fleischseite auf Fleischseite lagen. Nach dem Beschneiden der Doppelblätter wurden die Linien gezogen und ein Satzspiegel eingedrückt. Dann begann in strenger Arbeitsteilung ein Mönch mit dem Schreiben des Textes in der karolingischen Minuskelschrift. Pro Tag schrieb ein Kopist etwa vier bis sechs Seiten. Ein Jahr benötigte man so, um eine Bibel zu kopieren. Ein guter Kopist fertigte in seinem Leben daher etwa vierzig bis fünfzig Werke an.

Kompositorischer Höhepunkt der Arbeit war aber das Malen der Bilder, in diesem Fall der Evangelisten und ihrer Symbole, der den Bildern gegenüberliegenden Titelseiten (mit monumentalen Lettern), dann der Initialzierseiten und schließlich der Textseiten. In der Farbskala benutzten die Illuminatoren – so wurden die Hersteller von Malereien in Handschriften und Büchern des Mittelalters genannt – als Deckfarbe bevorzugt Purpur, das Mennige (Rotorange) diente als Schreibstoff für Anfangsbuchstaben, Lapislazuli, Gold und Silber gaben den Bildern eine hohe Wertigkeit. Von Dagulf, einem Schreiber am Hof Karls des Großen, ist der Satz überliefert: »Goldene Worte künden ein Goldenes Zeitalter an.« Die Herstellung eines Evangelienbuchs war also fast schon eine sakrale Handlung.

Bernhard von Clairvaux und die Zisterzienser

Im März 1802 schrieb Friedrich Schiller an Goethe: »Ich habe mich dieser Tage mit dem hl. Bernhard beschäftigt – er war das Orakel seiner Zeit und beherrschte sie, weil er bloß ein Privatmann blieb und andere auf dem ersten Posten stehen ließ. Päpste waren seine Schüler und Könige seine Kreaturen.« Und der Kultur- und Kunsthistoriker Jakob Burckhardt hat in offensichtlichem Anschluss an Schiller bemerkt: »Er war ein

Orakel und half, den Geist des 12. Jahrhunderts zu unterdrücken.«

Bernhard, geboren als Sohn des Grafen von Fontaines, war 1112 in das Reformkloster Cîteaux eingetreten, ein Benediktinerkloster neuer Prägung. Es wurde Ausgangspunkt eines neuen Ordens, dessen Angehörige sich nach dem latinisierten Ortsnamen von Cîteaux – *Cistercium* – Zisterzienser nannten. Bernhard machte den Orden in ganz Europa bekannt. Er war ein glänzender Prediger, ein Meister des Wortes, der in Rede und Schrift den Geist der Zisterzienser prägte. Man nannte ihn den »Herold Gottes«. Bereits drei Jahre nach seinem Eintritt in Cîteaux verließ er das Mutterhaus und gründete das unweit gelegene Clairvaux, lateinisch *clara vallis,* helles Tal. Er definierte die Ziele des neuen Ordens folgendermaßen:

> Unser Orden bedeutet Entsagung, Demut, freiwillige Armut, Gehorsam, Friede und Freude im Heiligen Geist. Unser Orden heißt, sich einem Meister zu unterwerfen, einem Abt, einer Regel, einer Disziplin zu gehorchen. Unser Orden verlangt Schweigen, Fasten und Wachen. Unser Orden ist schließlich Übung des Gebets und der Hände Arbeit, aber er besteht auch darin, den vornehmsten Weg zu gehen, der da die Barmherzigkeit ist.

Den Cluniazensern warf Bernhard Verweltlichung vor. Und er kritisierte vor allem die zunehmend pompösen Bauwerke ihrer Klosterkirchen – die in Cluny war bis zum Bau der Peterskirche in Rom die größte der Welt. Unter seinem Einfluss distanzierten sich die Zisterzienser entschieden von Cluny und seinem Großabt. Andererseits war Bernhard ein Mönch mit dem Drang zu weltlichem Wirken, seit 1118 stand er an der Spitze des Zisterzienserordens. Er nutzte diese Stellung auch politisch aus, indem er etwa im Schisma des Jahres 1130 für Papst Innozenz II. Partei ergriff und 1146 eine gewaltige Kreuzzugsbewegung entfesselte. Dabei predigte er auch in zahlreichen Städten am Rhein.

Bernhard rief bis zu seinem Tod im Jahre 1153 etwa siebzig weitere Niederlassungen seines Ordens ins Leben. Insgesamt soll es zu diesem Zeitpunkt schon etwa dreihundertvierzig Zisterzienserklöster gegeben haben. In ganz Europa waren sie entstanden, mit charakteristischen Namen wie Fontenay, Troisfontaines, Clairefontaine, Bellevaux, später dann Marienfeld, Marienthal oder Mariensee – was auch etwas über die Lage der Klöster sagt, die zumeist in abgelegenen Tallagen errichtet wurden. Die *consuetudines* (Gewohnheiten) und *instituta* (Satzungen) des Ordens verpflichteten zur Befolgung der *regula Benedicti,* zum harmonischen Zusammenleben der Mönche, zur Armut, und sie verboten jeglichen Luxus in der Kleidung wie beim Essen. Als Aufgaben der Mönche schrieben sie das Gotteslob, die Lektüre der heiligen Schriften und die körperliche Arbeit vor, eigentlich nicht Neues, aber ein Zeichen dafür, dass es nötig war, dies zu betonen, weil sich das Mönchtum mittlerweile von seine ursprünglichen Zielsetzungen entfernt hatte.

Neu war bei den Zisterziensern das Gebot des Zusammenhalts, es war gegen die Verselbstständigung einzelner Klöster gerichtet. Alle Äbte hatten sich einmal im Jahr auf einem Generalkapitel einzufinden, und jedes Kloster musste sich zweimal pro Jahr von einem Beauftragten, meistens vom Abt des jeweiligen Mutterhauses, kontrollieren *(visitieren)* lassen. Diese zentralistische Organisationsform einer Kongregation war in der Geschichte des Mönchtums neu. Sie erst schuf eigentlich den Mönchsorden. Ihre Auswirkungen berührten das politische, soziale und kulturelle Leben Europas in den nächsten zwei Jahrhunderten.

Neue Orden: Dominikaner und Franziskaner

Neben den Zisterziensern waren im 12. Jahrhundert weitere Orden entstanden, die bedeutendsten unter ihnen waren die Prämonstratenser und die Kartäuser, die sich wie die Zisterzienser unmittelbar dem Papst unterstellten. Die Kartäuser gehen zurück auf den heiligen Bruno von Köln (um 1032–1101), der sich nach einem Bekehrungserlebnis dem Einsiedlerleben verschrieben hatte. Die nach seinem Vorbild eingerichteten Einsiedlergemeinschaften wurden »Kartausen« genannt, nach dem Felsengebiet der Chartreuse, wo Bruno und sechs Gefährten im Juni 1084 die erste Niederlassung gegründet hatten. Auch Norbert von Xanten, der Gründer des Ordens der Prämonstratenser, hatte auf das Ideal der Urkirche zurückgegriffen, als er mit einigen Gefährten das Kloster Prémontré bei Laon errichtete. Schon 1126 bestätigte Papst Honorius II. den neuen Orden, der sich rasch ausbreitete. Im Osten Deutschlands dienten die Niederlassungen der Prämonstratenser als Stützpunkte der Mission.

Während die Kartäuser ihre Blütezeit im Spätmittelalter und in der Frühen Neuzeit haben sollten, hatten Zisterzienser und Prämonstratenser im 13. Jahrhundert ihren Höhepunkt schon überschritten. Das zisterziensische Mönchtum fand, fern von den aufstrebenden Städten, keinen Zugang zu den gesellschaftlichen Umwälzungen, die dort seit dem 11. und besonders 12. Jahrhundert stattgefunden hatten. Auch die Bischöfe und der städtische Klerus hatten keine Antworten auf die neuen sozialen Fragen, die sich im Gefolge der Urbanisierung stellten. Und so war es kein Wunder, dass »häretische« Prediger, die überall in Europa den Reichtum und die Verschwendungssucht der kirchlichen Amtsträger und den gleichermaßen unchristlichen Lebenswandel der weltlichen Eliten anprangerten, großen Zulauf fanden, vor allem in den städtischen Unterschichten.

Innerhalb der neuen sozialreligiösen Bewegungen in den Städten wurde eine aktive Teilhabe an der christlichen Lehre gefordert, eine von vielen Forderungen neben den zahlreichen Irrlehren und Häresien, denen die Amtskirche ratlos gegenüberstand. Der Anziehungskraft »ketzerischen« Gedankenguts konnte sie nichts entgegensetzen, dazu hätte es seitens der Kirche eines Enthusiasmus bedurft, der dem der Häretiker gleichkam. Dieser Enthusiasmus erwuchs der Kirche im 13. Jahrhundert in den Bettelorden, als »Arme unter Armen« nahmen die Bettelmönche die Herausforderung der häretischen Bewegungen an.

Zwei Laien »retteten« die Kirche zu Beginn des 13. Jahrhunderts: der spanische Adlige Domingo de Guzmán (um 1170 bis 1221) und der Kaufmannssohn Giovanni Bernadone (1181/82 bis 1226) aus Assisi. Der Erste, Dominikus, wurde nach seinem Studium in Palencia, im Hochland von Altkastilien, ins Domkapitel von Osma (Nordspanien) berufen. In Begleitung des Bischofs von Osma predigte er seit 1207 in Südfrankreich im Rahmen des päpstlichen Verkündigungswerks, das zur Bekehrung von Waldensern und Katharern ins Leben gerufen worden war. Dominikus, der als ein Mann von demütiger Liebenswürdigkeit geschildert wird, den die Sorge um das Seelenheil der Menschen antrieb, konnte wohl große Erfolge in der Rückgewinnung von Katharern für die rechte Lehre erzielen. Aus den Erfahrungen ihres Wirkens entwickelten Dominikus und der Bischof ihr Konzept der apostolischen Predigt in evangelischer Armut. Eine effektive Bekämpfung der Katharer, das war ihre Überzeugung, ließ sich nur durch argumentative Predigt und gelebtes Beispiel verwirklichen.

Im Lauf der nächsten Jahre schlossen sich Dominikus einige Gefährten durch Profess an. Der Bischof von Toulouse bestätigte die neue Predigergemeinschaft, die sich 1215 als Orden konstituierte: *Ordo fratrum praedicatorum,* Orden der Predigerbrüder, lautete sein offizieller Name; nach dem Gründer werden sie bis heute Dominikaner genannt. Im Spätmittelalter bildete man daraus auch *Domini canes,* Wachhunde des Herrn. Papst Innozenz III. bestätigte die Regeln des neuen Ordens bereits 1216 und nahm ihn unter seinen apostolischen Schutz.

Schon in den *constitutiones antiquae,* den ältesten Satzungen, wurde den Ordensmitgliedern ein immerwährendes Studium auferlegt: das Theologiestudium als Voraussetzung der Predigt, das war das Neue am Orden der Prediger. Die Wahrheit des katholischen Glaubens sollte in ihrer Unverfälschtheit und Reinheit von den Brüdern verkündet werden. Der Ordensgründer hatte bereits 1217 einige Mitbrüder zum Studium nach Paris geschickt; dort entstand später die zentrale Ausbildungsstätte des Ordens, *studium generale* genannt. Mitglieder des Ordens zeigten dann auch bald eine gewisse Neigung zur Wissenschaft. Grundlegend war aber der Korporationsgedanke, der den Orden als ortsunabhängigen Personenverband formte, das heißt, die *stabilitas loci,* das benediktinische Gebot zu lebenslangem Verbleib in einem Kloster, war aufgehoben. Zwischen den einzelnen Stützpunkten, die der Orden ausnahmslos in Städten errichtete, gab es einen lebhaften Austausch von Personal und Ideen. Seit den 1220er Jahren errichtete man überall in Europa Konvente, zunächst provisorisch eingerichtete Häuser.

Der Orden war in Provinzen gegliedert, denen die Klöster einer größeren Region angehörten – die Provinz Teutonia umfasste 1303 bereits sechsundneunzig Konvente, die siebenundvierzig nord- und ostdeutschen wurden damals der neuen Provinz Saxonia unterstellt. Alle Oberen, die Prioren der Konvente, die Leiter der Provinzen und selbst der Ordensmeister, der *magister generalis,* wurden auf Zeit gewählt. Strikte Besitz- und Anspruchslosigkeit war den Ordensmitgliedern vorgeschrieben, sie sollten »nach dem Beispiel unseres Herrn und Meisters selbst handeln und lehren, das heißt, ganz demütig auftreten, zu Fuß gehen, ohne Gold und Silber, und in allem das Leben der Apostel nachahmen«. Der Unterhalt der Konvente wurde durch Almosen und Bettel bestritten, was zumindest im 13. Jahrhundert, als der Orden in ganz Europa ungeheuren Zulauf verzeichnen konnte, funktionierte. Man nannte die Brüder auch »Mendikanten« (lat. *mendicare,* betteln).

Als Seelsorger aller Schichten auftretend, waren die Predigerbrüder natürlich Konkurrenten des Ortsklerus, ihre Predigten trafen den Nerv der Zeit. Die Mönche stammten aus allen Ständen und lebten aus vollem Herzen brüderliche Solidarität mit den Armen und sozial Schwachen vor, sie verlangten keinen Zehnt für Predigt und Beichte. Von den Bürgern der Städte wurden sie bereitwillig aufgenommen, man ging enge Bindungen ein, großzügige Schenkungen erlaubten den Bau schlichter Konventgebäude und Kirchen, die als Predigtkirchen mit der Kanzel als Mittelpunkt angelegt waren.

Im Jahr 1206 verzichtete Giovanni Bernardone, in Assisi Francesco genannt, in einer Gerichtsverhandlung auf sein väterliches Erbe. Er hatte damals schon ein bewegtes Leben hinter sich, war nach unbeschwerter Jugend durch Krieg und Kriegsgefangenschaft und eine schwere Krankheit in eine Lebenskrise geraten, so schildern es zumindest seine Lebensbeschreibungen. Eine wichtige Etappe auf seinem Bekehrungsweg ist das Gebet in der Kapelle von San Damiano, wo er die Stimme des Gekreuzigten hörte: »Gehe hin und richte mein Haus, das verfällt, wieder auf.« Franziskus nahm das wörtlich und begann, die Kapelle zu renovieren. Nach einem Besuch bei Aussätzigen und nach der Trennung von seiner Familie erkannte er schließlich in den Worten Jesu an die Jünger (Matthäus10, 5 ff.) seine wahre Berufung: Bruder der Armen zu sein, ihnen als der »Geringere« zu dienen. Das Gebot Christi »Gehet hin und verkündet« sowie die Aufforderung an die Apostel, nichts mitzunehmen, keine doppelten Kleidungsstücke, keine festen Schuhe, keinen Stab, vor allem aber kein Geld, wies ihm den Weg, den er fortan gehen wollte: barfuß, in einem groben, braunen Wollgewand, die Lehre des Evangeliums predigend. Um nicht in den Verdacht der Häresie zu geraten, zog er mit einigen Gefährten nach Rom, denn vom Papst höchstpersönlich wollte er die Erlaubnis einholen, in absoluter Armut zu leben und die Laienpredigt zu halten. Die Regel, die er dem Papst vorlegte, bestand hauptsächlich aus Zitaten aus den Evangelien. Es sei sein einziger Wunsch, so erklärte er, gemäß dem Evangelium zu leben. Innozenz III. gewährte den »minderen Brüdern« was er anderen Anhängern des Armutsideals verwehrt hatte: Beeindruckt von der bedingungslosen Kirchentreue, die Franziskus immer wieder betonte, bestätigte er mündlich die Regel der neuen Gemeinschaft. Der neue Orden schuf

– mit dem Segen des Papstes – auch eine neue Basis für das Mönchtum, das sich nun allen gesellschaftlichen Schichten öffnete und das urchristliche Armuts- und Askeseideal nicht elitär, sondern gesamtgesellschaftlich verstand.

Die Erfolge, die der *ordo fratrum minorum,* der Orden der minderen Brüder, allenthalben durch Wanderpredigt, Bußpredigt und Mission erzielte, war immens. Nicht zuletzt erregte es Aufsehen, dass der Orden keinen ständischen Begrenzungen unterlag. »Gleich ob reich oder arm, ob von Adel oder nicht, ob klug oder einfach, Kleriker oder ungebildeter Laie, ein jeder, der vom Geiste Gottes geführt, hinzutrat, wurde aufgenommen«, heißt es in der ersten Biografie des heiligen Franz von Assisi.

Neben den minderen Brüdern entwickelte sich der »Zweite Orden«, die Klarissen, ein Frauenorden, der von Klara, einer Freundin und Schülerin des Franziskus, gegründet worden war. Zudem entstand der »Dritte Orden«, der aus Laien, Männern und Frauen, auch Verheirateten, gebildet wurde, die sich den Idealen des *poverello,* des kleinen Armen, wie man ihn auch nannte, verpflichtet fühlten. Sie wurden »Tertiarier« genannt und widmeten sich vor allem der Krankenpflege. Schon 1220 sollen etwa siebentausend Mönche dem Orden angehört haben, 1221 konnten die Minderbrüder auch in Deutschland Fuß fassen, eine deutsche Provinz wurde gegründet. In den Städten hatten die franziskanischen Wanderprediger den größten Zulauf. »Die Einwohner der Stadt«, schrieb 1250 ein Chronist, »wurde beim Anblick der Einfalt und Demut der Brüder so betroffen, dass sie vor ihnen das Knie beugten und ihren Fußstapfen Ehre erwiesen.«

Franziskus selbst war kein Organisator. Er hatte sich lange geweigert, seine Gemeinschaft in einen regelrechten Orden umzuwandeln – 1221 hatte er endgültig darauf verzichtet, die direkte Leitung des Ordens zu übernehmen. Die offizielle Genehmigung der Ordensregel erfolgte erst unter Papst Honorius III., das Gebot zum unbedingten Gehorsam gegenüber dem Stuhl Petri war darin noch einmal besonders hervorgehoben. Der Ordensgründer hatte sich nach Assisi zurückgezogen, wo er in der Nachfolge des leidenden Christus die Zeichen der Stigmatisierung empfing, die Kennzeichnung mit den fünf Wundmalen des Herrn. In den letzten Monaten seines Lebens verfasste er seinen berühmten *Sonnengesang,* eine einzigartige Lobpreisung der Schöpfung. Franziskus starb am 3. Oktober 1226, bereits zwei Jahre später wurde er heilig gesprochen.

Die Klosterkultur der westlichen Christenheit, im Hochmittelalter hauptsächlich vom Adel, der Herrenschicht, getragen, hatte eine neue Gesellschaftsgruppe geschaffen: die *oratores,* die Betenden, die der Welt den Rücken kehrten, ihr stellvertretend für alle entsagten, um auch die Laien zu retten. Somit waren sie aber in den Dienst der Gemeinschaft getreten, die sie stabilisierten und kultivierten. Das Mönchtum als Hort der Gelehrsamkeit, als gesellschaftliche Klammer für Arm und Reich, als geistliche Institution hat die Formierung der mittelalterlichen europäischen Gesellschaftsordnung beeinflusst wie sonst niemand.

Die entscheidende Bedeutung der neuen Orden, der Franziskaner und Dominikaner, liegt darin, dass es ihnen als übernationalen, universalen Ordensgemeinschaften gelang, die hochmittelalterliche Armutsbewegung in die Kirche zu integrieren. Trotz unterschiedlicher Ausgangspunkte und ihres unterschiedlichen Charakters waren beide Orden auch im Spätmittelalter auf Wahrung des Armutsideals bedacht. Beiden Orden blieb indessen das Schicksal ihrer Vorgänger nicht erspart: Die Idee vom Leben in der Nachfolge Christi geriet in Widerspruch zur Realität, die Bettelorden entwickelten sich allmählich zu mächtigen und finanzkräftigen Organisationen. Das urchristliche Armutsideal blieb utopisch, doch die Idee zeigte bis zum Ausgang des Mittelalters ihre Wirkung.

Die Emanzipation von Wissenschaft und Technik

Seit dem frühen Mittelalter besaß der Klerus das Bildungsmonopol. Erst die Entstehung einer Stadtkultur hatte die Schriftlichkeit von Laien zur Folge, vor allem Kaufleute lernten lesen und schreiben. Die großen geistigen Fragen wurden aber noch immer von Klerikern diskutiert, jedoch nicht mehr in den Klöstern auf dem Lande, sondern in den Städten, in Dom- und Kathedralschulen und in den entstehenden Universitäten. Das drängendste geistige Problem im Hochmittelalter, die Frage nach der Vereinbarkeit von Glauben und Wissenschaft, lösten indessen im 13. Jahrhundert wissenschaftlich ausgebildete Mönche. Neue Denksysteme brachten einen Umschwung in den Naturwissenschaften und einen gewaltigen Zuwachs an naturwissenschaftlichen Kenntnissen mit sich. Die Fortschritte in den Wissenschaften wurden begleitet von technischen Neuerungen mit immensen wirtschaftlichen und sozialen Konsequenzen.

Die Revolution des Denkens: die Scholastik

Am Beginn des 12. Jahrhunderts hatten sich erstmals »freie« Korporationen von Lehrern und Schülern zumeist an Domschulen gebildet. Diese neuen Gemeinschaften wollten nicht im Sinne der Domkleriker ein gemeinsames, Gott zugewandtes Leben führen, sondern in gemeinsamem Erfragen die Welt, so wie sie durch die Heilige Schrift vorgegeben war, zu erklären versuchen. Seit der Spätantike war der überlieferte wissenschaftliche Lehrstoff im Fächerkanon der »sieben freien Künste« *(septem artes liberales)* angeboten worden: Dieser Kanon war wiederum untergliedert in das *trivium,* die drei sprachlichen unteren Fächer Grammatik, Rhetorik und Dialektik, sowie das *quadrivium,* die vier mathematischen höheren Fächer

Arithmetik, Geometrie, Astronomie und Musik. Diese Fächer galten als »Werkzeug« für die Erklärung der Heiligen Schrift und der Werke der Kirchenväter.

Die neuen Schulen (lat. *scholae)* wurden von Magistern geleitet, »Scholaren« nannte man die Angehörigen dieser Gemeinschaften. Die Scholastik, die »Schullehre«, war quasi eine neue philosophische Theologie, die das Denken des Hohen Mittelalters entscheidend verändern sollte. Als Vater der Scholastik gilt Anselm von Canterbury (1033–1109), der als Erster aussprach, dass Glaube nicht Verneinung der Vernunft bedeuten könne: *fides quaerens intellectum,* der Glaube verlangt nach Vernunft, und *credo, ut intelligam,* ich glaube, damit ich verstehe, lauten seine berühmtesten Sätze. Die Form des »scholastischen« Unterrichtsbetriebs, so wie ihn etwa der berühmte Petrus Abaelard(us) betrieb, unterschied sich seit Beginn des 12. Jahrhunderts nicht zuletzt in der Form der Wissensvermittlung vom traditionellen Lehrbetrieb in Dom- und Stiftsschulen. Die Scholastik wollte in erster Linie dem denkenden, seine Vernunft anwendenden Menschen die christliche Lehre einsehbar machen, also letztlich *Glauben und Wissen* miteinander harmonisieren. Nicht allein die Aneignung des aus klassischem und christlichen Altertum überlieferten Wissens stand auf dem Lehrplan, Ziel des Studiums war die geistige Durchdringung des Stoffs mittels Fragestellung *(quaestio)* und Beantwortung in gemeinsamer argumentativer Diskussion *(disputatio).*

Schon lange vor Anselms und Abaelards Schriften war – nicht zuletzt durch arabische Vermittlung – neuer Wissensstoff nach Europa gelangt: antikes Bildungsgut, Texte des Pythagoras, des Hippokrates und des Galen, vor allem aber die Schriften des Aristoteles. In der Blütezeit der arabischen Hochkultur waren dessen Texte aus dem Griechischen ins Arabische übertragen worden, nun übertrug man in Europa diese Übersetzungen ins Lateinische.

Der Umweg über den Orient ist für die Aristoteles-Rezeption höchst bedeutsam: Es wurden nämlich Texte großer arabischer Gelehrter, die sich mit dem Werk des Aristoteles auseinander gesetzt hatten, einfach mit übersetzt, wie etwa die des Ibn Sina (latinisiert *Avicenna,* um 980–1037) und des Ibn Ruschd (*Averroes,* 1126–1198). Averroes, der im maurischen Spanien als Richter wirkte, gilt seinen scholastischen Jüngern in Europa – wegen seiner Aristoteles-Kommentare – schon bald als *der* Kommentator, während Aristoteles als *der* Philosoph schlechthin gefeiert wurde, der ein geniales, geschlossenes Gebäude aller Wissenschaften liefert, eine nicht überbietbare Zusammenfassung weltlicher Weisheit.

Dass Araber und Juden sich mit dem griechischen Philosophen eingelassen hatten, machte ihn in den Augen christlicher Fundamentalisten beinahe zwangsläufig verdächtig. Und so ist es kein Wunder, dass im Lauf des 13. Jahrhunderts mehrfach, auch seitens des Papstes, das Verbot erlassen wurde, die Werke des Aristoteles zu studieren und zu interpretieren. Einen weiteren Anlass für dieses strikte Vorgehen lieferten auch die so genannten Averroisten in Paris: Sie argumentierten, dass es Stufen des Geistes gebe, Unterschiede zwischen philosophischem Wissen und theologischem Glauben. Einer ihrer Wortführer, Siger von Brabant (um 1240–1283), bemerkte angesichts der von ihm festgemachten Widersprüche zwischen kirchlicher Lehre und aristotelischem Weltgebäude: »Sprechen wir hier nicht von Gottes Wundern, wir haben jetzt über Natürliches natürlich zu verhandeln.« Siger wurde bereits 1270 gemaßregelt und musste 1277 fliehen.

Albertus Magnus und Thomas von Aquin

Es sollte das Verdienst zweier Dominikaner werden, das aristotelische Werk für das christliche Weltbild nutzbar zu machen, eine Brücke zwischen Evangelium und Aristoteles zu schlagen, ohne eine totale Umwälzung des christlichen Weltbilds herbeizuführen. Der Erste war der schwäbische Grafensohn Albert aus Lauingen (um 1200–1280) der bereits in den 1220er

Jahren in den Orden eingetreten war und von 1245 bis 1248 als Theologieprofessor an der Universität Paris lehrte. Albert, der sich seine staunenswerten Kenntnisse meist autodidaktisch angeeignet hatte, wurde schon damals »der Große« (Magnus) genannt, er wollte, wie er selbst sagt, seinen Ordensbrüdern Aristoteles durch Beispiele und Erfahrungen verständlich machen, die zugleich Gewissheit schaffen könnten. So schrieb er seine zahlreichen Bücher zu Theologie, Philosophie, Mathematik, Geografie, Chemie, Botanik und Zoologie, mehr sammelnd und zusammenfassend.

Als er 1248 nach Köln berufen wurde, um das Generalstudium der Provinz Teutonia einzurichten, begleitete ihn sein Schüler Thomas von Aquin (1225–1274). Seine Mitbrüder nannten ihn wegen seiner Zurückhaltung den »stummen Ochsen«. Albert war indessen von der außergewöhnlichen Begabung des Süditalieners überzeugt: »Er wird mit seiner Lehre noch ein solches Brüllen von sich geben, dass es in der ganzen Welt ertönt«, soll er geäußert haben. Albert führte im Kölner Konvent den schlichten Titel eines Lesemeisters, dem verschiedene Assistenten zur Seite standen; sie unterrichteten die Mitbrüder in den »freien Künsten«, der Philosophie und gaben auch Einführungskurse in Theologie. Der Lesemeister nahm dann die exakte Interpretation einzelner Bibelstellen vor. Neben seinen theologischen Vorlesungen hielt Albert auch Vorlesungen zur *Nikomachischen Ethik*. Sein besonderes Interesse galt der Erschließung des gesamten Aristoteles sowie der Beschäftigung mit anderen antiken Autoren. Im Kommentar zur *Metaphysik* schrieb er: »So wisse, dass ein Mensch in der Philosophie nur durch die Kenntnisse der beiden Philosophien des Aristoteles wie des Plato vollkommen wird.«

Auch nach Alberts Tod im Jahr 1280 blieb das Kölner Studienhaus die nach Paris wichtigste Ausbildungsstätte des Ordens. Hier studierten und lehrten im 14. Jahrhundert unter anderen Meister Eckart, Heinrich Seuse und Johannes Tauler, herausragende Vertreter der deutschen Dominikanermystik.

Thomas von Aquin war indessen schon 1252 nach Paris zurückgegangen, um dort zu promovieren. Sein wichtigstes Werk ist die *Summa theologica,* in der die Versöhnung von Vernunft und christlicher Offenbarung in einem harmonischen System vollbracht ist. »Nichts steht im Wege, dass von denselben Dingen, die die Philosophie gemäß ihrer Erkennbarkeit im Licht der natürlichen Vernunft behandelt, auch eine andere Wissenschaft im Licht der göttlichen Offenbarung handelt.«

Thomas von Aquin war davon überzeugt, dass die Wirklichkeit ein gesetzmäßig geordnetes Reich darstellt, das der menschlichen Erkenntnis zugänglich ist. Doch er wusste, dass das menschliche Erkennen an Grenzen stößt. Über ihm stehen, der Erfassung durch menschliches Denken entzogen, das Reich der übernatürlichen Wahrheit, die Geheimnisse des christlichen Glaubens. Er starb schon 1274 und wurde ebenfalls in die Geisteskämpfe des späten 13. Jahrhunderts hineingezogen. 1277 wurden einige seiner Lehrsätze indiziert, selbst dem nach Paris geeilten Albert gelang es nicht, die Verurteilung rückgängig zu machen. Nach seiner Rehabilitierung wurde der Dominikaner aus Roccasecca bei Aquino bereits 1323 heilig gesprochen. Im 19. Jahrhundert sollte der Thomismus gar zur offiziellen Philosophie der katholischen Kirche erhoben werden. Seine *Summa theologica* hat entscheidend dazu beigetragen, dass man das Spätmittelalter nicht ganz zu Unrecht als die Epoche der »Weltherrschaft der aristotelischen Philosophie« bezeichnen kann, die erst durch Humanismus, Reformation und Aufklärung beendet wurde.

Die Revolution der Technik: Von Wasseruhren, mechanischen Uhren, Wassermühlen und Kriegsschiffen

Die gebildeten Kleriker, Domscholastiker wie Mönche, befassten sich indessen nicht nur mit Theologie und Philosophie, sondern zeigten auch ein großes Interesse am technischen Wissen und anderen praktischen Dingen. In vielen gelehrten Abhandlungen über die Wissenschaften kamen immer wieder praxisorientierte Themen zur Sprache. So äußerte sich der italienische Dominikaner Giovanni da San Gimignano im 14. Jahrhundert in seiner Enzyklopädie über solch vielfältige Themen wie Fischerei und Landwirtschaft, Gartenbau, Schiffsbau, Malen und Zeichnen, Festungsbau, Maße und Gewichte. Dass die Entwicklung möglichst genauer Uhren von den Klöstern ausging, ist schon angeklungen: Nirgendwo anders als im klösterlichen Tagesablauf war die Festlegung der Gebetszeiten und des Tagesablaufs so wichtig.

Die Einteilung des Tages in zwölf Doppelstunden bzw. vierundzwanzig Stunden geht auf die Babylonier zurück. Die Römer teilten den Tag in sieben Abschnitte, die Nacht bestand – so die beim Heer übliche Einteilung – aus vier gleichen Nachtwachen, die Tagesabschnitte begannen mit dem Vormittag, dem Mittag und dem Frühabend. Gleichwohl kannte man seit der Spätantike den Kalendertag mit vierundzwanzig Stunden, beginnend mit dem Sonnenuntergang. Im fränkischen Reich zählte man nach »Gallischen Stunden«, zweimal zwölf Stunden, von Mitternacht an gerechnet. Wasser- und Sonnenuhren waren die Hilfsmittel, mit denen man – nach heutigen Maßstäben – recht ungenau die Stunden maß.

Schon Cassiodor, Berater des gotischen Königs Theoderich und Gründer des Klosters Vivarium, bezeichnete im frühen 6. Jahrhundert die Uhr als einen Regulator des menschlichen Lebens, »zum großen Nutzen des Menschengeschlechts erfunden«. Benedikt von Nursia bestimmte in seiner Regel, dass alle Tätigkeiten der Mönche zur festgelegten Zeit, *horis competentibus,* ablaufen sollten. Die Ansicht der Soziologen Max Weber und Lewis Mumford, die klösterliche Zeiteinteilung sei der entscheidende Beitrag zur Entwicklung des modernen Zeitbewusstseins und der mechanischen Uhr gewesen, wird aber von der modernen Forschung nicht mehr uneingeschränkt geteilt.

Die ersten Uhren, die in Klöstern benutzt wurden, waren in der Regel Wasseruhren, wie sie schon die Ägypter und

Griechen benutzt hatten. Bei den Griechen hieß die Wasseruhr »Klepsydra«, die Mönche nannten sie *horologium aquatile.* Bei diesem Verfahren wurde die Wassermenge gemessen, die durch ein Loch aus einem Becken in ein anderes tröpfelte, die Bewegung eines Schwimmers wurde durch Seile und Rollen auf einen Zeiger übertragen. Ein besonderer Aufseher war mit ihrer Wartung betraut. Zu seinen Pflichten gehörte es auch, die Uhr nachts nach Gestirnsbeobachtungen zu regulieren, was astronomische Grundkenntnisse voraussetzte. In vielen Klöstern oblag dem Sakristan die Aufsicht über die Uhr. In den *constitutiones* des Klosters Hirsau heißt es: »Er besorgt und richtet die Uhr sorgfältig; weil es aber vorkommen kann, dass diese unrichtig geht, so soll er die Zeit abschätzen an einer Kerze oder nach dem Lauf der Sterne oder des Mondes, damit er die Brüder zur bestimmten Zeit wecken kann. Nur er darf mit der Schelle zur Mette läuten.« Es gab also auch »Kerzenuhren«, die etwa ein Meter lang waren – in einer Nacht verbrauchte man drei davon –, des weiteren Sanduhren, wie sie teilweise heute noch in Haushalten in Gebrauch sind.

Die Weiterentwicklung von Zeitmessungsgeräten ging zunächst hauptsächlich vom arabischen Kulturkreis aus, das belegt etwa der Bericht des *Chronicon Turonense* zum Jahr 807:

> Im siebten Jahr der Herrschaft Kaiser Karls schickte der König von Persien eine große Menge kostbarer Geschenke und eine Uhr, an welcher man die zwölf Stunden ablesen konnte; es ertönte nämlich eine Zymbel, und nach Verlauf der einzelnen Stunden traten nach und nach zwölf Reiter aus den Türen, nach Ablauf der letzten Stunde zogen sich alle wieder zurück, indem sie die Türen schlossen.

Diese Uhr hatte zwar Räder, war aber eine Wasseruhr. Die berühmteste Uhr des 13. Jahrhunderts war diejenige, die Sultan al-Ashraf von Damaskus Kaiser Friedrich II. schenkte, ein »künstlicher Himmel«. Es war offensichtlich eine astronomische Uhr, die den Lauf der bekannten Planeten, die Zeichen der Tierkreise ebenso die Stunden des Tages und der Nacht anzeigte. Die arabischen Konstrukteure dieser Spielwerke experimentierten mit Gewichten, Waagen, Zahnrädern und dergleichen mehr.

Die Räderuhr schließlich ist aus dem verbesserten Mechanismus der Wasseruhren hervorgegangen. Hinweise auf Weiterentwicklungen der klösterlichen Wasseruhren und Weckwerke liegen schon aus dem 11. Jahrhundert vor, man verband die Uhren etwa mit Glocken und Glockenspielen, um die Stunden anzugeben. Wann die Räderuhr von wem erfunden wurde, ist nicht bekannt.

Seit dem 13. Jahrhundert werden in Europa immer mehr mechanische Uhren erwähnt, daher nimmt man an, dass sie eine europäische Innovation seien. Als mechanischer Antrieb wurde das Wasser durch die Masse eines Gewichts aus Stein oder Metall ersetzt, die eine Reihe von Getriebegeräten in Bewegung setzte. Die früheste Abbildung eines Hemmungsmechanismus erscheint im berühmten Skizzenbuch des Architekten und Baumeisters Villard de Honnecourt, das um 1230 angelegt wurde. Honnecourt hat darin ein »Uhrenhaus« als vierstöckigen gotischen Turm gezeichnet. Vermutlich wurden bald darauf die ersten mechanischen Uhren gebaut. Das immer weiter verbesserte System der Räderuhr besteht, vereinfacht dargestellt, aus fünf Elementen: 1. dem Antrieb (Gewicht oder Feder), 2. dem Räderwerk (Zahnräder und Triebe), 3. der Hemmung (Spindel, Anker und Hemmungsrad), 4. dem Gangregler der Hemmung (Pendel und Unruh) und 5. dem Zeigerwerk. Die Hemmung, eine Einrichtung, die die Bewegung des Räderwerks im Rhythmus hemmt und löst, war der schwierigste Bestandteil der Räderuhr. Man vermutet, dass die Spindelhemmung in Italien erfunden wurde und schnell zum festen Bestandteil aller europäischen Räderuhren wurde.

In zahlreichen Berichten werden seit der Mitte des 13. Jahrhunderts berühmte »Horologien« erwähnt: in London, Canterbury, Paris, Florenz und Mailand. Einer der ersten namentlich bekannten Uhrmacher war der Pariser Goldschmied Pierre Pippelard, der 1299 eine mit zwei Gewichten versehene Räderuhr für König Philipp IV. anfertigte. Die ersten Uhren, deren Mechanismus genau bekannt ist, waren die Uhr von Dover Castle, die um 1348 entstanden sein soll, und eine, die der Uhrmacher Henri de Vick im Königlichen Palast in Paris aufstellte. Sehr große Uhren übrigens – de Vicks Uhr wurde von einem 500 Pfund schweren Gewicht in Gang gehalten, das in vierundzwanzig Stunden 32 Fuß herabfiel, sie hatte ein Schlaggewicht von fast Dreiviertel Tonnen. Diese Uhren gingen schon ziemlich genau, wenn man sie jede Nacht nach einem Stern regulierte.

Im Verlauf des 14. Jahrhunderts verbreitete sich die mechanische Uhr in ganz Europa; nach verhältnismäßig kurzer Zeit war jeder Palast, jede Stadt, jedes Kloster im Besitz derartiger Zeitmesser. Sie wurden an Kirchtürmen, Rathäusern und an besonderen Türmen oder den Außenmauern der Klöster angebracht. Auf rundem Zifferblatt, auf dem zwölf oder vierundzwanzig Abschnitte markiert waren, zeigten sie die Stunde an, dazu schlugen die Glocken. König Karl V. ordnete 1370 an, alle Kirchen in Paris sollten die vollen und Viertelstunden nach der Uhr de Vicks läuten. Das führte dazu, dass die Einteilung in vierundzwanzig gleichmäßige Stunden nun auch im Alltag der Bürger üblich wurde, die alten römischen, variablen sieben Tagesabschnitte wurden völlig verdrängt.

Auch im Prozess der Mechanisierung »industrieller« Wirtschaftszweige waren die Kirche, Stifte und Klöster involviert. Der Mediävist Ernst Schubert hat das so beschrieben:

> Die Entwicklung der *artes mechanicae* variiert das große Thema des Verhältnisses von Kirche und Welt, stellt vielleicht den einzigen eindeutigen Vorgang für den überschätzten Prozess der Lösung aus kirchlichen Bindungen dar; denn der Kirche ist – häufig übersehen – die Grundlegung der technischen Entwicklung im Abendland zu verdanken. Nur die Kirche hatte das Geld, um erst langfristig rentable Entwicklungen zu finanzieren.

Als Beleg führt Schubert an, dass die Zisterzienser im 13. Jahrhundert noch immer führend im Wasserbau, im Bergbau- und Hüttenwesen und in der Eisenverarbeitung waren und dass die Kartäuser nachhaltig zur Entwicklung des Eisenhüttenwesens beigetragen haben. Der Name eines anderen Dominikaners, Alessandro della Spina, ist untrennbar mit der Erfindung und Fertigung der Brille verbunden. Della Spina stellte die ersten Brillen um 1300 in Pisa her, indem er konvex geschliffene Gläser, Bergkristalle und Berylle, mit einem Steg miteinander verband.

Die Mühlentechnik als eine neue Energiequelle zur Vervielfältigung der menschlichen Arbeitskraft war die große Neuerung des Spätmittelalters. Wassermühlen wurden seit dem Spätmittelalter in der Landwirtschaft eingesetzt. Die hier angewandte Methode der Kraftübertragung wurde für spezielle Zwecke auch im Handwerk umgesetzt: zum Betätigen von Fallhämmern beim Tuchwalken, beim Pressen der Eichenrinde für die Lederverarbeitung, zum Holzschneiden in Sägemühlen. Im 15. Jahrhundert wurden dann Wasserräder zum Abpumpen des Grundwassers in Bergwerken benutzt.

Entwicklung und Anwendung der neuen maschinellen Techniken hatten Auswirkungen auf die soziale und wirtschaftliche Stellung ganzer Berufsgruppen. Infolge des Einsatzes der Sägemühlen wurde der mit der Axt arbeitende Brettschneider überflüssig. Die Mechanisierung des Walkens führte im 13. Jahrhundert zu einem Massenexodus der englischen Tuchindustrie aus dem Südosten des Landes. Viele Webereien verlegten ihren Sitz in die gebirgige Landschaft des Nordwestens, wo zahlreiche Wassermühlen aufgrund der hydrologischen Standortvorteile errichtet worden waren. Städte wie Lincoln, Winchester und York, Zentren der englischen Tuchindustrie, verloren ihre Haupterwerbsquelle, weil es kostengünstiger war, das Tuch zu den Mühlen zu bringen, als es an Ort und Stelle, wie jahrhundertelang üblich, mit Händen und Füßen zu walken.

Auch andere Bereiche der Tuchherstellung waren bereits im 13. Jahrhundert ersten Ansätzen der Mechanisierung unterzogen worden, so wurde das Spinnen durch das Aufkommen des Handspinnrads intensiviert. In Bologna soll das Zwirnen und

Haspeln von Seide mechanisiert worden sein, gegen Ende des 13. Jahrhunderts wurden schon verschiedene Garnsorten mit Rädern gesponnen. Damals wurde auch das Spulrad entwickelt, mit dem das gesponnene Garn regelmäßig um die Spule oder Garnrolle gewickelt wurde. Verbesserungen in der Webtechnik wurden dann im 14. und 15. Jahrhundert eingeführt.

Beachtliche Fortschritte wurden seit dem 12. Jahrhundert auch im Schiffsbau erzielt, vor allem, indem man beharrlich versuchte, die Windkraft besser auszunutzen. Aus den gerundeten Wattenseglern der Friesen, die man später Koggen (altgerm. *kuggon*, gewölbt) nannte, hatte man hochbordige, seefeste Handelsschiffe entwickelt, die, zunächst nur mit einem Segel bestückt, auch Flüsse hinauffahren konnten, etwa den Rhein bis Köln. Das erste fest montierte Achterstevenruder ist auf einem Relief in der Kathedrale von Winchester zu sehen, das aus dem Jahr 1180 stammt. Die Schiffe hatten ein festes Deck und führten viereckige Rahsegel. Kriegsschiffe wie jene, mit denen rheinische Kreuzfahrer 1147 nach Lissabon fuhren, waren mit Kastellen ausgerüstet, die vorn und hinten hoch über dem Deck den Rittern einen geschützten Stand gaben. Die zweihundert Schiffe dieser Flotte sollen etwas mehr als zehntausend Mann an Bord gehabt haben, also etwa fünfzig bis sechzig pro Schiff.

Als dann in den großen Zeiten der Hanse Kogge und Hulk gebaut wurden, breitbauchige reine Seeschiffe, deren Tiefgang drei bis 3,50 Meter betrug, entwickelte man für die Flussschifffahrt spezielle Schiffstypen, die den Eigenheiten des Stroms angepasst waren. Verbesserungen des Transportwesens auf den Binnengewässern brachten im 14. Jahrhundert zudem der Bau von Kanälen und Schleusen.

Die erste mechanische Papiermühle in Deutschland errichtete 1390 der Patrizier Ulman Stromer im Nürnberger Umland; ihr Stampfwerk wurde mit Wasserkraft betrieben. Der gewachsene Bedarf an Papier, hervorgerufen durch den Anstieg von Verwaltungs- und Unternehmenskorrespondenz, Geldverkehr und doppelter Buchführung, hatte schon zu Veränderungen beim Herstellungsprozess geführt; die Araber hatten Textilabfälle als wichtigsten Rohstoff eingeführt.

Im 11. Jahrhundert gelangte das Papier über Spanien nach Europa, etwas später wird die erste manuelle Papierherstellung in Europa erwähnt, in Palermo. In Stromers Hadermühle (»Lumpenmühle«) waren zwölf Arbeiter an der Produktion beteiligt. Das Lumpenstampfwerk, das den Mörser ersetzte, stellte einen feuchten Papierbrei her, der auf feine Drahtsiebe gespannt wurde, wo das Wasser abtropfen konnte. Anschließend wurden einzelne Lagen von Blättern in Pressen entwässert und geglättet. Um 1450 gab es bereits zehn solcher Papiermühlen in Süddeutschland – von da an war der Weg zur Erfindung des Buchdrucks mit beweglichen Lettern nicht mehr weit.

Bei aller Dynamik des technischen Fortschritts sollte aber nicht unerwähnt bleiben, dass – trotz zahlreicher Neuerungen im mittelalterlichen Bergbau- und Hüttenwesen – Holz das wichtigste Material geblieben war. Die meisten Teile von Wasser- und Windmühlen, Spinnrädern und Webstühlen, Schiffen und Fahrzeugen wurden bis ins 19. Jahrhundert hinein aus Holz gefertigt. Die ersten Werkzeugmaschinen wurden zur Holzbearbeitung entwickelt – aber selbst an den Werkzeugen war nur die Schneide aus Metall. Die für akkurate Arbeit wichtigste Werkzeugmaschine, die Drehbank mit Wippe, wurde aus Holz hergestellt. Die frühesten ganz aus Metall gefertigten Maschinen waren bezeichnenderweise die Feuerwaffen – und die mechanische Uhr.

Zu den technischen Neuerungen, die bereits seit dem 11. Jahrhundert in vielen Bereichen des wirtschaftlichen Lebens zu immensen Fortschritten geführt hatten, insgesamt zum neuen technologischen Wissen des Spätmittelalters, hatten auch Kleriker mit Wort und Tat beigetragen. An den Universitäten blieben Kleriker und theologisch ausgebildete Lehrer bis weit in die Frühe Neuzeit tonangebend. Der Hauptanteil der Weiterentwicklung von Maschinen und Technik lag erst seit Beginn des 14. Jahrhunderts überwiegend in den Händen von

Laien. Die Einführung frühkapitalistischer Wirtschaftsformen, am Ende des Mittelalters, war dann schließlich eine rein »laizistische« Angelegenheit.

Häresien, Mystik und religiöse Frauenbewegungen

Das Konzil in Lyon belegte ihn mit dem Kirchenbann und erklärte ihn zum Ketzer, obwohl er die härtesten Gesetze gegen Häretiker aller Art erlassen hatte: Friedrich II., jener Kaiser, der im normannischen Sizilien modern anmutende Verwaltungsstrukturen geschaffen hatte, der als *stupor mundi,* als Staunen der Welt gefeiert und als Wegbereiter der Renaissance angesehen wird. In seiner Gesetzgebung gegenüber den »Ketzern« bewegte sich Friedrich in den Bahnen traditioneller mittelalterlicher Politik. Trotz seiner Exkommunikation sah er sich weiterhin als treuen Sohn der Kirche, für den die Verteidigung der Kirche gleichzeitig die Verteidigung des Imperiums bedeutete.

Wer außerhalb der römischen Kirche stand, so die Überzeugung des Staufers, lehnte sich auch gegen die kaiserliche Gewalt auf – und in dieser Überzeugung ließ er 1220, nach seiner Kaiserkrönung, die ersten Gesetze gegen *Chataros et omnes hereticos,* gegen Katharer und alle Häretiker, verkünden. 1224 drohte er den Häretikern in der Lombardei erstmals die Todesstrafe an, den Tod auf dem Scheiterhaufen. Die Gleichsetzung der lombardischen Gegner Friedrichs mit Ketzern passte indessen dem Papsttum, dem Verbündeten der Lombarden, nicht ins Konzept; Papst Gregor IX. bat den Kaiser schließlich, bei der Anwendung seiner Gesetze zu unterscheiden zwischen »echten« Ketzern und *errantes,* Irrenden, die sich aus welchen Gründen auch immer der kaiserlichen Macht widersetzten. Für Friedrich gab es diesen Unterschied nicht: Ketzer waren

Rebellen, Rebellen waren Ketzer. An diesem Glauben hielt er bis zu seinem Tod fest.

Religiöse Bewegungen und Häresien im 11. und 12. Jahrhundert

»In Gallien lebte kurz nach dem Jahr 1000 ein gewöhnlicher Mensch mit Namen Leutard.« So beginnt der Chronist Radulfus Glaber, Mönch in Auxerre, seinen Bericht über einen bäuerlichen Einzelgänger, der mit seinen Predigten die Autorität der Kirche in Frage stellte.

Zur gleichen Zeit, so klagt Radulfus weiter, sei in Ravenna, »ähnliches Unheil« ausgebrochen, dort habe ein gewisser Vilgard, »vom Teufel verführt, begonnen, geschwollen, vieles zu dozieren, was dem heiligen Glauben zuwiderläuft.« Beide seien aber als »Häretiker« entlarvt worden, Leutard stürzte sich in einen Brunnen, »als er sich besiegt und von der Volksgunst verlassen sah«, Vilgard endete auf dem Scheiterhaufen.

»Häretiker« – so nannte der fromme Chronist diese beiden Laien, die als Wanderprediger auftraten und Dinge verkündeten, die die römische Kirche nicht hinnehmen konnte. Das griechische Wort »Häresie« bedeutete ursprünglich eine bestimmte religiöse Schule oder Richtung, ohne negativ besetzt zu sein. Schon im frühen Christentum wandelte sich seine Bedeutung: Häresie war nun eine »abweichende Lehre«, »Häretiker« waren einerseits Irrlehrer, also Menschen, die eine von der Kirche verurteilte Lehre verbreiteten, zum anderen aber auch Anhänger von Irrlehren, also Menschen, die vom wahren Glauben und der Heilsgemeinschaft der Kirche abgefallen waren. Im Hochmittelalter wurde der Begriff noch ausgeweitet: Alle Lehren und Verhaltensweisen, die zum Schaden der Kirche entwickelt bzw. praktiziert wurden, sowie alle Äußerungen, die die Lebenskraft des Glaubens bedrohten, galten fortan als Häresien.

Im 11. Jahrhundert, als die Kirche selbst den Begriff der *li-*

Hinrichtung von Ketzern in Gegenwart des französischen Königs in Paris. Buchmalerei von Jean Fouquet.

bertas, der Freiheit, propagiert hatte, setzte die Kloster- und Kirchenreform mit ihrer Auffassung vom christlichen Leben strenge Maßstäbe, die Amtskirche musste sich von einem religiös erwecktem Laientum an hohen christlich-ethischen Maßstäben messen lassen. Angesichts des allgemeinen Niedergangs der Kirche, die mit theologischen Argumenten die offensichtlichen Ungerechtigkeiten der Feudalgesellschaft deckte, einer Kirche, deren Ämter käuflich waren, angesichts eines Papsttums, das einen sittlichen Tiefstand erreicht hatte, gaben sich viele Menschen nicht mehr mit den traditionellen Frömmigkeitsritualen zufrieden. Insofern boten Häresien immer auch die Möglichkeit, erstarrte Glaubenssysteme aufzurütteln – Häretiker haben zu allen Zeiten mit ihren abweichenden Auffassungen neue Impulse gegeben und dazu beigetragen, die Gemeinschaft der Kirche in umfassendem Sinne zu modernisieren.

Eingebettet in den Rahmen des demografischen, sozialen und gesellschaftlichen Wandels, der im 11. Jahrhundert einsetzte, entstand eine religiöse Laienbewegung. Adlige, Städter, Mönche, aber auch Bauern griffen das Bibelwort von den Armen als den Frommen und die radikalen Armutsforderungen des Neuen Testaments auf, machten sich als Wanderprediger auf den Weg. Sie verkündeten, dass das Zehntgebot nicht in der Bergpredigt, sondern im Alten Testament formuliert worden ist, dass der »arme Herr Christ« kein Schwert besessen und Christus nicht in den Palästen der Mächtigen gelebt habe wie die Bischöfe des 11. Jahrhunderts. Es kamen immer wieder auch soziale Themen zur Sprache, aber die Kritik richtete sich in erster Linie gegen die im Reichtum lebende Kirche. In Mailand bildete sich 1056 eine Protestbewegung, die *Pataria,* »Lumpengesindel«, genannt wurde, deren sozialpolitisch-religiöse Forderungen gegen die Aristokratie und die Amtskirche gerichtet waren. Der Aufstand, vom deutschen König schließlich niedergeschlagen, wurde vom Reformpapsttum unterstützt. Gregor VII. rief die Lombarden auf, sich gegen die »simonistischen, adligen Bischöfe« zu wenden, die sich der Kirchenreform nicht fügen wollten: Das Volk suchte den »armen Christus« und fand Hilfe beim Papst.

Zwischen den vielen Gruppierungen, die die Kirche als

Häretiker bezeichnete, gab es indessen keinerlei Verbindungen. Der gemeinsame Nenner war das Streben nach einem wahrhaft christlichen Leben im Sinne des Evangeliums, das den Weg zum Seelenheil bahnen sollte. Der Leitgedanke der *vita apostolica,* eines apostolischen Lebens, von Häretikersekten propagiert, wurde aber auch von der Kirche vertreten, hauptsächlich im Zusammenhang mit der Klosterreform. Doch sollten die religiösen Kräfte, die Gregor und das Reformpapsttum zum Widerstand gegen den simonistischen Klerus aufgerufen hatte, sich schließlich verselbstständigen. Die Frage war, wie das apostolische Wirken, das von Laien und Klerikern gleichermaßen praktiziert wurde, in die hergebrachte Ordnung der Kirche eingefügt werden konnte. Ein Kleriker fragte Ende des 12. Jahrhunderts:

> Wo soll Christus wohnen? Christus kann nicht bei den Prälaten wohnen, die Simonie betreiben. Zuflucht wird ihm verweigert von den Rittern, die den Raub rechtfertigen. Es gibt keine Unterkunft für ihn bei den Städtern, denn dort wohnt der Wucher. Er wird abgewiesen von den Kaufleuten, die von der Lüge beherrscht werden. Er hat keinen Platz in den Gemeinden, weil dort der Diebstahl herrscht. Wo aber soll Christus wohnen? Nur bei den Armen Christi, über die geschrieben steht: Selig sind die Armen im Geiste.

Katharer und Waldenser

Der Propst des Zisterzienserklosters Steinfeld, Everwin, war ratlos. Beim Ordensgründer Bernhard von Clairvaux fragte er an, »woher diese Glieder des Teufels eine solche Tapferkeit in ihrer Häresie haben, wie man sie nicht einmal bei frommen Christen antrifft«. Everwin hatte 1143 in Köln dem Verhör vom Häretikern beigewohnt, und er war in mancherlei Hinsicht tief beeindruckt. »Sie haben die Marter des Feuers nicht nur mit Geduld, sondern sogar mit Freude betreten und ausgehalten«, schreibt er, »sie wollten lieber sterben, als dem hochheiligen katholischen Glauben weichen.« Einige seien zwar zur Kirche zurückgekehrt, der »Ketzerbischof« und seine Begleiter hätten zuvor eine öffentliche Disputation unter der Leitung des Erzbischofs verlangt, sie seien bereit gewesen, ihren Irrtum aufzugeben, wenn man sie denn widerlegen könnte, andernfalls wollten sie ihrer Überzeugung bis in den Tod treu bleiben. Auf diese Disputation ließ sich der Kölner Klerus nicht ein, die Menge griff ein, wie Everwin mit sichtlicher Missbilligung formuliert, und stellte die Beschuldigten »ins Feuer, wo sie verbrannten«.

Was waren das für Menschen? Und welchem Irrglauben hingen sie an? Das fragten sich in der zweiten Hälfte des 12. Jahrhunderts viele Christen. Eckbert, der Abt des Klosters Schönau, hat sich um 1160 lange mit dieser Frage beschäftigt und offenbar mit vielen Häretikern gesprochen, als er als Kanoniker in Bonn lebte.

> Das ist ihre Häresie: sie sagen, bei ihnen nur sei die wahre Kirche, deshalb, weil sie allein den Fußstapfen Christi anhängen und wahre Nachfolger des apostolischen Lebens bleiben, dass sie das, was der Welt ist, nicht suchen, kein Haus, keine Äcker, noch irgendeinen Besitz haben, wie auch Christus nichts besessen noch seinen Schülern Besitz zugestanden hat. Ihr aber, sagen sie uns, häuft Haus um Haus, Acker auf Acker und sucht das, was dieser Welt ist, sodass auch die, die bei euch für die Vollkommensten gehalten werden wie die Mönche und die regulierten Kleriker, obwohl sie dies nicht als persönliches, sondern als gemeinsames Eigen besitzen, aber doch dies alles besitzen.

Sie nährten sich, so schreibt Eckbert, als »Glieder und Leib Christi«, indem sie täglich, »wenn sie essen, nach dem Vorbild Christi und der Apostel ihre Speise und Trank in den Leib und das Blut Christi durch das Gebet des Herrn weihen«. Ihre Taufe, so hätten sie erzählt, müsse durch Handauflegen geschehen, »und jeden so Getauften nennen sie einen Erwählten, und er habe Gewalt, auch andere, die würdig sind, zu taufen und am Tisch den Leib und das Blut Christi zu weihen.« Um die christliche Taufe kümmerten sie sich nicht, die Ehe verurteilten sie – »aber ich konnte den Grund nicht erfahren.«

Angesichts der vielfältigen Strömungen der Häresie fiel es selbst dem scharfsinnigen Kleriker schwer, die Unterschiede zwischen den verschiedenen Gruppierungen wahrzunehmen. »Jene, die in Köln verbrannt wurden, nennen sich Apostel und haben ihren eigenen Papst, die anderen, die aus unserem Papst ein Nichts machen, gestehen aber, dass sie außer ihm keinen anderen haben.« Einzelne Anschauungen der verschiedenen Gruppen deuteten auf verschiedene Ursprünge, vermutete Eckbert, »die Ersten, die sich als wahre Anhänger Christi bezeichnen und mit den Worten der Heiligen Schrift gewappnet sind, haben insgeheim Anschauungen, die sich nicht aus der Lehre Christi und dem Alten Testament herleiten lassen.«

Die Negierung der päpstlichen und bischöflichen Weihegewalt – was auf den ersten Blick wie eine radikale Weiterentwicklung verschiedener Ideen des 11. Jahrhunderts zu sein schien, wurde zu einer der größten Gefährdungen der kirchlichen Ordnung Europas. Noch nie wurde die römische Kirche so radikal infrage gestellt: Die Katharer bildeten sozusagen eine Konkurrenzkirche, die die meisten Sakramente, die Heiligenverehrung, die Fürbitte und dergleichen mehr strikt ablehnte. Ihre Lehre beinhaltete aber noch mehr: »Die Katharer sind der erste Versuch einer östlichen, außerchristlichen Lehre, sich im neuen Europa einzuwurzeln«, meint der Kulturhistoriker Friedrich Heer. »Katharer« – das griechische Wort bedeutet »die Reinen«, daraus wurde dann der deutsche Begriff »Ketzer«.

Aus Südosteuropa, und zwar aus Bulgarien, gelangte die Lehre Bogomils, eines Dorfpriesters, der den unversöhnlichen Gegensatz der von Gott geschaffenen überirdischen Welt und der vom Teufel geschaffenen irdischen Welt predigte, seit etwa 1100 in den lateinischen Westen, wo sie sich in vielerlei Strömungen ausbreitete. »Diese Bewegung ohne Namen ist überall bereits verbreitet wie der Sand am Meer, in Frankreich, Spanien, Deutschland«, stellte um 1160 ein englischer Chronist fest. Der Geist allein sei von Gott geschaffen worden, so der Grundgedanke der katharischen Lehre, das Fleisch stamme vom Teufel. Die südfranzösischen Katharer behaupteten, der Mensch sei ein von Gott abgefallener Engel, der an seinen Leib gefesselt sei. Durch strengste Askese und Weltenthaltung sei es möglich, dem Teufel die Seele zu entreißen. Der Mensch könne sich selbst erlösen, die Rückkehr in die himmlische Heimat erreichen, indem er Mitglied der »Kirche der Reinen« würde. Der Eintritt in die katharische Gemeinschaft wurde mittels der »Geisttaufe« vollzogen, *consolamentum* genannt, eine Aufnahmezeremonie zum *status coelestis,* zum himmlischen Zustand: Das *consolamentum,* das einzige Sakrament, das durch Handauflegung übertragen wurde, empfingen die meisten »Gläubigen« erst am Lebensende.

Der katharischen Elite, deren Mitglieder sich als »Erwählte« bezeichneten, wurde die Geisttaufe nach mindestens einjähriger Probezeit gewährt, damit sie als *perfecti,* Vollkommene oder Vollendete, zeigen konnten, was der Mensch im Sinne des »reinen Geistes« zu tun vermag. Sie lebten als rigorose Asketen in Armut und ergingen sich in endlosen Fasten- und Bußübungen, in der Ablehnung jeglichen sexuellen Verkehrs, ja in der Tabuisiering von Zeugungsprodukten wie Fleisch, Eiern und Käse. Der Status der Vollkommenheit war nur unter entsetzlichen Mühsalen zu erreichen.

Die »vorbildliche« Lebensführung und das Märtyrertum der »Armen Christi«, wie man sie auch nannte, beeindruckte die Zeitgenossen, vielleicht der wichtigste Umstand, weshalb die »Kirche der Reinen« so viele Anhänger in allen Schichten der Gesellschaft gewann. Sie erhielt nämlich nicht nur Zulauf aus den niederen Schichten, sondern fand Rückhalt im Adel, in der Provence etwa auch im aufstrebenden Bürgertum. Zur Gefahr für die Papstkirche wurden die Katharer jedoch hauptsächlich dank ihrer Organisation: In Frankreich und in der Lombardei bildeten sich katharische Bistümer, 1167 weihte ein Bischof einer thrakischen Sekte bei Toulouse einige *perfecti* zu Bischöfen von Nord- und Südfrankreich. Die Katharer wurden zur »Gegenkirche«, und das führte dazu, dass sie von der römischen Kirche mit allen Mitteln bekämpft werden sollten.

Einer, der auszog, um gegen die Katharer zu predigen, war der Lyoner Kaufmann Petrus Waldes, der Begründer der Waldenser. Über ihn ist sehr wenig bekannt, die Schreibweise seines Namens variiert in den ältesten Quellen von Valdès bis hin zu Gualdensis, vermutlich wurde der Vorname »Petrus« später hinzugefügt, um dem römischen Petrus den »wahren« Petrus gegenüberzustellen. Im Jahre 1173, so ein legendenhafter Bericht, soll Waldes dem Leben im Wohlstand entsagt haben, weil ihm ein Spielmann die Legende vom heiligen Alexius in sehr ergreifender Weise vorgesungen hatte. Zutiefst bewegt habe Waldes seine Reichtümer verschenkt, denn ein Mensch, der wirklicher Christ sein wolle, müsse, so seine Überzeugung, auf Macht und Besitz verzichten und in apostolischer Armut durch die Welt ziehen. Als Laien- und Wanderprediger wollte er »Volksevangelisation« betreiben. Zu diesem Zweck ließ er sich die Evangelien und andere christliche Texte ins Französische und Provenzalische übersetzen. Bald schlossen sich ihm Gleichgesinnte an, die »Armen von Lyon« wurden sie genannt. Die Predigten, die Waldes auf Straßen und Märkten hielt, hatten einen ungeheuren Zulauf, nicht zuletzt weil er sich der Volkssprache bediente.

Ein Häretiker wollte Waldes aber nicht werden, er suchte den Einklang mit der Amtskirche. Als er vom Erzbischof von Lyon darauf aufmerksam gemacht wurde, dass die Predigt nach kanonischem Recht ein Privileg des Klerus sei, wandte er sich Hilfe suchend an den Papst. »Sie kamen nach Rom«, berichtet der englische Gesandte beim Konzil, ein Mönch, »mit dem in ihre Sprache übertragenen Text und Kommentar des Psalters und mit zahlreichen Büchern der beiden Testamente. Es sind unwissende, ungebildete Menschen, die dennoch eindringlich darum baten, ihnen das Recht zum Predigen zu bestätigen, weil sie meinten, dazu befähigt zu sein.« Papst Alexander III. sollen die Absichten der Waldenser gut gefallen haben, er habe ihre frei gewählte Armut gebilligt und Waldes sogar umarmt, doch letztlich musste der Pontifex das Verbot der Laienpredigt erneuern: Sie dürften nur dann predigen, gab er ihnen mit auf den Weg, wenn sie von ihren Priestern dazu aufgefordert würden.

Es dauerte aber noch eine Weile, ehe es zum Bruch kam. Gegenüber seinem Erzbischof von Lyon berief sich Waldes auf den Auftrag Jesu an die Jünger, allen Kreaturen zu predigen. Nach dem Willen des Evangeliums dürfe jeder predigen, auch die Laien. Der Erzbischof war aber nicht gewillt, die Laienpredigt zu billigen: Wer ohne bischöflichen Auftrag predige, werde als Häretiker betrachtet. Als sich Waldes über das Verbot hinwegsetzte, zudem die päpstliche Autorität mit dem Satz anzweifelte: »Auf den Herrn und sein Wort kommt es an, nicht auf Worte des Papstes«, wurden er und seine Gefährten aus der Diözese vertrieben. Das führte aber dazu, dass sich weitere waldensische Gemeinschaften bildeten, in Südfrankreich und in Oberitalien. Ihre Mitglieder legten das dreifache Gelübde der Armut, der Keuschheit und des Gehorsams ab und richteten Predigerherbergen ein, wo Versammlungen abgehalten und Novizen ausgebildet wurden, Frauen hatten keinen Zutritt zu den waldensischen Gemeinschaften.

Wegen ihrer raschen Ausbreitung und gelegentlichen Berührungen mit anderen Laienbewegungen gab es schon vor dem Tod des Petrus Waldes (um 1206) Auseinandersetzungen innerhalb der verschiedenen Gruppen. Doch noch waren die Waldenser nicht mit dem Kirchenbann belegt. Papst Lucius III. hatte zwar bereits 1184 Katharer, Waldenser und andere Sekten unterschiedslos zu Häretikern erklärt, es gab aber – noch unter Innozenz III. – Bemühungen, sie in den Schoß der Kirche zurückzuführen. Der einfache Klerus sah in den waldensischen Wanderpredigern, die unter Katharern und anderen Häretikern das Wort des Evangeliums verbreiten wollten, ohnehin mehr Helfer als »Ketzer«: Zu Beginn des 13. Jahrhunderts musste man schon ein theologisches Studium absolviert haben, um Rechtgläubigkeit von Irrtum zu unterscheiden.

Der Sieg über die Häresie: Der Albigenserkreuzzug

Es war der Höhepunkt seines Pontifikats: Papst Innozenz III. hatte die abendländische Christenheit zum Konzil eingeladen. Die Beschlüsse des Konzils bezogen sich auf alle Fragen des kirchlichen Lebens, und sie führten damit zu einer weiteren Stufe rechtlicher und liturgischer Einheit der römischen Kirche unter Führung des Papstes, dem in allen gesellschaftspolitischen Fragen die letzte Entscheidungsgewalt zugestanden worden war, die *plenitudo potestatis,* die »Vollgewalt«. In den Beschlüssen nahm die Behandlung der Häretikerfrage die erste Stelle ein: Wer ist ein Häretiker, wer soll als Häretiker verurteilt werden? Es spricht für die Konzilsväter, dass sie die Beteiligung der Bischöfe an Wasser- oder Feuerproben grundsätzlich verboten, die Entscheidung über die Ketzerei endgültig dem Zufall der »Gottesurteile« entzogen und eine klare Bestimmung über die Kriterien erließen, nach denen Rechtgläubige von Ketzern zu unterscheiden seien. Dem Konzilstatut *de hereticis* (über die Häretiker) wurde die katholische Glaubensformel vorangestellt, alle dagegen verstoßenden Irrlehren für ketzerisch erklärt; auch die Laienpredigt wurde als Häresie verurteilt. Das traf besonders die Waldenser, die nun ebenso wie die Katharer der Verfolgung anheim fielen. Zugleich sorgte Innozenz III. dafür, dass die neuen Orden der Franziskaner und Dominikaner, die sich ja – wie die Waldenser – dem christlichen Armutsideal verpflichtet hatten, aber ihren Platz *innerhalb* der Kirche suchten, für die Kirche wirken konnten und nicht in die Häresie abglitten. Innozenz III. hat, so stellte Herbert Grundmann fest, den Weg gebahnt für Dominikus und Franziskus: »Ihre päpstlich anerkannten Orden konnten im Rahmen und im Dienst der Kirche zu Erben und Vollstreckern der religiösen Bewegungen des 12. Jahrhunderts werden und der Ketzerei das Wasser abgraben.«

Gegen die »verruchte und perverse Häresie der Katharer, die in der Gascogne, im Gebiet von Albi, Toulouse und anderen Orten, über alle Maßen zugenommen hat«, wurde in den Tagen des Konzils schon Krieg geführt. Innozenz III. hatte 1207 Briefe an den Landesherrn, den Grafen Raimund VI. von Toulouse, und an den französischen König Philipp II. August geschickt und sie aufgefordert, die christliche Ordnung in ihren Herrschaftsgebieten wiederherzustellen. Dem König waren durch den Krieg gegen England die Hände gebunden; der Graf, der ohnehin der Unterstützung der Katharer verdächtigt wurde, entzog sich mit allerlei Ausreden seinen Verpflichtungen.

Eine Bluttat war schließlich Anlass zum Ausbruch des so genannten »Albigenserkreuzzugs«. Die südfranzösische Stadt Albi war das Zentrum der Katharer. Im Januar 1208 wurde der päpstliche Legat Peter von Castelnau von einem Pagen des Grafen ermordet, überall in Südfrankreich kam es zu Gewaltakten gegen Anhänger der römischen Kirche. Papst Innozenz III. sah keine anderen Ausweg, als den Kreuzzug gegen die Albigenser, wie man die Katharer nun nannte, zu verkünden, die Großen des Landes zu exkommunizieren und ganze Städte und Landstriche Südwestfrankreichs mit dem Interdikt zu belegen. Der Papst forderte die Kreuzfahrer auf, die Katharer zu verbannen, zu vertreiben, das lateinische Wort *exterminare* kann auch »hinrichten« bedeuten. Ein Kreuzfahrerheer kam zusammen, hauptsächlich aus Mitgliedern des niederen Adels aus der Île-de-France bestehend. Die Männer, die jetzt das Kreuz nahmen, um sich auf die Beute zu stürzen, waren keine Gottesstreiter, sondern Strauchritter – sie hatten nur auf die Gelegenheit zum Rauben und Plündern gewartet. Das stark befestigte Carcassonne öffnete seine Tore, als sich die Kreuzfahrer näherten. Ein schreckliches Strafgericht setzte ein, viele Bürger der

Stadt kamen mit dem Einzug ihres Vermögens davon, die Unbeugsamen und Uneinsichtigen aber wurden umgebracht.

Béziers war das nächste Ziel der Kreuzfahrer: Als sich die Bürger weigerten, die in ihrer Stadt lebenden Ketzer auszuliefern, wurde die Stadt gestürmt, geplündert und niedergebrannt. Mehr als siebentausend Menschen, darunter Kinder, Frauen und Greise, wurden getötet, allein einige Hundert, die sich in eine Kirche geflüchtet hatten, wurden von den Kreuzfahrern erschlagen. »Grässliche Verstümmelungen und Morde ohne Rücksicht auf Alter und Geschlecht« bescheinigt ihnen ein Chronist. Vom Troubadour Siccard de Mervejols sind die Zeilen überliefert: »Ach! Toulouse und Provence, und du Land von Agence, Carcassonne und Béziers! Wie ich euch einmal sah – wie ich euch heute seh …«

In die jahrelangen Kämpfe griff schließlich der französische König Ludwig VIII. ein. Ein Konzil in Bourges hatte zuvor den neuen Grafen von Toulouse, Raimund VII., trotz eines Unterwerfungsangebots gebannt. Der Papst hatte zugestimmt, dass die Teilnehmer den gleichen Ablass wie bei einem Zug ins Heilige Land erhalten und der Besitz Raimunds VII. und aller Häretiker dem König zufallen sollte. Im September 1226 zog ein großes Heer an der Rhône entlang nach Süden. Avignon wurde eingenommen, kampflos ergaben sich die Städte Nimes, Beaucaire, Narbonne, Montpellier und Pamiers, nur Toulouse leistete Widerstand. Dennoch war der Krieg gegen die Albigenser mit dieser Aktion entschieden, nachdem Tausende von Katharern dem Wüten der Kreuzfahrer zum Opfer gefallen waren. Raimund von Toulouse gab auf, im April 1229 beschwor er vor Notre-Dame in Paris seine Kapitulation. Der Vertrag von Paris sah die völlige Ausmerzung der Katharer vor, riesige Entschädigungssummen sollten als Wiedergutmachung gezahlt, Städte und Burgen mussten geschleift werden.

Trotz dieser militärischen und politischen Erfolge war die katharische Häresie 1229 aber noch nicht endgültig besiegt. Viele Katharer gingen in den »Untergrund« oder flohen nach

In die Festung von Montségur hatten sich 1243/44 die letzten Katharer geflüchtet. 205 Menschen wurden verbrannt, weil sie ihrem Glauben nicht abschwören wollten.

Italien, auch in Südfrankreich gab es Rückzugsgebiete, wo sich ihre Häresie halten konnte. Der Graf von Toulouse hatte sich 1242 erneut an die Seite der Albigenser gestellt und Albi und Narbonne zurückerobert, musste aber ein Jahr später, von seinen Bundesgenossen verlassen, seine Niederlage eingestehen. Einer der letzten Plätze, wohin sich Katharer geflüchtet hatten, war die Burg Montségur: Sie wurde 1244 von königlichen Truppen eingenommen, mehr als zweihundert Katharer wurden anschließend auf dem Scheiterhaufen verbrannt.

Die Anfänge der Inquisition

Inzwischen hatte die römische Kirche eine neue Waffe gegen Ketzer aller Art eingesetzt, die wirksamer werden sollte als alle Kreuzfahrerheere: die Inquisition. Nach der Niederwerfung der Albigenser wurde 1231 das erste Inquisitonstribunal in Toulouse eingerichtet, wo Anhänger der katharischen Lehre befragt wurden (lat. *inquisitio*, Untersuchung). Jede Frau über zwölf und jeder Mann über vierzehn Jahre musste vor dem Tribunal der Häresie abschwören. Papst Gregor IX. kodifizierte noch 1231 das Inquisitionsverfahren, zugleich bestellte er örtliche, mit außerordentlichen Vollmachten ausgestattete Inquisitoren, zumeist Dominikaner. Überall, wo Katharer aufgetreten waren oder wo man sie vermutete, wurden diese »Ketzer-Gerichtshöfe« eingerichtet. Zudem fanden sich auch Inhaber der weltlichen Gewalt, nicht nur in Frankreich, sondern auch Herrscher wie Peter II. von Aragon und, wie bereits erwähnt, Kaiser Friedrich II., bereit, Häretiker zu Reichsfeinden zu erklären (und ihre Ketzergesetze oft genug für politische Ziele einzusetzen).

Schuldige und Unschuldige wurden fortan verfolgt, es genügte ein Verdacht oder eine Denunziation, um in die Mühlen des Inquisitionsverfahrens zu geraten. Der Häresie verdächtigte Personen durften gefoltert werden, wie Papst Innozenz IV. 1252 ausdrücklich anordnete. Es galt der Grundsatz: »Mit Häretikern ist nicht zu disputieren. Wenn er glaubt, soll er wiederaufgenommen werden, wenn er sich weigert zu glauben, wird er verurteilt.« Gestand ein Angeklagter seine Schuld oder wurde er für schuldig erklärt, so reichten die ausgesprochenen Strafen von Beschlagnahme des Besitzes, Dienstverpflichtung im Heiligen Land, lebenslangem Kerker bis zur Hinrichtung, dem Tod auf dem Scheiterhaufen. Viele Katharer gingen mit beinahe fröhlicher Gewissheit ins Feuer: »Es gibt keinen schöneren Tod als den durch das Feuer«, war eine in Südfrankreich weit verbreitete Losung.

Zahlreiche Inquisitoren, Ankläger und Richter in einer Person, führten die Verfahren mit unvorstellbarem Fanatismus durch. Mit der Folter wurden Geständnisse erpresst, in den Quellen der Zeit werden die Abscheulichkeiten und die exzessive Brutalität nicht zuletzt von Dominikanern geschildert, die sich als »Ketzerhammer«, wie Robert le Bougre in Frankreich, hervortaten. Und so ist es eigentlich auch nicht verwunderlich, dass immer wieder Inquisitoren von aufgebrachten Angehörigen der Opfer umgebracht worden sind, so etwa 1252 in Norditalien der Dominikaner Peter Martyr (der schon ein Jahr später heilig gesprochen wurde).

In Deutschland wütete seit 1233 der Prämonstratenser Konrad von Marburg, der Beichtvater der heiligen Elisabeth von Thüringen, als oberster Inquisitor. Er soll Tausende von Menschen dem Scheiterhaufen überantwortet haben, berichtet die Kölner Königschronik:

> Wegen wirklicher oder angeblicher Häresie sind viele Edle und Unedle, Mönche, Nonnen, Bürger und Bauern in verschiedenen Gegenden Deutschlands von Bruder Konrad, wenn es auszusprechen erlaubt ist, durch allzu voreiligen Richterspruch den Flammen überliefert worden, denn am selben Tag, an dem jemand angeklagt wurde, gleichviel ob gerecht oder ungerecht, ist er ohne die Möglichkeit einer Berufung oder Verteidigung verurteilt und ins grausame Feuer geworfen worden.

Das Inquisitionsverfahren, so wie es Konrad praktizierte, widersprach den allgemein anerkannten Rechtsgrundsätzen. Ergriffen von seiner Sendung, berauscht von seiner Macht, errichtete Konrad eine regelrechte Terrorherrschaft, die auf Einschüchterung, falschen Verdächtigungen und sadistischen Grausamkeiten basierte. Zwei Jahre dauerte der Schrecken, dann versuchte er seine Zugriffe auf Adlige auszuweiten. Die wehrten sich zunächst mithilfe des Königsgerichts und erschlugen dann Konrad und seine Helfer.

Obwohl von einem rechtlich einwandfreien Verfahren auch später keine Rede sein konnte, hat die Kirche die Inquisition immer bejaht und sich immer vor ihre Inquisitoren gestellt. Durch Kodifizierungen hat sie dazu beigetragen, dass sich die Inquisitionstribunale zu einer »gnadenlosen Maschinerie« (Arno Borst) entwickelten. 1241/42 erschien das erste Handbuch für Inquisitoren, das den ehrenwerten Männern beim Verhör von

Ketzern und bei der Urteilsfindung Richtlinien vorgab, verfasst von einem spanischen Dominikaner. Das berühmteste Handbuch schrieb ebenfalls ein Dominikaner, Bernhard Gui, seit 1308 Inquisitor in Toulouse. In mehr als vierzig Jahren fällte Gui etwa neunhundertdreißig Urteile, davon lauteten zweiundvierzig auf Tod durch Feuer und hundertneununddreißig auf Freispruch.

Vor dem Glauben und der Frömmigkeit, so hieß es schon im Spätmittelalter, steht die Institution Kirche, die das gesamte Leben des Menschen beherrscht. Widerstand gegen den Totalitätsanspruch der Kirche hat es immer wieder gegeben, doch erst im 12. Jahrhundert kam es zu großen Protestbewegungen gegen die römische Amtskirche – vielfältige Gruppierungen bildeten sich, die die Kirche etwa wegen ihres Reichtums kritisierten. Die Kirche hat diese Bewegungen durchaus als Gefahr begriffen – bekämpft und zu Ketzern erklärt wurden in der Regel aber nur solche Gemeinschaften, die das kirchliche Monopol der Heilsvermittlung infrage stellten oder strikt ablehnten. Außerhalb der Kirche gibt es kein Heil, das war das Prinzip. Die Katharer waren die wohl größte Herausforderung, der sich die römische Kirche im Mittelalter stellen musste. Bei der erfolgreichen Bekämpfung der katharischen »Kirche« und ihrer Lehre hat die Inquisition den wohl wichtigsten Beitrag geleistet. Häresien und »Ketzer« gab es indessen auch nach dem Verschwinden der Katharer – und es sollte sie noch lange geben. Wie auch die Inquisition.

Die Anfänge der religiösen Frauenbewegung: Hildegard von Bingen

Die religiösen Laienbewegungen des Mittelalters wurden in erheblichem Ausmaß von Frauen mitgetragen; seit Beginn des 13. Jahrhunderts war der weibliche Anteil an der religiösen Bewegung, zumindest in Westeuropa, ungewöhnlich groß. Die

»Frauenfrömmigkeit« ist in zahllosen religiösen Gemeinschaften dokumentiert, die sich damals bildeten. Es waren Frauen, die unter Verzicht auf materielle Güter aus eigener Kraft und in Gemeinschaft von Gleichgesinnten im Sinne der christlichen Lehre ihr Leben gestalten wollten. Die großen Orden, Zisterzienser, Prämonstratenser und Mendikanten, nahmen gegenüber der religiösen Frauenbewegung eine eher ambivalente Haltung ein.

Hildegard von Bingen (1098–1179) ist die wohl bekannteste deutsche Visionärin und eine Vorläuferin der Mystik. Sie hat ihre religiösen Erfahrungen in drei großen Werken niedergelegt, von denen der *Liber scivias,* das Buch »Wisse die Wege«, wohl das bedeutendste ist – es enthält sechsundzwanzig prophetische und apokalyptische Visionen. Erst im Alter von dreiundvierzig Jahren habe sie von Gott den Auftrag erhalten, ihre Gesichte niederzuschreiben, »schreibe, was du siehst und hörst«, habe eine Stimme verkündet:

> Die Kraft und das Mysterium verborgener, wunderbarer Gesichte erfuhr ich schon geheimnisvoll in meinem Innern seit meinem fünften Lebensjahr, so wie ich sie auch heute noch erfahre. Doch ich tat es keinem Menschen kund außer einigen wenigen, die wie ich im Ordensstande lebten. Die Gesichte, die ich schaue, empfange ich nicht in traumhaften Zuständen, nicht im Schlaf oder Geistesgestörtheit, nicht mit den Augen des Körpers oder mit den Ohren des äußeren Menschen und nicht an abgelegenen Orten, so wie Gott es will.

Hildegard wurde 1098 in der Nähe von Alzey in Rheinhessen geboren. Als zehntes Kind aus adliger Familie kam sie bereits im Alter von acht Jahren in den Konvent Disibodenberg, wo eine Frauengemeinschaft dem Männerkloster angeschlossen war. Erzogen und ausgebildet wurde sie von der Äbtissin Jutta von Sponheim. Nach deren Tod im Jahr 1136 leitete Hildegard die Benediktinerinnengemeinschaft, später gründete sie, ebenfalls auf göttlichen Auftrag hin (»stehe auf und baue«) zwei

Frauenkonvente: Rupertsberg bei Bingen, wohin sie mit ihren Nonnen umzog, und Eibingen bei Rüdesheim.

Um das Jahr 1150 war sie als Prophetin und Gelehrte in Deutschland und Europa bekannt. Papst Eugen III. soll von ihrem Werk begeistert gewesen sein, Hildegard unterhielt auch eine Korrespondenz mit Bernhard von Clairvaux. Ihre Gesichte und Visionen hatte sie, das ist ziemlich gesichert, im wachen Zustand, sie hörte und schaute in völliger Passivität. Und sie gab, gleichsam als Medium, göttliche Mitteilungen an die Menschen weiter mit der eingestandenen Schwierigkeit, das Erlebte verständlich und in einer angemessenen Sprache zu formulieren. Doch sie hat ihre vielen Offenbarungen nicht als Einzelberichte niedergeschrieben, sondern in jahrelanger Bearbeitung zu einem theologischen Gesamtwerk zusammengefügt, in dem jede einzelne Szene ihren bestimmten Platz hat. »Und abermals hörte ich, wie dieses lebende Licht zur mir sprach: Dies ist der Sinn der Gottesgeheimnisse, dass zu erkennen, zu verstehen und zu unterscheiden ist, was jene Vollkommenheit sei, die niemals im Anbeginn geschaut wurde und in der kein Mangel ist.«

Hildegard von Bingen, die sich in ihren Briefen als »erbärmlich und mehr als erbärmlich in meinem Sein als Frau« bezeichnete, andererseits als Theologin und Kosmologin voller Selbstbewusstsein auftrat, wurde von der Kirche als Prophetin und Vermittlerin göttlicher Botschaften akzeptiert. Im hohen Alter befolgte sie den dritten göttlichen Auftrag – »stehe auf und predige« – mit vier ausgedehnten Predigtreisen, unter anderem nach Bamberg, Metz und Köln, wo sie gegen die Katharer sowie gegen die Verkommenheit des Klerus predigte.

Die Mystik

Das Werk Hildegards von Bingen ist aber nicht von subjektivem Ringen um Gotteserkenntnis geprägt, sondern vom Bemühen, das Geschaute höchst objektiv und unverfälscht wiederzugeben. Das führte dazu, dass sie vielfach nicht der Mystik zugerechnet wurde und wird. Das aus dem Griechischen stammende Wort *mystikos* bedeutet geheimnisvoll, Mystik hieß ursprünglich so viel wie »Geheimlehre«, in die man eingeweiht werden kann. Im theologischen Sinne ist Mystik die Erfahrung des einzelnen Menschen mit der göttlichen Wirklichkeit, das individuelle Erlebnis der Gottesschau und Gotteserkenntnis, das Hildegard zweifellos aufzuweisen hat. Doch ihr fehlt noch das vielleicht wichtigste Element mystischen Erlebens, die Vereinigung mit der Gottheit. Ihre Ordensschwester und Brieffreundin Elisabeth von Schönau (1129–1164) hatte dagegen geradezu ekstatische Visionen, aber auch Fähigkeiten, die man heute als parapsychologisch bezeichnen würde; sie soll beispielsweise Dinge in weiter Entfernung, ja sogar hinter Mauern gesehen haben.

Erste mystische Schriften stammen aus dem späten 12. Jahrhundert, auch von weiblicher Hand. Sie bedienten sich einer Bildsprache, die ihre Erfahrungen der Gottesschau als spirituelle, seelische Vereinigung mit dem »Bräutigam« Christus beschrieb; erwähnt seien Odila von Lüttich und Ida von Nivelles. In der so genannten »Brautmystik« erlebten die Visionärinnen eine körperliche Nähe zu Christus, die sie oft wie ein Liebesverhältnis zur allumfassenden göttlichen Wirklichkeit ausmalten. Daher benutzten sie auch immer wieder die Sprache von Verliebten, wie überhaupt in der mystischen Literatur religiöse Symbole gebraucht wurden, die Außenstehenden nicht immer verständlich sein konnten. Der Kern der mystischen Erfahrung ist im Grunde unformulierbar: Viele Mystiker und Mystikerinnen klagten darüber, dass ihnen nicht die richtigen Worte und Begriffe zur Verfügung stünden, das Geschaute zu beschreiben. Ihren Höhepunkt erreichte die Frauenmystik mit dem Werk einer rätselhaften »Schwester« Hadewijch, die wohl in Brüssel oder Antwerpen eine Beginengemeinschaft leitete und ihre Visionen in Altflämisch niederschrieb. In einer Vision des Himmlischen Jerusalem nahm sie die Freude auf das Jenseits vorweg:

> Am Tag des hl. Johannes Evangelist nach dem Christtag wurde ich in den Geist aufgenommen. Da sah ich eine neue Stadt bereitet, die Jerusalem hieß und auch so gestaltet war. Die verzierte man mit allem neuen Zierat von unsäglicher Schönheit. Und die, die darinnen dienten, waren die Allerschönsten im Himmel. Später erschien ein Evangelist und sagte: Die Stadt, die du hier im Zierat siehst, ist dein freies Gewissen, deine freudenerfüllte Seele ist die Braut der Stadt.

Auch in Hadewijchs Werk, zwölf Visionen, Gedichten und Briefen, wird die brautmystische Liebesbeziehung sichtbar. Der hohe Frauenanteil an der Mystik wird im Übrigen auch damit erklärt, dass mit der Entstehung der Universitäten Frauen von der Vernunft geleiteten Gotteserkenntnis ausgeschlossen waren. Mystische Versenkung war *ein* Weg für Frauen zur Hingabe an Gott.

Als bedeutendster deutscher Mystiker gilt der aus Hochheim in Thüringen stammende Meister Eckart (1269–1328). Er war Dominikaner und wurde 1302 in Paris Magister der Theologie. Mehrere Jahre leitete er als Provinzial die sächsische Provinz des Ordens, zu der mehr als 120 dominikanische Klöster gehörten. Von 1316 an wirkte er in Straßburg und war dort auch Seelsorger mehrerer Dominikanerinnenklöster; schließlich berief man ihn 1320 an das Generalstudium des Ordens in Köln. Meister Eckart war ein äußerst beliebter Prediger, vor allem bei Frauen. Seine Predigten zeichneten sich durch eine einfache Sprache aus, die auch den Ungebildeten Zugang zur Theologie gewähren wollte. In seine Traktate und Predigten flossen seine mystischen Erfahrungen ein, ein oft gebrauchter Satz lautete: »Die Theologen sagen das, aber ich verstehe es anders.« Seine Lehre begründete letztlich einen neuen individualistischen, »mystischen« Frömmigkeitstypus, der die offiziellen kirchlichen Heilsmittel in den Hintergrund treten ließ. Ausgehend von persönlichen, einfachen Erfahrungen, die er immer mit einer Reihe von Erklärungsversuchen schilderte, suchte er den Zugang zum menschlichen Dasein, den Weg zum Kontakt mit Gott. Der werde in die Seele des Menschen kommen, je mehr der Mensch zur Selbsterkenntnis gelangen könne, seinen »innersten Grund« finden könne, wo Gott der Seele weit näher sei als sie sich selbst. »Wer aller Kreatur leer ist, der wird Gottes voll«, predigte er, wer die Vereinigung mit Gott suche, müsse einen Zustand innerer Gelassenheit und Freiheit erreichen, durch Askese, durch Lossagung von allem Äußerlichen.

Schließlich wurde er von Kölner Franziskanern wegen seiner deutschen Predigten bei Erzbischof Heinrich von Virneburg (der selbst Franziskaner war) angeschwärzt. Obwohl ihm sein Orden ein »heiligmäßiges Leben« bescheinigte, wurde Eckart 1326 der Häresie bezichtigt. Er konterte den Vorwurf mit dem einfachen Satz: »Ich mag irren, aber ich bin kein Häretiker, denn ersteres hat mit dem Verstand zu tun, das zweite aber mit dem Willen.« Nach vergeblicher Appellation an die Kurie in Avignon wurde ihm der Prozess gemacht: 1329 erging das Urteil, da war Eckart indessen bereits gestorben. In der päpstlichen Bulle wurden sechsundzwanzig Sätze des Meisters als häretisch oder als häresieverdächtig verurteilt.

Auch gegen Eckarts wichtigste Schüler, Johannes Tauler und Heinrich Seuse, wurde immer wieder der Vorwurf der Häresie erhoben. Seuse (1295–1366), ein Schwabe aus Überlingen, der die Schule in Köln besuchte und dann, nach strengem Asketentum in einem Konstanzer Kloster, durch Süddeutschland zog, war ein andächtiger Schwärmer. Er fühlte sich am wohlsten, wenn er in den Frauenklöstern von himmlischer Liebe und weiblicher Freundschaft predigen konnte. Er hat wesentlich die literarische Beteiligung von Frauen an der mystischen Bewegung gefördert. Auch bei den Mystikern war die Grenze zwischen »rechtgläubigen« und häretischen Lehren fließend. Meister Eckart musste sich etwa einer bedenklichen Gefolgschaft gewisser Begarden und Beginen erwehren, die »als Brüder und Schwestern des freien Geistes« auftraten und beispielsweise die Sündenlosigkeit des Menschen propagierten – was die Kirche natürlich nicht hinnehmen konnte.

Begarden und Beginen

Einige Jahre vor Eckarts Verurteilung hatte das Konzil von Vienne alle Begarden und Beginen exkommuniziert und ihre Gemeinschaften, auch die in Deutschland, verboten: Sie seien dem Wahn sündeloser Vollkommenheit verfallen und verbreiteten Irrlehren, hieß es im Beschluss. Den Beginen warf man vor, sich nicht in die bestehenden Orden einzugliedern und die kirchliche Vermittlung zwischen Gott und den Menschen abzulehnen.

Begarden nannte man damals die Mitglieder männlicher Laiengemeinschaften, die in klosterähnlichen Häusern lebten, Beginen waren das weibliche Pendant. Erstere spielten im Spätmittelalter keine Rolle mehr, anders die Beginen. Schon Papst Johannes XXII., der 1317 die Beschlüsse des Konzils von Vienne publiziert hatte, musste bald darauf einschränkend feststellen, dass »fromm und ehrbar lebende Beginen« nicht davon betroffen seien: Man hatte bei der Kurie offensichtlich eingesehen, dass es ein Fehler gewesen war, alle Beginen für häretisch zu erklären.

Das Beginentum ist die wohl bekannteste religiöse Laienbewegung des Mittelalters. Der Ausgangspunkt dieser Bewegung lag im Gebiet des heutigen Belgien und der Niederlande. Weibliche Gläubige, die ein asketisch-religiöses Leben ohne Familie in Demut, Armut und Keuschheit führen wollten, hatten sich seit dem 12. Jahrhundert zu selbst verwalteten Gemeinschaften im Dienst des Nächsten zusammengeschlossen, ohne in einem Orden organisiert zu sein. Die – später so genannten – Beginenhöfe waren zunächst Stätten zur Führung eines gottseligen Lebens für unverheiratete oder verwitwete Frauen, *mulieres religiosae,* religiöse Frauen, die nicht in ein Kloster eintreten wollten. Von den Orden unterschieden sie sich dadurch, dass keine Gelübde abgelegt wurden; die Frauen versprachen lediglich Keuschheit und Gehorsam für die Zeit ihrer Zugehörigkeit zur Gemeinschaft. Beim Eintritt hatten sie ein Entgelt für die Wohnung zu zahlen, ihren Lebensunterhalt verdienten sie sich durch Handarbeit und Krankenpflege. Die Hauptmahlzeiten wurden gemeinsam eingenommen, geistliche Übungen führten die Bewohnerinnen eines Hauses zusammen durch.

Viele Kleriker polemisierten gegen die neuen Gemeinschaften. Sie seien der »bedenklichen Neigung« verfallen, eigensinnig in der Volkssprache über theologisch-religiöse Fragen zu spekulieren, warnte ein Pariser Theologe. Sogar der Name »Beginen« ist ein Schmähwort, er wurde um 1200 erstmals benutzt, als Verkürzung des Begriffs Albigenser – womit die Frauengemeinschaften bereits in die Nähe der Ketzerei gestellt wurden.

Im 13. Jahrhundert breitete sich die Bewegung nach Osten aus, vor allem im Rheinland entstanden zahlreiche Beginengemeinschaften, gefördert von männlichen Klerikern. In Köln bildete sich die erste Gemeinschaft fast zeitgleich mit dem Auftreten der Bettelmönche im Jahre 1223, in Frankfurt 1242, in Straßburg 1246, um einige zu nennen. Der englische Chronist Matthew Paris schätzte um 1245 die Zahl der Beginen in Köln und im Kölner Umland auf zweitausend. In vielen Fällen bildeten sich Beginengemeinschaften, weil die Frauenklöster der Bettelorden – denen bei ihrer Ausbreitung in Deutschland eine Welle der Volksfrömmigkeit entgegenschlug – wegen regen Zulaufs nicht in der Lage waren, alle eintrittswilligen Frauen aufzunehmen. Zudem sträubten sich Franziskaner und Dominikaner lange Zeit, Leitung und Seelsorge einer Frauengemeinschaft zu übernehmen, die um Anerkennung als selbstständiges Kloster und Aufnahme in den Orden nachgesucht hatte. Im Lauf des 13. Jahrhunderts gelang es einigen Beginengemeinschaften, in den Dominikanerorden inkorporiert zu werden. Das waren in der Regel aber Gemeinschaften, die nachweisen konnten, dass alle ihre Mitglieder aus den Einkünften ihrer Häuser versorgt werden konnten. Nach dem Konzil von Vienne drängte es, nicht zuletzt aus Angst vor Verdächtigung und Verfolgung, nochmals viele Gemeinschaften, sich vor allem an die Dominikaner anzuschließen. Zahlreiche Beginenhäuser und -höfe, die in der Regel über eine eigene Kirche oder Hauskapelle verfügten, wurden daher oft in der Nähe der Klöster der Bettelorden eingerichtet.

Beginenhäuser wurden von reichen Familien unterstützt. Viele Frauen, die ihrer sozialen Stellung entsagten und sich zu einem apostolischen Leben verpflichteten, stammten aus den wohlhabenden Schichten. Die Gemeinschaften wurden also keineswegs nur zur Versorgung verarmter und mittelloser Frauen gegründet. In ihren Häusern lebten sie zumeist unter der Leitung einer *magistra,* einer Meisterin, nach festen Regeln. Mancherorts, wie in Straßburg, gaben sich mehrere Häuser eine einheitliche Satzung, um sich von »ungeregelten« Gemeinschaften abzusetzen, die immer wieder mit Häresien in Verbindung gebracht wurden.

Im Jahr 1515 wurden in Köln etwa 1170 Beginen gezählt, sie stellten einen wichtigen sozialen Faktor dar in der rheinischen Metropole mit ihren 40 000 Einwohnern. Neben karitativen Aufgaben in der Armen- und Krankenpflege übernahmen Beginen die Betreuung Sterbender, die Einkleidung und Waschung von Verstorbenen, sie stellten Totenwachen und boten mancherorts Schulunterricht für Mädchen an. Durch ihre handwerkliche Tätigkeit – auch Bierbrauen gehörte vereinzelt dazu – gerieten Beginengemeinschaften bisweilen in Konflikt mit städtischen Zünften. Beraten und vertreten wurden die Beginen in solchen Fällen zumeist von Dominikanern, die in der Regel auch die Seelsorger für die Gemeinschaften stellten.

Die Beginen wollten ein kontemplatives Leben in der Nachfolge Christi führen: Im Deutschen Reich konnte sich das Beginentum behaupten, weil es sich der Aufsicht der Bettelorden unterstellt und sich feste Statuten geben hatte. In anderen Ländern, wie etwa in Frankreich, wurde den frommen Frauen noch lange eine Nähe zu ketzerischen Bewegungen nachgesagt.

Reliquienverehrung und Wallfahrten

Die Verehrung von Märtyrern und Heiligen gehört zu den ältesten Erscheinungsformen des christlichen Glaubens. Wie die irdische Hierarchie stellte man sich auch die himmlische vor: Es gab wirkmächtige Heilige, die nahe am Thron Gottes standen und Einfluss nehmen konnten, indem sie sich für die Menschen einsetzten, die sie verehrten. Heilige waren Fürsprecher und Helfer gegenüber Gott, der ihre Bitten aufgrund ihrer Verdienste leichter erhörte. Verantwortlich fühlten sich die Heiligen nach diesen Vorstellungen aber vor allem für die Menschen, die ihre Reliquien besaßen und verehrten. Kirchen, in denen Reliquien von bedeutenden Heiligen aufbewahrt wurden, waren das ganze Mittelalter hindurch Ziel von zahllosen Wallfahrern. Die Pilger und Wallfahrer wollten aber nicht nur an den Gräbern der Heiligen beten, sondern möglichst auch Reliquien mit nach Hause nehmen. Dieser Wunsch war aber nicht unproblematisch: Dass Reliquien vielfach gefälscht waren, wusste man schon im Mittelalter – und Wallfahrten zu den Gräbern der Apostel in Rom oder Santiago de Compostela waren alles andere als gemütliche Touren.

Märtyrer- und Reliquienkult

Der christlichen Religion entstehe sehr oft Schaden, stellten die besorgten Konzilsväter, die im Jahre 1215 im Lateranpalast zusammengekommen waren, einmütig fest.

> Es gibt einige, die Reliquien der Heiligen als verkäuflich ausstellen und sie allenthalben zur Schau stellen. Wir aber haben durch vorliegendes Dekret bestimmt, dass alte Reliquien künftig nicht mehr außerhalb ihres Reliquienkästchens gezeigt noch als verkäuflich dargestellt werden sollen. Niemand wage es aber, neu gefundene Reliquien öffentlich zu ver-

ehren, wenn sie nicht zuvor durch die Autorität des römischen Pontifex die Approbation erhalten haben.

Der Grund für diesen Beschluss wird im Text gleich mitgeliefert: »An den meisten Orten pflegt es zu geschehen, dass diejenigen, die von nah und fern herkommen, um die Kirchen aufsuchen, mit leeren Trugbildern und falschen Dokumenten getäuscht werden, um Geld zu erraffen.« Die von fern herkommen – das waren Pilger und Wallfahrer, die unter großen Mühen weit entfernte heilige Stätten aufsuchten.

»Die Menge derer, die herbeiströmten, nahm keine Ende, und die Heerstraße gewährte das Bild der Ameisen, in dem die einen herzukamen und die anderen den Kommenden Platz machten.« Es ist das Grab des heiligen Petrus, an dem sich solche Szenen ereigneten. Kaiser Konstantin der Große hatte über dem Petrusgrab eine Basilika errichten lassen. Wie in Rom entstanden seit dem 4. Jahrhundert an zahlreichen Orten des Römischen Reichs Kirchen über den Ruhestätten von Märtyrern, und hier entfaltete sich dann der Reliquienkult. Märtyrer waren Zeugen Christi, Blutzeugen des christlichen Glaubens, und somit sind sie in der Nachfolge Christi Fürbitter für die Gläubigen. Heilige haben eine zweifache Gegenwart: Ihre Seele befindet sich schon am Thron Gottes im Himmlischen Jerusalem, ihr Leib bleibt bis zum Jüngsten Gericht auf Erden, ihre Reliquien sind greifbare und sichtbare Unterpfänder des Heils.

Um der Märtyrerfürbitte teilhaftig zu werden, war es – wie etwa in Köln – von großem Vorteil, wenn Märtyrergräber im lokalen Umfeld vorhanden oder gefunden worden waren (so genannte Märtyrerinventionen), denn Gräber galten als bester Ort zur Kontaktaufnahme. Gemeinden, die keine besaßen, bemühten sich, Märtyrergebeine von anderswo herbeizuschaffen (Märtyrertranslationen). Oder man begnügte sich damit, Anteile an Märtyrerreliquien zu erhalten, durch Teilung oder Vermehrung der Reliquien. Denn – so befand Theodoretos von Kyros schon im 5. Jahrhundert – »sind auch die Lei-

Pilger vor abgelegter Rüstung. Buchmalerei aus »Le Pélérinage de la vie humaine« von Guillaume de Deguilleville, 1393.

ber zerteilt, so wohnt ihnen jedoch ungeteilte Gnade inne, und jene unscheinbare und winzige Reliquie hat die gleiche Kraft wie der in keiner Weise und in keinem Teile zerstückelte Märtyrerleib«. Die irdischen Überreste der Heiligen strömten also Wunder wirkende Kräfte aus, der Glanz ihrer Verehrung wurde deutlich an Gräbern, an Schreinen und auch in den Gehäusen und Gefäßen, in denen man sie aufbewahrte, den Reliquiaren, die in Altären und Nischen oder in eigenen Kapellen aufgestellt wurden.

Die Auffindung von Märtyrergräbern bot also die einfachste Möglichkeit, an »heilige Leiber« – nicht an tote Körper – zu gelangen, an deren Verehrung kein Gläubiger zweifelte. Der heilige Norbert von Xanten war ein Meister im Auffinden von Märtyrergräbern, schon einen Tag nach seiner Ankunft in Köln stieß er auf das Grab einer der 11 000 Jungfrauen. Daraufhin bat er die Kanoniker von St. Gereon, auch in ihrem Kloster nach Reliquien suchen zu dürfen. Und siehe da, mitten im Kloster, »wo nicht die Spur einer Grabstelle zu erkennen war«, so schreibt der Autor der *Vita Norberti,* fand man einen Leichnam ohne Kopf, aber ehrenvoll bestattet, Unterkleider und Schuhe deuteten auf einen römischen Soldaten. »Das Haupt war in der Höhe des Unterkiefers abgeschlagen«, zwischen dem Körper und dem Boden des Sarkophags lagen Ballen blutgetränkten Strohs.

> Die Kanoniker und das Volk, das in zahlloser Zahl zusammengeströmt war, riefen da aus: *Siehe, unser Herr, der heilige Gereon! Wir haben ihn viele Jahre gesucht, aber wegen unserer Sünden nicht finden können!*« Damit aber niemand zweifelte, dass es wirklich der hl. Gereon war, ist zu wissen, dass es in Wahrheit ein untrügliches Erkennungsmerkmal gab, denn über seinen Tod und sein Martyrium war zu lesen, dass der Kopf nicht ganz, nur zum Teil abgeschlagen worden war; von diesem Teil wusste man, dass ihn die Heiden in einen Brunnen geworfen hatten – über dem Brunnen hatte man die Kirche und ihren Altar zu seinen Ehren geweiht, aber wo der übrige Leib sich befand, wusste man nicht.

Köln war ohnehin ein Zentrum der Reliqienauffindung. Bei der zweiten Stadterweiterung im Jahr 1106 wurde im Nordwesten ein römischer Friedhof entdeckt. Flugs deutete man ihn als die Stätte, wo die heilige Ursula ihr Martyrium gefunden hätte. Bis dahin hatte Ursula, die nach der Legende von den Hunnen getötet wurde, elf Gefährtinnen gehabt. Nach dem Fund zahlreicher Gebeine, die man als Märtyrerreliquien deutete, schwoll die Zahl der Begleiterinnen schnell auf 11 000 an.

Über dem Leib der Heiligen stand – als bedeutendste Reliquie der Christenheit – das Holz vom »wahren Kreuz Christi«.

Im Jahr 335 hatte man angebliche Teile jenes Kreuzes, an dem Christus starb, in Jerusalem wiedergefunden. Helena, die Mutter Konstantins des Großen, soll ihrem Sohn ein Stück davon nach Konstantinopel gesandt haben. Splitter von diesem Kreuz zu besitzen, war darum ein weit verbreiteter Wunsch. Die »Gier nach dem Kreuzesholz« (so eine Nonne, die Jerusalem besuchte) führte dazu, dass man kleine Partikel und Splitter den gefundenen Teilen entnahm und immer weiter abspaltete. Schon in den letzten Tagen der byzantinischen Herrschaft über Jerusalem wurde dort ein schwunghafter Handel mit Partikeln des wahren Kreuzes betrieben. In einer Werkstatt der Chorherren vom Heiligen Kreuz wurden Reliquiare, goldene und silberne Behälter, kunstvoll hergestellt, die man gleich mitlieferte. Nachdem die »Kreuzfahrer« 1204 Konstantinopel erobert hatten, überschwemmte eine neue Flut von Kreuzpartikeln das Abendland. Allein im Kölner Dom werden bis heute zwei davon aufbewahrt; dem ehemaligen Dominikanerkloster in der Kölner Stolkgasse übergab Albertus Magnus 1248 eine weitere Partikel, die ihm der französische König Ludwig der Heilige geschenkt hatte.

Auseinandersetzungen um die Praxis des Reliquienkults gab es im gesamten Mittelalter. Das gläubige Volk werde oft hintergangen, wurde etwa auf dem zweiten Konzil von Lyon beklagt.

Und so gab es natürlich auch Kritik an der Verbreitung der Kreuzreliquien: »Das ist das Machwerk von Betrügern«, schimpfte im 15. Jahrhundert der Franziskaner Bernhardin von Siena, immerhin später heilig gesprochen, »sechs Ochsen vermöchten die Last nicht zu ziehen, wenn man alle Teile des Kreuzes Christi zusammenfügte«. Im 19. Jahrhundert versuchte man dagegen einmal, das Volumen aller bekannten Kreuzreliquien zu berechnen, mit dem überraschenden Resultat, dass die Partikel in ihrer Gesamtmasse nicht einmal ein Drittel eines etwa ein Zentner schweren Kreuzes ausmachten, das Jesus hatte tragen müssen.

Weitere bedeutende Christusreliquien waren der ungenähte Rock, die Dornenkrone, die heilige Lanze, die Kreuznägel – alles Dinge, die mit dem Leiden und Sterben Christi in Zusammenhang stehen. Die Dornenkrone, die 1063 nach Konstantinopel überführt und 1204 an die Venezianer verpfändet worden war, erwarb König Ludwig IX. 1239 für die ungeheure Summe von 135 000 Livres. Auf dem »Reliquienmarkt« wurden aber auch körperliche Überreste Christi angeboten, seine Nabelschnur, sein Milchzahn – und sein *praeputium,* seine Vorhaut.

Wallfahrten: Der Tourismus des Mittelalters

Nachdem die Reliquien der Heiligen Drei Könige 1164 im alten karolingischen Dom in Köln aufgestellt worden waren, so schrieb ein Chronist, »begann Köln zuzunehmen an Namen und Ruhm, sodass bis heute, angezogen vom Duft der Heiligen Könige, von den Inseln des Meeres und aus verschiedenen Ländern die Gläubigen unaufhörlich zusammenströmen, Iren, Bretonen, Engländer, Spanier, auch aus Italien, Sizilien und Gallien, um hier ihre Gelübde zu erfüllen.« Köln war ein Wallfahrtsort von europäischem Rang. Unzählige Pilger strömten in die mit Heiligtümern gesegnete Stadt, um zu beten, um Reliquien zu erwerben und um Buße zu tun und Gnade zu erlangen, in Form des Ablasses der Sündenstrafen: Ablass und Wallfahrt gehören zusammen.

Auch die Ursprünge der Wallfahrt liegen in der Spätantike. Die älteste Form der Wallfahrt führte nach Palästina, zu jenen Stätten, wo Gottes Sohn als Mensch lebte, nach Bethlehem, Nazareth und Jerusalem. An diesen heiligen Orten fühlte man sich der göttlichen Gnade besonders nah, um für die eigene Unvollkommenheit zu büßen, um für empfangene Wohltaten zu danken, um Hilfe zu erbitten. Als Orte, wo sich ebenfalls übernatürliche Kräfte offenbarten und Gnadengaben zu erwarten waren, galten seit dem Frühmittelalter etwa San Gargano in Apulien und Mont St. Michel in der Normandie, beides Stätten, die durch Erscheinungen des Erzengels Michael berühmt geworden waren.

Erst im Hochmittelalter wurden Wallfahrten zu Gräbern von Aposteln und bedeutenden Märtyrern »populär«, in erster Linie die Wallfahrt zu den Gräbern der »Apostelfürsten« Petrus und Paulus in Rom, die nach Santiago de Compostela zum Grab von Jakobus dem Älteren, nach Tours zum Grab des heiligen Martin oder nach Canterbury, wo Thomas Becket als Heiliger verehrt wurde. Die Menschen verließen – zumeist erstmals in ihrem Leben – ihre angestammte, vertraute Umgebung, wenn sie sich auf die »heilige Reise« zu solchen Orten begaben. »Wallen« ist das mittelhochdeutsche Wort für »umherschweifen«, »Pilger« stammt vom lateinischen *peregrinus,* womit »der Fremde« benannt wurde, der auf dem Weg zu einer besonders geheiligten Kultstätte war.

Besonders die großen Fernwallfahrten waren voller Beschwernisse und Gefahren. Deshalb bildeten sich vielfach große Gruppen von Wallfahrern, die die lange Strecke gemeinsam bewältigten, oft von kundigen Reiseführern begleitet, zumeist Leuten, die die Wallfahrt schon mehrfach praktiziert hatten. Die Wallfahrer trugen in der Regel die übliche Pilgerkleidung, die Pelerine, den breitkrempigen Hut, der vor der Sonne schützte, einen langen Wanderstab, eine kürbisförmige Flasche, eine Tasche sowie das Wallfahrtszeichen, das sie am Zielort erwarben.

Einzelpilger wie Gruppen benutzten bestimmte Routen, beispielsweise den berühmten Jakobsweg, die Via Francigena von Canterbury nach Rom, Wege, die – als Folge der Wallfahrten – eine eigene Infrastruktur entwickelt hatten. Ein Netz von Herbergen war entstanden, oft boten aber auch Klöster und fromme Stiftungen am Weg den Wallfahrern freie Kost und Unterkunft. An den Pilgerwegen hatten sich auf die Bedürfnisse der Wallfahrer spezialisierte Handwerker niedergelas-

Schlafraum in einer mittelalterlichen Herberge. Auch wohlhabende Gäste, die hoch zu Ross anreisten, mussten mit gemeinschaftlicher Unterbringung rechnen.

sen: Kerzenmacher, Hersteller von Pilgerzeichen, Krämer, die Muscheln, Weihrauch und Textilien verkauften. Geschlossen zogen die Gruppen in feierlicher Prozession in den Gnadenort ein, viele gingen barfuß, andere rutschten auf Knien, schleppten Ketten oder Holzkreuze mit sich, viele fasteten und schwiegen, wenn der Zielort in Reichweite kam.

An den Pilgerwegen gab es zahlreiche Missstände zu beklagen. Die Pilger wurden von Geldwechslern und Zöllnern geschröpft, auch in den Herbergen kam es immer wieder zu Betrügereien, und an den Wegen lauerten, als Profiteure des Wallfahrtswesens,

Räuber und Diebe, Pferdeabdecker, falsche Ärzte und Bettler und nicht zuletzt Dirnen. In einer Predigt aus dem 12. Jahrhundert werden diese Zustände angesprochen:

> Was soll ich von der Dienerin sagen, die auf Geheiß ihrer Herrin das Wasser im Hause vergießt, damit die dürstenden Pilger in der Nacht kein Wasser finden und den Wein des Wirtes kaufen? Was ist mit jener, die nachts mit Zustimmung des Wirtes Hafer und Gerste aus den Futterkrippen stiehlt? Sie seien verdammt! Ebenso treffe der Bann die Wirtsmägde, die sich aus Hurerei und Geldgier nachts den Pilgerbetten zu nähern pflegen. Die Dirnen, die aus diesem Grund zwischen der Mino-Brücke und Palas del Rey an waldreichen Orten den Pilgern entgegentreten, müssen nicht nur exkommuniziert, sondern durch Abschneiden der Nase öffentlich geächtet werden.

Die Pilgerfahrt nach Santiago de Compostela: Von der Mühsal des Reisens

Im Frühling, »wenn milder Regen, den April uns schenkt, / des Märzes Dürre bis zur Wurzel tränkt, / in alle Poren süßen Saft ergießt, / durch dessen Wunderkraft die Blume sprießt«, so schreibt Geoffrey Chaucer in seinen berühmten *Canterbury Tales,* »dann ist auf Wallfahrt jedermann bedacht, / und Pilger ziehen nach manchem fremden Strand, / zu fernen Heilgen, die berühmt im Land.« Zur Pilgergruppe, die zum Grab Beckets nach Canterbury aufbricht (und die Chaucer mit teilweise beißendem Spott beschreibt), gehört auch das »gute Weib aus Bath«, eine geschickte Weberin, aber auch eine erfahrene Wallfahrerin. »Hin nach Jerusalem zum heilgen Land / war dreimal sie gepilgert. Auch bekannt / war ihr Santiago in Galizia, Rom, / Boulogne, Köln und mancher fremde Strom, / und auf der Wanderung lernte sie nicht wenig, / doch, leider Gottes, war sie ziegenzähnig«

Seit der Mitte des 11. Jahrhunderts gehörte Santiago de

Compostela zu den beliebtesten Wallfahrtsorten der Christenheit, unmittelbar nach Jerusalem und Rom. Der Legende nach predigte der Apostel Jakobus der Ältere schon nach der Himmelfahrt Christi in Spanien. Nachdem er nach Jerusalem zurückgekehrt war, wurde er dort im Jahr 44 n. Chr. auf Befehl des Herodes Agrippa hingerichtet. Zwei seiner Schüler sollen Jakobs Leichnam in einem Nachen nach Spanien überführt und ihn schließlich im Nordwesten bestattet haben. Entdeckt wurde das Grab 812, schon ein Jahr später teilte Papst Leo III. die Entdeckung der Reliquien per Rundschreiben den Gläubigen mit: Der Iberischen Halbinsel war somit ein eigener Apostel zugefallen, der das Selbstbewusstsein der Asturier und ihrer Kirche entscheidend stärkte. Doch auch die benachbarten nordspanischen Königreiche Leon, Kastilien und Navarra, wie Asturien in dauernde Kämpfe mit den Mauren verwickelt, zogen eine erstaunliche Kraft aus dem Jakobus-Kult. Als *Santiago Matamoros,* der Maurentöter, stürmte der weiße Ritter Jakobus den christlichen Truppen voran. Mit der Entdeckung des Jakobsgrabs begann die christliche *Reconquista,* die allmähliche Rückeroberung des maurischen Spanien. Das Zeichen des Apostels und seiner Pilger wurde schon bald die Jakobsmuschel, Sinnbild des Meeres. Für damalige Begriffe lag das Apostelgrab dann auch am Ende der bekannten Welt, weit im europäischen Westen, an der Küste des Weltmeeres.

Karl der Große, so die Legende, soll einer der ersten Wallfahrer gewesen sein bzw. die Wallfahrt begründet haben – den Weg zum Apostelgrab habe ihm ein Traum gewiesen. Seinem Beispiel sollten zahllose Pilger folgen. Schon in der ersten Blütezeit der Pilgerfahrt im 12./13. Jahrhundert begaben sich Menschen aus ganz Europa auf den »harten Weg«, wie der italienische Dichter Francesco Petrarca ihn nannte, um am Grab des Apostels die Vergebung ihrer Sünden und Heilung ihrer Krankheiten zu erlangen oder Dank zu sagen. Man schätzt, dass Santiago seit dem 12. Jahrhundert jährlich von etwa 25 000 bis 50 000 Pilgern aufgesucht wurde. Es waren Gläubige aus allen sozialen Schichten, Fürsten, Ritter, Bischöfe, Mönche, zumeist aber einfache Männer und Frauen, hauptsächlich aus städtischen Zentren. Fiel das Fest des Heiligen, der 25. Juli, aber auf einen Sonntag, dann feierte man ein »Heiliges Jahr«, und dann konnte sich die Zahl der Pilger gut und gerne verzehnfachen.

Ungepflasterte Wege, Furten und Bergübergänge

Im Deutschen Reich gab es vier Sammelpunkte für die Pilger: im Nordseebereich Hamburg, an der Ostsee Lübeck, wo sich auch Pilger aus Skandinavien einfanden, in Westdeutschland Aachen, von wo es über Tours in Richtung Pyrenäen ging, und Maria Einsiedeln in der Schweiz. Die deutschen Pilger benutzten gewöhnlich die gleichen Wege wie alle Reisenden: Heeres- und Geleitstraßen, Handelsrouten, Furten und Bergübergänge. Sie nutzten insofern auch die gleichen Versorgungsstrukturen. In den »Heiligen Jahren« wurden Schiffstransporte von den niederländischen Küstenstädten angeboten, die überwiegende Mehrheit der Pilger ging aber zu Fuß.

Die gepflasterten römischen Straßen waren längst verfallen, ihrer Linienführung folgten aber die wichtigsten Straßen Westdeutschlands und Frankreichs; man ging auf ungepflasterten Wegen, die vier bis fünf Meter breit waren, damit Gespanne aneinander vorbeifahren konnten. Schlaglöcher wurden notdürftig ausgebessert, indem man sie mit Erde und Reisig auffüllte. Die meisten Straßen waren oberhalb der Talsohle angelegt, am Fuß von Gebirgen, oder sie folgten Höhenzügen. Seit dem 12. Jahrhundert sind hier und da Bemühungen erkennbar, die wichtigen Fernstraßen auszubauen, zumindest aber auszubessern und instand zu halten. Man optimierte, wo es möglich war, die Linienführung und befestigte die Straßenränder teilweise mit Holz- und Stützmauern. Als Belag wurde Schotter aufgetragen; es gab kurze Strecken mit Pflasterung, immer mehr Brücken wurden gebaut. Dahinter stand oft eine gezielte Wirtschafts- und Verkehrspolitik, die es darauf anlegte, Verkehrsströme durch das eigene Territorium und somit auch zu den eigenen Märkten und Zollstätten zu leiten. Als »Straßenwärter« und Helfer für Pilger waren oft Klausner tätig: Einsiedler, die in bescheidenen »Klausen« an den Fernstraßen lebten, Wege ausbesserten und Reisenden Hilfe in der Not leisteten. Einzelne Baumeister, die Straßen und Brücken anlegten, wurden allgemein verehrt, etwa Benedikt, der Erbauer einer Brücke über die Rhône – von Bischof Benno von Osnabrück heißt es, er habe »durch einige Sümpfe, deren es in diesen Gegenden viele gibt, trockene und schön geebnete Reisewege« angelegt. Im *Liber Sancti Jacobi* ist den namentlich genannten Straßenbauern der schöne Satz gewidmet: »Mögen die Seelen all dieser Männer und ihrer Helfer in ewigem Frieden ruhen.«

Ein mittelalterlicher Pilgerführer

Die Pilgerroute nach Santiago de Compostela war, was die Infrastruktur betrifft, für mittelalterliche Verhältnisse sehr gut ausgestattet. Wie die Wege nach Rom wies sie eine extreme Dichte an Hospizen, Herbergen und Tavernen auf. Ein im 12. Jahrhundert entstandener Führer nach Santiago bestätigt das: Im *Liber Sancti Jacobi,* im Buch des heiligen Jakob, sind die vier großen Pilgerrouten durch Frankreich und der *camino* (Wanderweg) vom Fuß der Pyrenäen bis nach Galizien sehr detailliert beschrieben. Toulouse hatte im 13. Jahrhundert vielleicht 25 000 Einwohner, es gab aber fünfzehn Hospitäler für Pilger, in Arles sind sechzehn nachweisbar.

Als Autor dieses mittelalterlichen *Guide Michelin* wird ein aus der Gegend um Tours stammender Kleriker angenommen, der seine Heimat und den Süden Frankreichs noch mit unverhohlener Sympathie beschreibt. Je weiter der Weg nach Süden führt, über die Pyrenäen, umso kritischer wird der Text. Es werden weiterhin alle wichtigen Übernachtungsmöglichkeiten aufgeführt, etwa das Hospiz der heiligen Christina in den Pyrenäen, »wo der fromme Pilger sich erholen kann, wo die Bedürftigen Ruhe und Pflege, die Kranken Trost finden. Es kann keinem Zweifel unterliegen, dass die Erbauer solcher heiligen Stätten das Himmelreich besitzen werden.« Hatten die Pilger die Pyrenäen überquert und die wichtige Etappe Puente de la Reina, wo der *camino* begann, erreicht, dann fing das eigentliche Abenteuer an.

Nicht zuletzt waren es Flussübergänge, wo Ungemach drohte. Dort wurden den Pilgern von gierigen Fährleuten oft unangemessene Gebühren abgepresst. »Aus tiefstem Herzen wünsche ich diese Kerle zur Hölle!« Von Arm und Reich verlangten die Fährleute ein Geldstück, für das Übersetzen von Pferden sogar vier. Pilger sollten, so meint der Autor, wegen der Gefahr des Kenterns den Einbaum gar nicht erst benutzen. »Wenn du dieses Boot besteigst, dann sei auf der Hut – schnell bist du ins Wasser gefallen!« An manchen Übergängen ließen die Fährleute, nachdem sie die Gebühr kassiert hätten, viel zu viele Pilger einsteigen – »das Schiff kentert, die Pilger ertrinken. Die nichtsnutzigen Schiffer stimmen dann gleich ein Freudengeheul an und bemächtigen sich der Habe der Ertrunkenen.«

Die Navarresen (denen der Autor sogar Unzucht mit Tieren nachsagt) pflegten auf Pilgern wie auf Eseln zu reiten. Schon um den Preis eines einzigen Sous hätten sie Menschen umgebracht. In Navarra lebe ein zutiefst verderbtes Volk, schurkisch, treulos, unredlich und verworfen, gottlos und düster. »Als wir sie auf Wasser ansprachen, belogen sie uns und sagten, man könne ohne jede Gefahr von diesem Wasser trinken. Daraufhin gaben wir unseren Pferden davon zu trinken, sie krepierten unmittelbar darauf, und auf der Stelle zogen ihnen jene das Fell ab.« Ein wenig Überheblichkeit des kultivierten Franzosen spricht aus diesen Sätzen, vielleicht sogar eine Portion Fremdenfeindlichkeit.

Am *camino* lagen Herbergen, Klöster und Hospize in Abständen von zehn bis zwölf Kilometern, obwohl man zu Fuß bis zu fünfundzwanzig Kilometern gehen konnte. Doch dazwischen lauerten, vor allem im »unwirtlichen und waldreichen Baskenland«, weitere Gefahren, Wegelagerer und Straßenräuber. »Aus ganzen Herzen wünsche ich sie zum Teufel!«, heißt es immer wieder im *Liber Sancti Jacobi*. Dass Pilger ausgeraubt oder umgebracht wurden, war gang und gäbe. »Erblickt der Pilger die Landesbewohner, Menschen von barbarischer Sprache und ungeschliffener Erscheinung, gefriert ihm das Blut.« Bei solchen Gelegenheiten machten sich die Pilger Mut mit Gebeten wie: »Herr Santiago, guter Santiago, vorwärts gehen wir, Gott helfe uns!«

Doch es gab auch »legale« Wegelagerer: die Zöllner. Bewaffnet zogen sie den Wallfahrergruppen entgegen und forderten drohend die Zahlung der Maut, obwohl von Pilgern grundsätzlich kein Wegezoll erhoben werden durfte. »Sollte ein Reisender auf den Gedanken kommen, ihnen das geforderte Geldstück zu verweigern, so schlagen sie ihn mit ihren Prügeln und entreißen ihm die Abgabe.« Und so enthalten ganze Passagen des *Liber Sancti Jacobi* endlose Vorwürfe gegen betrügerische Wirte und Zöllner, aber auch gegen die Hintermänner, die von der Ausplünderung der Pilger profitierten. Selbst der König von Aragon wird an den Pranger gestellt. »Aber auch die Priester sind Mitwisser der Untaten – sie gewähren den Übeltätern Absolution und heißen sie in ihren Kirchen willkommen.« Der Autor fordert die Exkommunikation all derer, die sich auf Kosten armer Pilger bereicherten: »Die Schuldigen soll der Bannfluch treffen, bis sie nach einer lang andauernden, öffentlichen Buße wieder zu Verstand gekommen sind – und bei ihren Tributforderungen Maß walten lassen.«

Wer es schaffte, sich trotz all dieser Mühsale nach Galizien durchzuschlagen, der nahm, so wollte es die Tradition, schon in Triacastela ein großes Stück Kalkstein mit, das er bei den Kalköfen in Castanola ablieferte, wo der Kalk für die Dombauhütte von Santiago gebrannt wurde. So trug jeder Pilger zum Bau der Jakobusbasilika bei. Vor der Stadt reinigten sich die

Pilger im Fluss, wo man Holzplanken ins Wasser gebaut hatte, so genannte *lavamentula* (wasche die Geschlechtsteile). »Die Pilgerscharen waschen sich aus Liebe zum Apostel nicht nur die Geschlechtsteile, sondern den Schmutz am ganzen Körper ab – und währenddessen widerfährt ihnen nicht selten das Missgeschick, dass ihre Kleider gestohlen werden.«

Vom Monte del Gozo aus, dem Berg der Freude, konnte man dann einen ersten Blick auf die Kathedrale werfen. Schon hier brachen die Pilger in befreienden Jubel aus, mit Tränen in den Augen passierten sie die Pilgerkreuze. Lachend, schwatzend, singend zogen Gruppen von Wallfahrern in die Stadt ein, durch die Puerta del Camino, das Stadttor im Osten.

Endlich war das Ziel erreicht. Nun schlossen die Pilger ihre Wallfahrt mit dem Besuch der Kathedrale ab, eines »ungemein schönen Gotteshauses«, wie im Pilgerführer zu lesen ist: »Wunderbares wurde hier vollbracht«, am Grab des Apostels.

Nicht nur von der Basilika zeigt sich der Autor angetan. Den großen Platz davor schildert er in allen Einzelheiten, das bunte Treiben in den Wechselstuben, in den Wirtschaften und an den Verkaufsständen, wo die Pilger vor allem kleine Muscheln erwerben, »als Beweis dafür, dass sie beim heiligen Jakobus waren«. Diese Muscheln befestigten sie am Hut oder am Mantel, wie auf allen Darstellungen von Jakobspilgern zu sehen ist. Höhe- und Endpunkt der Wallfahrt bildeten dann die Teilnahme an den Gottesdiensten und Prozessionen in der Kathedrale, das Gebet am Schrein des Heiligen, dem man Dank sagte oder Bitten vortrug. Fortan, so glaubten die Pilger, lebten sie in der Strahlenaura der Begnadigung weiter, die vom Apostel ausging. Der Autor des *Liber Sancti Jacobi* fasst das wie folgt zusammen:

> Kranken wird hier die Gesundheit geschenkt, Blinden das Augenlicht, Stummen die Zunge gelöst, den Tauben das Gehör verliehen, Lahme können wieder unbeschwert gehen, Besessene sehen sich vom Dämon befreit und, was das Größte ist: Die Bitten der Gläubigen werden erhört, ihre Gelübde werden vom Himmel angenommen, die Fesseln der Sünde werden ge-

löst, den Klopfenden tut sich der Himmel auf, den Trauernden wird Trost zuteil. Hier strömen in Scharen Angehörige fremder Völker aus allen Himmelsrichtungen zusammen, hier wollen sie Gott mit ihren Gaben preisen.

Die Pilger hatten etwas Großartiges geleistet, eine Reise bis ans Ende der Welt überstanden. Nicht umsonst befindet sich einige Tagesmärsche entfernt das *Cabo Finisterre,* das Kap Weltenende. Sie hatten für ihren Glauben etwas auf sich genommen, was Gefahren herausforderte, gar den Tod beschwor, der überall am Weg lauerte, in Gestalt von Krankheiten, Seuchen, verdorbenen Nahrungsmitteln, Räubern und umherschweifenden Mauren. Viele Pilger kehrten nicht zurück, diejenigen, die heil nach Hause kamen, brachten die Jakobsmuschel als Siegeszeichen mit. Viele Jakobspilger ließen sich die Muschel ins Grab legen, der Heilige, so die Überzeugung, werde sie auch nach dem Tod sicher geleiten.

Die Pilgerroute nach Santiago hat heute wenig von ihrer historischen Attraktivität eingebüßt. Das Ziel ist von der Kathedrale Santiagos, einem der herausragendsten Bauwerke frühromanischer Baukunst, beherrscht. Am Ende des Wegs, vor dem Eingang in die Kathedrale, haben seit Jahrhunderten die Menschen ihre Hände an die Mittelsäule des Pórtico de la Goria gelegt, haben sich im sichtbar abgeschliffenen Marmor millionenfach verewigt. Die Gebeine des Heiligen, der Schlusspunkt der Reise, sollen im silbernen Schrein der Krypta unter dem Altar aufbewahrt sein. Berühmt ist der Botafumeiro, ein riesiges, sakrales Räucherfass, das an besonderen Festtagen von acht Männern durch die Kirche geschwenkt wird. In der Bibliothek der Kathedrale ist ein Text aufbewahrt, das Pilgerlied »Dum pater familias«, das den Märtyrer Jakobus preist – es steht im *Codex Calixtus* aus dem 12. Jahrhundert, ist gleichwohl älteren Ursprungs:

Primus ex apostolis
Martir Iherosolimis
Iacobus egregio sacer est martirio.

Iacobi Gallecia opem rogat piam
Glebae cuius gloria dat insignem.
Uliarn: ut precum, frequentia
Cantet melodiam.
Herro Sanctiagu, Got Sanctiagu
E ultreia, esus eia.

Deus aia nos.
Primus ex apostolis.

(Erster der Apostel, / der in Jerusalem hingerichtet wurde, / Jakobus, der durch sein Martyrium Heiligkeit erwarb.

Galicien erbittet die heiligen Kräfte des Jakobus: / denn sein Ruhm weist auf das Land, / das im Gebet klangvoll ertönt. / Großer Jakobus, wohltätiger Jakobus, / kommst von weither und bist hier bei uns.

Gott steh uns bei. / Erster der Apostel.)

Wallfahrten wie die nach Santiago de Compostela, aber auch ins Heilige Land oder nach Rom, setzten viele Menschen in Bewegung. Die Pilger schufen ein übernationales Bewusstsein, das über Sprache, rechtlichen und sozialen Status, Alter, Geschlecht hinausging. Goethe schrieb über den Pilgerweg: »Europa ist durch die Wallfahrt nach Santiago entstanden, und das Christentum ist seine Muttersprache.« Im Gebet zu Gott und den Aposteln bildeten die Pilger *eine* Gemeinschaft. Jeder Pilger konnte sich wie zu Hause fühlen, wenn er in Santiago die lateinischen Worte der Messe hörte. Und der schönste Preis für all die Mühen war die Lossprechung von den Sünden.

Der Reliquienkult des Mittelalters und das damit verbundene Wallfahrtswesen waren Formen der Volksfrömmigkeit, die von der Gesellschaft institutionalisiert, formalisiert und intensiviert wurden. Die Wallfahrt als Frömmigkeitsübung, als Buße, verlieh dem mittelalterlichem Menschen, welchen Standes er auch war, eine außerordentliche Zuversicht im Hinblick auf sein Gnadenverlangen. Im Ablasswesen war das Geld der

Umtauschfaktor, so hat Ernst Schubert treffend formuliert, »bei einer Wallfahrt mit allen ihren Schwierigkeiten und Gefahren stand der Mensch persönlich ein.«

Der Grundstein für die Entwicklung und Herausbildung des »europäischen Sonderwegs«, wie Max Weber formulierte, wurde nicht in der klassischen Antike, sondern in der Spätantike und im frühen Mittelalter gelegt – das ist ein wichtiges Ergebnis der neuen mediävistischen Forschung. Die verschiedenen Lebensformen und Lebenskreise, die im Mittelalter entwickelt wurden, Klöster, Grundherrschaft, Fürstenhof und Stadt, waren indessen eingebunden in das Glaubenssystem der römischen Kirche, das in das Leben der mittelalterlichen Menschen von Geburt bis Tod eingriff. Viele Erscheinungsformen des »römischen Systems« (Hans Küng) gelten heute als rückschrittlich, vor allem im Hochmittelalter aber war die römische Kirche und die von ihr vertretene christliche Religion ein Faktor, der – nicht zuletzt in der Entwicklung der Wissenschaften – das moderne Europa in vielerlei Hinsicht erst ermöglichte.

RITTER, MINNE, KREUZFAHRER

Die Lebenswirklichkeit des Ritters

> Ich bin ein Ritter und reite aus, einen Mann zu suchen, der bewaffnet ist wie ich und mit mir kämpfen will. Wenn er mich schlägt, erhöht das seinen Ruhm. Besiege ich aber ihn, dann beurteilt man mich als Helden, und ich werde angesehener als je zuvor.

So, wie Hartmann von Aues Held Erec einem Zeitgenossen das Rittertum erklärt, klingt es auch heute noch plausibel. Der heldenmütige Ritter, der sich über Kampf und Ehre definiert, ist fester Teil unserer historischen Kultur geworden. Das Erscheinungsbild des mittelalterlichen Ritters hat sich in unserem Geschichtsbewusstsein tief eingeprägt. Unser Mittelalterbild wäre nicht denkbar ohne den Turnierkämpfer in seiner eisernen Rüstung, seine edlen, ritterlichen Tugenden, seine mythisch überhöhte Gralssuche, seinen Minnedienst und die Romantik der hoch gelegenen Burgen.

In der Forschung wird dieses höfische Ritterideal jedoch differenzierter gesehen, denn es verbindet reale Gegebenheiten mit literarischen Fiktionen. Die Lebenswirklichkeit der Ritter sah anders aus als ihre Darstellung in der Literatur. In den Erzählungen des Mittelalters, auch in der literarischen Wiederentdeckung des Rittertums im 19. Jahrhundert, verbrachte der Ritter seine Zeit maßgeblich damit, Abenteuern nachzujagen und das Herz seiner Angebeteten zu gewinnen – häufig vor der prächtigen Kulisse großer Feste und Turniere. Dies war aber alles andere als der Kern ritterlichen Tuns. Um seinen Lebensunterhalt zu bestreiten, musste der Ritter seinen Grundbesitz verwalten und Hof- und Kriegsdienste leisten. Dass die Künstler jener Zeit mit der Propagierung ritterlicher Ideale aber so erfolgreich waren, hat eine tief greifende Ursache: Man wollte eine Verbesserung der Lebensumstände herbeiführen. Darum ist die Idealisierung des Ritters stellvertretend für den Beginn einer neuen, kultivierteren Gesellschaft. Der Rittermythos basiert auf zwei Säulen: auf der historischen Wirklichkeit und ihrer ideologischen Umdeutung. In der Realität wie in der Dichtung war das Rittertum eine Institution, die von Südfrankreich aus den Norden und den Westen des Deutschen Reichs erfasste.

Miles Christi – Der gottgefällige Krieger

Den Ritter in seiner Lebenswirklichkeit genau zu erfassen und zu beschreiben, gehört zu den schwierigsten Problemen der mittelalterlichen Sozialgeschichte. Maurice Keen bezeichnet den Ritter als

> einen Mann von aristokratischem Stand und möglicherweise adligen Vorfahren, der in der Lage ist, sich mit einem Streitross und den Waffen eines schweren Berittenen auszurüsten, wenn man ihn dazu aufforderte, und der durch ein bestimmtes Ritual zu dem gemacht wurde, was er ist: zu einem Ritter – einem Mann, der den Ritterschlag erhalten hatte.

Ab dem 12. Jahrhundert galt als Ritter ein berittener Adliger oder Dienstmann, der die Schwertleite, die feierliche Ausstattung mit dem Schwert, erhalten hatte. Mit dieser symbolischen Handlung wurde der Knappe zum wehrhaften Ritter erhoben. Anfang des 14. Jahrhunderts, in Frankreich schon früher, wurde die Schwertleite vom Ritterschlag abgelöst, wobei die flache Klinge auf die linke Schulter des Jungen gelegt wurde. Mit der Ritterweihe war nicht automatisch ein höherer Rang oder gar Stand verbunden, sondern ein auszeichnender, höfischer Ehrentitel, der auch Verpflichtungen mit sich brachte oder zumindest bringen sollte: die Beachtung der ethischen Normen, die den Rittern auferlegt waren. Hierzu gehörte nicht zuletzt der Schutz der Wehrlosen, Armen, Witwen und Waisen. Aber durch das Pferd allein wurde ein Krieger noch nicht zum Ritter. Die entscheidende Neuerung war die Ritterethik, die von der Kirche, insbesondere von den Reformmönchen von Cluny, an die Krieger herangetragen wurde, als die waffen- und wehrlosen Bauern schwer unter den zahllosen Kriegsfehden zu leiden hatten.

Die Ursprünge des Rittertums liegen im Kriegswesen, sodass sich der Ritter primär durch seine kriegerische Tätigkeit definiert. In den lateinischen Quellen taucht er als *miles,* als Soldat, Kämpfer auf, wobei seine Berittenheit bereits als so selbstverständlich gesehen wurde, dass sie im Wort nicht erkennbar ist. Der zweite Begriff *caballarius* trug der Bewaffnung zu Pferde hingegen Rechnung, daraus wurden das französische Wort *chevalier,* das spanische *caballero* und italienische *cavaliere* abgeleitet. Mit *caballarius* meinte man ursprünglich den Pferdeknecht (der dann zum Pferdebesitzer aufstieg), so wie auch dem englischen *knight* für Ritter das deutsche Wort »Knecht« zugrunde liegt. Jedenfalls hatte sich, ausgehend von den Reiterheeren der Goten, seit dem 9. Jahrhundert der Schwerpunkt des Heeres von den Fußsoldaten zur schwer bewaffneten Reiterei hin verlagert, die in massierter Angriffsreihe den Gegner überrannte und zum entscheidenden Schlachtinstrument geworden war. Bis ins 16. Jahrhundert hinein sollte die gepanzerte Reiterei das Rückgrat eines jeden Heeres bilden.

Die Blüte des Rittertums ist zwischen 1100 und 1250 anzusiedeln. Die Zeit vor 1000 war, bedingt durch den Zusammenbruch des Karolingerreichs und das Fehlen eines stabilen Königtums in Frankreich, eine Zeit großer Unruhe gewesen. Dann aber gewann das nachhaltige Drängen der Kirche nach Frieden und Schutz der Armen und Schwachen, die so genannte »Gottesfriedensbewegung«, unter dem Adel immer mehr an Einfluss. Man hat vom zweihundertjährigen »Erziehungsprozess« gesprochen, in dem die Cluniazenser den adligen Krieger zum Ritter formten. Durch den Kreuzzugsaufruf Papst Urbans II. im November 1095 wurden schließlich die Ritter zu einer neuen Aufgabe zusammengeführt: »Wendet die Waffen, die ihr in gegenseitigem Morden auf sträfliche Weise blutig gemacht habt, gegen die Feinde des Glaubens und des Christentums.« Die Energien, die sich bisher im Zwist nach innen gerichtet hatten, konnten nun gegen einen gemeinsamen Feind nach außen mobilisiert werden, zum Schutz des Glaubens und des Grabes Christi: Der hierfür erforderliche Krieger war, im Dienste der Kirche, der *miles Christi,* der durch den Kampf gegen die Ungläubigen den Frieden der Christenheit schützte und dadurch das eigene Seelenheil rettete. Für den Philosophen Johannes von Salisbury im 12. Jahrhundert stand fest, dass das Rittertum gleichsam ein von Gott eingesetzter Beruf war:

> Zu welchem Zweck ist das Rittertum geschaffen? Die Kirche zu schützen, den Unglauben zu bekämpfen, das Priestertum zu ehren, die Armen vor Unrecht zu schützen, das Land zu befrieden, das eigene Blut zu opfern und, wenn nötig, das Leben hinzugeben für die Brüder.

Hatte die Kirche im Frühmittelalter noch jede Form von Kriegführung als mit dem Christentum unvereinbar abgelehnt, galt nun der Kampf für den Glauben als gottgefälliges Werk. Die Ritter standen im Dienst der Kirche und fochten mit weltlichen Waffen für die geistliche – und damit für die gerechte – Sache: Wer im Namen Gottes kämpfte, erwarb sich Ruhm, im Leben wie über den Tod hinaus. Die Ritter hatten ihr eigenes Ideal gefunden, das sie bei aller Verschiedenheit als eine große Gemeinschaft zusammenhielt. Zwei scheinbar konträre und dennoch untrennbar miteinander verbundene Höhepunkte zeichnen die Geschichte des Rittertums im Hochmittelalter aus: ein militärischer und ein kultureller. Der militärische Höhepunkt tritt in den Kreuzzügen, der kulturelle in der höfisch-ritterlichen Kultur, im Herren- und Minnedienst zutage.

Ritterlichkeit bedeutete die unbedingte Orientierung an bestimmten Tugenden wie *êre* (Ehre), *triuwe* (Treue), *milte* (Milde) und *mâze* (das rechte Maß). Auch wenn so mancher Ritter des 12. Jahrhunderts an diesem Ehrenkodex scheitern musste, so bewirkte dieser doch eine entscheidende Verfeinerung der Kultur und der Sitten.

Ministerialen und Dienstmannen

Wer waren die Männer, die hoch zu Ross in Kettenhemden und Panzern steckten, mit Schwert und Lanze bewaffnet, wie sie uns aus zahlreichen zeitgenössischen Bildern, Grabsteinen und Siegeln bekannt sind? Ritter waren potentiell alle Waffenträger vom König bis zum besitzlosen Gefolgsmann, überwiegend waren es niedrige Adlige oder Vasallen des Königs, der Kirche oder des hohen Adels. Sie waren zum Kriegsdienst verpflichtet, erhielten im Gegenzug ein Lehen, also Landbesitz, den sie zu verwalten und von dessen Erträgen sie ihren Lebensunterhalt zu bestreiten hatten. Das war entweder eine kleine Burg oder ein entsprechendes Haus als Herrschaftssitz, verbunden mit einer Grundherrschaft, die Abgaben oder andere Dienstleistungen abhängiger Bauern einschloss. Der Ritterberuf musste mit einem gewissen Reichtum einhergehen, denn das Ritterdasein war eine kostspielige Angelegenheit. Der Krieger benötigte regelmäßige Übung, und die Aufwendungen für Pferde, Waffen und Rüstung waren beträchtlich. Hinzu kamen Ausgaben für Reisen, höfische Repräsentation, Kleidung und Feste; war der Ritter im Besitz einer Burg, so waren Aufwendungen für ihre Unterhaltung und Instandsetzung erforderlich.

Wie groß war der Anteil des Rittertums an der Bevölkerung des Hochmittelalters? Geht man davon aus, dass die Bauern rund 80 bis 90 Prozent und Klerus, Stadtbewohner und Adel gute 10 Prozent ausmachten, dann dürften knapp 5 Prozent der Bevölkerung Ritter mit ihrem Gefolge von Knappen und Knechten, Frauen und Mägden gewesen sein. Sie lebten höfisch, also auf Burgen und an fürstlichen Höfen, nicht in den Städten.

Sofern sie nicht von adliger Geburt waren, hatten die Ritter ihren historischen Aufstieg dem Kriegsdienst zu verdanken. So wurde in Spanien jeder Bauer zum *caballero,* der sich bewaffnet auf ein Pferd setzte und für die Reconquista kämpfte. In Deutschland ist das Rittertum maßgeblich aus der Ministerialität hervorgegangen. Ministeriale waren Dienstleute, die zunächst als abhängige Gefolgsleute das Vertrauen des Königs genossen und an adligen Höfen lebten, wo sie zu militärischen Aufgaben und zur Wahrnehmung der Hausämter herangezogen wurden. Der Begriff »Ministeriale« kommt von *ministerium* (Dienst) und meint Menschen, die durch besondere Dienste ihre Rechtsstellung verbessern konnten. Ihre Blütezeit begann gegen Ende der Salierherrschaft im 11. Jahrhundert, als sie zunehmend zum Waffendienst gerufen wurden, der bis zu jenem Zeitpunkt dem höheren Adel oblag. Je nach Tüchtigkeit konnten die Ministerialen im Herrendienst zum ritterlichen Adel aufsteigen, gerichtliche und verwaltungsmäßige Aufgaben in der Grundherrschaft als *villici* und gehobene Hofämter wie Truchsess, Schenk, Kämmerer, Marschall, Jägermeister übernehmen. Vor allem jene, die im Dienste der Reichsministerialität standen, erlebten nach 1180 einen rasanten Aufstieg. Andreas Schlunk nennt einige Beispiele:

> Reichsdienstmannen waren die engsten Berater der staufischen Könige seit Philipp von Schwaben (1198–1208). Sie stellten die Spitzen der Reichsgutverwaltung und machten geradezu märchenhafte Karrieren: Markward von Annweiler brachte es zum Herzog von Spoleto, Konrad von Scharfenberg zum Bischof von Speyer, zum Notar König Philipps und zum Kanzler der Kaiser Otto IV. und Friedrich II.

Die Ministerialen sind auch für die geistige Blüte des Rittertums von großer Bedeutung. Häufig wurden Dichter an die Höfe geholt und mit hohen Verwaltungsaufgaben betraut. So war der Minnesänger Friedrich von Hausen ab 1186 einige Jahre als *secretarius* in Regierungsdiensten Friedrich Barbarossas. Im Hochmittelalter sorgten die Ministerialen im Deutschen Reich nicht nur für die Verbreitung der französischen Kultur, sondern führten sie auch eigenständig weiter. Zu nennen sind in diesem Zusammenhang Wolfram von Eschenbach, Hartmann von Aue, Walther von der Vogelweide, die unter Zugrundelegung und

Weiterentwicklung französischer Vorbilder die große deutsche Ritterepik schufen. Sie traten so überzeugend für die neue Kunst ein, dass selbst die Könige sich die in ihren Epen propagierten Wert- und Lebensvorstellungen aneigneten.

Die Laufbahn des Ritters

Ritter war man nicht durch Geburt, sondern man wurde es durch harte Arbeit an sich selbst. Die Vorbereitung auf den Ritterstand begann etwa mit zehn Jahren, wenn die Söhne der Vasallen auf die Burg oder den Hof des Dienstherrn geschickt wurden, um dort eine Ausbildung zu erhalten oder als Waffenträger zu fungieren. Aus dem Junker wurde mit vierzehn Jahren ein Knappe und wenige Jahre später, wenn das Schicksal ihm gewogen war, ein Ritter. Der Schwerpunkt der Lehrzeit lag in der Beherrschung von Reit- und Kampftechniken, im Umgang mit Schwert und Lanze. Die körperliche Ertüchtigung wurde durch eine höfische Erziehung ergänzt, die dem künftigen Ritter die Sitten des Hofes, die *mores curiae,* vermitteln sollte. Ein besonderes Augenmerk auf die literarische und kulturelle Bildung der Jünglinge ist, anders als in Frankreich, im Deutschen Reich nicht zu erkennen – hier beruhte die gesellschaftliche Achtung des Ritters in erster Linie auf seinen kämpferischen Tugenden und seiner Tapferkeit.

Die Schwertleite, die den Knappen zum Ritter erhob, konnten sich zunächst nur wenige begüterte Adlige leisten, da sie mit einem aufwändigen, feierlichen Zeremoniell einherging. Ein solches schildert Hans-Werner Goetz nach der Chronik der Grafen von Anjou:

> Anlässlich der Verlobung Mathildes, der Tochter König Heinrichs I. von England, mit Gottfried, dem Sohn des Grafen von Anjou, habe der Tag für Gottfried mit einem Bad (der symbolischen Reinigung) und der Bekleidung mit einem linnenen Untergewand, einer golddurchwirkten Tunika,

einem Purpurmantel, Seidenstrümpfen und verzierten Schuhen begonnen; danach erhielt Gottfried vor der versammelten Menge ein doppelt genähtes Kettenhemd, Schuhe aus Eisenringen und Sporen, den Schild mit dem Löwenwappen der Grafen von Anjou, einen edelsteinbesetzten Helm, eine Lanze und ein altes, kostbares Schwert.

Die Weihe des Schwertes fand im Rahmen einer kirchlichen Feier statt, der sich die weltliche mit Geschenkübergabe, einem Festessen bei Musik und Tanz und einem Turnier anschloss, auf dem die frisch gekürten Ritter ihre Reit- und Waffentechniken vorführten. Eines der größten Feste des Mittelalters, der Pfingsttag 1184 unter Kaiser Barbarossa in Mainz, fand übrigens anlässlich der Schwertleite seiner Söhne statt.

Die jungen Ritter *(iuvenes)* hielt es nach der Ritterweihe nicht auf den vertrauten Burgen, sondern sie gingen auf Ritterfahrt, auf *âventiure,* wie die Abenteuersuche in der Ritterepik genannt wird. Besonders jene, die als Nachgeborene keine Aussicht auf das väterliche Erbe hatten, sahen im Verlassen der Heimat ihre einzige Chance. In der Hoffnung auf künftigen Ruhm warfen sie sich mitunter leichtsinnig in die Turniere, die im 13. Jahrhundert noch unter realistischen, verschärften Kampfbedingungen stattfanden. Die Gefahr, Pferd und Ausrüstung oder gar das eigene Leben zu verlieren, wurde oft missachtet, denn wenn er sich im Turnierkampf bewährte, konnte der Neuling die Ruhmesleiter hochklettern und hohes Ansehen erwerben.

Die Kampfeslust der jungen Ritter war bei den zahlreichen Auseinandersetzungen und Fehden höchst willkommen. An Kriegen und Überfällen teilzunehmen, um Beute zu machen und Lösegeld zu erpressen, galt nicht als schändlich. Der Bevölkerung waren die fahrenden Ritter und ihre ständigen Übergriffe ein Ärgernis, aber es gab genügend Auftraggeber, die die Dienste der jungen Ritter als Söldner gern in Anspruch nahmen. Viele schlossen sich dem Deutschen Orden an, der ab 1225 zur gewaltsamen Bekehrung der Heiden in die baltischen

Länder zog. Entscheidend war, welch hohen Rang die Auftraggeber bekleideten, wie ruhmvoll die Mission war und in welche Länder es ging. Eine besondere Anziehungskraft hatte im 14. Jahrhundert Italien, dessen lombardische Kriege als »Schule der Waffen« galten.

Bei aller abenteuerlichen Gesinnung drängte es auch den Ritter zur Ehe, die meistens nicht vor dem 25. Lebensjahr geschlossen wurde. Damit verbunden war für Erstgeborene häufig die Übergabe des Lehens vom Vater auf den Sohn. Nur in den seltensten Fällen konnte der Lehnsherr dagegen sein Veto einlegen. Eine kleine Burg mit entsprechender Herrschaft zu besitzen, schwebte den meisten vor.

Im Mittelalter hatten die Menschen nur eine geringe Lebenserwartung. Ein Mann wurde im Durchschnitt fünfzig Jahre alt: Das unstete Leben, der unmäßige Alkoholgenuss, die fetthaltige Ernährung, das unwirtliche Wetter setzten den Rittern zu. Aus Sorge vor dem Alter suchten Andreas Schlunk zufolge überraschend viele Ritter in späteren Jahren Zuflucht im Kloster. Zum einen konnten sie sich dort als Pfründner einkaufen, um einem ruhigen Lebensabend entgegenzusehen, zum anderen herrschte eine unendliche Angst vor der Höllenpein. Die Furcht vor der Hölle war im Mittelalter allgegenwärtig, und hatten nicht gerade die Ritter einigen Grund, von ihrem Gewissen geplagt zu werden? Auch literarische Ritterfiguren wie Lancelot und Parzival zogen sich ins Kloster zurück oder legten das Keuschheitsgelübde ab. Viele Ritter endeten aber nach den Schlachten in Massengräbern oder wurden verbrannt. Gefangene waren lästig und nur von Wert, wenn sie einen hohen Rang bekleideten und Lösegeld einbrachten. Über das unrühmliche Ende einer ritterlichen Laufbahn berichtet Andreas Schlunk wie folgt:

> Ritter starben nicht nur im hohen Alter friedlich im Bett. Fiel einer in der Schlacht, so musste er hoffen, dass sein Knappe oder seine Kampfgenossen seine Leiche in Sicherheit bringen konnten, bevor skrupellose feindliche Knechte seine Rüstung raubten und ihn nackt auf dem

Schlachtfeld zurückließen – ein Schicksal, gegen das selbst Könige nicht gefeit waren. Starb einer auf dem Kreuzzug, blieb ihm nur die Gewissheit, als Kreuzfahrer sofort in den Himmel aufzufahren, während sein Körper irgendwo im Sand verscharrt wurde. Diese Sicherheit hatten die Ritter nicht, die bis ins 13. Jahrhundert die deutschen Könige nach Italien begleiteten und dort von Seuchen hinweggerafft wurden oder in Kämpfen, oft genug gegen die Verbündeten des Papstes fielen. Kaum ein Denkmal erinnert an sie.

Der Alltag – Burgverwaltung, Turniersport und Krieg

Glanzvolle Feste und Turniere waren im Leben eines Ritters die Ausnahme. Die Befreiung schöner Damen aus der Gewalt finsterer Raubritter und der Sieg über fürchterliche Drachen dürfte sich nur in Fantasie abgespielt haben. Hauptbestandteil ritterlicher Existenz war bis ins 13. Jahrhundert hinein der Krieg. Die Ritter hielten sich in ständiger bewaffneter Bereitschaft, in Friedenszeiten gingen sie der Jagd und Turnierübungen nach. Goetz betont allerdings, »dass die tatsächliche Kriegsführung längst nicht so heldenhaft war wie die Kämpfe der Epenhelden, sondern weit öfter in der Belagerung von Burgen und dem Verbrennen der Felder des Gegners als im offenen Einzelkampf bestand«.

Laut *Sachsenspiegel* war der Kriegsdienst gegenüber dem Lehnsherrn etwa sechs Wochen lang unentgeltlich zu leisten, mitsamt Pferd, Knappen und Ausrüstung, danach wurde er bezahlt. Kriege fanden vorzugsweise im Herbst und im Frühjahr statt, da die Straßen trocken waren und es nicht zu heiß war. Erst im Herbst, wenn die Ernte eingefahren war, konnten große Heere ernährt werden – nicht von ungefähr fanden bedeutende Ritterschlachten wie die von Crécy, Dürnkrut und Morgarten im späten August und September statt. Im Frühjahr, wenn der dunkle, feuchte Winter in den kalten Burgen überstanden war, näherten sich prunkvolle Turniere und große

Ein Ritter huldigt seinem Lehnsherrn. Illustration zu René d'Anjou, *Traité de la forme et devis comme on fait les tournois.*

Hoftage, die an Pfingsten kulminierten. Nun war die »hohe Zeit des Ritters«, mit mehrtägigen Festen, Hochzeiten, Jagden und so mancher Fehde, die entlang des Weges lag. George Duby schildert in seinem *Guillaume Le Maréchal oder der beste aller Ritter* die Vorfreude des Ritters auf die großen Spektakel:

> Man verbrachte die ganze Nacht mit dem Polieren der Ausrüstung, vergewisserte sich, dass die Teile der Rüstung und des Sattelzeugs zusammen-

gehörten, man passte alles richtig an, polierte, korrigierte Fehler an seinem Helm und ergriff seine Schilde, um die Verbindungen fester zu machen, zog die Schnüre durch die Laschen, sodass im geeigneten Augenblick der Helm zum Schutz von Nacken und Hals an das Visier und die Haube befestigt werden konnte.

In Friedenszeiten hatten sich die Burgherren um ihre Herrschaft und die ihnen anvertrauten Territorien und Leute zu kümmern. Wenn möglich, versuchte man im Sommer jede Kriegsführung zu vermeiden, um die Ernte einzufahren. Das Wichtigste zum Erhalt der kleinen Grundherrschaft war, die Abgaben der Bauern einzutreiben. Der Ritter hatte aber auch eine Fürsorgefunktion gegenüber den Bauern, die in seinen *munt,* seinen Schutz, gestellt waren – nicht immer eine angenehme Aufgabe, denn häufig kam es zwischen den Bauern zu heftigen Auseinandersetzungen. Da die Dörfer oft mehreren Herren gehörten, mussten die Ritter als Richter auftreten und schlichten.

Zwischen Tugend und Terror – Die Reputation des Ritters

Der von der Kirche und der höfischen Gesellschaft an den Ritter gestellte Tugendkanon, den man in der mittelalterlichen Dichtung wiederfindet, war höchst anspruchsvoll. Religiös-kirchliche Wertvorstellungen verschmolzen zunehmend mit den weltlichen Erwartungen. Vom Ritter versprach man sich Demut und Barmherzigkeit, Milde gegenüber dem Feind, das Einhalten sittlicher Verpflichtungen, persönliche Beständigkeit, vor allem Mäßigung (*mâze*). Der Ritter hatte als *miles Christi* Gott zu ehren, die Kirche zu verteidigen, die Schwachen zu schützen und die Hölle zu fürchten. Der Adel der Gesinnung war Bedingung für weitere Fertigkeiten des vollendeten Ritters, zu denen auch körperliche Vorzüge *(bona corporis)* wie Schönheit, Kraft und Geschicklichkeit zählten. Um höchstes gesellschaftliches Ansehen zu erreichen, musste der Ritter *hövescheit* (»Höfischkeit« oder »Höflichkeit«) besitzen: feine Umgangsformen, ein sicheres Auftreten, gute Tischsitten, Kenntnisse in Brett- und Gesellschaftsspielen. Nicht zuletzt erwartete man von ihm gepflegte Konversation mit den Damen. Und wer dann auch noch über Fremdsprachenkenntnisse, möglichst in Französisch, verfügte – was vornehmlich den Rittern aus dem deutsch-französischen Sprachraum zwischen Maas, Saône und Rhein vorbehalten blieb –, galt mit Fug und Recht als der ideale Ritter.

Die Wirklichkeit zu Anfang des 13. Jahrhunderts sah jedoch anders aus. In der Regel konnte die überwiegende Mehrheit der Ritter weder lesen noch schreiben und hatte – im Gegensatz zum Klerus – keinen Kontakt zu Schulen oder anderen Bildungsinstitutionen. Im widrigen Alltagsgeschehen tat sich der niedere Adel schwer, die in der Dichtung propagierten höfischen Idealvorstellungen von Rittertum umzusetzen. Er hatte genug zu tun, in wirtschaftlich schwierigen Zeiten sein Lehen rentabel zu bewirtschaften. Selten hatte er Zeit für den Minnedienst.

Die Diskrepanz zwischen Ideal und Wirklichkeit war groß, entscheidend war aber eine andere Erkenntnis: Die Zeitgenossen waren sich darüber im Klaren, dass ihre Gesellschaft Fortschritte machen und den Weg aus der Finsternis finden musste, und in dieser Hinsicht war die neue ritterliche Welt mit ihren hoch gesteckten Zielen ihr Leitbild. Es wurde sozusagen programmatisch verkündet, wie man leben wollte. War das 10. und 11. Jahrhundert vor allem im Westen, von wo das Rittertum seinen Ausgang nahm, eine Zeit der Gewalt, Intrigen und wechselnden Bündnisse verschiedenster Adelshöfe gewesen, so brach sich zu Beginn des 12. Jahrhunderts das Bewusstsein um diese neue Ritterlichkeit, um Ehre und Pflichtgefühl, Bahn. Dass die idealisierte, typologisierte Welt dennoch die Lebenswirklichkeit der Menschen eroberte, ist auch daran zu erkennen, dass viele Familien ihre Kinder nach den Helden der Ritterromane benannten und Letztere somit als Vorbild für das eigene Leben anerkannten. Die Ritterschaft blieb bei aller Not der eigentliche Träger von *curialitas* und Rechtschaffenheit: »Denn sie sind es, durch die die Gesetze der *curialitas* herrschen. Sie sind die Quelle und der Ursprung aller gesellschaftlichen Achtung« (*Tegernseer Briefsammlung* aus dem 13. Jahrhundert).

Auch im Hochmittelalter überlagerten Krieg und Kampf die Kultur und wurden als Daseinsform idealisiert. Zählt man neben großen Schlachten all die anderen gewaltsamen Übergriffe und privaten Fehden, bedenkt man, welch hohen Stellenwert die Kampfeslust und ständige Wehrhaftigkeit der Ritter in den Moralvorstellungen der Zeit hatten, und berücksichtigt man, dass der Turnierkampf als sportliche Betätigung hoch im Kurs stand, so ist auf gewisse Weise das ganze Mittelalter von kriegerischen Auseinandersetzungen gekennzeichnet. Bei Bertran de Born, einem Troubadour aus dem Périgord, der mit seinen Nachbarn in dauerndem Krieg lag, den französischen und englischen König aufstachelte, gegeneinander zu kämpfen, und ein Gefährte von Richard Löwenherz war, finden wir ebenso kraftvolle wie bezeichnende Verse, die den Krieg als schönes Schauspiel feiern:

> Ich schätze die Osterzeit, wenn Blattwerk und Blumen zurückkehren, doch nicht minder schätze ich den Anblick der auf den Wiesen aufgeschlagenen Zelte. Mir hüpft das Herz im Leibe, wenn ich auf den Feldern gewappnete Ritter und Pferde zur Schlacht aufgereiht erblicke. Welche Augenweide sind doch belagerte Burgen, wenn die Palisaden zerborsten und niedergerissen sind. Ich sage euch, weder Speis noch Trank noch Schlummer können sich mit dem Vergnügen messen, den in beiden Lagern erschallenden Schlachtruf »Zu mir!« zu vernehmen, das Wiehern der reiterlosen Pferde und die Hilferufe zu hören, die Streiter zu sehen, die auf beiden Seiten ins Gras sinken, und die Gefallenen, die eine zerborstene Lanze mit ihren kleinen Wimpeln in die Seite bekommen haben.

Man kann nicht unsere heutigen Maßstäbe politischer Korrektheit auf eine achthundert Jahre zurückliegende Zeit mit völlig anderen ethischen Normen und materiellen Lebensgrundlagen anwenden. Häufig wird das Mittelalter aber auf die bluttriefende Gewaltbereitschaft der Ritter, ihre Lust auf Vergewaltigung und Brandschatzung reduziert, die mit Ritterlichkeit nichts zu tun hatte. In diesem Zusammenhang sind sicher die Bekehrungsfeldzüge des Deutschen Ordens in Polen und Litauen zu sehen, als die Ritter brutal auf »Heidenjagd« gingen, abgesichert durch den vom Papst in Aussicht gestellten Sündenablass. Dem Geist des Christentums lief das so genannte Pruzzenklatschen zuwider, da half auch nicht die Bibelstelle, Christus sei nicht gekommen, um Frieden zu bringen, sondern das Schwert.

Andere zeitgenössische Dichter beklagten den sittlichen Verfall der Ritter, die ihren göttlichen Kampfesauftrag aus den Augen verloren und nur Wein und Weiber im Sinn hätten. Einer der berühmtesten Texte, der aufgrund seiner frühen Datierung besonders bemerkenswert ist, stammt von Peter von Blois. Bereits um 1170 machte er auf den Wirklichkeitsverlust des höfischen Ideals aufmerksam und prangerte den Verfall der Kriegszucht an:

> Früher verpflichteten sich die Ritter durch das Band des Eides dazu, für die öffentliche Ordnung einzutreten … und ihr Leben für das allgemeine Wohl hinzugeben … Diese Sache hat sich ins Gegenteil verkehrt … Sobald sie mit dem Rittergürtel geschmückt sind, plündern und berauben sie die Diener Christi … und unterdrücken erbarmungslos die Armen … Sie geben sich dem Nichtstun und der Trunkenheit hin, sie schänden den Namen und die Pflichten des Rittertums. Wenn unsere Ritter einen Feldzug unternehmen, werden die Pferde nicht mit Waffen, sondern mit Wein beladen, nicht mit Lanzen, sondern mit Käse, nicht mit Speeren, sondern mit Bratspießen.

Peter von Blois, der wegen seiner spitzen Feder von vielen Zeitgenossen gerügt wurde, verteidigte die harten Worte mit seiner Sorge um die Nächstenliebe. Natürlich ist sein Text von modischer Zeitkritik gefärbt, gepaart mit kirchlichen Interessen – man darf sich die Ritter nicht als einen Haufen von Gaunern und Trunkenbolden vorstellen –, bemerkenswert ist aber, dass bereits früh ein ethisches Korrektiv formuliert wurde, wie der Ritter zu sein hatte. Seine Aufgabe war der Kampf für die gerechte Sache.

Faszination und Schrecken gehen vom ritterlichen Krieger aus, was sich bereits in der äußeren Erscheinungsform des hoch gerüsteten Kämpfers offenbart. Komplett in Eisen gehüllt, mit leuchtenden Umhängen und hoch zu Ross riefen die Ritter bei Turnieren große Bewunderung hervor. Der maskierte Ritter hinter zugezogenem Visier, mit martialischer Panzerung und demonstrativer Waffenschau bot aber auch einen bedrohlichen Anblick. Der Rüstung kommt in diesem Zusammenspiel von Schönheit und Furcht eine besondere Bedeutung zu. Man kann sich unschwer vorstellen, wie einschüchternd ein Trupp von Rittern im Plattenharnisch auf die Zeitgenossen gewirkt haben mag, eine Ausrüstung, die vom 9. bis ins späte 15. Jahrhundert hinein die Kriegswirklichkeit in immer radikaleren Formen prägte. Am Ende war der Ritter ganz aus Eisen, halb Mensch, halb Maschine. Auch die moderne Unterhaltungsindustrie hat das psychologische Potenzial erkannt, das in den symbolträchtigen Rüstungen steckt, und schafft daraus immer wieder gewaltige Figuren für Abenteuer- oder Science-Fiction-Filme, wie den Typ des »Lord Darth Vader« in *Star Wars* oder Arnold Schwarzenegger als »T-101« in *Terminator*. Für Trivero ist die Rüstung »ein absolut metaphorischer Gegenstand geworden, der neben der Bedeutung von Gut und Böse, Macht und Mut in der Lage ist, mit seinem schweren und hartkantigen Material auch die schmerzhafte, unerträgliche Last des Seins darzustellen.«

Der Untergang des Rittertums

Der militärische Erfolg der Reiterheere lag in der enormen Angriffswucht begründet, die von einer massierten Formation mit eingelegten Lanzen ausging. Der Feind wurde nur dann nicht überrannt, wenn er mit ebenfalls gepanzerter Kavallerie dagegen hielt. Obwohl die Heere bis ins späte 15. Jahrhundert hinein auf ihre Ritterformationen nicht verzichten konnten, wurden diesen schon im 14. Jahrhundert durch eine neue Waffe, den Langbogen, erste große Niederlagen zugefügt. Englische Langbogenschützen waren es, die den Franzosen zu Beginn des Hundertjährigen Kriegs die berühmte Niederlage von Crécy (1346) zufügten. Diese Schlacht wird bisweilen als Wendepunkt betrachtet, der den Untergang des Rittertums einleitete, obwohl das übertrieben ist. In Crécy hatten die Engländer ihre Langbogenschützen zu großen Abteilungen zusammengezogen. Einheitliche Salven abfeuernd, erreichten sie eine Frequenz von bis zu zwölf Pfeilen pro Minute, wie Militärhistoriker schätzen. Diesem Pfeilhagel hatten die französischen Ritter nichts entgegenzusetzen. Die Pfeile der Langbogen trafen die Pferde, durchbohrten auch schwere Panzerungen. Das machte die Ritter zur leichten Beute für die anrückende Infanterie. Die Schlacht von Crécy endete mit einer verheerenden Niederlage für die Franzosen. Crécy schrieb Militärgeschichte, denn die englischen Bogenschützen und Fußkämpfer hatten ein Heer hoch gerüsteter, erfolgsverwöhnter Ritter niedergeschlagen.

Auch die anderen bedeutenden Niederlagen großer Reiterheere bei Portiers (1356), Sempach (1386), Näfels (1388) und Azincourt (1415) sind auf die berüchtigten Langbogen, die *long bows,* zurückzuführen. Angeblich waren die speziell ausgebildeten englischen Bogenschützen in der Lage, eine Zugkraft von bis zu siebzig Kilogramm aufzubringen, was den abgeschossenen Pfeilen eine verheerende Durchschlagskraft verlieh. Gerieten die wegen ihrer guten Bezahlung und ihrer Kampfweise aus der Entfernung beim Gegner unbeliebten Bogenschützen in die

Hand ihrer Feinde, wurde ihnen in der Regel Zeige- und Mittelfinger abgeschlagen – danach waren sie ihrer Fertigkeit entledigt.

Eine weitere neue Kriegstechnik gegen Ende des 15. Jahrhunderts sollte das Ende des kriegerischen Rittertums besiegeln – sie geht auf eine Erfindung der Schweizer zurück. Ausgestattet mit langen Stangenwaffen stellten sich Tausende von Soldaten in Form verschieden großer Quadrate gegen die Reiterei, die diesen Stachelblock in der Regel nicht durchbrechen konnte. Die Reiter konnten auf Distanz gehalten werden und waren somit zur Tatenlosigkeit verurteilt. Die Schweizer handhabten perfekt die langen, schweren Stangen, die viel Kraft und Geschick erforderten. Ihre frappierenden Erfolge gegen das Heer Karls des Kühnen, Herzog von Burgund, das damals als das modernste Europas galt, führten zur allgemeinen Übernahme ihrer Kampfweise – im 15. und 16. Jahrhundert beherrschten die Schweizer Soldaten mit ihren Stangenwaffen die Schlachtfelder Europas. Kaiser Maximilian, der sich selbst als den letzten der Ritter bezeichnete, zog aus den bitteren Niederlagen seiner Vorgänger die Konsequenz, die Fußkämpfer auf Kosten der schweren Kavallerie zum zentralen Bestandteil des Heeres zu machen. Der Kavallerie wurde von nun an eine Nebenrolle zugewiesen. Kaiser Maximilian versuchte zwar, so Andreas Schlunk, dem Ritteradel eine Verpflichtung bei den Fußtruppen schmackhaft zu machen, etwa durch die Gründung des »Ordens der frumen Landsknechte«, stieß mit seinem Ansinnen jedoch nicht auf Zustimmung.

Das Aufkommen der Feuerwaffen hatte – entgegen der verbreiteten Auffassung – keine gravierende Bedeutung für den Untergang des Rittertums. Anfang des 13. Jahrhunderts kam in Spanien und in den maurischen Gebieten das Schießpulver auf, einige Jahrzehnte später experimentierten viele in Europa zeitgleich mit der neuen Erfindung. Es verging aber noch eine geraume Zeit, bis man effizient mit der neuen Waffentechnik umgehen konnte. Noch lange wurden bei der Belagerung von Burgen die so genannten Bliden, Wurfmaschinen nach dem

Prinzip gigantischer Steinschleudern, eingesetzt. Die ersten Kanonen, »Steinbüchsen« genannt, wurden noch mit Steinkugeln geladen – 1428 konnten allerdings selbst hundert Pfund schwere Kugeln der Stadtmauer von Orléans keinen Schaden zufügen. Erst die mit Eisenkugeln geladenen Kanonen wurden den mittelalterlichen Festungen zur ernsthaften Bedrohung.

Durch die Weiterentwicklung der Infanterie und durch neue Waffentechniken sowie durch den zunehmenden Einsatz von Söldnerheeren nahm die Bedeutung der Ritter für den Kampf immer mehr ab. Im 16. Jahrhundert war die Bezeichnung »Ritter« aus der Kriegssprache fast ganz verschwunden. Wer Glück hatte, fand im gewandelten Kriegswesen entsprechende Positionen. Auch in der Gesellschaft mit ihren neuen wirtschaftlichen Rahmenbedingungen fand der Ritter alter Schule keinen rechten Platz mehr. Die Zeiten, in denen sich die großen Dienstherren aus Prestigegründen Ritter und deren Angehörige am Hof leisten konnten, waren vorbei. So mancher Herrscher hatte für fürstliche Repräsentation, für Feste und Turniere, viel Geld ausgegeben und sich erheblich verschuldet. Die Höfe des Spätmittelalters mussten nun straff organisiert werden. Die Fürsten hatten die Verwaltung in die Hände bürgerlicher Beamter gelegt.

Für den niederen Adel hatten sich die ökonomischen Probleme längst abgezeichnet. Die Erträge aus dem landwirtschaftlichen Grundbesitz waren nach 1300 gesunken, die Pestepidemien taten ab 1347 ihr Übriges. Wurden Erträge und Ausgaben nicht mehr in Deckung gebracht, mussten teilweise Ländereien verpfändet werden, was die Verarmung vieler Rittergeschlechter mit sich führte.

Überdies hatte sich ein anderer Wandel vollzogen: Seit dem 13. Jahrhundert hatten sich die Städte zu wahren Kraftzentren entwickelt, die dem Land immer mehr Arbeitskräfte entzogen. Der soziale und politische Aufstieg der Bürgertums war nicht mehr aufzuhalten, der Fernhandel brachte das große Geld. So mancher Ritter gab Burg und Lehen auf, um in der Stadt sein

Glück zu finden. Dort hatte sich das Bürgertum als neue, selbstbewusste politische Oberschicht etabliert, die es mit dem alten Landadel scheinbar mühelos aufnehmen konnte. Der soziale Wandel war tiefgreifend, wie Schlunk darlegt:

> Die Rolle des Adels geriet auch standespolitisch ins Hintertreffen, als vor allem Kaiser Karl IV. begann, Bürger per Diplom zu adeln. Reiche Kaufherren und Montanunternehmer gelangten zunehmend zur Adelswürde, erwarben aus verschuldeter Hand Rittergüter und Herrschaften. Die Burgen Runkelstein bei Bozen und Tratzberg bei Innsbruck sind eindrucksvolle Beispiele, wie reiche Unternehmer versuchten, den Adel mit noch größeren und prachtvolleren Burgen zu übertrumpfen und ihren Reichtum zur Schau zu stellen.

Das ritterliche Ideal, das der Leitbegriff einiger Jahrhunderte gewesen war, löste sich von der alten Trägerschaft und strahlte auf das neu entstandene Bürgertum aus. Die Ritter mussten ihren elitären Führungsanspruch aufgeben und ihre Rüstungen ablegen, um ihren Platz in der neuen Gesellschaft zu finden. Friedrich Engels bemerkte zu Recht: »Mit den Harnischen der adligen Ritter fällt auch ihre Herrschaft.«

Miguel de Cervantes hat mit seiner Geschichte des *Don Quichotte* (1605/1615) den berühmtesten Abgesang auf das Rittertum verfasst. Der Ritter von der traurigen Gestalt mit seinen Torheiten und liebenswert absurden Ritterattributen – einer zerbrochenen Lanze, einer Fantasierüstung, einem mageren Pferd – repräsentiert die Kluft zwischen poetischer Ritterromantik und desillusionierender Neuzeit. Don Quichottes Scheitern an der Wirklichkeit, versinnbildlicht im aussichtslosen Kampf gegen die Windmühlen, rührt immer noch die Menschen, als trauerten sie dem untergegangenen Rittertum oder vielmehr ihrer eigenen Vorstellung dieser versunkenen Kultur nach.

Liebe und Abenteuer – Die höfische Ritterromantik

Der Ritter hat sich in der europäischen Geschichte und Kultur nicht durch Schlachten und Kriege verewigt, sondern durch seine vielfältigen Auftritte in den Dichtungen des Hochmittelalters. Die Ritterepik stellt die Vorstufe des europäischen Romans dar, und dies ist vielleicht die Höchstleistung, derer das Mittelalter sich rühmen darf. In den *Chansons de geste,* wie das hervorragendste Beispiel dieser Gattung, das *Rolandslied*, zeigt, steht noch der heroische, idealtypische Krieger im Vordergrund. In der erlebnisreichen Artusepik hingegen sind, trotz märchenhafter Attribute, die strahlenden Helden wie Parzival, Erec und Iwein bereits aus Fleisch und Blut und verkörpern die vornehme, ritterliche Gesellschaft. Die Epen des Franzosen Chrétien de Troyes, dessen literarische Schaffensperiode um 1165 begann, entwerfen eine Lebensform, deren Wertekatalog nicht nur die zeitgenössische fürstlich-adlige Welt prägte, sondern auch die Sittengeschichte Europas begründete.

Die Epen von Chrétien de Troyes und die der deutschen Dichter wie Hartmann von Aue oder Wolfram von Eschenbach bezogen ihre Stoffe aus dem keltisch-bretonischen Sagenkreis um König Artus sowie aus der altfranzösischen Troubadourdichtung, die für sich beanspruchen darf, literarisch die Liebe erfunden zu haben. Die zentralen Themen der höfischen Dichtung sind Abenteuer und Liebe: die *âventiure,* der Ausritt des Mannes in die fremde Welt, um sich an Abenteuern zu messen, und die *minne,* das selbstlose Werben um die hohe Dame, die unerreichbar bleibt.

Französisch-deutsches Kulturgefälle – Feine Sitten aus dem Westen

Im 12. und 13. Jahrhundert fand an den Höfen Europas eine kulturelle Verfeinerung statt, wie es sie fern der Klöster in der Laienwelt bisher nicht gegeben hatte. In Abweichung von religiösen, asketischen Lebensidealen entdeckte der Adel für sich Kultur, Kunst und Eleganz als neue erstrebenswerte Ziele und stilisierte seine Höfe zu Schauplätzen der neuen Sitten und Werte.

Diese neue höfische Kultur und Lebensform wurde eigentlich nur in den Fürstenhöfen, den Höfen der höchsten Adelsschicht, gepflegt. Sie übte aber einen solchen Reiz auch auf den niederen Adel aus, dass er sich eifrig um die Übernahme der Ideale und Verhaltensformen der obersten Schicht bemühte. Mit höfischem Leben verbinden sich insbesondere die Standeskennzeichen der Rittergesellschaft. Sie hat eine Zivilisation geprägt, die wir höfisch nennen, woraus auch »höflich« oder »hübsch« abzuleiten sind: »Höflichkeit« *(hövescheit)* von (Adels-) »Hof« findet im Französischen die Entsprechungen *courtoisie/court* und im Englischen *courtesy/court,* die Entwicklung fand auf gesamteuropäischem Niveau statt.

Die ritterlich-höfische Kultur hat ihren Ursprung im Westen, im europäischen Kernland Frankreich, von wo aus sie in Form der Troubadourdichtung, der bürgerlichen Artusepik, neuer Kleidung und Sitten, der ersten Kathedralen und Universitäten ihren Siegeszug in ganz Europa antrat. Die europäische Adelswelt machte sich den kulturellen Vorsprung Frankreichs zunutze; die Umgangsformen aus dem Westen wurden in den europäischen Adelshäusern begierig angenommen. In England, Italien und schließlich auch im staufischen Reich wurde *courtoisie* zur dominierenden Lebensform am Hof. Man sprach, verhielt und kleidete sich französisch. Die neuen Moden erreichten auf vielfältige Weise die Nachbarkulturen: durch wandernde Scholaren, reisende Fernhändler, christliche Kreuzfahrer oder durch Hochzeiten zwischen Angehörigen verschiedener Herrscherhäuser, wie Ferdinand Seibt schreibt:

> Ohne Zweifel wirkten genealogische Verbindungen der Großen bei der Wanderung der Hofkultur von West nach Ost. Herzog Wilhelm V. von Aquitanien (gest. 1030) zählte zu den großen Förderern der Troubadours, und seine Tochter Agnes (gest. 1077) heiratete Kaiser Heinrich III.: ein wichtiger Verbindungsweg. Die fremde Kleidung, die bartlosen Gesichter und eben auch die »höfischen«, die höflichen Sitten im Gefolge der Kaiserin fielen in Deutschland auf, den jungen adeligen Leuten zur Nachahmung, den Geistlichen zum Ärgernis. Aber nicht einmal fromme Geschichten von göttlichem Zorn über die französische »Mode« konnten deren Verbreitung hemmen.

Wie aus schriftlichen Zeugnissen des Spätmittelalters rückblickend bekannt ist, kamen Esskultur und Tischetikette auf. Bei Hofe wurde gemeinsam gegessen – häufig an einem runden Tisch, damit sich keiner der geladenen Gäste verschiedenen Rangs brüskiert fühlen musste. Die Speisen wurden mit dem Messer zerteilt, aber man führte sie mit den Fingern zum Mund; am Ende reichte der Diener eine Wasserschale zum Säubern der Hände, wie Rolf Schneider prägnant beschreibt:

> Man verhält sich jedenfalls *courtois,* das ist höfisch. Man bohrt nicht mehr mit dem Messer in den Zähnen. Man wischt sich das Bratenfett vom Mund, ehe man aus dem gemeinsamen Weinbecher trinkt, denn es steht auf den Tafeln bloß ein Trinkgefäß für zwei Personen. Man schnäuzt nicht ins Tischtuch. Man schlägt sich nicht sinnlos den Magen voll. Zurückhaltung und Angemessenheit sind wichtige Elemente des idealen Verhaltens.

Die neuen Sitten und Umgangsformen bedeuteten fraglos einen großen Fortschritt für das Abendland.

Dichtung und Kunst vor höfischem Publikum

Anschaulicher als Chroniken und andere historische Dokumente haben die hochmittelalterlichen Epen die Entstehung der höfischen Kultur beschrieben. Für unsere Kenntnisse der Gesellschaft um 1170 sind sie von unschätzbarem Wert. Die Helden der Epen und ihr Leben am Artushof galten dem hohen Adel als Vorbild und bestimmten seine Selbstinszenierung am Hofe. Mit Vorliebe wurden Details höfischen Verhaltens, die man aus den Epen erfuhr, an den Sitten des eigenen Hofes gemessen. Die Ritter der Artusepik – Parzival, Erec, Iwein und Lancelot – symbolisierten par excellence die höfische Kultur, die von *largesse* (Großzügigkeit) und *joie* (Freude, Frieden) geprägt sein sollte, wie es bei Chrétien de Troyes heißt. Hartmann von Aue zufolge gab es eine Reihe von Unterschieden zwischen dem idealisierten Artushof und dem höfischen Leben im Deutschen Reich, das er als weniger festlich empfand. So schwärmt er im *Iwein* über Ästhetik und Sinnlichkeit des Artushofs:

> ouch wart in dâ ze hove gegeben
> in allen wîs ein wunschleben:
> in liebte hof und den lîp
> manec maget unde wîp,
> die schoensten von den rîchen.
> mich jâmert waerlîchen
> und hulfez iht, ich woldez clagen,
> daz nûn bî unseren tagen
> selch vreude niemer werden mac,
> der man ze den zîten plac.

(Auch fanden sie hier bei Hofe / Ein Wunschleben auf jede Weise: / Viele Mädchen und Frauen, / die schönsten aus allen Landen, / erfreuten den Hof und die Leute. / Es betrübt mich wirklich, / und hülfe es etwas, so würde ich beklagen, / dass es jetzt, in unseren Tagen, / keine solche Freude mehr gibt, / wie man sie damals genoss.)

Hartmanns sympathische Nörgeleien dürfen nicht überbewertet werden, denn seinem Publikum war sehr wohl bewusst, dass der literarische Artushof nicht die Realität, sondern eine symbolische, ideale Welt widerspiegelte.

Voraussetzung für die höfische Dichtung war ein Publikum, das eine gewisse Bildung mitbrachte. Auch in dieser Hinsicht nahm Frankreich eine Vorreiterfunktion ein: Bereits seit dem 12. Jahrhundert wurden die Söhne der Adligen in Kloster- und Domschulen unterrichtet. Es dauerte aber noch geraume Zeit, vor allem in Deutschland, bis literarische und historische Kenntnisse zum selbstverständlichen Wissensschatz des Fürstenstands wurden. Von Heinrich II. Plantagenet, Kaiser Heinrich VI., Philipp von Schwaben oder Otto IV. weiß man, dass sie eine vorzügliche Bildung hatten. Aber das sind die Ausnahmen. Gewöhnlich erwartete man vom Ritterstand nicht, dass er gebildet und des Lesens und Schreibens kundig war. Die Vertreter der Dichtkunst, wie die Ministerialen Hartmann von Aue und Wolfram von Eschenbach, gehörten meist dem niederen Adel an.

Die Gedichte, Lieder und Abenteuererzählungen, die das höfische Publikum erfreuten, wurden mündlich vorgetragen – oft untermalt von Musik, vor allem beim Minnesang. Wusste ein Dichter um seine Schwächen beim Vortrag, beauftragte er nicht selten einen bezahlten Sänger. Die Texte wurden nicht auf Lateinisch, sondern in der jeweiligen, jungen Volkssprache dargeboten, was diese zunehmend »gesellschaftsfähig« machte und ihre Verbreitung maßgeblich vorantrieb.

Es mag überraschen, dass verhältnismäßig viele Frauen unter den Dichtern und Sängern waren. Seibt zufolge sind im provenzalischen Mittelmeerraum, dem Ursprungsgebiet der Troubadourdichtung, im 11. und 12. Jahrhundert rund fünfundzwanzig weibliche *trouvères* (»Finder« von Liedern) verbürgt. Frauen waren selbstverständlich sowohl das Grundthema als auch die Adressatinnen der Minnedichtung. Doch auch bei der eigentlich männlichen Domäne der Abenteuerepik war man keineswegs mit einer reinen Männergesellschaft konfrontiert. Die *vrouwe* spielt sowohl in den Epen als auch am Hof eine entscheidende Rolle, wo sie als selbstbewusste »Herrin« oder »Dame« (lat. *domina)* auftritt, als Frau des Lehnsherrn, bisweilen als Mäzenin. In den Dichtungen verkörpert sie die Idealfigur, die am Ziel allen männlichen Strebens und aller Mühen steht.

König Artus – Mythos und Historie

Ritterliche Tugenden wie *êre* (Ehre), *triuwe* (Treue), *milte* (Milde), *güete* (Güte), *manheit* (Mut), *zuht* (Wohlerzogenheit) und vor allem *mâze* (das rechte Maß) gehörten zum Idealbild des Ritters. Es ließen sich weitere nennen, doch diese ethisch besetzten, jungen Begriffe sind nicht immer genau zu fassen. Wichtig ist festzuhalten, dass sie alle aus einer Figur beziehungsweise aus einer zentralen Idee geboren wurden: König Artus. Diese Gestalt vereint in sich alle Tugenden: Er ist weise, gerecht und großzügig, er sorgt sich um seine Getreuen und ist ein König der Armen und Bedrängten. In seinem *Iwein* versucht Hartmann von Aue zu erklären, was es mit diesem König und seinem sagenhaften Reich auf sich hat:

> Swer an rehte güete
> wendet sîn gemüete
> dem volget saelde und êre.
> des gît gewisse lêre
> künec Artûs der guote,
> der mit rîters muote
> nâch lobe kunde strîten.
> er hât bî sînen zîten
> gelebet alsô schône
> daz er der êren krône
> dô truoc und noch sîn name treit.

des habent die wârheit
sîne lantliute:
sî jehent er lebe noch hiute:
er hât den lop erworben,
ist im der lîp erstorben,
sô lebet doch iemer sîn name.

(Wer seinen Sinn / auf das wahre Gute richtet, / der erfährt Glück und Ehre. / Das lehrt uns klar / der edle König Artus, / der mit dem Sinn eines Ritters / nach Lob zu streben wusste. / Er hat zu seinen Zeiten / so vorbildlich gelebt, / dass er den Kranz der Ehren / damals trug, wie ihn noch jetzt sein Name trägt. / Das bezeugen seine Landsleute: / sie sagen, er lebe heute noch. / Er hat sich Ruhm erworben, / so dass noch immer sein Name lebt, / auch wenn er selber gestorben ist.)

Wer war dieser König, der nicht nur Leitbild der höfischen Literatur, sondern auch des höfischen Lebens wurde, der die europäische Kultur seit nunmehr rund tausendfünfhundert Jahren beschäftigt, über den in allen europäischen Sprachen geschrieben, gesungen und nachgedacht worden ist?

Wir wissen nicht, ob König Artus jemals gelebt hat. Es gibt von ihm kein zeitgenössisches Porträt, keine Krone, kein Grab. Sicher ist nur, dass er die Zeitgenossen des Hochmittelalters um 1200 ungeheuer fasziniert haben muss – sonst hätten sie keinen zu ihrem Vorbild auserkoren, der bereits seit rund 700 Jahren tot war. Denn sollte Artus jemals gelebt haben, war er ein kymrischer Stammeshäuptling um 500 n. Chr., »von dem außer der Nachricht, er habe eine erstaunlich große Anzahl von Sachsen mit eigener Hand erschlagen, die angelsächsische Geschichtsschreibung nichts sonderlich Bemerkenswertes zu melden weiß« (Thomas Cramer). König Artus als keltischer Brite, der den sächsischen Invasoren zu Beginn des 6. Jahrhunderts am Mons Badonis heldenhaft entgegengetreten war und einen der letzten Siege für die Inselbewohner errungen hatte.

Bis zur Adaption durch Chrétien de Troyes gab es allerdings nur eine Dichtung, die sich des legendären Königs angenommen hatte: der *Roman de Brut* des Anglonormannen Robert Wace zu Anfang des 12. Jahrhunderts, der den Stoff ins Französische übersetzte. Diese Fassung erreichte Chrétien de Troyes (unter anderem verarbeitete er sie in *Erec et Enide,* entstanden bis 1170) und zehn Jahre später Hartmann von Aue (*Erec,* um 1185, *Iwein,* um 1202), danach Wolfram von Eschenbach (*Parzival,* um 1200–1210) und Gottfried von Straßburg (dessen *Tristan und Isolde,* zwischen 1205 und 1215 anonym geschrieben, aber kein ausgesprochener Artusroman ist). Von diesem Zeitpunkt an wird Artus zu einem kulturellen Phänomen, umrankt von »allen nur denkbaren Geschichten religiöser, abenteuerlicher und sogar erotischer Art, mit Sagen, Märchen, Folklore aller möglichen Völker und Überlieferungen« (Heinz Ohff).

Warum wurde Artus siebenhundert Jahre nach seinem ersten Auftauchen zur Inkarnation einer ritterlich-idealisierten Welt, zu einem Mythos, der mit der historischen Figur nichts mehr zu tun hatte? Diese Frage vermochten Forscher und Philologen bis heute nicht zu beantworten. Vielleicht liegt der Reiz gerade in der Verquickung von Historie, Legende und ritterlichen Abenteuern, Liebesbegegnungen und mystischem Erleben.

Das Leben am Artushof

Artus und sein Königshof sind in der von Chrétien de Troyes überlieferten Form bekannt, auf der sich alle Erzählungen der nächsten Jahrhunderte stützen. Chrétiens Lebenslauf lässt sich nur bruchstückhaft erschließen, da historische Zeugnisse nicht erhalten sind. Er stammte vermutlich aus der Champagne, darauf weist die Stadt Troyes als höfisches Zentrum der Grafen der Champagne hin. Über die Handelsmessen der Champagne fanden seine Werke Verbreitung in ganz Europa.

Im Unterschied zum französischen Königshof, der in der Heimat des Dichters nicht besonders beliebt war, ist der Artushof ein Ort, der keine politischen Wünsche offen lässt. Im Mittelpunkt stehen Artus und seine zwölf Getreuen, eine Gemeinschaft von auserwählten Rittern, die nicht zufällig der Zahl der Jünger Christi entspricht und zudem an die Paladine Karls des Großen erinnert. Sie sind ihm gegenüber gleichberechtigt, nur dass für den Friedensfürsten Artus das Privileg *primus inter pares* (Erster unter Gleichen) gilt. Artus selbst spielt keine besondere Rolle als Held, er beratschlagt sich mit seinen Rittern an der Tafelrunde, dem äußeren Zeichen für die fehlende Rangordnung, über Regierungsgeschäfte und andere wichtige Entscheidungen und bildet, wie Karl der Große in den meisten »Chansons de geste«, mit seinem Hof nur den idealen Hintergrund für die Heldentaten seiner Ritter. So erscheint Artus' Herrschaft als erstrebenswerter Konsens zwischen König und Vasallen.

Andere in den Epen auftretende Könige werden bei Chrétien als Zeitgenossen dargestellt, die den Rang von Fürsten bekleiden – niemand nimmt dabei eine herausragende Stellung ein, erhebt sich über andere. Für geleistete Dienste werden die Ritter mit Schenkungen oder Lehen großzügig belohnt. Der vollkommen ausgewogene Artushof fungiert zweifellos als Projektion politischer Wunschvorstellungen. Die Artusromane handeln von einer Gesellschaft, die nicht länger von der Herrschaft des Souveräns geprägt ist, sondern im Zeichen eines höheren Ideals steht, dem des Rittertums.

König Artus repräsentiert ein System von Idealvorstellungen, jedes prekäre Abenteuer, jede knifflige Entscheidung, jedes ethische Dilemma könnte ihm als handelnder Figur seinem Unfehlbarkeitsnimbus nur schaden. Darum tritt er in den Artusromanen hinter seine Ritter zurück. Das Schema der Epen sieht vor, dass jeweils einer seiner Getreuen in eine Konfliktsituation gerät, die das Verlassen des Artushofes erforderlich macht, um draußen in der Welt in einer Reihe von Bewährungssituationen seine ritterliche Integrität wiederherzustellen. Dazu muss der Ritter auf *âventiure* gehen.

âventiure – Die Abenteuersuche des fahrenden Ritters

Mit *âventiure* begegnen wir einem der faszinierendsten und grundlegendsten Konzepte der mittelalterlichen Dichtung. Das mittelhochdeutsche Wort ist abgeleitet vom französischen Begriff *âventure* und geht auf das lateinische *advenire* für »ankommen«, »geschehen«, »sich ereignen« zurück (dt. *Abenteuer,* engl. *âdventure,* span. *aventura*). Demzufolge ist ein Abenteuer ein ungeplantes Ereignis, das einem widerfährt, auf das man nicht gefasst ist.

Erec, Iwein, Lancelot und Parzival – all diese Helden der Tafelrunde befinden sich irgendwann auf *âventiure,* weil sie unrecht gehandelt haben und ihre Ehre wiederherstellen müssen. Erec hat seine ritterlichen Pflichten versäumt, weil er nach der Heirat mit der schönen Enite das gemeinsame Schlafzimmer nicht mehr verlassen hat; Iwein hat das Gegenteil getan und im Abenteuerrausch den rechten Zeitpunkt verpasst, um zu seiner Frau zurückzukehren; Lancelot ist ein Getriebener, da er in heimlicher Liebe zu Ginevra, der Ehefrau von Artus, entbrannt ist; und Parzival hat die Zeichen Gottes auf seinem Weg nicht erkannt. Der Ritter zieht nicht aus, um zur eigenen Genugtuung Abenteuer um Abenteuer zu bestehen, sondern er strebt nach Läuterung und Wiederherstellung seines sozialen Ansehens in der ritterlichen Gesellschaft, die ihn trägt; *âventiure* ist also mehr als nur ein Abenteuer.

Âventiure heißt aber auch immer: Der Ritter wählt den Weg des Ungewissen, er weiß nicht, wie die ihm widerfahrenden Abenteuer ausgehen werden. *Âventiure* bedeutet Risiko und Wagnis, den Schritt aus der Ordnung, dem Festgefügten heraus – was aber immer auch zu neuen, unvorhergesehenen Möglichkeiten für ihn führen mag (Otto F. Best).

Wenn der in Friedenszeiten auf *âventiure* ziehende Ritter

seine Waffen nicht durch eine Kriegsaktion rechtfertigen kann, werden andere Motivationen zur Geltung gebracht: die Befreiung Unschuldiger, die Suche nach dem besten Ritter, die Suche nach dem Gral. Letzteres ist die Bestimmung des jungen Parzival, den seine Mutter vergeblich davor bewahren wollte, sich den Prüfungen des feindlichen Lebens zu unterziehen. Parzival zieht dennoch los, fehlt und strebt schließlich in einer Kette büßender *âventiuren* dem Gral entgegen.

Ein klassisches *âventiure*-Epos ist *Erec* von Hartmann von Aue. Mit diesem ersten höfischen Artusroman in Versform beginnt eigentlich die Geschichte des deutschen Romans. Hartmann von Aue, ein Ministeriale alemannischer Herkunft aus dem schwäbischen Freiherrngeschlecht von Ouwe, ist der erste und vielleicht bezeichnendste der drei großen mittelhochdeutschen Epiker der Stauferzeit neben Wolfram von Eschenbach und Gottfried von Straßburg. Er bezeichnet sich selbst als gelehrten Ritter (*ein rîter, der gelêret was und ez an den buochen las* / ein Ritter, der gebildet war und aus Büchern schöpfte). Wenn man von seinen innigen, um 1187–89 verfassten Kreuzliedern ausgeht, ist es durchaus möglich, dass er an einem der Kreuzzüge teilgenommen hat.

Sein Held Erec, ein junger Königssohn und Ritter der Tafelrunde, ist nach der Hochzeit mit der schönen Enite von dieser so gefesselt, dass er vor lauter Minnedienst den Waffendienst vergisst. Er *verligt* sich, ist »durch zu langes Liegen bei ihr« in Trägheit versunken und hat seine Pflichten als Ritter und Fürst vernachlässigt. Liebe *(minne)* und Ehre *(êre)*, die beiden Pole ritterlichen Lebens, müssen wieder ins richtige Maß *(mâze)* gebracht werden. Zur Wiederherstellung seiner ritterlichen Ehre muss er in die Welt hinausfahren und verschiedene Prüfungen meistern. Wie in den anderen Artusromanen, die voller fantastischer Kämpfe gegen Zwerge, Riesen und Drachen sind, handelt es sich auch hier um eine völlig realitätsferne Welt ohne Orts- und Zeitangaben. Mit großer Tapferkeit besiegt Erec die heimtückischsten Gegner und steht am

Ende vor seinem entscheidenden Kampf, seinem letzten Abenteuer, das er freiwillig annimmt. Zur Veranschaulichung einer typischen *âventiure* sei der Höhepunkt des Romans kurz zusammengefasst:

> Erec, Enite und Giuvreiz verschlägt es bei ihrer Heimreise zum Artushof auf die Burg Brandigan, die von dreißig Türmen und einem Wasserfall umgeben ist. Der berüchtigte Burgherr hat viele edle Ritter erschlagen und ihre Köpfe auf Pfähle aufspießen lassen. Seit vielen Jahren wartet er im Baumgarten der Burg auf stets neue Herausforderer. Trotz aller Warnungen beschließt Erec, den Kampf gegen ihn aufzunehmen. Der Garten ist paradiesisch schön. Er hat keine Mauer, kann aber nur an einer geheimnisvollen Stelle betreten werden. Im Garten gelangt Erec an ein prunkvolles Zelt, vor dem eine wunderschöne Frau sitzt, die ihn ebenfalls vor dem Herrn des Burggartens, ihren Gatten, warnt. Jener kommt herbeigeritten, *lanc unde grôz, vil nâch risen genôz,* »groß wie ein Riese«, auf einem hohen feuerroten Ross. Im folgenden wilden Kampf gegen den mächtigen Gegner wird Erec immer wieder vom Gedanken an die Liebe Enites getragen: *sô starcten im ir minne, sîn herze und ouch die sinne* (»so stärkte ihm ihre Liebe Herz und Sinne«). Nach vielen Stunden des Kampfes ringt Erec den fürchterlichen Ritter nieder. Eine Aussprache zwischen den beiden bringt zutage, dass der Burgherr Mabonagrin das mordlustige Leben im gesellschaftlich isolierten Burggarten wegen seiner ihn maßlos liebenden Frau hat führen müssen, die ihn vor Nebenbuhlerinnen fern halten wollte. Von diesem ritterunwürdigen Dasein ohne *êre* und mit falscher *minne* hat ihn der Edelmut Erecs endlich erlöst. Zur Wiederherstellung der Freude, der *joie,* feiern die Burgbewohner ein großes Fest, und als Erec und seine Begleiter endlich zum Artushof aufbrechen, werden ihnen zum Dank noch die achtzig Witwen der erschlagenen Ritter mitgegeben. Man trennt sich in großer Freundschaft.

Das berühmte, so genannte *joie de la court*-Abenteuer verdichtet alle Facetten der gleichnis- und märchenhaften Artusepik. Es verdeutlicht, dass ritterlicher Kampf kein Selbstzweck ist. Erec kann noch so stark und wagemutig sein, seine Taten bringen nur dann *êre* ein, wenn ihnen ein sozialer, sittlicher Wert innewohnt und sie den Mitmenschen gelten. Die Befreiung der achtzig Witwen spricht da eine überdeutliche Sprache. Genauso offensichtlich ist der allegorische Charakter dieser Geschichten, die sich bei aller Spannung der Realität vollkommen entziehen. Die idealen Ritter Artus, Erec oder Parzival haben mit dem berittenen Berufskrieger der mittelalterlichen Lebenswirklichkeit nichts zu tun. Und dennoch sind sie als Figuren so schlüssig gezeichnet, ist in ihnen ein neuer Zeitgeist so spürbar und die von ihnen ausstrahlende Symbolik so gewinnend, dass sie großen Einfluss auf die damalige Gesellschaft hatten und sie zu mehr Ritterlichkeit und Wagemut bewogen.

Niedere Minne – Das »letzte Vergnügen«

Zwar wurde in der mittelalterlichen Literatur die »hohe Minne«, die enthaltsame, schöngeistige Form der Liebe, besungen, aber an den Höfen des 12. und 13. Jahrhunderts existierte Liebe nicht nur in idealisierter Form. Die Beziehung zwischen den Geschlechtern beschäftigte – ohne Aussparung der sexuellen Komponente – durchaus die Gesellschaft.

> Von alters her unterscheidet man vier Grade oder Stufen der Liebe. Der erste Grad ist, wenn ein Liebender Hoffnung und Trost der Liebe erlangt, der zweite, wenn er einer leiblichen Umarmung teilhaftig wird, der dritte, wenn er sich den Kuss eines roten Mundes verdient, und der vierte vollzieht sich durch die Gewährung des ganzen Körpers.

Diese freimütige Erkenntnis stammt vom französischen Kaplan Andreas Capellanus, dessen systematische Abhandlung *De amore* (um 1200) über Gewinn und Bewahrung der Liebe damals in aller Munde war und die volkssprachliche Minneliteratur, besonders in Frankreich, maßgeblich beeinflusste. 1227 wurde das mehrfach übersetzte Werk in Paris auf den Index gesetzt. Schlunk spricht von »erotischer Hochspannung«, die an großen, illustren Höfen geherrscht habe, und liegt bestimmt nicht ganz falsch damit. Junge Adlige befanden sich dort zur Ausbildung, Jungen wie Mädchen, dazu die Knappen, die auf die Schwertleite hinarbeiteten. Fahrende, meist unverheiratete Ritter besuchten die Höfe und boten ihre Dienstleistungen an, und im Gefolge der Burgherrin oder anderer adliger Damen gab es ebenfalls einige unverheiratete Frauen. Wolfram von Eschenbach weist im *Parzival* anlässlich eines Pfingstfests am Hof von König Artus darauf hin, welch große Aufmerksamkeit die jungen Ritter den weiblichen Reizen zollten: »So mancher junge Spund war dort! / Ich brächte nicht gerne mein Eheweib / Zu einem derart großen Treffen – / Ich fürchte: Fremde drücken sich / Dabei herum, und mancher sagt, / ihr Liebreiz steche ihn ins Auge, / blende seine Lebensfreude, / doch wenn sie ihn erhören würde, / diene er ihr immerdar. / Da wär ich vorher mit ihr weg!«

Ließ sich am Hof jemand auf ein Liebesverhältnis ein, dann am ehesten mit einer ledigen Frau, für die unter Umständen keine Heirat vorgesehen war. Schon bei der ersten Begegnung zwischen Gawan und einer unverheirateten jüngeren Schwester des Burgherrn kommt es über den Begrüßungskuss hinaus zu viel »fröhlicher Unterhaltung …, bis sie den Namen einer Jungfrau verloren hatte« *(Conte du Graal)*. Die geheime Beziehung zu einer adligen Dame war sicher eine heikle Angelegenheit, denn keinesfalls durfte sie durch eine Unachtsamkeit im Liebeswerben brüskiert werden. Liebesbeziehungen, die vorwiegend sexueller Natur waren, werden im mittelalterlichen Minneverständnis als niedere Minne bezeichnet. Niedere Minne ist nicht sozial zu verstehen, sondern zielt auf die Befriedigung der Lust, die auf das »letzte Vergnügen« nicht verzichten will.

Hohe Minne – Die Erfindung der Liebe

Der Minnesang, der Frauendienst, die Verehrung des weiblichen Idealbildes in Gestalt der erwählten Ritterfrau, der unerreichbaren Herrin, war im Hochmittelalter als ästhetisches Spiel und dichterische Gestaltung das von der Gesellschaft geformte und gebilligte Ideal. Er war Ritterpflicht. Die hohe Minne verzichtet auf die erotische Erfüllung, mag diese insgeheim auch Teil der Sehnsucht bleiben. Im Zentrum der Fantasie steht die edle Herrin, die unerreichbar scheint. Meist ist sie höher gestellt als der um sie werbende Ritter, zudem verheiratet, sodass sein Minnedienst mit großer Sicherheit keine Erfüllung bringt. Genau in dieser Aussichtslosigkeit liegt sein Ansporn, immer wieder um neue Zeichen der Gunst der Angebeteten zu buhlen. Je weiter sie von ihm entfernt ist, umso mehr muss er sich mühen, ihr gleich zu sein – denn nur auf Augenhöhe wäre er ihrer Liebe würdig. Bereits die kleinste Belohnung von ihr, ein zärtlicher Blick oder flüchtiger Kuss, verschafft ihm große Genugtuung. Auf die erotische Erfüllung wird verzichtet, weil sie das Ende aller Anspannung im künstlerischen und sittlichen Streben bedeuten würde.

Der Minnesänger, der mit seinem Lied die ritterliche Dame, die Gemahlin seines Herrn, umwirbt und preist, weiß um die Hoffnungslosigkeit und Unerfüllbarkeit seines Sehnens. Die hohe Minne zielt nicht auf Liebe im partnerschaftlichen Sinne, sondern richtet sich in erzieherischer Funktion an den Ritter: Treu, aber chancenlos strebt er auf seinem langen, mühsamen Weg des Minnedienstes seiner ethischen Vervollkommnung entgegen. Er erlangt »Herzensbildung, männliche Bescheidenheit und angemessene Verhaltensformen« (Rolf Schneider), um schließlich der Frau, oder besser: der höfischen Gesellschaft, erfolgreich gegenüberzutreten.

Dass eine solche Liebe keine Erfüllung im klassischen Sinn finden kann, versteht sich von selbst. So manches dezente Werben wird die angebetete Dame gar nicht erst bemerkt haben. Die Beziehung zwischen einem jungen Ritter und einer edlen Dame durfte nur dienender Natur sein, da hegt auch Wolfram von Eschenbach im *Parzival* keinen Zweifel: »Wer die hohe Minne wünscht, muss vorher, nachher um sie dienen.« Die Stimmung im deutschen Minnesang, von heimlicher, unerfüllter, züchtiger Liebe erfüllt, war laut Goetz also in ihrer antithetischen Wesensstruktur und ihrer unauflösbaren Spannung eher traurig: *liep âne leit mac niht sîn*« (Liebe ohne Leid gibt es nicht), hieß es da, weil dem Liebesbegehren kein angemessener Lohn gegenüberstand. Auch für Ferdinand Seibt ist der deutsche Minnesang zu abstrakt und tiefsinnig, als »aussageschwere Weltanschauungsdichtung« nicht vergleichbar mit der »spielerischen Intellektualität französischer Eleganz«.

Denn auch die Minnedichtung bekam ihre ersten Impulse aus Frankreich, in diesem Fall kamen sie allerdings aus dem Süden (um 1100). Erfunden wurde die mittelalterliche Liebeslyrik, eine aristokratische Gesellschaftskunst, von den *trobadors* (altprovenz. *trobar*, erfinden, dichten) der südfranzösischen Langue d'oc. Die Troubadoure könnten sich aus dem Fundus islamischer Liebeslyrik bedient haben, bei den Katharern, möglicherweise waren sie auch von der Marienverehrung beeinflusst. Von der Provence aus gelangte die neue Sprache der Liebe nach rund fünfzig Jahren zu den *trouvères* nach Nordfrankreich, dann nach Italien, England und Deutschland (um 1170). Schließlich sangen Troubadoure in ganz Europa vor begeistertem Publikum von hoffnungsloser Liebe leidenschaftlicher Ritter zu schönen Damen.

Die Troubadoure waren fahrende Sänger, die es von Deutschland, Italien und Spanien bis nach Nordafrika zog, häufig verbunden mit einem längeren Gastrecht an den Fürstenhöfen. Meist waren sie Dichter, Komponist und Sänger in einem. Die erste überlieferte Troubadourlyrik stammt von Wilhelm IX. von Aquitanien (1071–1126), einem erotischen Heißsporn und erprobten Sarazenenkämpfer; wegen seiner Beziehung zur Vicomtesse von Châteaurault wurde er vom Bischof mit dem

Bann belegt und führte gar eine Fehde gegen ihn. Von ihm sind elf Lieder erhalten. Als Beispiel mögen folgende Verse beispielhaft angeführt werden:

Si'm vol mi dons s'amor donar,
Pres suy del penr'e del grazir,
E del celar e del blandir,
E de sos plazers dir e far,
E de son pretz tenir en car,
E de son laus enavantir.

Ren per autruy non l'aus mandar,
Tal paor ay qu'ades s'azir;
Ni ieu mezeys, tan tem falhir,
No l'aus m'amor fort assemblar:
Mas elha'm deu mo mielhs triar,
Pus sap qu'ab lieys ai a guerir.

(Knüpft' meine Herrin fest das Band / Der Liebe: danke ich's ihr fein / Mit Huldigen und mit Heimlich-Sein / Und diente ihr mit Mund und Hand / Und ehrte ihren Ruf und Stand / Und säng ihr Lob landaus, landein!
Nie hab ich Boten ihr gesandt; / Mir bangt, ihr brächt's Verdruss und Pein; / Nie habe ich, aus Scheu allein, / Ihr meine Liebe laut bekannt: / Mein Herz sei ihr das Unterpfand, / Dass ich ihr nach nur kann gedeihn!
(Übersetzung von Helmut Bartuschek)

Wie im deutschen Minnesang begegnet man auch in der französischen Troubadourlyrik der Liebe als kunstvoll gezügelter Leidenschaft. So bestimmte der Troubadour Folquet de Marselha: *Cortesia non es als mas mesura* (»Höfischkeit ist nichts anderes als Maß«). Die Troubadourdichtung allerdings ist vitaler und erotischer als die deutsche, körperliche Liebe findet mitunter Erwähnung. Anderes hätte man den französischen Damen am Hof auch kaum vormachen können, denn diese wussten genau: »Warum sind sie gute Ritter? Warum sind sie edelmütig und gütig? Warum lieben sie es, zu hofieren, zu herzen und zu umarmen? Nur wegen einer einzigen Sache ...« (»Lai du lecheor«).

Es ist viel darüber gerätselt worden, warum die wie aus dem Nichts entstandene Liebeslyrik des 12. Jahrhunderts einen so plötzlichen Siegeszug antreten konnte. Man hat darauf hingewiesen, dass es zu jener Zeit insgesamt zu einer Emotionalisierung kam wie in der Religion: So wurde die Beziehung des Einzelnen zu Gott von größerer Intimität, in der Mystik wurden Gottesbegegnungen mit Liebesabenteuern verglichen. Bei Rupert von Deutz heißt es: »Ich war erst zufrieden, wenn ich ihn [Gott] mit Händen berührte, umarmte und küsste ... ich hielt ihn, umarmte ihn, küsste ihn lange. Ich spürte, wie er diese Liebkosungen zuließ.« Analog dazu, so Goetz, schmiegte sich auf den Madonnendarstellungen das Jesuskind nun enger an seine Mutter. Auch im ritterlichen Kampf ist erotische Metaphorik im Spiel: Als Erec und Mabonagrin beim mörderischen Kampf zusammenstießen, »küssten« sie sich mit den Lanzen *(mit scheften si sich kusten).*

Die Minnedichtung entsprach genauso wenig den realen Verhältnissen an den Höfen wie die Artusepik, doch wie diese erfüllte sie ein weit verbreitetes Bedürfnis nach vorbildlichem Verhalten: der mustergültige Ritter, der formvollendet an der großen Liebe scheitert. Der modernen Forschung zufolge war Minne bestimmt weniger ein gesellschaftliches Phänomen, sondern sie verdankte sich in erster Linie der Erfindungskraft von Dichtern. Der Minnesang verkündete ein neues Menschenideal: Er identifizierte die »Liebenden«, es fand eine Hinwendung zum nicht austauschbaren Partner statt. Mit seinem mutigen Liebesbekenntnis bekundete der Werbende ein neues Selbstwertgefühl; Liebe wurde nun reflektiert und in Worte gekleidet, und nicht zuletzt erfuhr die Frau eine Aufwertung. In der Minne sind erstmals »Gegenseitigkeit und Beständigkeit der emotional und erotisch besetzten Beziehung tendenziell als Ziel zu erkennen« *(Lexikon des Mittelalters).*

Liebe und Ehe

Die Epen und Versromane waren der Lyrik ein Stück voraus. Der unerfüllbaren Minne stellten sie die Liebesehe gegenüber, während die Lieder der Troubadoure mit der Ehe nichts zu tun hatten. Erec und Enite, Iwein und Laudine, Tristan und Isolde sind als Liebespaare teilweise gar die Titelhelden der Epen. Erec und Iwein beweisen, dass Liebe und Bewährung in der Minne rasch in eine glückliche Ehe münden können, ihre *âventiuren* wären ohne den emotionalen Beistand der Ehefrauen nicht zu bewältigen. Die Liebesgeschichte von Tristan und Isolde bleibt auf tragische Weise unerfüllt. Dennoch bringt sie das Liebesthema entscheidend voran, da sich Tristan und Isolde – als Ehefrau des Königs Marke – über die Normen der höfischen Gesellschaft hinwegsetzen. Ihre Liebe kennt Freude und Leid, Leben und Tod. Sie akzeptiert keinen Verzicht wegen einer »höheren Ordnung«, und setzt dieses eine Mal das alles disziplinierende Element der höfischen Welt, die *mâze,* außer Kraft.

In der Realität war die Liebesehe kein Thema. Die Theologie sah in der Ehe nicht die Folge, sondern die Voraussetzung für eine Liebesbeziehung. In der Oberschicht folgte die Partnerwahl eher den Kriterien der Standesgleichheit und der Heiratspolitik. Mann und Frau waren zudem nicht mit den gleichen Rechten ausgestattet: Zunächst stand die Frau unter der *munt* (Schutzherrschaft) ihres Vaters, dann unter der ihres Ehemanns. Selbst über das Schicksal ihrer Kinder konnte sie nicht bestimmen. Im *Sachsenspiegel* von 1280 steht, dass der Mann Herr über seine Frau zu sein habe, als »des wibes vogt und ir maister«.

Das bedeutete natürlich nicht, dass in der Ehe keine Zuneigung oder Liebe entstehen konnte, aber höfisch-literarische Liebe und Liebe zwischen Eheleuten waren nicht das Gleiche. Viele Zeitgenossen erteilten der möglichen Übereinstimmung von Minnedienst und Eheleben eine erstaunlich nüchterne

Absage. So unterscheidet Richard de Fournival zwischen einer »weltlichen Liebe … aus dem Willen des Herzens« und einer »Liebe der Pflicht … wie man seinen Vater liebt und seine Mutter, seine Brüder, seine Eltern, seine Verwandten und seine Ehefrau«. Der bereits erwähnte Andreas Capellanus führt aus, es sei »doch klar, dass zwischen Ehemann und Ehefrau die Liebe keinen Platz beanspruchen kann«, da Romantik und Heimlichkeit fehlten. Und wie ist die Entscheidung Héloïses, der Geliebten des Philosophen Abaelard zu deuten, die, obwohl von ihm schwanger, es vorzog, seine Geliebte zu bleiben, statt ihn zu ehelichen, um sich ihre Leidenschaft für ihn zu erhalten? All diese Beispiele zeigen, dass die romantische Liebe, wie wir sie heute kennen, eine Erfindung des Mittelalters ist.

Das Turnier – Kampf als höfisches Schauspiel

Zwei schwer gepanzerte Ritter reiten mit gezückter Lanze in vollem Galopp aufeinander zu und versuchen, sich gegenseitig vom Pferd zu stoßen – dieses Bild ist fest in unserer Vorstellung vom Mittelalter verankert. Doch es ist nur eine von vielen verschiedenen Erscheinungsformen des ritterlichen Kampfes, die als »Turnier« bezeichnet werden. Nahezu vier Jahrhunderte war das Turnier elementarer Teil der höfischen Feste. Es ging hervor aus den Kampfspielen des frühen Mittelalters und verfestigte sich seit dem späten 12. Jahrhundert zu einer prächtigen, höfischen Großveranstaltung, in welcher der Ritter Kraft, Geschick und gesellschaftliche Würde unter Beweis stellte. In einer hierarchisch gegliederten Gesellschaft, in der jeder um die eigene Stellung kämpfte, bot der bewaffnete, reglementierte Zweikampf den Rittern die beste Möglichkeit, in der höfischen Rangordnung eine Stufe höher zu steigen. Das die europäische Zivilisation prägende Konkurrenzprinzip hat wohl seinen Ursprung im mittelalterlichen Turnier.

Wildes Getümmel – Die Ursprünge des Ritterturniers

Gegen Ende des 11. Jahrhunderts erfanden die Waffenexperten eine neue Methode, um in der Schlacht den Gegner fern zu halten: eine bis zu dreieinhalb Meter lange Lanze, eingeklemmt unter dem Arm, mit der aus sicherer Entfernung der Feind aus dem Sattel gehoben werden konnte. Der Umgang mit dem unhandlichen Kampfgerät erforderte ständige Übung, die einen zusätzlichen Reiz bekam, wenn ein Kampf simuliert wurde. Die ersten Nachrichten über Turniere stammen aus Frankreich, wo sich im ausgehenden 11. Jahrhundert Rittergruppen an zuvor vereinbarten Tagen trafen, um gegeneinander anzutreten. Die frühen Turniere waren brutale, chaotische Kämpfe, bei denen die Ritter in größeren Gruppen in vollem Galopp und mit wildem Kriegsgeschrei aufeinander losritten, aufeinander prallten und wieder abdrehten. Das Wort »Turnier« kommt vom lateinischen *tornare,* sich drehen, wenden, dem Hauptbestandteil dieser Form des Kampfes. Gelang es der einen Gruppe, die andere zurückzutreiben, durfte sie diese buchstäblich bis aufs Hemd ausplündern: Rüstungen, Waffen, Pferde – alles ging in die Hände des Siegers über. Wer während des Getümmels vom Pferd fiel, durfte vom Gegner gefangen abgeführt werden und musste sich gegen eine bisweilen üppige Lösegeldzahlung wieder freikaufen. Das Turnier unterschied sich somit vom Krieg lediglich dadurch, dass keine Tötungsabsicht bestand, wenn es auch immer wieder zu Todesfällen kam. Das Gruppengefecht war noch nicht an einen bestimmten Schauplatz gebunden und konnte sich gegebenenfalls über große Entfernungen erstrecken. Die einzigen offiziellen Beschränkungen waren umzäunte Ruheplätze für die Ritter, innerhalb derer sie nicht angegriffen werden durften. Von William Marshall, der sich im ausgehenden 12. und in den beiden ersten Jahrzehnten des 13. Jahrhunderts einen großen Ruf bei Ritterturnieren erwarb, wird berichtet, dass die am Turnier teilnehmenden Gruppen Wein- und Obstgärten niedertrampelten, Bauernhäuser als Hinterhalt nutzten und ihre Kämpfe mitten auf öffentlichen Straßen und Wegen ausfochten.

Diese Form des Massenturniers verlor jedoch im Laufe der Jahrzehnte etwas an Dramatik. An der Wende zum 13. Jahrhundert wurden Turniere in Frankreich, Italien, England und im Deutschen Reich praktiziert.

Vom »Tjostieren« und »Buhurdieren«

Die populärste und langlebigste Form des Turniers war der so genannte Tjost, der reglementierte Kampf, in dessen Verlauf zwei oder mehr Ritter mit gezückten Lanzen aufeinander zuritten. Der Tjost (frz. *joute,* lat. *juxta,* ital. *giostra*) trug der Tatsache Rechnung, dass sich zunehmend Zuschauer bei Turnieren einfanden, die dem wilden Getümmel des Massenkampfs kaum folgen, geschweige denn Sieger oder Besiegte ausmachen konnten. Beschränkte sich der Kampf auf wenige Beteiligte, die in einem eingeschränkten Bereich kämpften, konnten die Zuschauer den Überblick behalten. Wurde der Kampf zunächst mit spitzer Lanze ausgetragen, entschärfte das 13. Jahrhundert den Tjost erheblich, indem nur noch mit vorne abgestumpften Lanzen geritten wurde. Todesfälle gab es aber dennoch. Noch 1559 starb König Heinrich II., als ihm während eines Tjostes ein Lanzensplitter durch das Visier in den Kopf drang. Erst ab dem 15. Jahrhundert kam die Mittelplanke auf, die die Pferde vor der Kollision schützte.

Der Buhurt *(bohordeis)*, auch Gyrum genannt, war dagegen eine weniger brutale, zivilisiertere Turnierkultur, ein Geschicklichkeits- oder Reiterspiel, in dem der Ritter seine Reitkunst vorführte. Diese Form des Wettstreits war die ungefährlichste, da sie in der Regel ohne Waffen ausgeführt wurde. Selbst den Mitgliedern der Ritterorden war gestattet, an einem solchen Turnier teilzunehmen. Das bekannteste Gyrum fand 1184 auf dem Mainzer Hoftag Friedrich Barbarossas statt. 20000 Ritter sollen angeblich daran teilgenommen haben. Auch wenn die Chronisten hier sicherlich übertreiben, waren zu diesen Pfingstfeierlichkeiten, die Hoftag und Hoffest miteinander verbanden, außergewöhnlich viele Ritter und Gefolgsleute zusammengekommen. Indem sie ein gemeinsames Schaureiten veranstalteten, präsentierten sie sich als ritterliche Gemeinschaft, in der auch verschiedene soziale Klassen Seite an Seite ritten. Friedrich Barbarossa und seine Söhne nahmen daran genauso teil wie einfache Ministerialen.

Mit der Einbindung in das höfische Fest gewann das »Tjostieren« eine Bedeutung weit über das Kampfgeschehen hinaus. Die höfische Festgesellschaft identifizierte sich mit der Praxis ritterlicher Bewährung, die Gegenwart der zugehörigen Damen überhöhte den Kampf zum Minnedienst. Diese neue Turnierpraxis kam im Deutschen Reich Mitte des 13. Jahrhunderts bis in die Frühe Neuzeit in Mode. In Italien war diese Form des Turniers, bei der Züge des Pferderennens mit denen des Tjostes verschmolzen wurden *(giostra all'italiana),* bei Festen und Feiern sehr verbreitet und hielt sich zur Unterhaltung des Volkes bis ins 16. Jahrhundert hinein.

Der mittelalterliche Turnierzirkus

Ein Turnier gehörte zu den absoluten *Hoch*zeiten im sonst ereignisarmen Alltag des Mittelalters und wurde oft mit einem anderen spektakulären Ereignis, einem Hoffest, einer Vermählung oder einem Markt verbunden. Es sind erstaunlich wenige Schriftquellen überliefert, die eine solche Veranstaltung schildern. Im 19. Jahrhundert verarbeitete der schottische Schriftsteller Walter Scott die ihm bekannten Quellen in seinem Roman

Ivanhoe bei der Schilderung des 12. und 13. Jahrhunderts, als das ritterliche Turnier seine Regeln verfestigte und »zivilisierte«:

> So war den Kämpfern der Stoß mit dem Schwerte untersagt und nur der Hieb gestattet. Der Ritter durfte die Streitaxt und die Keule führen, allein der Dolch war eine verbotene Waffe. Ein vom Pferd geworfener Ritter konnte den Kampf mit einem Ritter der Gegenpartei, der sich in gleicher Lage befand, fortsetzen, allein zu Pferde durfte niemand angreifen. Konnte ein Ritter den andern bis an das äußerste Ende der Schranken drängen, sodass er die Palisaden mit dem Körper oder den Waffen berührte, so musste sich dieser für besiegt erklären und Pferd und Rüstung waren dem Sieger verfallen. Ein Ritter, der so besiegt wurde, durfte nicht weiter an dem Kampfe des Tages teilnehmen. Wurde einer niedergeworfen und war er unfähig, sich wieder selbst zu erheben, so sollte seinem Knappen gestattet sein, in die Schranken zu treten, um ihn aus dem Gedränge zu ziehen; allein auch in diesem Fall war der Ritter überwunden, und Rüstung samt Streitross waren dem Sieger verfallen.

Zeitgenössischen Quellen zufolge hatte der edle Kampf gegen andere Ritter oft einen recht profanen, weil wirtschaftlichen Hintergrund. Aufschlussreich ist hier die Geschichte des bereits erwähnten William Marshall, dessen Laufbahn ausführlich in der um 1226 verfassten Verschronik *Histoire de Guillaume le Maréchal* beschrieben wird. Sein Vater, ein englischer Adliger, hatte ihn zur Ausbildung nach Frankreich geschickt, wo er im Haushalt des Kämmerers der Normandie, William von Tancarville, zum Ritter erzogen werden sollte. Von Kindheit an zeigte er eine außergewöhnliche Begabung im Reiten und im Umgang mit Waffen. Bereits bei seinem ersten Turnier in Le Mans im Jahr 1169, das er noch im Gefolge seines Herrn ritt, gewann er mehrere Pferde und große Mengen an Waffen und Ausrüstung. Angesichts seiner bescheidenen Zukunftsaussichten als nachgeborener Sohn beschloss er, seinen Lebensunterhalt durch erfolgreiche Turniere zu bestreiten. Gemeinsam mit einem anderen Ritter zog er zwei Jahre lang von Turnier zu Turnier. Die beiden kämpften gemeinsam und teilten anschließend ihre Gewinne. In nur zehn Monaten sollen sie 107 Gegner besiegt habe, so notierte ein königlicher Schreiber. Vor allem aber nahmen sie ihre besiegten Gegner nach Strich und Faden aus. Pferde, Harnische und Gepäckstücke gingen massenweise in den Besitz Williams über, der es damit binnen weniger Monate vom mittellosen Knappen zum steinreichen Ritter brachte.

Als der Ritter in Gefangenschaft geriet, löste ihn Königin Eleonore von England aus und stellte ihn am Hof ein – ein beachtlicher Karrieresprung für den knapp 21-Jährigen. Er diente im Hofhalt von Heinrich II. sowie dessen ältestem Sohn Heinrich, dann Richard Löwenherz und Johann Ohneland. Bei seinem Tod im Jahre 1216 hinterließ Letzterer die Verfügung, William faktisch, wenn auch ohne Titel, als Regenten von England für den jungen Heinrich III. einzusetzen. Bis ins hohe Alter stand er an dessen Seite und kämpfte, so will es zumindest die Legende, tapfer auf dem Schlachtfeld. Als er 1219 starb, soll er gesagt haben: »Ich kann nicht länger bei euch bleiben. Gegen den Tod kann ich mich nicht verteidigen.«

Eine Turnierlaufbahn wie die von William Marshall war nichts Außergewöhnliches. Nicht wenige junge Ritter schlossen sich einer Art Turnierzirkus an, dem sie ihr gesamtes Leben unterordneten. Der Alltag eines mittelalterlichen Turnierritters erinnert bisweilen an einen heutigen Profi-Sportler. So schildert ein Dokument aus dem Nachlass der Herren von Kronberg im Taunus:

> Mein ältester Sohn Philipp besuchte sein erstes Turnier in Wiesbaden am 5. Oktober 1410, danach in Mainz am 18. November und eine Woche später in Frankfurt, dann eines in Boppard zu Weihnachten und am darauf folgenden Osterfest in Mainz (1411) und eines in Worms zwei Wochen später. Dann ein Turnier in Würzburg drei Wochen nach Pfingsten und eines um Martini in Frankfurt, dann eines in Landau zwei Wochen nach Ostern (1412), eines in Heilbronn und in Wiesbaden auf Fastnacht (1413), im November in Boppard und im selben Monat in Worms.

»Verderbliches Spiel« – Die Kritik der Kirche am Turnierwesen

Von Anfang an ist die Berichterstattung über Turniere von der Meldung von Unglücks- und Todesfällen begleitet, wobei nur die prominentesten festgehalten wurden. 1186 starb Graf Gottfried von der Bretagne, der Sohn Heinrichs II., bei einem Turnier in der Nähe von Paris. Herzog Leopold von Österreich erlag 1196 seinen Verletzungen, als sein Pferd bei einem Turnier auf ihn stürzte.

Der Kirche war die Brutalität des Turnierwesens schon immer ein Dorn im Auge. »Wir verbieten die Abhaltung jener verabscheuungswürdiger Märkte, die man gemeinhin Turniere nennt«, wetterten die Verlautbarungen des dritten Laterankonzils von 1179, »bei denen Ritter verabredungsgemäß zusammenzukommen und zur Demonstration ihrer Kräfte und Kühnheit blindlings aufeinander zu treffen pflegen, was häufig tödlich verläuft und das Seelenheil gefährdet.« Vergeblich untersagten mehrere Konzilien das Turnier. Wer trotzdem daran teilnehme, werde exkommuniziert oder habe sein Recht auf ein christliches Begräbnis verwirkt, so die Verfügungen. 1175 schritt Bischof Wichmann von Magdeburg ein, als innerhalb eines einzigen Jahres sechzehn Ritter bei Turnieren in Sachsen zu Tode gekommen waren. Er bannte alle Teilnehmer und zwang die sächsischen Adligen, für immer von Turnieren fern zu bleiben. Genutzt hat es aber wenig.

Kein Ritter ließ sich auf Dauer von dieser vornehmsten Art der Selbstdarstellung abhalten. Dennoch hielt die Kirche lange am Turnierverbot fest. Lediglich vor und während eines Kreuzzugs gestatteten die Geistlichen Turniere als militärische Übung. Das letzte formelle päpstliche Turnierverbot datiert aus dem Jahr 1312. Papst Clemens rief die Fürsten Europas auf, das Heilige Land von den Heiden zu befreien und verbot gleichzeitig Turniere und Tjoste ebenso wie die harmlosen Tafelrundenturniere und Artushöfe, die eher ausgefeilte Rollenspiele als wirkliche Kämpfe waren. Niemand der rechten Sinnes sei, so der Papst, könne bezweifeln, dass solche Spiele ein Hindernis für die Vorbereitung eines neuen Kreuzzugs darstellten, denn sie seien eine Gefahr für die Seelen und verursachten den Tod von Männern, die Verschleuderung von Geldmitteln und die Vernichtung der für den Kreuzzug wichtigen Pferde. Alle Teilnehmer solcher Veranstaltungen seien exkommuniziert und nur der Papst selbst könne den Kirchenbann aufheben. Die päpstliche Drohung stieß auf helle Empörung, war doch das Turnier in weiten Teilen Europas längst an der Tagesordnung, und eine derart umfassende Strafe war nie zuvor von der Kirche angekündigt worden. Würden Ritter gebannt, könnten sie gar nicht das Kreuz nehmen, protestierten die Betroffenen. Die Kirche solle das Turnier gerade denjenigen erlauben, die ins Heilige Land zögen. Ein derartiger Anreiz würde zu einer ungeheuren Kreuzzugsbegeisterung führen.

Der nächste Papst, Johannes XXII., kapitulierte schließlich vor der Popularität des Turniers und hob 1316 das Verbot auf. Offiziell, weil sich nicht genügend Kreuzfahrer fanden, solange die Reise ins Heilige Land mit Turnierverbot belegt war. Tatsächlich aber hatten die Söhne Philipps des Schönen von Frankreich, begeisterte Turnierreiter, den Papst kräftig unter Druck gesetzt.

Die Anwesenheit der Damen

Bereits seit dem 13. Jahrhundert heben die Quellen immer wieder die Anwesenheit von Frauen bei Turnieren hervor. Sie waren als Zuschauerinnen willkommen und werteten dadurch die Veranstaltung als gesellschaftliches Ereignis auf. Die Errichtung von Tribünen am Turnierplatz steht offenbar mit der Anwesenheit der Frauen in Zusammenhang: Man wollte ihnen das staubige Gedränge in der unmittelbaren Nähe der Reiter nicht zumuten. Auch im zeremoniellen Ablauf der Veranstaltung spielten sie eine immer größere Rolle. Bereits William

Marshall bekam seine Turnierpreise von Damen überreicht: einmal einen stattlichen Hecht, ein anderes Mal, in London, sogar einen Bären. Einige adlige Damen werden in den Quellen als besondere Turnierfans beschrieben. So soll Johann von Böhmen seine Frau Beatrix nur ausgewählt haben, weil sie eine begeisterte Turnierbesucherin war. Die Rolle der Dame beim Turnier fand ihre literarische Überhöhung im höfischen Roman. Die Realität sah freilich oft profaner aus, denn nicht immer gingen die Zuschauerinnen unbeschadet aus der wüsten Veranstaltung hervor. 1315 wurden bei einem Turnier in Basel zahlreiche Frauen verletzt, als die Tribüne einbrach. Zudem wurde im allgemeinen Chaos der Schmuck der Damen gestohlen. 1331 ereignete sich ein ähnliches Unglück in England. Nur selten aber weigerten sich die Damen, dem Turnier beizuwohnen. Von Isabella von Burgund wird 1449 mit offenkundigem Erstaunen berichtet, sie habe »nicht bei einem Kampf« dabei sein wollen. Die meisten Damen schätzten offenkundig die Festlichkeit und das Spektakel des Turniers.

Mit Schild und Lanze – Die Ausrüstung des Turnierreiters

Für den Turnierreiter war der Schutz seines Körpers lebensnotwendig. Die frühen Turniere wurden dementsprechend in voller Kriegsmontur geritten: Ein Ringelpanzer aus miteinander verknüpften Metallringen bedeckte fast den gesamten Körper. Den Oberkörper schützte der so genannte Haubert, ein bis zu den Knien reichendes Kettenhemd. Im 12. Jahrhundert wurde der Haubert um Ärmel erweitert, die den Handrücken bedeckten. Nur die Handflächen blieben frei, um die Waffen halten zu können. Auch die Beine wurden nun durch eiserne Beinlinge geschützt. Den Kopf bedeckte ein Helm, der anfangs nach oben hin konisch zulief und das Nasenbein mit einer Metallplatte schützte. Gegen Ende des 12. Jahrhunderts kam der Topfhelm auf, der den gesamten Kopf samt Schulterpartien schützte. Zwar verminderte der Topfhelm die Gefahr für den Ritter erheblich, doch der Tragekomfort war ausgesprochen bescheiden. Schmale Sehschlitze ermöglichten nur beschränkte Sicht, das Atmen fiel gerade in sommerlicher Hitze schwer. Von William Marshall wurde berichtet, er habe nach einem Turnier den Helm nicht mehr abziehen können. Erst ein Schmied habe schließlich die Beulen herausgeschlagen, sodass der Ritter die Kopfklemme wieder loswurde.

Durch den Topfhelm war ein Ritter kaum noch von dem anderen zu unterscheiden. Nur durch die Wappen, die individuellen farbigen Kennzeichnungen, die jeder Ritter hatte, konnten sie auseinander gehalten werden. Den Helm schmückte die Helmzier, die entweder aus einem Federbusch oder aus Symbolen oder Tierdarstellungen bestehen konnte. Der über dem Kettenpanzer getragene Waffenrock aus Stoff und der Schild trugen ebenfalls die Abzeichen des Ritters. Der erste Fürst, der nachweislich ein Wappen trug, war ein Graf von Anjou, der um 1130 einen Ginsterzweig (lat. *planta genista*) trug, was seinen Nachfahren später den berühmten Familiennamen »Plantagenet« gab. Jeder Ritter versuchte, durch das farbige Abzeichen seine Herkunft und Stellung herauszuheben. Die Entstehung des Wappens ist allerdings – entgegen landläufiger Meinung – nicht im Turnierwesen begründet. Im Krieg trugen die Ritter lange vor der Einführung des Topfhelms ihr Familienabzeichen, dass sie als Angehörige einer würdigen Sippe auswies. Nahezu gleichzeitig mit seinem Erscheinen auf dem Schild setzte sich das Wappen beim Adel auch als Siegel durch. Mit dem Wappen wurden Schenkungen, Urteile oder andere Urkunden besiegelt. Im Turnier aber war es von besonderer Wichtigkeit, dass die Zuschauer rechtzeitig erfuhren, mit wem sie es »in den Schranken« zu tun hatten. Die Herolde, in der Frühzeit des Turniers als »Krogierer« bezeichnet, waren die Experten der Wappenkunde, riefen den Namen des betreffenden Ritters für alle verständlich aus und rühmten dessen Vorzüge und bisherige Erfolge. Sie waren es auch, die über die Einhaltung des Turnierreglements wachten. Als eine Art mittelalterlicher Linienrichter prüften sie junge Ritter und ahndeten Regelüberschreitungen. Der Begriff »Heraldik«, Wappenkunde, lässt sich unmittelbar vom Wort Herold ableiten. Der Herold war der Spezialist im Zuordnen der komplizierten Zeichenfolgen, die mit zunehmender Zahl von Wappenträgern immer differenzierter wurden.

Besonders beliebt waren die Zeichnungen von Löwen, Adlern, Rosen, Lilien, Leoparden, Ebern und Fischen. Verwegene wählten den Drachen als Erkennungszeichen. Manche Familien suchten ihr Wappen nach dem Klang ihres Namens aus. So wählten die Grafen von Henneberg eine Henne und einen Berg. Andere Sippen suchten durch die Wahl ihres Wappentiers politische Loyalitäten hervorzuheben. Die Anhänger der Staufer wählten immer wieder verschiedene Darstellungsformen des Adlers und bekundeten damit ihre Treue zur Herrscherfamilie. Die Farben sollten sich möglichst kontrastreich voneinander absetzen, daher beschränkten sich die Wappenmaler auf Gold, Silber, Rot, Blau, Schwarz, Grün und Purpur. Ab dem 13. Jahrhundert wurde das Wappen um das so genannte Oberwappen erweitert, den auf den Schild gesetzten Turnierhelm mit seiner Helmzier. Im Spätmittelalter konnte man bereits an der Helmform auf dem Wappen den sozialen Stand des Trägers erkennen. Bürger schmückten ihren Schild mit einem Stechhelm, Ritter aus altem Adel wählten hingegen den beim Kolbenturnier getragenen Spangenhelm.

Im Laufe der Zeit passte sich die Ausrüstung des Turnierreiters mehr und mehr den Notwendigkeiten des Schaukampfes an. Im ausgehenden 13. Jahrhundert experimentierten die Ritter mit verschiedenen leichteren Materialien, um die Harnische angenehmer und beweglicher zu machen. Lederrüstungen erwiesen sich als besonders vielseitig. Gekocht und in heißem Wachsbad gehärtet, boten sie ausreichenden Schutz vor den gegnerischen Waffen. Bis ins 15. Jahrhundert hinein blieb Leder ein wichtiger Bestandteil der Rüstung. Auch der metallene

Harnisch wurde durch eine Unterteilung in mehrere Platten beweglicher gemacht.

Der Unterschied zwischen Krieg und Turnier kristallisierte sich vor allem in der Gestaltung der Waffen heraus. Führte der Ritter in der Schlacht nur selten einen Schild mit sich, da er im Getümmel eher hinderlich war, diente der Schild im Turnier als zwingend notwendiger Schutz. Lanzen und Schwerter fanden oft nur in abgestumpfter Variante Einsatz. Die Turnierlanze trug ab der Mitte des 13. Jahrhunderts fast immer ein »Krönlein«, einen stumpfen, meist dreispitzigen Aufsatz, um das Leben des Gegners zu schonen – fortan sprach man von »höflichen Lanzen«. Um 1400 wich der althergebrachte Topfhelm einer Art »Froschmaulhelm«, der nach vorne konisch ausgewölbt war.

Kaiser Maximilian, der letzte große Anhänger des Turnierwesens, erfand einen durch Stahlfedern zusammengehaltenen Schild, der im Fall eines Treffers in mehrere Stücke zersprang – ein spannender Effekt, der in erster Linie zur Erheiterung der Zuschauer beitrug. Das Ankleiden eines Turnierreiters war ein komplizierter Akt, der Zeit und Geschick erforderte. In einer Abhandlung aus dem 14. Jahrhundert wird die umständliche Prozedur geschildert: Zunächst sollte ein Feuer entzündet und ein Teppich ausgebreitet werden. Der Ritter sollte sich dann bis aufs Hemd ausziehen und sein Haar kämmen, anschließend Lederschuhe und Beinlinge anziehen und darüber, zum Schutz der Oberschenkel, Waden und Knie, Platten aus Metall oder gesottenem Leder legen. Dann folgte der Aketon, ein unter dem Harnisch zu tragendes wattiertes Wams, über dem ein Ringelpanzerhemd und die Harnischhaube getragen wurde. Über den Harnisch sollte er dann den Waffenrock mit dem Wappen streifen und zu guter Letzt seine Schutzhandschuhe aus Fischbein anlegen. Mit Schwert und Helm war die Montur des Ritters dann vollständig.

Das Turnier als Standeszeichen

Anfangs war auf dem Turnierplatz jedermann willkommen, der sich einigermaßen ausrüsten konnte. Im Laufe der Jahrhunderte aber wurde die »Turnierfähigkeit« zunehmend zu einem sozialen Standeszeichen, das bestimmten Gruppen gewährt, anderen verweigert wurde. Wer ein Turnier reiten durfte, bestimmte zunehmend ein komplexer Ehrenkodex.

1286 wurde dem Herzog von Bayern unterstellt, er habe seine Frau hinrichten lassen, weil sie vermeintlich Ehebruch begangen hatte. Die Anschuldigung erwies sich als falsch. Bei einem Turnier, bei dem auch der Herzog von Bayern antreten wollte, erschienen nun hundert Ritter, auf deren Schild eine Frau ohne Kopf zu sehen war, »um den Herzog zu beschämen«. Die Zusammenkunft wurde daraufhin aufgelöst.

In diesem Fall traf die soziale Ächtung einen Hochwohlgeborenen, in der Regel diente sie aber dazu, als nicht standesgemäß geltende Turnierreiter loszuwerden. Im Laufe des 14. Jahrhunderts kam die Regelung auf, dass nur diejenigen »in den Schranken« antreten durften, deren Urgroßväter bereits bei Turnieren geritten waren. In der Würzburger Turnierordnung von 1479 wurden diejenigen ausgeschlossen, die in den letzten fünfzig Jahren keine Turniertätigkeit nachweisen konnten. Darüber hinaus waren auch Meineidige, Verleumder, Betrüger, Ehebrecher, Kirchenschänder und Straßenräuber ausgeschlossen. Wie genau die ebenfalls ausgeschlossene Gruppe der Feiglinge definiert wurde, darüber gibt die Quelle keinen Aufschluss.

Ein deutlicher Versuch der Bildung eines »Turnieradels« waren die Gründungen von »Turniergesellschaften« im Spätmittelalter. So schlossen sich 1361 in Oberbayern Adlige zusammen, um den Herzog Meinhard von Bayern politisch unter ihre Kontrolle zu bringen. Alljährlich, so die Satzung, würde sich die Gesellschaft zum Turnier treffen und ihre Ehefrauen, Schwestern und Töchter mitbringen. Außerhalb des Jahresturniers sollte jedes Mitglied dem anderen bei Gefahr beistehen.

Gegen Ende des 15. Jahrhunderts existierten »Turniergesellschaften« am Rhein, in Schwaben, Franken und Bayern. Das Zeremoniell des Turniers war nun öffentlicher Ausdruck eines politischen Zusammenschlusses, der sich besser gegen das aufkommende Bürgertum oder aber den aktuellen Landesherrn durchsetzen konnte.

Das spätmittelalterliche Turnier

Zu Beginn des Spätmittelalters trat der kriegerische Charakter des Turniers immer weiter in den Hintergrund. Spätestens seit den Veränderungen in der Kriegsführung und der Abkehr vom klassischen Ritterheer war das Turnier als »Manöver« überflüssig geworden. Es mutierte zu einer Fest- und Sportveranstaltung, deren ungeheuren Aufwand sich nur noch ausnehmend wohlhabende Fürsten und Herrscher leisten konnten. Was der Ritter an Prestige auf dem Schlachtfeld verlor, suchte er in der Zurschaustellung auf dem Turnier wettzumachen. Hier konnten sich die alten Rittergeschlechter von Emporkömmlingen abgrenzen, indem sie diese vom Turnier ausschlossen.

Komplizierte Turnierordnungen reglementierten ab dem 14. Jahrhundert das wüste »Turnieren« des Hochmittelalters. Eine wesentliche Neuerung war die häufige Einschränkung des Turniers auf den Kampf mit hölzernen Kolben, mit denen die Ritter versuchten, die Helmzier des Gegners abzuschlagen. Der Gegner durfte nun nicht mehr unterhalb des Sattels attackiert werden, »da er bloß ist undt nit mit der platten gedeckt«, wie es die fränkische Turnierordnung von 1479 vorschrieb.

Auch die Zeit des unbeschränkten Beutemachens war vorbei. Ein zuvor genau festgelegtes Lösegeld für den gefangenen Gegner musste nun eingehalten werden. Neben dem Kolbenturnier herrschte das Tjostieren vor, der Zweikampf, bei dem die beiden Kämpfer einander zu Pferde oder zu Fuß mit Lanze,

Schwert oder Schlagwaffen ein Gefecht lieferten. Um zu verhindern, dass Pferd und Reiter unkontrolliert aufeinander prallten, wurde eine geschmückte Balustrade zwischen den Kontrahenten errichtet; dadurch wurde dem Turnier viel von der Gefährlichkeit genommen, die zahllose Ritter zwischen dem 12. und 16. Jahrhundert das Leben gekostet hatte.

Exkurs: Lanze und Ritter im »Crashtest«

Welche Kräfte waren im Spiel, wenn zwei Ritter bei einem Turnier nach rund sechzig Metern Anlauf im Galopp und mit erhobener Lanze aufeinander prallten? Die Teilnehmer schienen gegen Lanzenstöße durch ihre Rüstungen geschützt. Trotzdem weiß man von vielen Verletzungen und Todesfällen. Die Pferde erreichten eine Höchstgeschwindigkeit von ungefähr fünfzig Stundenkilometern, die Ritter steckten in bis zu dreißig Kilo schweren Rüstungen. Viele Unwägbarkeiten waren zu berücksichtigen. Waren die Ritter im Vollbesitz ihrer Kräfte, oder waren sie nach vielen Kämpfen ermüdet, hatten sie Verletzungen davongetragen? Wie verlässlich war ihr Pferd an diesem Tag? Wie war das Geläuf? Trocken und staubig oder feucht und tief? Rann in der Julihitze unter glühender Sonne und unter schwerem Helm unerbittlich der Schweiß in die Augen, verrutschte gar der Helm mit den Sehschlitzen im entscheidenden Moment? Wie war das Publikum an diesem Tag? Fanatisch oder gelangweilt? Es ist also anzunehmen, dass verschiedenste Faktoren den Zweikampf beeinflussten. Nicht alle Zweikämpfe gingen mit spektakulären Volltreffern einher, oft endete der Kampf unentschieden, oder die Kontrahenten trugen nur leichte Blessuren davon.

Im Januar 2003 führte das ZDF im Forschungszentrum von Opel in Rüsselsheim ein einmaliges Experiment durch. Zwei Dummys, wie sie bei modernen Automobil-Crashtests Verwendung finden, wurden in original nachgebaute Ritterrüstungen des 14. Jahrhunderts gesteckt. Um ein möglichst exaktes Ergebnis zu erzielen, das von wenigen variablen Faktoren beeinflusst werden konnte, wurde der eine Ritter-Dummy auf einem feststehenden Holzbock und der Angreifer-Dummy mit erhobener Lanze, die im Rüsthaken unter der Schulter steckte, auf einem beweglichen Schlitten montiert. Der Schlitten sollte mit dreißig Stundenkilometern – was der Hälfte der vermuteten Höchstgeschwindigkeit eines Turnierpferdes entspricht – auf den festmontierten Dummy zufahren, die Aufprallgeschwindigkeit musste bei der Auswertung also mit der vierfachen Energie gemessen werden. Aus den Dummys leiteten achtunddreißig Kabel die Messdaten an einen zentralen Rechner weiter, der die Aufprallwerte auf Brust-, Hals- und Kopfbereich der Kämpfer genau bestimmen konnte. Highspeed-Kameras filmten den Zusammenprall mit bis zu tausend Bildern pro Sekunde, was einer vierzigfachen Verlangsamung des Kamerabildes führte.

Der »Crashtest« verlief ähnlich wie eine reale Kampfsituation. Obwohl die Lanze genau fixiert war, verfehlte sie zweimal den gegnerischen Dummy und schrammte rechts am gepanzerten Oberkörper vorbei. Beim dritten Versuch erfolgte der Volltreffer: Die Lanze verkrallte sich im Brustpanzer des Gegners und hob ihn aus seinem Bock. Der Ritter wurde nach hinten auf den Boden geschleudert, wobei der etwa zwei Millimeter dicke Panzer nicht zu Schaden kam. Die Belastungen, die im Brustbereich gemessen wurden, lagen etwa bei 50 Prozent der üblichen Grenzwerte für die Frontalaufprallentwicklung. Die Daten zeigten, dass der Halsbereich der höchsten Belastung ausgesetzt war, da durch den Lanzenstoß der Körper nach hinten geworfen wurde und durch die Massenträgheit des Kopfes, verstärkt durch das Gewicht des Helms, die Kraft auf den Hals noch vergrößert wurde. Die Folge dürfte ein intensives Schleudertrauma gewesen sein. Die größten Belastungen aber traten beim Sturz vom Pferd auf; da musste man mit einem hohen Risiko für einen Stauchungsbruch der Halswirbelsäule rechnen. Die Versuchsanordnung beim »Crashtest« nahm daher den für den Ritter-Dummy denkbar schlechtesten Ausgang, den bruch den Genicks.

Burgen – Festungen aus Stein

Nichts hat die Vorstellung von mittelalterlichen Landschaften mehr geprägt als hoch aufragende Burgen mit dicken Mauern, hinter denen Ritter ein von Geheimnissen umwittertes Leben führten. Die uns heute vertrauten Burgen stammen aus dem hohen und späten Mittelalter, oder sind im Zuge einer romantischen Rückbesinnung im 19. Jahrhundert wieder instand gesetzt worden. Die verbreitete Auffassung, Burgen seien erstmals für Ritter erbaut worden, stimmt nicht, denn es gab Burgen bereits vor dem Aufkommen des Rittertums. Der Begriff *burgus,* ursprünglich ein Terminus technicus des römischen Militärwesens, bezeichnet in der Kaiserzeit einen befestigten Wehrbau. Seit dem 7. Jahrhundert versteht man unter *burgus* die sich an die *civitas,* den Kern der (Bischofs-)Stadt, anschließenden Stadtviertel außerhalb der Mauern des *castrum.*

Die an allen bedeutenden Verkehrswegen errichteten Burgen haben zweifellos die Landschaft Mitteleuropas geprägt: Man geht von insgesamt rund 15 000 Burgenanlagen aus, die vorwiegend an geografisch zentralen Orten erbaut wurden, beispielsweise an den großen Strömen wie Rhein, Rhône und Saône und an den Pässen der Alpen und Pyrenäen. Außer Frage steht, dass es in den Burgen zugig, feucht und kalt war. Die wenigen Fenster, die Licht hereinließen, waren im Winter mit Häuten zugehängt oder mit Holzlatten verbarrikadiert. Kerzen waren teuer, die Kaminwärme reichte nur ein paar Meter weit. Die Menschen in der Burg froren, rückten enger zusammen und warteten hoffnungsvoll auf das Frühjahr. Nur in dieser Hinsicht erhärtet sich nicht die These des Buches, das Mittelalter sei alles andere als finster gewesen.

Frühe Burgen

Seit langer Zeit hatte es in Europa und in anderen Kulturen Befestigungen gegeben, die den Menschen Schutz gewährten. Erste Vorläufer der abendländischen Burg gehen auf die keltischen Oppida zurück (bis 500 v. Chr.), auch die Germanen kannten burgähnliche Befestigungen. Aus der Antike sind die römischen Kastelle zu nennen, die die Garnisonen beherbergten, sowie die in den Verteidigungswällen (Limes und Hadrianswall) integrierten Türme, die erst aus Holz, dann zunehmend aus Stein erbaut worden waren.

Die Normannen in Nordfrankreich und England kannten seit dem 10. Jahrhundert Vorformen des Donjon (lat. *dominum*), der nur aus einem Wohnturm bestand und in den späteren deutschen Burgen als »Bergfried« innerhalb der Gesamtanlage erhalten blieb. Wohnturm oder Turmhaus sind die Urform, das früheste Bauelement der späteren hochmittelalterlichen Burgen, nicht nur auf dem Land, sondern auch in Städten vor allem Italiens, in denen der Donjon als Statussymbol des erhöht wohnenden Adels fungierte. Bei den Normannen noch ein einfacher, aus dem Erdaushub auf einem Hügel errichteter Turm (»Motte«), entwickelte sich der Donjon erst ab dem späten 11. Jahrhundert zu dem bewohnbaren Wohnturm, als der er in Europa noch heute zu sehen ist.

Die Pfalzen (lat. *palatium,* Palast) der fränkischen und deutschen Könige waren mehr oder weniger große, befestigte Anlagen für den Aufenthalt des Königs mit seinem Gefolge, in deren Zentrum der Palas und die Pfalzkapelle standen. Die Aachener Pfalz von Karl dem Großen stand dabei Modell für die weiteren Pfalzen, vor allem für Ingelheim. Aus jüngerer salisch-staufischer Zeit stammen Goslar, Hagenau und die sehr gut erhal-

Blick auf die Ruinen der Kaiserpfalz Gelnhausen.

tene Pfalz in Gelnhausen (1180). Aber schon Ende des 9. Jahrhundert erwiesen sich die Königspfalzen des karolingischen Systems als ungeeignet, um die Angriffe der Ungarn und Normannen abzuwehren.

Um die Jahrtausendwende erfolgte der Übergang vom Holz- zum Steinbau, auch hier ging der europäische Westen dem Osten kulturell voraus. Als eine der ersten Steinburgen gilt die vor 995 entstandene Burg von Langeais an der Loire in der Grafschaft Anjou. Bauherr war Graf Fulco Nerra von Anjou, der als einer der großen Burgenbauer in die Geschichte einging – andere, wie die Grafen von Blois, eiferten ihm nach. Die Normannen verwandelten England, das vor 1066 nur wenige Burgen aufwies, bis 1100 in ein »von Burgen übersätes Land« (Josef Fleckenstein), darunter zahlreiche Steinburgen. Der Bau steinerner Burgen war um die Jahrhundertwende nicht mehr aufzuhalten, die Burg hatte ihren endgültigen Siegeszug über die Grenzen der karolingischen Nachfolgestaaten hinaus angetreten.

Höhenburgen und Burgbaurecht

Die ersten, aus befestigten Höfen hervorgegangenen burgähnlichen Türme und Anlagen waren auf dem Land, in den Dörfern angesiedelt. Ab dem 11. Jahrhundert wurden sie nach und nach aus der Gemeinschaft isoliert und als Höhenburgen auf Bergen gebaut, daher die Endungen -berg, -stein, -fels, -eck. Die Höhen- oder Gipfelburg zeichnete sich wegen ihres schweren Zugangs durch eine hohe Wehrhaftigkeit aus. Der Bau dieser klassischen Burgen war technisch extrem anspruchsvoll, nicht ungefährlich und vor allem teuer – die erwähnten Fälle von Ritterarmut sind oft darauf zurückzuführen. Dennoch überwog der Reiz des gesellschaftlichen Aufstiegs die Risiken, denn mit dem Umzug von der dörflichen Lebenswelt in die hoch gelegene Burg demonstrierte der Burgherr weithin sichtbar seine neuartige ritterliche Existenz und seinen sozialen Abstand von der ihm untertanen Bevölkerung.

Bisher hatte sich der Adel an verschiedenen Höfen aufgehalten, ohne ein Herrschaftszentrum zu besitzen. Nun suchte er seine genaue Position in der vielgestaltigen feudalen Welt. Selbst mächtige Herzöge und Grafen, die über mehrere Burgen verfügten, reduzierten ihren Aufenthalt auf einen zentralen Ort, auf eine Burg ihrer Wahl, damit diese als Mittelpunkt ihrer Herrschaft erkennbar wurde. Dahinter verbarg sich Josef Fleckenstein zufolge der intensive Wunsch, dem Adelsgeschlecht eine Identität zu geben:

> Seit der Adel auf den Berg gezogen ist, hat er in der Burg einen festen örtlichen Mittelpunkt gefunden, der die lose Verbindung, die für die früheren Geschlechter in der Zeit der Einnamigkeit kennzeichnend gewesen war, zu einer festen macht und dem Geschlecht neuen Halt gibt. Dieser Halt drückt sich in einem neuen Namen aus, nämlich (in erster Linie) im Namen der Burg, die zur Stammburg wird und allen stets konkret vor Augen stand. Die Burg war der tatsächliche Mittelpunkt der eigenen Welt. Zu ihr bekannte man sich, indem man sich nach ihr benannte. Da-

mit trat im Selbstverständnis des einzelnen Adligen zum Personennamen der Name der Stammburg hinzu, die gleichzeitig als Name des Geschlechts erscheint. Die Verbindung beider Namen zeigt symptomatisch das Bewusstsein des Zusammenhangs und zugleich die Verfestigung des Geschlechts an, das nunmehr auch den Begriff der Familie im gehobenen Sinne an sich zieht. Die Burg hat offensichtlich seine (und ihre) Struktur verändert.

Mit dem Identitätsgedanken verbunden war das Bedürfnis des Adels nach politischer Repräsentation: die Burgen als Herrschaftszeichen, wobei sich der selbstbewusste Adel sogar dem König ebenbürtig fühlte. Der Burgenbau macht deutlich, welche herausragende Rolle der soziale Status für den Adel spielte. Baute ein Adliger eine Burg, so eiferte der andere ihm nach. Konkurrenz bestimmte das Dasein dieser Gesellschaftsschicht.

Obwohl das Burgenrecht bis zum Erlass des *statutum in favorem principum* von 1231 offiziell königliches Hoheitsrecht war, konnte der deutsche König den selbstherrlichen Burgenbau des Adels nicht verhindern. Das war schon Karl dem Kahlen mit seinem Erlass von 864 nicht gelungen. Der Sachse Heinrich I. (919–936) hatte während eines Waffenstillstands mit den Ungarn die Ostgrenze des Reichs mit zahlreichen Burgen sichern lassen. Jeder neunte der dort lebenden Ritter musste eine Burg bewohnen und diese für die anderen acht instand halten und mit Vorräten versehen, um in Notzeiten der Ungarneinfälle einen sicheren Zufluchtsort zu haben. »Auf diese Weise wuchs mit der Zahl der Burgen auch der Kreis derer, die für ihre Errichtung Sorge trugen und sich damit auch als ihre Herren fühlen durften«, schreibt Fleckenstein. »Sie verleibten schließlich die Burgen, die der König nicht an sich zu ziehen vermochte, ihrer eigenen Herrschaft ein.« Auch in Frankreich übernahmen Herzöge und Grafen die Initiative, ihre Burgen dominierten den größten Teil des Landes. Einige wenige Entschlossene wie Wilhelm der Eroberer verfuhren anders: Burgen, die er nicht genehmigt hatte, wurden »geschleift«. Vom

12. Jahrhundert an hatte das englische Königtum den Burgenbau unter Kontrolle.

Eine große Welle des Burgenbaus erlebte das Deutsche Reich im 12. und beginnenden 13. Jahrhundert unter den Staufern, die zur Sicherung ihrer Macht loyalen Ministerialen für ihre Dienste Burgen übertrugen. Wichtige Stauferburgen waren Hagenau, Kaiserslautern, Trifels, Rothenburg und Nürnberg. Durch die erbliche Übertragung des Lehens ohne weitere Einflussnahme des Königs blieben die Burgen zunehmend in Händen der Ministerialen. Im 14. und 15. Jahrhundert wurden viele Anlagen aufgegeben oder zerstört: Die mächtigen Territorialfürsten unterbanden den Burgenbau des landansässigen Ministerialenadels. Nur noch einige reiche Rittergeschlechter blieben nicht hinter dem Burgenbau der Fürsten zurück. Mit dem Aufkommen der Städte und Städtebünde waren die Burgen auf dem Land nicht mehr zeitgemäß, auch in militärischer Hinsicht nicht. Zerstört wurden sie schließlich in drei Stufen: während der Hussitenkriege im 15. Jahrhundert, der Bauernkriege des 16. Jahrhunderts und im Dreißigjährigen Krieg 1618–1648.

Krieg und Frieden – Funktionen der Burg

Die Burg hatte vielfältige Funktionen. In erster Linie war sie ein Symbol der Macht und diente, rechtlich gesehen, der Friedenswahrung (obwohl sie auch gern als Gefängnis genutzt wurde). Innerhalb der Burg hatte der Burgfriede zu herrschen, der für die gesamte Belegschaft verbindlich war. Nur so würde sie auch im Verteidigungsfall zusammenhalten. Nach außen verkörperte die Burg die weltliche Herrschaft, die es zu sichern galt, damit verbunden den Landfrieden und die Sicherung der Grenzen. Schon optisch war der aus der Landschaft aufragenden Burg der Herrschaftsanspruch des Burgherrn anzusehen. Kluge Territorialpolitik war mit einem Geflecht von Burgen verbunden, gestützt durch eine stabile Verwaltung. Dies hatte vor allem Herzog Friedrich II. von Schwaben verinnerlicht, von dem der mit ihm verwandte Bischof Otto von Freising sagte: »Herzog Friedrich schleppt am Schwanz seines Pferdes immer eine Burg hinter sich her.« Der schwäbische »Burgenbauer« schuf damit übrigens die Grundlage für das Königtum seines ältesten Sohnes Friedrich Barbarossa – der an die Politik des Vaters anknüpfte und seine Machtposition ebenfalls mit Burganlagen sicherte: im Elsass, in der Rheinpfalz, am Main, an Pegnitz und Eger.

Darüber hinaus war die Burg ein wirtschaftliches Zentrum innerhalb der Grundherrschaft, nach außen sicherte sie die Zölle an Straßen und Flüssen. Nicht nur innerhalb der Burgmauern waren Handwerker der verschiedensten Berufe tätig, wie Zimmerleute, Maurer oder Sattler, auch in den direkt die Burg umgebenden Siedlungen herrschte ein reges Wirtschaftsleben, arbeiteten Handwerker neben Tagelöhnern. Gesellschaftlich nahm die Burg ebenfalls eine herausgehobene Stellung ein: Die Burg wurde zum Inbegriff adliger Existenz und Repräsentation. Schlunk schildert anschaulich weitere Funktionen der Burgen:

> Burgen konnten – oft auch gleichzeitig – Hofhaltung, Wohnsitz, Pfalz, Sitz einer Domänenverwaltung, Gerichtssitz und Gefängnis, Grenzbeobachtungsposten und Mautstation sein. Als Hofhaltungen des Hochadels waren sie gesellschaftliche und politische Mittelpunkte. Hier wurden Gesandte empfangen, wurde verhandelt, die Dienstmannschaft versammelt, wurden Knappen und junge Damen ausgebildet und ans höfische Leben gewöhnt. In diesen Burgen gingen viele Leute ein und aus, rühmten weithin ihre prächtige Erscheinung und die Freigebigkeit des Burgherren. Diesen Burgen war dann sicher etwas von dem Glanz zu eigen (zumindest in den Sommermonaten), der ihnen in den mittelalterlichen Romanen zugeschrieben wird. Zur gleichen Zeit aber konnte eine Burg in einer gottverlassenen Waldeinsamkeit einem Burgvogt oder Pfleger nur ein dunkles, von Stallgeruch durchdrungenes Zuhause bieten. Der triste

Alltag im Umgang mit störrischen Bauern und zweifelhaften Kriegsknechten wurde allenfalls unterbrochen, wenn die Herrschaft auf einer Reise Station machte oder sich für ein paar Tage zur Jagd befand. Burgen waren aber auch Sitz land- und forstwirtschaftlicher Güter, und manch ein Ritter beschäftigte sich in seinen Rechnungsbüchern mit Ernteinträgen und Marktpreisen für Ochsen oder kümmerte sich wie Oswald von Wolkenstein um Zugangsrechte zu den Almen.

Die Burg war also ein sozialer und wirtschaftlicher Brennpunkt; sie nur als Ritterburg zu begreifen, würde unzureichend sein. Zwar hat die Bedeutung der Burgen als Wehrbauten das gesamte Mittelalter hindurch eine große Rolle gespielt, auch die Eroberung der Feindesburg im Kriegsfall, die Burgen wurden aber erst im Spätmittelalter immer wehrhafter und gezielt zur Verteidigung eingesetzt. Frühe Zeugnisse weisen relativ geringe Besatzungen auf, von den beispielsweise hundertachtzehn Bewohnern auf Schloss Tirol bei Meran stand nur etwa ein Viertel unter Waffen. Die Burgen waren so gebaut, dass sie von einer kleinen Anzahl Burgmannen verteidigt werden konnten. Eine Ausnahme bildeten die Burgen der Kreuzfahrer in Ostpreußen und im Vorderen Orient: In Palästina wurden knapp hundert Burgen angelegt, an der Küste wie im Hinterland, darunter die berühmte riesige Anlage Crac des Chevaliers in Syrien, in der Anfang des 13. Jahrhunderts rund zweitausend Krieger stationiert waren.

Der Burgkern war von einem Graben und einer starken, manchmal sogar mehrgliedrigen Ringmauer mit Wehrgang umgeben – die Zinnen wichen im 13. Jahrhundert den Schießscharten. Die massive Mauer war oft zwei Meter dick und zehn Meter hoch. Zwischen der inneren und der äußeren Burgmauer befand sich ein eingeebneter Zwischenraum, der Zwinger, der als Tier- und Burggarten benutzt wurde. Die empfindlichste Stelle im Verteidigungsring war das Burgtor, das in der Regel von einer Zugbrücke gesichert wurde. Im Laufe der Zeit wurde der Eingangsbereich systematisch befestigt, bis hin zu flankierenden Tortürmen, eigenen Torburgen und gestaffelten Toranlagen. Durch so genannte Pechnasen über Toren, Eingängen und an Türmen konnten weit vorgerückte Angreifer mit heißem Wasser, Pech oder Öl übergossen werden. Neben Türmen als inneren Wehrbauten war das imposante Wehrzentrum der Burg der Bergfried mit einer Höhe von bis zu vierzig Metern und mit drei bis vier Meter dicken Mauern. Der Turm, der keine Wohnräume barg, war zwar wegen seiner Fernsicht von militärischer Bedeutung, aber noch mehr imponierte er wegen seiner Fernwirkung als Symbol der Macht und Unbezwingbarkeit.

Die Aussichten, eine große steinerne Burg des 13. Jahrhunderts mit ihren ausgeklügelten Verteidigungsvorrichtungen zu erstürmen oder in Brand zu setzen, waren gering. Wenn genug Zeit zur Verfügung stand, verlegte man sich auf Belagerung und Aushungern der Burgbewohner: »Es gibt drei Arten, Befestigungen und Schlösser einzunehmen: durch Durst, durch Hunger, durch Kampf«, verkündete Aegidius Romanus um 1300. Was die Wirkungskraft schwerer Angriffswaffen betrifft, wie die Bliden, die schon um 1200 etwa dreißig Kilogramm schwere Steingeschosse schleudern konnten, gehen die Meinungen auseinander. Mit dieser Geschütztechnik gelang es aber, die damals hoch bestückte Grenzfeste Château-Gaillard des englischen Königs Richard Löwenherz zu erobern, womit die Normandie wieder Westfrankreich zufiel. Das Aufkommen der Fern- und Feuerwaffen hat die Standhaftigkeit der Burgen lange nicht nennenswert beeinträchtigen können, auch weil die Burgen sozusagen »mit der Zeit gingen«: Fortschritte in der Angriffs- und Belagerungstechnik gingen immer mit Fortschritten in der Befestigungs- und Verteidigungstechnik einher. Erst im 16. Jahrhundert war man in der Lage, starke Befestigungsmauern mit Sprengmitteln zu durchbrechen.

Aufbau und Bau einer Burg

Die Höfe und Burgen waren, entgegen allen verklärenden Vorstellungen, nicht besonders groß. Die fürstlichen Pfalzen erreichten eine gewisse Ausdehnung, das staufische Wimpern war die größte Königspfalz mit einem Umfang von 215 mal 88 Metern, und die Wartburg der Pfalzgrafen von Thüringen maß 180 Meter. Die meisten Ritterburgen aber kamen über die Länge von 50 Metern nicht hinaus, waren eng und beklemmend.

Der zentrale Wohnteil bestand aus dem Palas, einem dekorativen Saal, der den Wohnturm seit dem 12. Jahrhundert verdrängt hatte, und den Kemenaten, den beheizbaren Räumen der Anlage. Größere Wohnbauten, wie sie viele Burgen aufweisen, entstanden erst im Spätmittelalter. Jede Burg hatte eine Kapelle, die häufig mit dem Palas verbunden war; es konnte aber auch nur eine Gebetsnische vorhanden sein. Daneben existierten noch eine Reihe von Hauswirtschaftsräumen wie Küche, Keller- und Lagerräume, dazu Ställe und Wohnräume für das Gesinde, häufig als Fachwerkbauten, die meist an die Ringmauer angelehnt waren oder sich in der Vorburg befanden. Nur in größeren Burgen bot der Burghof einen wirklich festlichen Mittelpunkt für Turniere und andere größere Zusammenkünfte.

Gegen Ende des 12. Jahrhunderts wurde der Bau der Höhenburgen erheblich aufwändiger. Statt weiterhin mit Bruchsteinen und einfachem Mauerwerk zu arbeiten, wurden nun große, standardisierte Quadersteine (Buckelquader) verwendet – eine Neuerung, die den Burgenbau perfektionierte. Die hochwertige Quadersteinbauweise geht auf den Einfluss italienischer Baumeister zurück und fand vor allem im Südwesten des Deutschen Reichs Beachtung, auch aufgrund geeigneter Steinvorkommen: erst im Elsass (Egisheim, Dagsburg, Lützelburg) und in der Schweiz (Kyburg, Frohburg, Alt-Regensberg), dann im Rhein-Main-Gebiet und beim Pfalzenbau wie in Gelnhausen. Für den Bau mit Buckelquadern war man auf spezialisierte Steinmetze angewiesen, die von Baustelle zu Baustelle reisten. Wolfdieter Haas erläutert die extrem schwierigen Bedingungen beim Bau der Höhenburgen:

> Der ab 1170/80 häufigere Bau steinerner Burgen am Berghang erforderte neben den kaum vorstellbaren Transportleistungen auch die Bewältigung gefährlicher Schubkräfte. Schwere Quadersteine für Palas und Bergfried, mit Bruchsteinen für Mauern und schweren Schwellen für Treppen, mussten in die Höhe geschafft werden. Schon mittelgroße Buckelquader ergeben eine Hublast von ca. 550/600 kg, die größeren jeweils mehr als zwei Tonnen. Zunächst wurde noch mit Hilfe der Seilwinde, am Ende des 12. Jh. aber mit Tretradkränen gearbeitet. Hebezangen, mit denen die schweren Quaderblöcke besser zu halten waren, kamen um etwa 1220 in Gebrauch.

Wie bei den etwa zeitgleich gebauten großen Kathedralen erforderten auch die Höhenburgen eine große Fertigkeit; beide Bautypen stehen für neue technische Dimensionen, die das Hochmittelalter eröffnete.

Leben in der Burg

Unterhalten wurden die Burgen durch Ministerialen, ob als Burggrafen, Burgvögte oder Burghüter. Auf den privaten Burgen wohnte in erster Linie der Burgherr mit seiner Familie, unterstützt von einem kleinen Gesinde. Hier kehrten nicht die uns aus den großen Epen bekannten *âventiure* suchenden Ritter ein. Größer und typischer waren jene Burgen, die im Mittelpunkt einer Grundherrschaft standen. Sie waren mit wesentlich mehr Gesinde ausgestattet, weil der Burgherr bei der Unterhaltung der Burg nicht nur auf Knechte, Mägde und Handwerker angewiesen war, sondern auch die Unterstützung eines Verwalters oder Schreibers für administrative Aufgaben benötigte. Dann gab es die großen Reichsburgen der Staufer, wie in

Kaiserlautern oder Oppenheim, die als Zentren der Reichsgutverwaltung von zahlreichen Ministerialen unterhalten wurden, und die großen fürstlichen Residenzen, die am ehesten unserer Vorstellung von großen, festlichen Burgen mit einem ausgeprägten höfischen Leben entsprachen. Sie waren die zentralen Träger der höfischen Kultur: Dort wurden junge Adlige ausgebildet, fahrende Ritter beherbergt, Turniere abgehalten; dort arbeiteten Menschen in verschiedensten Berufen im Handwerk und in der Verwaltung, als Mundschenk, Kämmerer, Berater, Sattler, Goldschmied.

Eine normale Burg verwöhnte ihre Bewohner nicht gerade mit einem luxuriösen Leben. Dies steht in bemerkenswertem Kontrast zur Burg als Statussymbol für Macht und Reichtum. Mit der Wasserversorgung fingen die Probleme an, denn eine hoch gelegene, enge Felsenburg konnte in der Regel nicht auf eine Wasserquelle hoffen. Wenn Wasser nicht dem eigenen Tiefbrunnen oder Zisternen entnommen werden konnte, musste es mühsam herbeitransportiert werden, oft über weite Strecken den Berg hinauf. Da mit dem kostbaren Wasser auch das Vieh versorgt werden musste, vernachlässigten Andreas Schlunk zufolge die Burgbewohner häufig die Körperpflege – was die Städter bei Begegnungen mit dem Burgvolk die Nase rümpfen ließ. Badestuben waren nur in den Fürstenburgen vorhanden, auf Ritterburgen waren sie die Ausnahme.

Mochten Frühjahr und Sommer angenehme, ereignisreiche Zeiten auf dem Land sein, war das Burgleben ab November gewiss nicht leicht. Schon die zur Burg hinführenden morastigen Wege waren eher abweisend. In der Burg, hinter dicken Steinmauern, war es düster und kalt. Durch die kleinen, mit Tierhäuten und Fellen verhängten oder mit Holzlatten vernagelten Fenster fiel kaum Licht in die Räume hinein; zugige Ritzen wurden mit Moos und Stroh zugestopft.

Auch die Beleuchtung war eine heikle Angelegenheit. Den teuren Bienenwachs konnten sich nur wenige leisten, er unterlag zudem der Luxusordnung und war der Kirche und dem hohen Adel vorbehalten. Man musste sich mit Kerzen aus Rindernierenfett oder Hammeltalg behelfen. Andere Lichtquellen wie Kienspanfackeln rauchten und rußten sehr stark und waren nur bedingt einsetzbar.

Die wenigen Räume einer Burg, die beheizt waren, hießen Kemenaten (lat. *camera caminata*) und hatten zumeist kleinere Fenster. Das Holzfeuer im gemauerten Kamin strahlte seine Wärme nur in einen kleinen Bereich. Kachelöfen kamen erst ab dem 12. Jahrhundert auf und stellten einen echten Fortschritt dar, weil die Kacheln die Wärme länger speicherten und die Brandgefahr vermindert wurde.

Auf einer klassischen Felsenburg musste man sich also auf Dunkelheit und beißende Kälte gefasst machen. Die Härte des Daseins wurde dadurch gemildert, dass der Burgherr zu Hause bei seiner Familie war. Erst im Frühjahr würde er wieder auf Turniere und Feste ziehen. Ab dem 16. Jahrhundert hatte die Burg ausgedient und machte den Schlössern der Neuzeit Platz – nicht nur weil sie wehrtechnisch nicht mehr auf der Höhe der Zeit war, sondern auch weil ihre Bewohner das Bedürfnis nach mehr Komfort hatten.

Königtum und Hofstaat

Im Mittelalter führte der König im Deutschen Reich ein rastloses Regierungsgeschäft. Da er kaum über eine wirksame Verwaltung verfügte, übte er Herrschaft nur dort aus, wo er anwesend war. Während sich in England und Frankreich im Verlauf des 12. und 13. Jahrhunderts Regierungsstrukturen und Institutionen verfestigten, blieb der deutsche König bzw. Kaiser stets von schwankenden persönlichen Bindungen abhängig und ein Getriebener seines Amtes. Sein Reich hatte keine Hauptstadt, und so zog er mit einem wechselnden Gefolge aus geistlichen und weltlichen Adligen von Stadt zu Stadt, von Pfalz zu Pfalz. Nicht selten hatte der Hofstaat kein festes Dach über dem Kopf. Wollte er seine Verfügungen durchsetzen, war der Herrscher auf seine Berater angewiesen, die ihm im Zuge des Lehnswesens zu *consilium et auxilium,* zu Rat und Hilfe, verpflichtet waren. »Rat« erteilten die Fürsten des Reichs auf den Hoftagen, die in unregelmäßigen Abständen vom Herrscher veranstaltet wurden. Hier wurde durch den Beschluss der Großen des Reichs Recht gesprochen. Die »Hilfe« war meist militärischer Natur. Nur unterstützt von den Truppen seiner Fürsten konnte der Herrscher gegen seine Feinde ziehen. Die »Helfer« des Königtums aus Adel und Kirche hatten seit dem 9. und 10. Jahrhundert den Status von Teilhabern an der Herrschaft erreicht und verteidigten zäh diese Position.

Ein Leben im Sattel – Der Hof des Herrschers

Das mittelalterliche Deutsche Reich war im wahrsten Sinne des Wortes ein »Hofstaat«, das heißt, Herrschaft fand nur dort statt, wo sich der Herrscher und sein Gefolge persönlich befanden. Das im Mittelalter gebräuchliche Wort für Hof, *curia,* bezeichnete sowohl die Gefolgschaft des Herrschers als auch den Ort, an dem er sich befand sowie die Zusammenkunft der Fürsten beim Herrscher, einen Hoftag also. Bei Hofe wurden politische Entscheidungen getroffen, Urteile gefällt, freundschaftliche Bande geknüpft und Feste gefeiert. Der Hof war Heiratsmarkt des Hochadels, dort stellten Fürsten ihre Söhne vor. Neue Moden in Kleidung und Musik kamen zum Durchbruch, wenn man bei Hofe Gefallen daran fand. Wo Hof gehalten wurde, bestimmte der Reiseweg des Königs. Nach seiner Wahl begab er sich in der Regel auf den Krönungsumritt, der ihn in die verschiedenen Teile des Reichs führte. Hier huldigten ihm die weltlichen und geistlichen Reichsfürsten, die nicht am Wahlakt teilgenommen hatten, und bestätigten damit ihre Zustimmung zur Wahl – oder bewiesen durch demonstratives Fernbleiben, dass sie mit der Wahl nicht einverstanden waren.

Welchen Weg der Hof in den späteren Regierungsjahren nahm, hing von politischen Gegebenheiten oder von den persönlichen Vorlieben der Könige ab. Bereiste Friedrich Barbarossa noch vergleichsweise gleichmäßig den deutschen und den italienischen Reichsteil, ließ sich sein Enkel Friedrich II. oft über einen langen Zeitraum nicht nördlich der Alpen blicken. Hatte Karl der Große noch zumindest einen Großteil des Jahres in Aachen verbracht, führten seine Nachfolger ein dauerhaftes Nomadenleben; lediglich im Winter wurden sie etwas sesshafter. Ein Extrembeispiel des mittelalterlichen Reisekönigtums bietet Friedrich I. Barbarossa, der in den vier Jahrzehnten seiner Regierung fünfmal über die Alpen nach Italien zog, im Osten bis nach Polen und im Westen bis nach Burgund und Südfrankreich reiste. Im hohen Alter noch führte ihn sein Weg auf den Kreuzzug, wo er in Kleinasien starb. Waren auch nicht alle Könige so rastlos, erforderten die enorme Größe des Deutschen Reichs, das von Sizilien bis zur Nordseeküste reichte, und die kaum vorhandene Verwaltung, dass der Herrscher, wenn er seine Macht durchsetzen wollte, immer wieder an den Ort des Geschehens reiten musste. Somit bestand das Leben des deutschen Königs bzw. Kaisers aus einer nie endenden Folge von Ortswechseln und wenigen Tagen des Verweilens. Da sich der Reisehof in der Regel an die wenigen ausgebauten Straßen hielt, kann man davon ausgehen, dass Untertanen, die nicht an diesen Wegen lebten, zeit ihres Lebens niemals ihren Herrscher zu sehen bekamen.

Beliebte Aufenthaltsorte waren große Bischofsstädte wie Köln, Mainz oder Regensburg. Je zentraler die Lage im Reich, um so einfacher war es für die Geladenen zu erscheinen. Komplizierter dagegen waren Treffen mit ausländischen Herrschern. Einen König von Frankreich beispielsweise konnte der deutsche Kaiser kaum ohne weiteres zu sich bitten. In einem solchen Fall trafen sich die beiden Herrscher an der Grenze.

Nicht nur 1162 wurde als Treffpunkt die Brücke über einen Grenzfluss festgelegt, damit sich keiner der beiden Gekrönten die Blöße geben musste, dem anderen zu weit entgegenzukommen. Wer zu einem anderen kam, wies diesen als den Ranghöheren aus – und das galt nicht nur bei Herrscherbeziehungen. Waren die ausländischen Herrscher vom deutschen Kaiser lehnsabhängig, mussten sie folgerichtig ins Reich reisen.

Gereist wurde zu Pferd, Frauen, Kinder und Gepäck folgten in Wagen. Der schwerfällige Tross schaffte selbst bei guten Wetterbedingungen selten mehr als dreißig Kilometer am Tag. Lediglich wenn ein Wasserweg zur Verfügung stand, konnten größere Entfernungen schneller bewältigt werden. Oft gelang es dem reisenden Hofstaat nicht, binnen einer Tagesreise die nächste feste Unterkunft zu erreichen, und er musste auf freiem Feld in Zelten sein Lager aufschlagen. An die königlichen Zelte wurde dementsprechend ein hoher Anspruch an Bequemlichkeit und eleganter Ausstattung gestellt. Kostbare Zelte waren beliebte Geschenke unter Herrschern verschiedener Länder. In den Quellen ist von edler Seide oder ausgefallenen Wandteppichen die Rede, einmal sogar von einer Abfolge von schwarzen und weißen Kaninchen – dem Zeitgeschmack zufolge offenbar ein Gipfel an Raffinesse.

Der König zu Gast

Oft verweilte der deutsche König bzw. Kaiser bei den geistlichen Fürsten, die als Lehnsleute zum *servitium regis,* der Beherbergung des Herrschers verpflichtet waren. Die weltlichen Lehnsleute hatten eine vergleichbare Verpflichtung nicht. »Ungeheure Ausgaben« habe ihm der kaiserliche Hof beschert, beschwerte sich der Erzbischof von Mainz im 12. Jahrhundert. Seine Klage war verständlich, kehrte doch der Hofstaat Friedrichs I. Barbarossa während dessen Regierungszeit fünfmal in der Bischofsstadt ein und veranstaltete dort mit den Mainzer

Hoffesten von 1184 und 1188 die aufwendigsten Festlichkeiten der Zeit. Die Ehre, den königlichen/kaiserlichen Hof zu beherbergen, hatte eine unangenehme Kehrseite: Der gastgebende Fürst, der sich dieses »Privileg« nicht unbedingt ausgesucht hatte, war verpflichtet, den Hofstaat unterzubringen und zu verköstigen. Nicht immer umsonst, fiel doch in der Regel ein Privileg oder eine Schenkung an den Gastgeber ab, doch nicht immer lohnte sich der Aufwand. Es ist gewiss kein Zufall, dass Zeitgenossen die Wirkung des Aufenthalts des Königs in einer Bischofsstadt mit der von Heuschreckenplagen verglichen.

In der Regel reiste die königliche Familie mit dem Herrscher, es sei denn, die Königin war schwanger oder die Kinder zu klein, um die Strapazen auf sich zu nehmen. Hinzu kamen die Geistlichen der königlichen Kapelle und die Inhaber der weltlichen Hofämter: Kämmerer, Truchsess, Schenk und Marschall. Ärzte und Erzieher sowie die geistlichen Schreiber der königlichen Kanzlei gehörten zum Geleit. Darüber hinaus reiste eine sich immer neu zusammensetzende Gruppe von »Großen des Reichs« an, die entweder ein persönliches Anliegen hatten oder vom Herrscher gerufen worden waren.

Die Größe des herrschaftlichen Gefolges schwankte beträchtlich. Ritten normalerweise einige wenige Fürsten mit ihrem Gefolge mit, konnte der Hofstaat an Feier- oder Festtagen erheblich anschwellen. Sächsischen Annalen aus dem 12. Jahrhundert ist zu entnehmen, dass der Hof Ottos des Großen »1000 Schweine und Schafe, zehn Fuder Wein, zehn Fuder Bier, 1000 Malter Getreide, acht Rinder, außerdem Hühner, Ferkel, Fische, Eier, Gemüse und vieles mehr« verbraucht habe. Leider ist nicht gesichert, auf welchen Zeitraum sich dieser Verbrauch bezieht, sodass direkte Rückschlüsse auf die Größe des Hofstaats fraglich bleiben. Viele Hofbesucher reisten, sobald sie ihre Angelegenheit zu Gehör gebracht hatten, nach wenigen Tagen wieder zurück. Das ständiges Kommen und Gehen am mobilen Thron wurde als normal, ja sogar als absolut nötig empfunden. Gunther der Dichter, der Verfasser des *Ligurinus* und wahrscheinlich Hofkaplan Friedrichs I. und Erzieher von dessen Kindern, registrierte im 12. Jahrhundert fast erschreckt die plötzliche Ruhe bei Hofe, als der Kaiser am Ende eines Italienzugs sein Heer entließ. Es gebühre mächtigen Königen nicht, mit wenigen zu leben, empörte er sich. Sie verlangten, hell wie die Sonne zu prangen. Der Hof des Herrschers bleibe nie lange leer, denn sobald die einen gegangen seien, erschienen andere, gleich wie das Meer das Land wieder und wieder mit Wellen überschütte.

Die Hoftage des Königs

Hoftage, das heißt größere, angekündigte Versammlungen, hielt der König in unregelmäßigen Abständen ab. Wann und wen er einlud, war keiner zumindest heute noch erkennbaren Gesetzmäßigkeit unterworfen. Relativ verlässlich konnte man allerdings vom Stattfinden einer *curia* an hohen Kirchenfesten ausgehen. An Weihnachten, Pfingsten, Ostern oder den Marienfeiertagen versammelte der König fast immer Adlige, Ritter und andere Gefolgsleute um sich, die mit ihm feierten, aber auch berieten und verhandelten. Derartige Veranstaltungen wurden mit großem Vorlauf angekündigt, denn die Geladenen mussten oft weite Wege zurücklegen. Vielfach erging die Ladung schriftlich, manchmal überbrachte ein Bote die Nachricht mündlich. Wie das System genau organisiert war und funktionierte, ist jedoch aufgrund fehlender schriftlicher Belege unbekannt. Einer solchen Einladung Folge zu leisten, war die vornehmste Pflicht eines jeden Lehnsmannes. Blieb ein Adliger ohne triftige Entschuldigung wie beispielsweise Krankheit einem Hoftag fern, lief er Gefahr, der *contumacia,* des Ungehorsams bezichtigt zu werden. Dies trat allerdings recht selten ein, es sei denn, der Abwesende hatte sich ohnehin schon den Zorn des Herrschers zugezogen. Heinrich der Löwe, der im 12. Jahrhundert sein Herzogtum verlor, hatte sich offiziell der Kontumaz schuldig gemacht. In Wirklichkeit war ihm klar gewesen, dass der Kaiser ihn ohnehin fallen lassen würde, und so hatte er den Hoftag erst gar nicht besucht.

Auf allen Hoftagen traten Bittsteller oder Verhandlungspartner zumeist über Fürsprecher und Vermittler an den Herrscher heran und erbaten die Berücksichtigung ihrer Anliegen. Es gehörte zu den unabdingbaren Voraussetzungen einer rangbestimmten Kommunikation, Forderungen in Form von untertänigen Bitten vorzubringen und dem Herrscher wenigstens den Anschein gnädigen Gewährens zu lassen. Die Anliegen konnten sowohl von staatstragender Bedeutung als auch privater persönlicher Natur sein. Es konnte vorkommen, dass am gleichen Tag ein Schreiben des Papstes und wenig später die Klage eines Klosters wegen eines ihm streitig gemachten Marktrechtes diskutiert wurde. Waren der König und seine Berater zu einem Urteil gekommen, wurde die Entscheidung beurkundet, sodass der Besucher mit verbrieftem Recht heimreisen und die Entscheidung beweisen konnte. Um ein beschlussfähiges Hofgericht für diese Rechtsfindungen zu haben, brauchte der Kaiser bzw. König eine gewisse Anzahl seiner Großen um sich herum, denn nicht er allein »fand« das Recht, sondern sein Urteilsspruch gründete sich stets auf den »Rat« der Fürsten, die in der jeweiligen Urkunde als Zeugen herangezogen wurden. Die schriftliche Fixierung von Entscheidungen blieb allerdings über einen langen Zeitraum hinweg nur rudimentär. Bis zum Ende des 12. Jahrhunderts geht die Forschung von lediglich etwa vierzig Urkunden pro Jahr aus. Allerdings ist diese Annahme nicht gesichert, da man nicht weiß, wie viele Urkunden nicht auf uns gekommen sind.

Auch wenn sich die Urkunden oft wie eine lückenlose Darstellung einer juristischen Verhandlung lesen, darf man doch davon ausgehen, dass das Urteil für niemanden überraschend kam. Wer zu einem Hoftag anreiste, gab schon dadurch zum Ausdruck, dass er mit den Entscheidungen des Herrschers einverstanden war. Eine Versammlung bei Hofe war eine Demonstration von Konsens, der bereits im Vorfeld durch teilweise langwierige Verhandlungen erzielt worden war. Offenen Dissens bei Hofe gab es selten – zumindest ist den Quellen wenig davon zu entnehmen. War ein Adliger anwesend, hatte er kaum noch die Möglichkeit, seine Ablehnung zu einer Entscheidung zu äußern. Stellte sich dennoch aufgrund eines Missverständnisses oder eines plötzlichen Meinungsumschwungs heraus, dass ein Anwesender keinesfalls zustimmen wollte, verschwand er bei Nacht und Nebel und entzog sich dem Hof.

Das Mainzer Hoffest Friedrich Barbarossas

Im Mai 1184 war die Rheinebene bei Mainz für drei Tage Mittelpunkt des Stauferreichs. Auf Geheiß von Kaiser Friedrich I. Barbarossa fand dort ein beeindruckendes Treffen statt, zu dem sich Tausende Ritter, Gaukler, Spielleute und Fußvolk einfanden. Wegen der ungewöhnlich großen Zahl der Teilnehmer, für die Mainz nicht genügend Unterkunftsmöglichkeiten bieten konnte, war in der Ebene zwischen Rhein und Main eigens eine Zeltstadt aus Hütten und festlichen Zelten errichtet worden. Quartiere für den kaiserlichen Hof, ein Festsaal, Häuser für die Fürsten und sogar eine geräumige Kirche bildeten eine regelrechte Pfalz vor den Toren der Stadt. Die Gäste waren aus dem deutschen Reichsgebiet, aus Burgund, Frankreich und Italien angereist, ein außergewöhnliches Aufgebot, das den Rahmen der sonstigen Hoftage bei weitem sprengte. 70 000 Rittern seien nach Mainz gekommen, behauptet der Chronist Giselbert von Mons. Wenn auch der Schreiber hier sicherlich übertreibt, bevölkerte offenbar eine beeindruckende Menschenmenge das Rheinufer.

Der erste Tag begann mit einer Festkrönung des Kaisers, der Kaiserin und des Kaisersohns Heinrichs VI., ein würdevolles Schauspiel, bei dem die Herrscherfamilie ihre Kronen trug und von der Menge bestaunt wurde. Darauf folgte ein ausgiebiges Festmahl, bei dem Herzöge und Markgrafen die Hofämter versahen. Die Speisenfolge versetzte die Beobachter in Verzückung. Arnold von Lübeck behauptete, die Häuser seien für das Festmahl derart mit Hennen gefüllt gewesen, dass man keinen Einblick in sie mehr hätte haben können. Rheinaufwärts und rheinabwärts habe man die Weinvorräte zusammengetragen.

Der zweite Tag des Mainzer Hoffestes stand dann ganz im Zeichen des Rittertums. Schon das Datum war Programm, denn das Pfingstfest galt als Hochfest der Ritter. Den Mittelpunkt der Ereignisse bildete nach der Frühmesse die Schwertleite der Kaisersöhne Heinrichs VI. und Herzog Friedrichs. Die beiden »Neuritter« untermauerten anschließend ihre ritterliche Großzügigkeit mit reichhaltigen Geschenken. Dieser Freigebigkeit schlossen sich der Kaiser und die anwesenden Fürsten an und verschenkten Pferde, Gold und Silber zur eigenen Ehre und zu der des Kaisers und seiner Söhne, wobei alle sich gegenseitig durch die Üppigkeit ihrer Geschenke zu übertrumpfen suchten.

Den zweiten Höhepunkt des Tages bildete ein imposantes Reiterkampfspiel, das bis zum nächsten Tag andauerte. Ein Unwetter, das am folgenden Nachmittag die Zeltstadt zum Einsturz brachte, forderte fünfzehn Todesopfer und verhinderte weitere Festlichkeiten. Das Unglück schrieben einige Chronisten einem unglücklichen Zufall zu, andere sahen darin einen göttlichen Fingerzeig. Der Schreiber Arnold von Lübeck versteigt sich zu der Behauptung, das Unwetter sei ein böses Omen gewesen, das den bevorstehenden Tod der Kaiserin angezeigt habe. Otto von St. Blasien behauptet, die Menschen seien für den Missbrauch ihrer Weisheit bestraft worden, und spielt damit auf die ritterlichen Festlichkeiten an, die offenbar in den Augen des frommen Schreibers zu frivol und brutal waren. Die geistliche Kritik ließ auch andere Beteiligte nicht unberührt. Ein Turnier, das für die darauf folgende Woche in Ingelheim angesetzt worden war, wurde auf den Rat der Fürsten wohlweislich abgesagt, um den Zorn des Himmels nicht noch weiter herauszufordern.

Aber auch von einem anderen Eklat, der nur mühsam eingedämmt wurde, erzählt Arnold von Lübeck in seiner Schilderung des Festverlaufs. Der Abt von Fulda habe vom Kaiser in einer Fürstenversammlung darum gebeten, beim Festmahl links neben Friedrich I. Barbarossa sitzen zu dürfen. Aus diesem Vorrecht seien die Fuldaer Äbte zu Unrecht schon länger durch die Erzbischöfe von Köln verdrängt worden. Der Erzählung zufolge bat daraufhin Barbarossa den Kölner Erzbischof, dieser Bitte zu entsprechen, worauf dieser erwiderte, dann bitte er um die Erlaubnis, sich entfernen zu dürfen, und sich anschickte zu gehen. Ein Lehnsmann des Kölner Erzbischofs nach dem anderen stand dann auf und erbat sich, seinem Lehnsherrn folgen zu dürfen. Diesen aufeinander abgestimmten Auszug konnte der junge Heinrich VI. angeblich nur dadurch verhindern, dass er dem Erzbischof flehend um den Hals fiel und bat, doch zu bleiben, während Friedrich Barbarossa beteuerte, er habe den Erzbischof doch nur »reinen Herzens« gefragt. So scheiterte das Vorhaben des Fuldaer Abts.

Das Mainzer Hoffest Friedrich Barbarossas ist gewiss eine der prächtigsten Zusammenkünfte des Mittelalters. Es gilt als Beispiel par excellence für die Verbindung von Hoftag und Festlichkeit, Politik und Repräsentation. Hoffeste waren während des gesamten Mittelalters fester Bestandteil des Jahresrhythmus eines Herrscherhofs. Im Verlauf des 12. Jahrhunderts allerdings bildete sich im Zuge der Entwicklung der höfischen Kultur eine bislang nicht gekannte Buntheit und Festlichkeit solcher Hoftage heraus. Noch Heinrich III. hatte empört Gaukler und Spielleute des Hofes verwiesen, als sie ihm anlässlich seiner Hochzeit ihre Dienste anbieten wollten. Unter den Staufern wurden die Dichter und Künstler im wahrsten Sinne des Wortes hoffähig. Erstmals in Mainz 1184 werden die Dichter erwähnt, die das Fest dementsprechend hymnisch gerühmt haben. Heinrich von Veldecke jubilierte: »Ich hörte noch nie von einem Fest erzählen, das so prächtig gewesen wäre, wie es damals Äneas feierte, außer von jenem, das in Mainz stattfand, … wo Kaiser Friedrich seinen zwei Söhnen das Schwert verlieh. Ich glaube, alle, die jetzt leben, haben noch kein größeres [Fest] gesehen«. Barbarossas Sohn Heinrich VI. gilt als Förderer der höfischen Dichtung. Am Hofe Friedrichs II. sollte wenig später Walther von der Vogelweide auf den Plan treten.

»Der Würdigste möge folgen«

Im Gegensatz zu den meisten europäischen Staatsgebilden war das Deutsche Reich des Mittelalters keine Erbmonarchie. Die Fürsten des Reichs wählten den Herrscher aus ihren Reihen auf den Thron und bewerteten seine Tauglichkeit – seine Würde, die Krone zu tragen. Blutsverwandtschaft mit dem verstorbenen König war von entscheidendem Vorteil, sofern dieser nicht ohnehin, wie es häufig vorkam, seinen minderjährigen Sohn schon vorzeitig hatte wählen lassen. In der Theorie aber war die Nachfolge der freien Wahl der Fürsten anheim gestellt. 1077 wurde Rudolf von Rheinfelden als Erster ohne direkte dynastische Legitimation allein durch die Wahl der Fürsten zum deutschen König erhoben. Gelang es Saliern und Staufern noch, ihrem Haus den Königsthron über mehrere Generationen zu erhalten, wuchs der Wahlgedanke beständig, bis er im 13. Jahrhundert in das feste Ritual der Königswahl durch die Kurfürsten mündete. Die mächtigen Adligen hatten in der Regel kaum Interesse an einem starken König, sodass der Weg des Reichs in Zersplitterung und Kleinstaaterei bereits vorgezeichnet war.

Hinzu kam, dass die Fürsten ihrem König in einem entscheidenden Punkt erheblich voraus waren. Seit der Mitte des 12. Jahrhunderts begannen einige von ihnen, ihren ebenfalls reisenden Hof sesshafter zu machen und Residenzen zu bilden. Heinrich der Löwe, der Herzog von Sachsen, baute schon in den sechziger Jahren des 12. Jahrhunderts Braunschweig zu seinem Herrschaftsmittelpunkt aus und hielt sich dort auch bevorzugt auf. Herzog Heinrich II. von Österreich ließ sich um

1170 in Wien eine neue Pfalz bauen. Dieser Ausbau von stationären Mittelpunkten der fürstlichen Herrschaften war ein entscheidender Schritt in der Herausbildung der Territorialstaaten. Denn erst von einem festen Zentrum ausgehend konnten die Fürsten einen Verwaltungsapparat aufbauen und ihren Herrn an Modernität überflügeln.

Die Nachbarn England und Frankreich

Im Gegensatz zum Deutschen Reich bildeten sich in Frankreich mit Paris und England mit London bereits früh geopolitische Zentren heraus. Stabilisierende Komponente der jeweiligen Herrschaft war die Erbmonarchie, in England mit der mehr als vierhundert Jahre währenden Herrschaft der Plantagenets. Auch in Frankreich blieb die Macht über Großteile des Mittelalters in den Händen ein und derselben Dynastie. In der ersten Hälfte des Mittelalters herrschten die Kapetinger, in der zweiten die Valois. Auch verstanden es die französischen Könige, territorialen Bestrebungen ihrer Fürsten beizeiten einen Riegel vorzuschieben. Hatten sich in Frankreich nach dem Zusammenbruch der karolingischen Macht zunächst nahezu völlig unabhängige Fürstentümer wie Aquitanien, Burgund, die Normandie, Flandern oder die Champagne herausgebildet, gelang es den französischen Königen, im Laufe des Hochmittelalters diese Gebiete fast vollständig der Krone zu unterwerfen. Im Zuge des 12. Jahrhunderts sammelte der französische König zunehmend seine Dienstleute, die zuvor als *chatelains* kleine Lehen in der Île-de-France gehabt hatten, und gab ihnen am Hof Ämter und Lebensunterhalt. Immer häufiger hielt er sich in Paris auf, richtete dort ein Archiv zur Urkundenverwahrung und ein ständiges Hofgericht auf der Île-de-la-Cité ein. *Prévots,* Vögte, und *baillis,* richterliche Beamte, übten juristische Gewalt außerhalb der Hauptstadt aus und regelten auch die Finanzen. Alljährlich hatte der *bailli* bei Hof zu erscheinen und über seine Tätigkeit Rechenschaft abzulegen. Der Kontakt zwischen Hof und Fürsten wurde hingegen immer lockerer. Allzu gern überließ der Hochadel den Königsdienst nachgeordneten Dienstleuten und entzog sich dieser zeit- und geldaufwändigen Pflicht. Bereits im 14. Jahrhundert verfügte Frankreich über ein stehendes Heer und ein einigermaßen funktionierendes Steuersystem, dessen Einkünfte die Herrscher auch gegen die finanziellen Ansprüche der Kurie zu verteidigen wussten. Die »pragmatische Sanktion von Bourges« aus dem Jahr 1438 übertrug dem französischen König weitgehende Verfügungsrechte über die Kirche Frankreichs.

Ähnlich stringent verlief die Verwaltungsausbildung in England. Bereits seit dem 12. Jahrhundert ist die fast lückenlose Aufzeichnung der Einkünfte des Königs in den so genannten *Pipe Rolls* erhalten. An Ostern und Michaelis (29. September) mussten die Abgabepflichtigen ihren Obulus an den *Exchequer* entrichten. Dieser Schatzmeister hütete den Kronschatz, der in Anbetracht der hervorragenden Organisation der Steuereintreibung auf beachtlichen Umfang anschwoll. *Sheriffs* setzten die königliche Gewalt in den Baronien durch und hielten *law and order* aufrecht. 1215 nutzten die englischen Barone die Machtlosigkeit von Johann Ohneland aus, um ihm eine schriftliche Garantie ihrer Rechte abzuringen. Die *Magna Charta* gewährleistete einen vom König unabhängigen Kontrollausschuss von Baronen, der die herrschaftliche Politik im Auge behielt. Wenig später forderte auch der niedere Adel in England Mitsprache – die Wiege des Parlamentarismus, auch wenn die Position des englischen Königs grundsätzlich nicht infrage gestellt wurde.

Während die westeuropäischen Nachbarn mit dem zentralistischen Ausbau ihrer Verwaltungsstrukturen den Weg in die Moderne vorgaben, gelang es den deutschen Königen nicht, ihre Herrschaft auf eine Hauptstadt zu konzentrieren, die sich mit Paris oder London hätte messen können. Die Staufer versuchten – zumindest in den Regionen ihrer Kernlande am Mittelrhein, im Elsass, in Franken und Schwaben –, die Gruppe der Ministerialen, ehemals unfreie Dienstleute, in den Dienst ihrer Verwaltung zu stellen, und übertrugen ihnen Aufgaben als Königsboten, Steuereintreiber und Burgherren. Auch wenn die Ministerialen damit einen ungeheuren sozialen Aufstieg erlebten, blieben sie personell immer an das Schicksal der herrschenden Dynastie gebunden. Als die staufische Herrscherlinie 1268 ausstarb und sich während des »Interregnums« kein König in Deutschland wirklich durchsetzen konnte, verteilten sich die meisten Strukturen, Rechte und Verwaltungsansätze wieder auf die Fürstenherrschaften. Den Katalysator, den kulturelle und wissenschaftliche Neuerungen in Westeuropa an den mächtigen Königshöfen finden konnten, gab es in Deutschland lange nicht. Die wesentlich früher verfestigten Fürstenhöfe konnten dieses Manko nur teilweise ausgleichen.

Die Kreuzzüge – Ritter in heiliger Mission

Was Gott will und der Papst fordert, kann nicht falsch sein! Mit diesem guten Glauben begann der Krieg zwischen Christentum und Islam, der sich mit vielen Unterbrechungen über Jahrhunderte hinzog und dessen Folgen vielfach bis heute spürbar sind. Vom ausgehenden 11. Jahrhundert an wurde das gesamte Abendland von der Kreuzzugsbewegung, dem kirchlich abgesegneten Waffengang gegen Andersgläubige, erfasst. Höhe- und Wendepunkt der Kreuzzugsbewegung lagen im 12. und 13. Jahrhundert, in denen nahezu jede Generation einen Kreuzzug erlebte, Hunderttausende von Menschen Haus und Hof verließen, um im »Auftrag des Herrn« unterwegs zu sein. Die Historiker zählen in der Regel sieben große Kreuzzüge nach Palästina, hinzukommen unzählige kleinere.

Die Kreuzzüge gestalteten die politischen und die kulturellen Landkarten teilweise neu, trugen entscheidend zur Ausbreitung der lateinischen Christenheit bei und schufen neue christliche Staaten im Orient, in Osteuropa und auf der Iberischen Halbinsel.

Das Konzil von Clermont und die Folgen

Das Ereignis war sorgfältig vorbereitet. Papst Urban II. hatte die Frage, die ihn schon lange beschäftigte, bereits im kleineren Kreis erörtert, geheime Boten ausgeschickt und sich der Zustimmung mächtiger Adliger versichert. Er konnte sich seiner Sache sicher fühlen, als er im November 1095 zur Synode ins südfranzösische Clermont einlud. Die ersten Tage der Versammlung verliefen wenig spektakulär. In gewohnter Manier wurden Fragen innerkirchlicher Ordnung erörtert, etwas heikler war lediglich die Debatte über das ehebrecherische Verhältnis des französischen Königs zu einer adligen Dame. Was der Synode allerdings ihren Platz in den Geschichtsbüchern sicherte, kam erst ganz zum Schluss. Für den 27. November hatte der Papst eine Ansprache angekündigt. Wegen des großen Andrangs geistlicher und weltlicher Zuhörer zog die Versammlung aus der Stadt aus und traf auf freiem Feld zusammen. Die Rede von Papst Urban war aber nicht nur für seine Zuhörer vor Ort bestimmt. Er forderte die gesamte Christenheit zum Handeln auf. In glühendsten Farben schilderte der Papst den beklagenswerten Zustand der christlichen Kirche im Osten. Die muslimischen Truppen bedrohten Byzanz, die Heiligen Stätten seien zerstört und geschändet. Man müsse den Brüdern im Osten unverzüglich zur Hilfe eilen. Es stehe der Friede der Christenheit auf dem Spiel.

Der Erfolg seiner Rede war durchschlagend. *Deus lo vult* – Gott will es, brüllte die aufgebrachte Menge. Bischof Ademar von Puy, der vermutlich bereits zuvor in die Pläne des Papstes eingeweiht worden war, nahm als Erster das Kreuz, und die Menge machte es ihm nach. In flammender Begeisterung zerschnitten Ritter ihre Gewänder zu Stoffkreuzen und hefteten sie sich an zum Zeichen, dass sie als Ritter Christi in den Kampf ziehen würden. Kaum ein Jahr später waren schätzungsweise bis zu 100 000 Männer, Ritter, Adlige und Bauern auf dem Weg ins Heilige Land, beseelt vom Gedanken, die heiligen Stätten der Christenheit, allen voran Jerusalem, von der heidnischen Unterdrückung zu befreien.

Die »Ritter Christi«

Der ungeheure Erfolg des Aufrufs Urbans II. beruhte ohne Zweifel auf der außergewöhnlichen rhetorischen Begabung des Kirchenoberhaupts, aber der Papst hatte es vor allem verstanden, einer Strömung Kraft zu verleihen, deren Boden längst bereitet war. Der Zerfall des Karolingerreichs und der damit verbundene Verlust an staatlicher Autorität hatte in Europa zu einer zunehmenden Verrohung und Unsicherheit des Alltagslebens geführt. Die Kirche versuchte ab dem 10. Jahrhundert, vornehmlich im Süden und Südwesten Frankreichs der unendliche Folge von Kleinkriegen, Fehden und Überfällen durch die so genannte Gottesfriedensbewegung Einhalt zu gebieten, indem sie an bestimmten Tagen oder Wochen Krieg und Gewalt verbot. Allmählich gelang es den Geistlichen, die marodierenden Krieger zu disziplinieren und sie in den Dienst eines kirchlich reglementierten Kriegsführungskanons zu stellen. Denn das *Verbot* der Kriegführung bedeutete gleichzeitig das *Gebot,* für die Einhaltung des Friedens zu sorgen – notfalls mit Waffengewalt – und die Schutzbedürftigen vor Übergriffen zu schützen. Aus Kriegern wurden auf diese Weise Ritter, die zumindest grundsätzlich einem bestimmten Ethos verpflichtet waren. Dieser Waffendienst mit kirchlichem Segen verlieh dem Selbstverständnis des sich ausbildenden Ritterstands eine höhere Weihe. Der Chronist Guibert von Norgent, ein Teilnehmer des Ersten Kreuzzugs, schrieb:

> Gott hat in unserer Zeit heilige Kriege gestiftet, damit der Ritterstand und die Menge, welche ihm folgt, … einen neuen Weg zu ihrer Erlösung finden. Denn sie sind nicht gezwungen, das weltliche Leben vollständig fahren zu lassen, indem sie das klösterliche Leben oder ein geistliches Amt wählen, wie es früher der Fall war, sondern sie können sich in bestimmtem Maß Gottes Gnade erwerben, während sie ihrem eigenen Beruf folgen, mit der Freiheit und in dem Habit, das sie gewöhnt sind.

Mit Schild und Schwert würden die Ritter von nun an den höchsten kirchlichen Auftrag erfüllen. Aus der *militia,* den Kriegern, war die *militia Christi,* die Streitmacht Gottes geworden.

Die Gottesfriedensbewegung hallte noch nach, als sich im Osten eine neue Bedrohung des christlichen Selbstverständnisses abzeichnete. Zu Beginn des 8. Jahrhunderts war der Siegeszug des Islam im Westen durch das Frankenreich, im Osten durch das byzantinische Kaiserreich aufgehalten worden. Jahrhunderte lang war die Kräfteverteilung zwischen Islam und Christentum, abgesehen von geringfügigeren Verschiebungen, stabil geblieben. Im 11. Jahrhundert aber hatten die Muslime durch die Bekehrung der seldschukischen Türken einen mächtigen Verbündeten gewonnen, der die bis dahin führende Macht des Mittelmeers, den byzantinischen Kaiser, herausforderte.

Obwohl die christliche Kirche seit 1054 geteilt war, wandte sich Kaiser Alexios Komnenos Hilfe suchend an den Papst, nachdem die Seldschuken Jerusalem von den Byzantinern erobert hatten und weitere Teile des kaiserlichen Einflussbereichs bedrohten. Urban II., seit 1088 auf dem Stuhl Petri, beschloss, dem Hilfegesuch so weit wie möglich zu entsprechen. Die Rechtfertigung seines Aufrufs zum Kreuzzug fand er in den Schriften des heiligen Augustinus, der das *bellum iustum,* den gerechten Krieg, ausdrücklich gestattete, sofern er der Verteidigung oder Wiedererlangung geraubten Gutes diene oder gegen Ketzer gerichtet sei. Eine durchaus dehnbare Argumentationsgrundlage, die sich der Papst nun geschickt für die gegenwärtige Situation im Osten zunutze machte. Ursprünglich mag Urban II. der Traum von der Wiederherstellung der christlichen Einheit bewegt haben, doch das Ziel der Kreuzfahrer, die seinem Aufruf folgten, war nicht Byzanz. Schon in den Wochen nach dem Konzil von Clermont verdichtete sich die Kreuzzugsidee auf ein konkretes Ziel: Jerusalem, die Heilige Stadt der Christenheit.

Jerusalem

Schon der Klang des Namens der Heiligen Stadt übte auf die Zeitgenossen eine magische Anziehungskraft aus. Denn Jerusalem war nicht nur der irdische Ort der Passion Christi, sondern für diejenigen, die das Kreuz nahmen, auch eng verbunden mit dem Bild des himmlischen Jerusalem aus der Apokalypse des Johannes. Die Beschreibung der mit Edelsteinen geschmückten Mauern und mit Saphiren versehenen Tore faszinierte die Kreuzfahrer. Hier weile Gott unter den Menschen, hier sei das Endziel der Auserwählten, das Paradies der Gerechten, versprach die Schrift. Die Realität war freilich ernüchternder. Das Gelobte Land war damals wie heute umstritten zwischen Juden, Christen und Muslimen. Alle drei Religionen beziehen ihren Besitzanspruch aus der Offenbarung, die ihnen Gott in diesem schmalen Landstrich an der Ostseite des Mittelmeers gegeben hat – ein kaum lösbarer Konflikt, solange mehrere Parteien den Besitz dieser Region beanspruchen. Derartige Gedanken dürften die Kreuzfahrer kaum bewegt haben, hatten doch die meisten von ihnen neben dem Streben nach Gotteslohn auch ganz konkrete, diesseitsbezogene Gründe, ihrem Land den Rücken zu kehren. Der Bevölkerungsdruck in Mitteleuropa verlieh der Aussicht auf ein Glück fern der Heimat einen besonderen Reiz. Vor allem in Frankreich hatten nachgeborene Rittersöhne schlechte Aussichten auf Grundbesitz. Der Zug in die Ferne versprach Reichtum und Ehre, die sie zu Hause kaum erlangen konnten. Mittellose Bauern nutzten

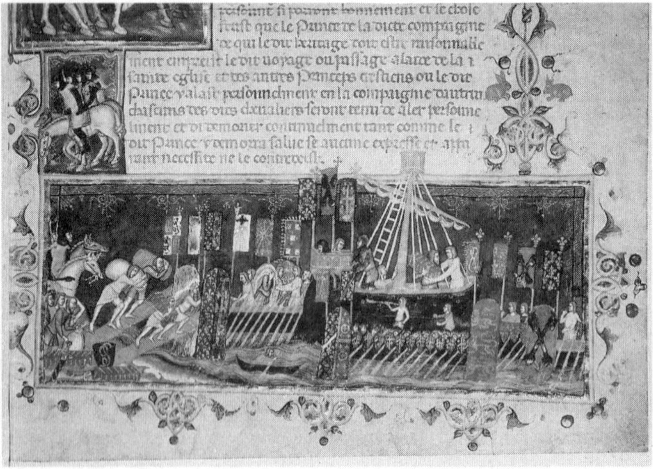

Einschiffung der Kreuzfahrer. Aus »Statutes de l'Ordre du Grand Esprit au Droit-Désir«.

die Gelegenheit, ihrem kargen Alltag zu entkommen, andere ließen sich einfach vom Abenteuer locken.

Doch der Weg bis zum Ziel ihrer Träume war beschwerlich. Mindestens drei Jahre würde ein Kreuzfahrer für die Reise nach Palästina und zurück benötigen. Wer Besitz und Familie hatte, versuchte, beides während der Abwesenheit unter den Schutz des Lehnsherrn zu stellen. Nur die wenigsten waren finanziell in der Lage, sich für den Kreuzzug auszurüsten. Wer mit seinem Lehnsherrn reiste, vertraute darauf, von diesem unterstützt zu werden. Oft sammelten Familien für den Kreuzfahrer, dessen Reise auch dem Seelenheil der Verwandten zugute kommen sollte. Doch viele, die sich bereits im Frühjahr 1096 auf den Weg machten, waren miserabel ausgerüstete, chaotische Horden von Armen, Frauen und Bauern, die sich mehr schlecht als recht bis nach Ungarn oder höchstens Kleinasien durchschlugen. Binnen weniger Monate waren die wilden Truppen aufgerieben. Wer überlebte, kehrte verschämt in die Heimat zurück oder versuchte, sich auf eigene Faust bis nach Konstantinopel durchzuschlagen.

Erst Monate nach der ungezügelten Vorhut brach das eigentliche, ritterliche Kreuzfahrerheer auf, darunter auch hohe Adlige und Fürsten. Sie hatten die in Clermont in weiser Voraussicht verfügte Vorbereitungszeit genutzt, um ihre Männer zu sammeln und sich für den Zug auszurüsten. Besonders die Ritterschaft aus Lothringen, der Normandie, Südfrankreich und Süditalien war stark vertreten. Die Ritter und ihre Heere zogen auf unterschiedlichen Wegen nach Osten und sammelten sich erst im Frühjahr 1097 in Konstantinopel. Ihrem Auftrag, als »Streitmacht Gottes« in Erscheinung zu treten, machten sie wenig Ehre.

Der Chronist Guibert von Norgent berichtet von schauerlichen Ausschreitungen, von Mord, Vergewaltigungen, Brandstiftung und davon, dass sich die Kreuzfahrer mit der »unbegreiflichen Frechheit« gebrüstet hätten, »sie würden bei den Türken ebenso hausen«. Die eigentliche Bewährungsprobe aber hatte das Heer noch vor sich. Auf dem weiteren Weg ins Heilige Land kämpften sie gegen ständige Angriffe feindlicher Truppen, gegen Hunger, vor allem aber gegen den Durst. Unter Wassermangel verendeten die Pferde, sodass ein Teil der Ritterschaft schließlich zu Fuß weiterziehen musste. Kraft bezogen die arg Geprüften immer wieder aus ihrem Glauben und der Erwartung der Segnungen, die sie erlangen würden, wenn sie in Jerusalem ankämen. Berichte von wundersamen Ereignissen, wie dem Auffinden der heiligen Lanze, die einst Christus am Kreuz durchbohrt hatte, verliehen wieder neue Kräfte. Die Seldschuken erwiesen sich als zähe Gegner, deren Geländekenntnis und Überraschungsangriffen die schwerfälligen Reiterheere anfangs wenig entgegenzusetzen hatten. In der offenen Feldschlacht aber waren sie den Türken überlegen, sodass sich die Phalanx der europäischen Ritter weiter und weiter nach Osten vorschob.

Als die ersten Kreuzfahrer endlich am 7. Juni 1099 Jerusalem erreichten, fielen sie – den Chronisten zufolge – tief bewegt auf die Knie und dankten dem Herrn, dass er sie wohlbehalten ans Ziel geführt hatte. Doch die erwarteten Schalmeienklänge blieben aus. Die Stadt war für den Ansturm gerüstet, stark befestigt und bereit, sich erbittert zu verteidigen. Erst nach mehreren Tagen gelang es den Kreuzfahrern, die Mauern Jerusalems zu überwinden und in die Stadt einzudringen. In blindem Zorn töteten sie Verteidiger und wehrlose Einwohner, schändeten, raubten und brandschatzten mehrere Tage lang. Der Anführer der Truppen schrieb wenig später an den Papst: »Wenn Ihr wissen wollt, was den Feinden widerfuhr, welche wir in der Stadt vorfanden, wisset das Folgende, dass im Portikus von Salomon und im Tempel des Herrn unsere Männer im Blut der Sarazenen ritten, welches den Pferden bis an die Knie reichte.«

Mit der erfolgreichen Eroberung Jerusalems hielten die meisten Kreuzfahrer ihr Gelübde für erfüllt und versuchten, so schnell wie möglich in die Heimat zurückzukehren. Unter den erfolgreichen Heerführern der Kreuzfahrer wurde Gottfried von Bouillon ausgewählt, um in der Stadt zu bleiben und sie zu halten. Er galt als frommer Ritter ohne Tadel und erwies sich der ihm angetragenen Ehre als würdig. Ganz im Geiste Urbans II. und der *militia Christi* lehnte er den Titel eines Königs von Jerusalem ab. Er könne keine Krone tragen, wo der Herr die Dornenkrone getragen habe, begründete er seien Entscheidung. Lediglich den Titel *advocatus Sancti Sepulchri,* Schützer des Heiligen Grabes, wolle er annehmen. Seine Nachfolger vertraten ihren Machtanspruch in Palästina energischer, und in den folgenden zwei Jahrhunderten setzte die Ansiedlung der Europäer im südöstlichen Mittelmeerraum ein.

Abendland im Morgenland – Die Kreuzfahrerstaaten

»Wir, die Abendländer, sind Orientalen geworden«, verkündete Fulcher von Chartres, ein Chronist des Ersten Kreuzzugs: »Die verschiedensten Mundarten sind jetzt der einen wie der anderen Nation gemeinsam, und das Vertrauen nähert die entferntesten Rassen einander an.« Doch Fulchers optimistisches Urteil war verfrüht. In dem Land, in dem nach biblischer Verheißung Milch und Honig fließen sollte, erwartete die Kreuzfahrer zwar ein mildes Klima und ein fruchtbarer Boden, aber eine weitgehend entvölkerte Umgebung, deren wenige verbliebenen Bewohner feindlich gesinnt waren.

Bereits der Erste Kreuzzug hatte in der Zeit von 1096 bis 1099 vier Staaten an der östlichen Mittelmeerküste geschaffen: die Grafschaft Edessa, das Fürstentum Antiochia, das Königreich Jerusalem und die Grafschaft Tripolis. Doch die unwirtlichen Lebensbedingungen lockten nur wenige Kreuzfahrer, sich dauerhaft fern der Heimat anzusiedeln. Am Ende des Ersten Kreuzzugs waren nur knapp dreihundert Ritter bereit, im Heiligen Land zu bleiben. Das von den Kreuzfahrern besetzte Gebiet war viel zu groß, als dass sie es mithilfe der bescheidenen eigenen Truppen hätten halten können.

Nur mit Mühe konnten liberalere Gesetzgebungen, wie die Zusicherung weiblicher Erbfolge oder die großzügige Vergabe von Handelsrechten, neue Siedler nach Osten locken. Erst nach und nach folgten den Rittern Kaufleute und Handwerker, mit deren Hilfe sich ein durchaus reger Handel mit dem Abendland entwickeln konnte. Zentren der levantischen Wirtschaft waren vor allem die Häfen von Tyros und Akkon. Dort endeten die Handelsstraßen aus dem Osten und begannen die Schifffahrtswege nach Pisa, Venedig oder Genua. Dort war die Drehscheibe des Handels zwischen Orient und Okzident. Der muslimische Chronist Ibn Dschubair beschrieb die Stadt Akkon im Jahr 1185: »Die Stadt ist das Ziel der Schiffe und Karawanen und der Treffpunkt der muslimischen und christlichen Kaufleute aus aller Herren Länder. Ihre Wege und Straßen sind von dem Andrang der Menschen verstopft, sodass man kaum seinen Fuß auf den Boden setzen kann.«

Doch der wirtschaftliche Kontakt, von dem vor allem die italienischen Seestädte profitierten, darf nicht darüber hinwegtäuschen, dass die Annäherung der Kulturen punktuell blieb. Arabische Einflüsse kamen eher über das maurische Spanien und durch den kulturellen Schmelztiegel Sizilien nach Europa. So lehrten arabische Wissenschaftler an den Höfen Palermos und Toledos. Über diese Einfallstore gelangten das Wissen um die Herstellung von Zucker und wertvollen Stoffen sowie Kenntnisse auf dem Gebiet der Mathematik und Architektur ins Abendland.

Zur Zeit der größten Ausdehnung reichten die Kreuzfahrerstaaten von Alexandria bis zum Roten Meer, bedeckten ein Gebiet von 800 Kilometern Länge und 150 Kilometern Breite. Die Erweiterung der fränkischen Herrschaft von den Küstenstädten ins Landesinnere vollzog sich allerdings nur zögerlich. Die eigentliche Gefahr drohte den Siedler zunehmend gar nicht mehr seitens der verbliebenen Anwohner der Region, sondern der muslimischen Heerführer, denen es gelang, die verschiedenen Glaubens- und Volksgruppen im Land hinter sich zu sammeln, um die Eindringlinge zu vertreiben. Die Kreuzfahrerstaaten konnten sich nur mithilfe der Unterstützung durch immer neue Heere aus Europa behaupten. Wurde die Lebensader nach Westen unterbrochen, gerieten sie in ernsthafte Bedrängnis. Zwei Jahrhunderte gelang es den christlichen Staaten im Nahen Osten, sich zu halten, bis sie gegen Ende des 13. Jahrhunderts im mameluckischen Sultan Baibars ihren Meister fanden. 1287 fiel Tripolis, 1291 Akkon. Die Kreuzfahrer verloren ihren Einfluss auf die ehemals christlichen Staaten auf dem Festland.

Mit Kreuz und Schwert – Die Ritterorden

Half den Siedlern kein Nachschubheer aus dem Westen, mussten sie sich selbst helfen – eine dauerhafte Notsituation, die eine der wohl ungewöhnlichsten Wandlungen des europäischen Rittertums nach sich zog: die Gründung der geistlichen Ritterorden.

Auf einer Straße nach Jerusalem war es zu Beginn des 12. Jahrhunderts immer wieder zu Überfällen auf Pilger und Siedler gekommen. Ritter Hugo von Payens aus der Champagne entschloss sich, zu handeln und die kritische Passage mit einigen Gefährten zu sichern. König Balduin II. von Jerusalem belohnte den heldenhaften Einsatz Hugos und seiner Mitstreiter, indem er der Gemeinschaft der *Pauperes commilitones Christi,* der Armen Streiter Christi, auf dem Gelände des Salomontempels, der heutigen Al-Aksa-Moschee, Räumlichkeiten zuwies. Dadurch bekamen sie ihren Namen *militia templi,* Templerorden. Die Templer lebten wie Mönche in Armut, Keuschheit und Gehorsam zusammen, trugen aber gleichzeitig Waffen und setzten diese energisch ein. Aber durften Ritter die Rechte einer monastischen Gemeinschaft für sich beanspruchen? Im Zisterzienser Bernhard von Clairvaux fanden die Templer Rückhalt für ihre neuartige Lebensform. In seiner Schrift *De laude novae militiae* lobte er:

> … statt mit Gold, Silber und Edelsteinen, mit solchem Pomp dem Tod entgegenzueilen, statt mit langen Haaren und den modischen Gewändern als weltliche Ritter das wahre Rittertum zu verfehlen, führe der wahre Ritter, der miles Christi, sein Schwert im Kampf Gottes als ein Hüter der Wahrheit und sorge dafür, dass dem Volk der Christen ein sicherer Zugang zur Stadt Jerusalem erhalten bleibe …

Auf dem Konzil von Troyes 1128 wurde unter Mitwirkung Bernhards von Clairvaux eine eigene Regel für die Templer erarbeitet, die sich an die der Benediktiner anlehnte. Fortan galten sie als geistliche Gemeinschaft, wenn auch mit ritterlichen Lebensformen. 1139 erhielten die Templer von Papst Innozenz II. weitgehende Selbstständigkeit und die Bestätigung ihrer Organisationsform, die durch das Nebeneinander von Rittern, Kaplänen und dienenden Brüdern gekennzeichnet ist. Um diese Zeit legten sie einen weißen Mantel, dem später ein rotes Kreuz hinzugefügt wurde, als Ordenskleidung

Festung des Templerordens in Ponferrada, Spanien.

an. Neben dem Pilgerschutz in Jerusalem übernahmen sie die Verteidigung der so genannten Syrischen Pforte an der unsicheren Nordgrenze Antiochiens.

Die Bruderschaft erhielt ungeheuren Zulauf und expandierte mit rasender Geschwindigkeit. Dank zahlreicher Schenkungen und einer gut strukturierten Finanzverwaltung, entwickelte sich der Templerorden zu einer beeindruckenden Wirtschaftsmacht. Indem sie sich direkt dem Papst unterordneten, verstanden es die Templer geschickt, sich der Kontrolle durch geistliche und weltliche Fürsten zu entziehen. Dieser Erfolg aber war es vermutlich auch, der ihnen zum Verhängnis wurde. Im Oktober 1307 wurden die offenbar zu mächtig gewordenen Ordensritter in Frankreich auf Anordnung König Philipps IV. plötzlich verhaftet. Sie wurden unter anderem angeschuldigt, bei unzüchtigem Verhalten untereinander beobachtet worden zu sein, auf das Kreuz gespuckt oder Götzenbilder angebetet zu haben. Tatsächlich lagen wenig später zahlreiche Geständnisse von Templern vor – dass diese unter Folter abgepresst worden waren, spielte keine Rolle. Der Orden wurde 1312 aufgehoben.

Etwa zeitgleich mit den Templern hatten auch die Johanniter, eine Gruppe Mönche, die sich den Schutz der Pilger und den Betrieb von Hospitälern zum Ziel gesetzt hatten, zu einem Ritterorden entwickelt. Ursprünglich auf karitative Aufgaben beschränkt, übernahmen die Johanniter bereits 1137 militärische Funktionen und schützten Jerusalem. Es gelang ihnen, sich auf Rhodos bis 1522 und auf Malta bis 1800 als militärische Macht zu behaupten.

Die Gründung des Deutschen Ordens, der dritten großen Gemeinschaft dieser Art, wurde die für Europa prägendste. Lübecker und Bremer Kaufleute hatte 1189 während der Belagerung Akkons ein Spital für ihre kranken Landsleute eingerichtet. 1198 wurde die Hospitalbruderschaft nach dem Vorbild der Templer in einen Ritterorden mit weißem Mantel und schwarzem Kreuz umgewandelt. Auf einer Versammlung deutscher Fürsten wurde festgelegt, der Deutsche Orden habe für die Armen zu sorgen und gleichzeitig Waffendienst zu leisten.

Der Deutsche Orden erlangte seine eigentliche Bedeutung nicht in Palästina, sondern in Preußen. 1225 belehnte Konrad von Masowien, der sich von den heidnischen Pruzzen bedrängt sah, den Deutschen Orden mit dem Kulmerland. Dieser Landstrich schuf die Grundlage für die Entstehung eines unabhängigen Ordensstaates in Preußen, den sich der Deutsche Orden bis 1283 erkämpfen konnte. 1226 hatte Kaiser Friedrich II. mit der Goldbulle von Rimini die weitgehende Unabhängigkeit des Ordensstaates sanktioniert und damit den Weg geebnet für das ungewöhnliche Herrschaftsgebilde, das an der östlichen Grenze des christlichen Europa entstand. Wie der Vatikan und die geistlichen Territorien des Deutschen Reichs unterstand der Deutschordensstaat geistlicher Herrschaft. Doch er war ungleich größer als alle vergleichbaren

Herrschaften und schuf binnen eines halben Jahrhunderts ein Reich mit außergewöhnlich weit entwickelter und organisierter Binnenstruktur. Der Orden überzog sein Herrschaftsgebiet mit einem Netz von Verkehrs- und Handelsverbindungen. Der Hochmeister, das Oberhaupt der Deutschordensritter, war Mitglied der Hanse und lenkte zunächst von Venedig aus die Geschicke des Deutschordenslandes. Der Deutsche Orden errichtete seinen Hauptsitz 1309 auf der Marienburg in Westpreußen, und spätestens seit diesem Zeitpunkt konzentrierte sich das Interesse des Deutschen Ordens ganz auf das Baltikum. Das imposante Bollwerk an der Nogat, an dem der Deutsche Orden schon seit 1279 baute, ist nach dem Hradschin und dem Kreml die größte Festungsanlage Europas. Für den Deutschen Orden erfüllte der von einer Ringmauer umgebene mächtige Backsteinbau eine Doppelfunktion: Die Burg war sowohl eine Zentrale für den Gottesdienst des Deutschen Ordens als auch das Zentrum für die Führung des riesigen Herrschaftsbereichs, den die Ordensritter in Nordosteuropa errichteten. Von hier aus nahmen die Kreuzzüge gegen die Ungläubigen ihren Ausgang. Komme es zum Krieg mit den Heiden, so wolle er nach alter Sitte jeglichen Ritter und Knecht nach Ehren und Würden belohnen, warb der Hochmeister des Deutschen Ordens um Unterstützung für seinen energischen Eroberungszug. So entwickelten sich die »Litauen-Reisen« des europäischen Adels: Man suchte Bewährung und Abenteuer im Heidenkampf. Wer auf die Marienburg kam, um im Namen Gottes in den Krieg zu ziehen, wurde mit größtmöglichen Ehrungen empfangen. Der Hochmeister lud zum Festmahl, nach biblischer Sitte wurden den Kreuzrittern sogar die Füße gewaschen.

Die Schilderung der Kämpfe zur Niederwerfung der Pruzzen und anderer heidnischer Volksgruppen im europäischen Osten ist eine Folge von ungewöhnlichen Grausamkeiten. In den meisten Kriegen dieser Zeit war es durchaus üblich, Felder zu zerstören, Speicher in Brand zu setzen oder das Vieh zu

1. Taufe von Germanen und Märtyrertod des heiligen Bonifatius, »Apostel der Deutschen«. Buchmalerei, Fulda 975.

2. Giotto, »Der heilige Franz von Assisi befreit die Stadt Arezzo von Dämonen«. Fresko um 1295/1300.

3. Ausschnitt aus dem Flügelalterbild »Das jüngste Gericht« des Flamen Roger von Weyden (gest. 1444) im Hospiz von Beaune, Frankreich.

4. Die Ritter der Tafelrunde mit dem sagenhaften König Artus. Aus der »Histoire du Merlin« von Robert de Boron.

5. Turnierszene. Illustration zum Ritterroman »Le petit Jean de Saintre«.

6. + 7. Simulation eines Turnierduells mit den Mitteln eines Automobil-Crashtests. Sowohl beim Lanzentreffer als auch beim Aufschlag des schwer gepanzerten Körpers auf den Boden traten enorme Kräfte auf.

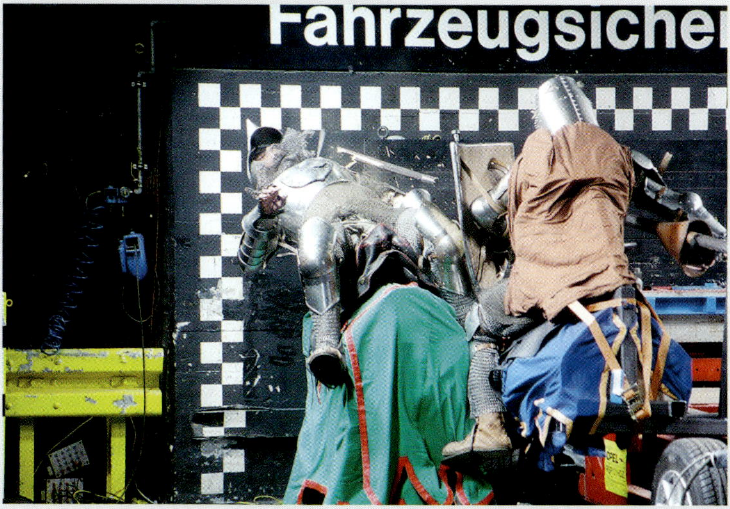

8. Rudolf von Rotenburg empfängt einen Blumenkranz als Minnelohn.
Große Heidelberger Liederhandschrift (Codex Manesse).

9. Walther von der Vogelweide auf einem Stein sitzend und meditierend. Große Heidelberger Liederhandschrift (Codex Manesse).

10. Wolfram von Eschenbach in voller Rüstung mit Knappen und gesatteltem Pferd. Große Heidelberger Liederhandschrift (Codex Manesse).

11. Hartmann von Aue. Große Heidelberger Liederhandschrift (Codex Manesse).

12. Die Goldene Bulle, die berühmteste Urkunde des Mittelalters, regelt seit 1356 die Königswahl und die Stellung der Kurfürsten.

13. Die Altstadt von Carcassonne, von einer doppelten Ringmauer und zahlreichen Türmen umgeben, ist die besterhaltene Burgenanlage des europäischen Mittelalters.

14. Die Eroberung Jerusalems durch die Sarazenen unter Sultan Saladin am 3. Oktober 1187.

15. Castel del Monte, das Jagdschloss Kaiser Friedrichs II. in Apulien, erbaut um 1240/50.

16. Bodiam Castle in Sussex (14.Jh.), ein typisches englisches Landhaus im Stil einer Wasserburg – dennoch eher ein adliges Prestigeobjekt als ein militärisches Bollwerk.

17. Der Vorhof der Nürnberger Kaiserburg mit altem Fachwerkhaus und Sinnwellturm, einem staufischen Quaderbau aus dem 12. Jahrhundert. Er war jahrhundertelang der wichtigste Wachturm von Burg und Stadt.

18. Heuernte – Monatsbild Juni. Aus »Les très riches heures du Duc de Berry«, illuminiert von den Brüdern Limburg.

19. Tanz auf dem Land. Aus dem Stundenbuch des Charles d'Angoulême.

20. Theologische Vorlesung an der Sorbonne in Paris.

21. Porträt von Francesco di Marco Datini, Fernhändler aus Prato bei Florenz.

22. Das Holstentor in Lübeck, errichtet 1466/67–1471 von Heinrich Helmstede.

23. Die machtvollen Backsteinbauten der Marienburg in Westpreußen, von einer Ringmauer umgeben, waren ab 1309 der Sitz des Hochmeisters des Deutschen Ordens.

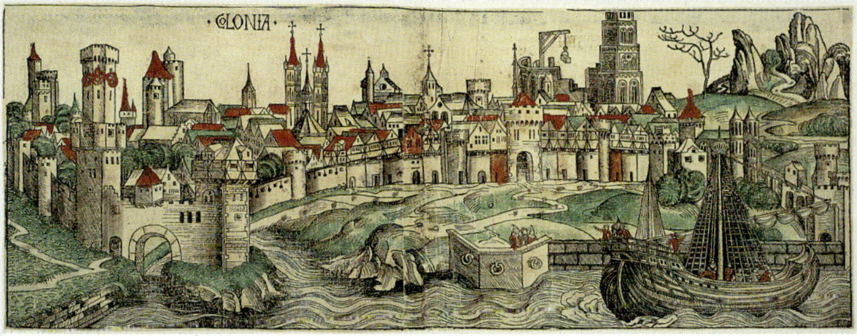

24. Stadtansicht von Köln. Kolorierter Holzschnitt aus Hartmann Schedel, »Liber chronicarum«, Nürnberg 1493.

25. Sainte-Cécile in Albi (1282–1390) ist die herausragende Kathedrale der südfranzösischen Gotik, erbaut nach der Niederwerfung der Katharer als Burg des rechten Glaubens.

26. Der Dom St. Peter in Regensburg. Blick über die Dächer der Altstadt auf das Westwerk. Im Vordergrund der »Goldene Turm«.

27. Die Westfassade der Kathedrale Notre-Dame von Chartres, eine der ersten rein gotischen Bauten im 12./13. Jahrhundert.

28. Ein farbenprächtiges Glasfenster der Kathedrale von Chartres. Fensterrose der Westfassade mit Darstellungen aus dem Jüngsten Gericht, um 1220/1230.

konfiszieren, um dem Feind die Lebensgrundlage zu entziehen. Nun aber wurden auch die Männer getötet, die Frauen und Kinder versklavt und ihre gesamte Habe vernichtet. Nicht nur das Heidentum sollte ausgerottet werden, sondern auch die Lebens- und Sozialformen der östlichen Völker. Mit Erfolg gelang es den Deutschordensrittern binnen weniger Generationen, einen von geistlicher und weltlicher Seite anerkannten, souveränen Staat zu schaffen. Nach blutigen Kämpfen stoppte erst die Niederlage bei Tannenberg am 15. Juli 1410 den Aufstieg des Deutschen Ordens. 1466 wandelte sich sein Territorium unter dem Hochmeister Albrecht Markgraf von Brandenburg-Ansbach zu einem protestantischen Herzogtum.

Vergebliche Versuche – Der Zweite, Dritte und Vierte Kreuzzug

Fünf Jahrzehnte nach dem Ersten Kreuzzug brachen die Ritter im Jahre 1147 zum Zweiten Kreuzzug auf. Nach dem Fall des Kreuzfahrerzentrums Edessa, das nach dem Tod von Kaiser Johannes II. Komnenos von Byzanz und König Fulko von Jerusalem am 25. Dezember 1144 durch den islamischen Heerführer Imad ad-Din Zengi erobert worden war, rief Papst Eugen III. zum Kreuzzug auf. Erstmals nahmen nun auch europäische Könige das Kreuz. Doch der Zug unter der Führung des ersten Stauferkönigs Konrad III. und des Königs Ludwig VII. von Frankreich, die auf getrennten Wegen – der deutsche König zog im Mai 1147 von Regensburg aus und Ludwig VII. im Juli von Metz aus – über Konstantinopel nach Palästina zogen, stand unter einem schlechten Stern. Konrad III. kehrte krank nach Byzanz zurück, Ludwig VII. brach seine Reise ab, als die Überfahrt nach Syrien nicht glücken wollte. Das Scheitern der Kreuzfahrer, das vor allem die Kreuzfahrerstaaten in eine prekäre Situation brachte, führte zu zunehmender Kritik am Kreuzzugsgedanken. Auch der so genannte Wendenkreuzzug, den die Fürsten Norddeutschlands, unter ihnen der Welfenfürst Heinrich der Löwe, gegen die Elbslawen führten, stieß auf Widerspruch. Das in diesem Zusammenhang Bernhard von Clairvaux zugeschriebene Losungswort: »Tod oder Taufe« ließ erste ethische Zweifel an der Legitimität des bewaffneten Kampfes gegen Andersgläubige aufkommen.

Der mangelnde Zusammenhalt der christlichen Kräfte im Heiligen Land schuf ein Vakuum, in dem die islamischen Streitkräfte erneut Kraft schöpfen konnten. Sultan Saladin, dem talentiertesten und mächtigsten Heerführer seiner Zeit, gelang es 1187 in der Schlacht bei Hattim am See Genezareth, die feindlichen Kräfte vernichtend zu schlagen und Jerusalem für die Muslime zurückzuerobern. Mehr als fünfzig Kreuzfahrerburgen fielen unter dem Ansturm von Saladins Truppen. Die Nachricht vom Fall der Heiligen Stadt war ein schwerer Schlag für das Abendland. Gregor VIII., der Nachfolger Urbans III. auf dem Stuhl Petri, forderte die Könige Europas, allen voran Kaiser Friedrich I. Barbarossa, zur Kreuznahme auf, der sich auf dem Mainzer Pfingstfest 1188 dazu entschloss.

Im Gegensatz zu den ersten beiden Kreuzzügen hatte Friedrich Barbarossa seinen Kreuzzug sorgsam vorbereitet. Er war beim Debakel des Zweiten Kreuzzugs im Heer seines Onkels Konrad III. mitgereist und hatte erfahren, welch komplizierte Logistik ein Zug durch feindliches Territorium erforderte. Nach der Kreuznahme ließ er geraume Zeit für die Vorbereitung verstreichen und traf eine Auswahl unter den Reisewilligen. So durften diesmal nur diejenigen teilnehmen, die in der Lage waren, sich eigenständig für zwei Jahre finanziell über Wasser zu halten. Auch erließ der Kaiser Verordnungen zum Schutz der Juden, die bis zu jenem Zeitpunkt seit Beginn der Kreuzzüge üblen Pogromen ausgesetzt waren. Allzu viele Kreuzfahrer hatten in dem Wahn, den Kampf gegen Andersgläubige direkt vor Ort aufzunehmen, bereits in Europa Synagogen zerstört und Juden getötet.

Kaiser Friedrich I. Barbarossa, König Richard Löwenherz

von England und König Philipp II. August von Frankreich führten den Dritten Kreuzzug zur Rückeroberung Jerusalems und zur Rettung der Kreuzfahrerstaaten an. 1189 brach Friedrich I. von Regensburg aus auf. Doch trotz der ausgefeilten Planung: die Reise Barbarossas gen Osten sollte seine letzte werden. Sein Heer hatte den Landweg nehmen müssen, da Schiffspassagen von Italien nicht zu finanzieren gewesen waren. Dreizehn Monate nach ihrem Aufbruch waren die deutschen Ritter gerade einmal bis Kleinasien vorgedrungen. Am 10. Juni 1190 ertrank der alte Kaiser im Fluss Saleph beim Baden. Sein Sohn, Herzog Friedrich V. von Schwaben, führte den Rest des sich auflösenden Heeres über Antiochia nach Akkon, bei dessen Belagerung er starb.

König Ludwig VII. von Frankreich rieb sich in eifersüchtigen Rivalitäten mit seinem draufgängerischen englischen Konkurrenten Richard Löwenherz auf. Jerusalem blieb in der Hand der Muslime, doch gelang es den Kreuzfahrern, den Küstenstreifen von Tyrus bis Jaffa einschließlich der Hafenstadt Akkon zurückzuerobern und mit der Eroberung Zyperns eine Nachschubbasis für Palästina zu schaffen.

Endete der Dritte Kreuzzug somit zumindest mit einem militärischen Erfolg, zeigte der Vierte, der sich bereits wenige Jahre später, 1202, in Bewegung setzte, welch bizarre Wandlungen der Gedanke der bewaffneten Wallfahrt zum Schutz der Christen des Ostens mittlerweile erfahren hatte. Denn das Ziel und der Gegner, gegen den die Kreuzfahrer 1202–1204 zogen, war ausgerechnet die Macht, der man ein Jahrhundert zuvor noch hatte zu Hilfe eilen wollen: Byzanz. Angestachelt von einer Intrige Venedigs, fielen die Kreuzfahrer am 12. April 1204 in das »Rom des Ostens« ein und plünderten die Stadt. Anfängliche Skrupel, ob sich ein Kreuzzug auch gegen Christen richten dürfe, wurden mit dem Argument entkräftet, die Byzantiner seien Schismatiker und seit 1054 von der römischen Kirche gebannt.

Die einst blühende Metropole wurde von den Heeren der

Kreuzfahrer gründlich verwüstet und ihrer Kunstschätze beraubt. Der größte Teil der Beute ging nach Venedig, dessen Markusdom noch heute mit den Schätzen aus diesem Raubzug geschmückt ist. Die Zerstörung von Byzanz zog Folgen von weltgeschichtlicher Tragweite nach sich. Von dem Einfall der Kreuzritter erholte sich die Metropole nie wieder und konnte ihre Jahrhunderte alte Funktion als Bollwerk gegen den Osten nicht mehr erfüllen.

Ohne einen Schwertstreich – Der Kreuzzug Friedrichs II.

Der Rückeroberung Jerusalems konnte man erst mit der Thronbesteigung Friedrichs II., des Enkels Friedrich Barbarossas, entgegensehen. Der in Sizilien aufgewachsene, umfassend gebildete und sogar der arabischen Sprache mächtige Stauferherrscher befriedete das Deutsche Reich, das seit dem Tod Heinrichs VI. von Thronwirren gebeutelt war. Bereits kurz nach seiner Thronbesteigung nahm der junge König 1215 das Kreuz und gelobte, nach Jerusalem zu ziehen, verschob seine Reise allerdings immer wieder. 1225 heiratete er Isabella, die Erbin des Throns von Jerusalem, und schickte sich mehr als ein Jahrzehnt nach seinem Gelübde an, sein Kreuzzugsheer zusammenzustellen. Als er erkrankte und den Kreuzzug erneut absagte, wurde er von Papst Gregor IX. mit dem Bann belegt. Am 28. Juni 1228 brach Friedrich II. endlich von Brindisi aus zum Kreuzzug auf. Als Erster unternahm er es, das Ziel der Kreuzzüge ohne Waffengewalt zu erreichen. Mit dem ägyptischen Sultan El-Kamil schloss er in Jaffa einen Vertrag, aufgrund dessen Jerusalem samt der Verbindung zur Küste ohne einen einzigen Schwertstreich zurückgewonnen wurde, lediglich mit der Einschränkung, dass die Muslime den Tempelberg mit Felsendom und Al-Aksa-Moschee behielten und die Christen auf eine militärische Befestigung der Stadt verzichten mussten. Zusätzlich wurde ein zehnjähriger Waffenstillstand vereinbart, und Friedrich II. versprach, die Interessen des Sultans gegen alle Feinde zu verteidigen. Er stieß auf den Widerstand des Papstes und des Patriarchen von Jerusalem, zog aber kampflos in die Stadt ein und krönte sich selbst am 18. März 1229 in der Grabeskirche zum König von Jerusalem.

Das Ende der Kreuzzüge nach Palästina

Die vierziger Jahre des 13. Jahrhunderts beendeten eine Phase relativer Ruhe im Nahen Osten. Als die Siedler den Waffenstillstand mit dem Sultan von Ägypten brachen, holte dieser zum Gegenschlag aus. Jerusalem fiel im August 1244, zwei Monate später wurde das christliche Heer in der Schlacht von La Forbie vernichtend geschlagen. König Ludwig IX. von Frankreich versuchte, den bedrängten Europäern im Sechsten Kreuzzug (1248–1254) zu Hilfe zu kommen. Zwar konnte die strategisch wichtige Hafenstadt Damiette am 6. Juni 1249 erobert werden, doch kam der Vormarsch der Truppen vor Kairo ins Stocken. Schließlich gerieten der König und sein Heer in Gefangenschaft, aus der sie sich nur durch die Zahlung eines hohen Lösegeldes freikaufen konnten.

1270 nahm Ludwig IX. erneut das Kreuz, doch der Siebte Kreuzzug sollte der letzte große Zug der Europäer ins Heilige Land werden. Der König erlag am 25. August einer Epidemie, und mit ihm endete die Bewegung, die Europa zwei Jahrhunderte in ihren Bann gezogen hatte. Mit dem König von Frankreich hatte die Kreuzzugsidee noch einmal einen würdigen, frommen Vertreter gefunden, der den ursprünglichen christlichen Kreuzzugsgedanken wieder aufleben lassen und von territorialen Bestrebungen befreien wollte. Seine Bemühungen erwiesen sich aber als vergeblich. Doch noch lange gab sich Europa der Illusion hin, das Heilige Land für die Christenheit zurückerobern zu können.

GRUNDHERREN, LEIBEIGENE, BAUERN

Die Grundherrschaft

Bauernarbeit trägt die Welt, lautet ein alter Spruch. In einem Gedicht aus dem 14. Jahrhundert, verfasst vom österreichischen Spruchdichter Heinrich der Teichner, heißt es:

> Dafür lob ich den Bauersmann, der alle Welt ernähren kann. Er lässt seinen Pflug streichen – wer kann sich mit ihm vergleichen? Kein König wäre so edel, er hätte weder Wein noch Brot. Was sie am Hofe an Vergnügen sich leisten, das kommt von den Bauersleuten. Drum rat ich dir, Ritter, gut – halte den Bauern in deiner Hut.

Grundlage und wichtigster Wirtschaftszweig des mittelalterlichen Wirtschaftslebens war die Landwirtschaft. Noch im Spätmittelalter arbeiteten mehr als 80 Prozent der Menschen in der Landwirtschaft, das heißt, die Bevölkerung bestand mehrheitlich aus Bauern, Hörigen und Leibeigenen, Knechten und Mägden, Tagelöhnern und Saisonarbeitern. Die bäuerliche Bevölkerungsschicht war der wichtigste Güterproduzent, sie lieferte Nahrungsmittel und Rohmaterialien für das Handwerk. Dieser Schicht, die das Land bearbeitete, gehörte das Land aber in der Regel nicht. Eigentümer waren adlige oder geistliche Grundherren. Bäuerliches Leben war also eingeordnet in ein System von sozialen, ökonomischen und herrschaftlichen Abhängigkeiten.

Die wirtschaftliche, soziale und politische Organisationsform, die sich im Frankenreich seit dem Ende des 7. Jahrhunderts entwickelte und bis zum Ende des Hochmittelalters die gesamte west- und mitteleuropäische bäuerliche Lebensordnung bestimmte, wird in der historischen Forschung als »Grundherrschaft« bezeichnet. Die »klassische« Grundherrschaft wird in Deutschland auch als »Villikation« bezeichnet, in Frankreich treffender als »domaine bipartite«, zweigeteilte Gutswirtschaft. Sie ist dadurch charakterisiert, dass im Mittelpunkt der grundherrliche Fronhof mit den davon abhängigen Bauernstellen stand.

Das vom Grundherrn selbst bewohnte und bewirtschaftete oder von einem Fronhofsverwalter geleitete Land wurde Herren- oder Salland *(terra salica)* genannt, das von den Bauern bewirtschaftete Leihe- oder Hufenland, weil es in »Hufen« (lat. *mansus*) eingeteilt war, regional unterschiedlich große Flächen – im Durchschnitt etwa 30 Morgen –, die auch bestimmte Nutzungsrechte an Wald und Weideland beinhalteten. Der Grundherr zog die Natural- und Geldzinsen der abhängigen Hufenbauern ein und führte außerdem den Vorsitz im grundherrlichen Hofgericht. Grundherrschaft war – mit den Worten des Rechtshistorikers Otto Brunner – »Herrschaft über Grund und Boden *und* über Bauern, das heißt über Menschen, die auf Grund und Boden sitzen und diesen Boden bebauen«.

Im Mittelpunkt einer Grundherrschaft stand die Burg oder der Herrenhof (*villa* oder *curtis*) des Grundherrn, auch Fronhof genannt, von wo aus die Bewirtschaftung des umgebenden Landes organisiert und beaufsichtigt wurde. Dem Fronhof stand oft ein Verwalter *(villicus)* vor, daher stammte der Name Villikation. Er hieß – regional unterschiedlich – auch Meier oder Vogt und war außerdem für die Einziehung der Naturalabgaben der Hufenbauern zuständig. Das Salland bearbeiteten sowohl unfreie Dienstleute, die im Hof untergebracht waren, als auch – zu bestimmten, festgelegten Zeiten – die dem Hof zugeordneten Hufenbauern. Die Ableistung dieser Frondienste (Herrendienste), die Arbeit auf dem Land des Grundherrn, gehörte zu den Hauptpflichten der abhängigen Hufenbauern. Im 12. Jahrhundert war die Fron in Deutschland auf ein, zwei Tage in der Woche beschränkt. An den anderen Tagen bearbeiteten die Hufenbauern das ihnen zugeteilte Land, aus dessen Erträgen sie die Abgaben an ihren Herrn leisten mussten.

Aus freien Bauern werden »Grundholde«

Anfänge und Rechtsgrundlagen der Grundherrschaft sind in der Forschung bis heute umstritten, als Ursachen für ihre Entstehung und Ausbreitung werden verschiedene Entwicklungsstränge genannt. Man geht davon aus, dass sich in dieser Agrarverfassung germanische und provinzialrömische Wirtschaftsstrukturen bis zu einem gewissem Punkt angenähert haben. Der Übergang von der spätrömischen zur frühmittelalterlichen fränkischen Herrschaft vollzog sich nämlich ohne nennenswerte Brüche in Gallien, einem der fortschrittlichsten Gebiete des Römischen Reichs: Das römische Staatsland nahm der fränkische König in Besitz, Landgüter, deren Eigentümer geflohen waren, übernahmen der König und sein Gefolge. In der spätrömischen Gutshofwirtschaft war der Großgrundbesitz hauptsächlich von Sklaven bewirtschaftet worden, es gab aber auch abhängige, schollengebundene Bauern, »Kolonen« genannt. Neuerdings nimmt man an, dass ein landwirtschaftlicher Strukturwandel, der Prozess der so genannten Vergetreidung, zur Ausbildung der »zweigeteilten« Grundherrschaft als einer neuen, rationelleren Form der Arbeitsteilung geführt habe.

Die neue Bewirtschaftungsform wurde wahrscheinlich zuerst in den Landgütern (Domänen) des merowingischen Königshauses praktiziert. Die fränkischen Könige statteten aber auch Bischofskirchen und Klöster mit Landbesitz aus. Die geistlichen Grundherrschaften, entstanden durch Schenkungen, übernahmen auf ihrem zumeist verstreuten Landbesitz das Modell der königlichen Domänen. Ebenso verfuhren die adligen Grundherren, die den von ihnen bewirtschafteten Grund und Boden ständig durch Inbesitznahme von herrenlosem Land, etwa durch Rodung, erweiterten.

Wie kam es aber dazu, dass im fränkischen Reich, das am Ende des 5. Jahrhunderts von den »Freien« (das bedeutet der Name »Franken«) auf dem Boden des römischen Galliens errichtet wurde, ursprünglich freie Bauern in ein Abhängigkeitsverhältnis zu adligen Grundherren gerieten? Die Mittelalterforschung ist sich heute weitgehend einig, dass im Laufe eines »Verbäuerlichungsprozesses« freie Bauern sich freiwillig in den Dienst und in den Schutz eines Grundherren begaben, um etwa von der Verpflichtung zum Kriegsdienst befreit zu werden. Der freie Bauer war im 8. und 9. Jahrhundert, als die Karolinger unentwegt Kriege führten, für den Militärdienst nicht mehr abkömmlich: Je länger die Feldzüge dauerten, je weiter sie führten, je kostspieliger und aufwändiger die kriegerische Ausrüstung wurde, zumal die eines fränkischen Panzerreiters, umso mehr gingen fränkische freie Bauern dazu über, sich diesen Verpflichtungen zu entziehen, indem sie sich freiwillig der Herrschaft von Großgrundbesitzern unterwarfen. Andere gerieten wider Willen in Abhängigkeiten: In weiten Teilen des Frankenreichs waren die Großgrundbesitzer auch für das Steueraufkommen in ihrer Region verantwortlich und praktizierten seit dem 4. Jahrhundert ein Abgabensystem *(inspectio)*, das ihnen ermöglichte, ganze Gruppen freier Bauernstellen an ihre persönliche Domäne zu binden und zur Entrichtung von Abgaben zu zwingen.

Ob freiwillig oder unter Zwang: Bauern, die sich in ein derartiges Abhängigkeitsverhältnis begeben hatten, wurden Hintersassen oder – nach einem germanischen Wort – »Grundholde« genannt, was so viel heißt wie »zur Treue verpflichtet«. Das Land, das der Grundholde sich von einem adligen oder einem geistlichen Grundherrn in Form der Erbpacht oder Erbleihe übertragen ließ, bewirtschaftete er selbstständig, er war aber seinem Grundherrn für Leihe und Nutzung zu Gegenleistungen verpflichtet. Die soziale Bedeutung dieser Abhängigkeit lag darin, dass der Grundherr für den Schutz des Grundholden verantwortlich war und auf diese Weise eine rechtliche Beziehung zwischen beiden Parteien hergestellt war.

Die *familia*: Die Hofgenossenschaft

Neben den Grundholden, deren Leistungen in erster Linie für eine Steigerung der Produktivität und Effektivität des grundherrlichen Betriebs sorgen sollten, gab es aber auch »hofeigene« Leute, die in den Quellen der Zeit als *servi*, Unfreie, bezeichnet werden, um den Begriff Sklave zu vermeiden. Auch die Unfreien, die schon bei den frühen germanischen Stämmen erwähnt werden, bildeten keine einheitliche Gruppe. Es gab die im Haus des Grundherrn lebenden Unfreien (*servi in domo*), die als Dienstpersonal und in der Landwirtschaft eingesetzt werden konnten, etwa als Hirten und Schäfer. Sie schliefen auf Strohlagern in gemeinschaftlichen Schlafsälen. Mit der handwerklichen Spezialisierung traten im Hochmittelalter auch Bäcker und Schmiede in Fronhöfen auf; Letztere stellten Kessel, Äxte, Pflüge und andere Arbeitsgeräte her.

Neben Hausknechten und -mägden, die zumeist im Garten arbeiteten und für die Produktion von Obst, Gemüse und Kräutern zuständig waren, gab es »behauste« Unfreie *(servi casati)*: Sie wohnten auf einer kleinen Bauernstelle mit eigenem Haus und verfügten somit über eine eigene Hufe. Der Grundherr hatte diese abhängigen Bauernstellen geschaffen, um durch einen besseren Einsatz von Arbeitskräften eine Steigerung des Getreideanbaus zu erreichen. Die »Abschichtung« von Unfreien als *servi casati* hat der Wiener Historiker Michael Mitterauer wie folgt erklärt:

> Der Grundherr ersparte sich Unterhaltskosten für einen Großteil seiner Arbeitskräfte. Er brauchte nicht selbst die Vielzahl an Zugtieren zu halten, die für den intensivierten Getreideanbau mit schwerem Pflug erforderlich waren. Das besorgten seine selbstständigen *Mansus*-Bauern, die er mit ausreichendem Grundbesitz ausgestattet hatte. In den Spitzenzeiten der Pflug- und Erntearbeiten standen sie mit ihren Pflug- und Wagengespannen zur Verfügung. Sonst bewirtschafteten sie ihr eigenes Gut. Von dem dort erwirtschafteten Ertrag erhielt der Herr noch zusätzlich seinen Anteil.

Die auf dem Fronhof ansässigen Unfreien sowie die abhängigen Hufenbauern bildeten zusammen die *familia,* die Hofgenossenschaft, die einem gemeinsamen Hofrecht unterlag, das der Grundherr beziehungsweise der Verwalter ausübte, der darum in manchen Gegenden auch »Schultheiß« genannt wurde. Man kam regelmäßig, in vielen Gegenden dreimal im Jahr, zum Hofgericht zusammen, wo Streitfälle vorgetragen und Vergehen bestraft wurden. Bei der Urteilsfindung standen dem Schultheiß vielerorts Schöffen, Geschworene, zur Seite, die in der Regel ursprünglich freie Hufenbauern waren. Die Gerichtssitzungen fanden – ein Relikt des Heidentums – zumeist unter alten Bäumen statt, unter Buchen, Eichen oder Linden, und wurden durch Glockenläuten angekündigt. Die Hofgerichte waren die Vorläufer der späteren Dorfversammlungen.

Im 12. Jahrhundert zeigten sich erste Auflösungserscheinungen im grundherrschaftlichen System. Die sich allmählich durchsetzende Geldwirtschaft, die die Naturalwirtschaft ablöste, erforderte andere Bewirtschaftungsformen, um den Grundbesitzern höhere Einnahmen zu verschaffen. Zugleich entstanden immer mehr Städte, durch Gründungen oder durch Stadtrechtsverleihungen, und die Städte brauchten Arbeitskräfte: Viele Landbewohner nutzten die Möglichkeit zur »Landflucht«, sie gingen in die Stadt, wo man nach Jahr und Tag, wenn niemand Einspruch erhob, als »frei« galt.

Auf dem Land war man gezwungen, dagegen etwas zu unternehmen. So bot man zunächst den Bauern an, ihr Hufenland in Erbpacht zu übernehmen. Der Abt des Klosters Weingarten hat das im Jahr 1170 eher vorsichtig formuliert:

> Wir machen den Bauern folgendes Zugeständnis: Diejenigen, die dem Hörigenverband dieses Klosters angehören, dürfen, solange sie zu Anbau ihrer Felder und zur Erfüllung ihrer Dienste fähig und willens sind, unter keinen Umständen von ihren Gütern entfernt werden. Und auch ihre Söhne sollen, wenn sie den Zins zahlen, der väterlichen Güter nicht beraubt werden.

Und so wurden allmählich in vielen Gegenden die Villikationen aufgelöst, das Salland in Hufenland eingeteilt und ganze Fronhöfe zu Lehen oder zur Pacht vergeben. Die Pacht wurde zum bestimmenden Element der grundherrlichen Wirtschaft. Man ging auch dazu über, die Frondienste in Geldzahlungen umzuwandeln, was zusätzliche Einkünfte brachte – und was dem Bestreben der bäuerlichen Bevölkerung nach freier Verfügung über ihre Arbeitskraft entgegenkam, denn zumeist pachteten die Hufenbauern die neu geschaffenen Flächen. Leistung begann sich zu lohnen.

Vom 9. bis zum 13. Jahrhundert war das System der Grundherrschaft der wirtschafts- und gesellschaftspolitische Rahmen, innerhalb dessen ein sehr großer Teil der bäuerlichen Bevölkerung lebte. Die Umwälzungen, die seit dem 11. Jahrhundert in allen Bereichen der mittelalterlichen Gesellschaft stattfanden, die Entstehung der Städte, ein Prozess, der die Landflucht der Bauern einleitete, die Arbeitsteilung zwischen Stadt und Land, das Bevölkerungswachstum, führten auch in der europäischen Agrarwirtschaft zu einem ungeheuren Aufschwung, der sich in einer Zunahme der Rodungstätigkeit, in der intensiven Ausdehnung der bebauten Fläche und in steigenden Getreidepreisen niederschlug. Die im 13. Jahrhundert einsetzende Auflösung der Villikationsverfassung – nach Philippe Dollinger eine »regelrechte landwirtschaftliche Revolution« – veränderte also die ländlichen Besitzstrukturen, beeinflusste in positiver Weise die Lage der bäuerlichen Bevölkerung und förderte gleichzeitig die Entwicklung der Dörfer.

Bäuerliches Arbeits- und Alltagsleben

Bäuerliches Leben bedeutete in erster Linie schwere körperliche Arbeit, die zwangsläufig dem Rhythmus der Jahreszeiten angepasst war. Das mittelhochdeutsche Wort *arebeit* bedeutet so viel wie »Mühe, Plage«. Im Spätmittelalter hat ein hoch gebildeter Autor das Leben der Bauern folgendermaßen umschrieben:

> Landleute heißen die, die das Land von Dorf zu Dorf und Hof zu Hof bebauen. Sie führen ein hartes Leben. Jeder von ihnen lebt demütig vor sich hin, mit seiner Familie und seinem Vieh. Ihre Wohnungen sind aus Lehm und Holz errichtet und mit Stroh gedeckt. Hausbrot, Haferbrei, gekochtes Gemüse sind ihre Speisen, Wasser und geronnene Milch ihre Getränke, ein linnener Kittel, ein paar Stiefel ihre Kleidung. Die Leute stecken alle Zeit in Arbeit. Sie müssen das Feld beackern, säen, ernten und die Frucht in die Scheuern bringen, Holz fällen, Häuser bauen, Gräben ausheben.

Arbeit im Jahresrhythmus

In einem Kompendium des mittelalterlichen Wissen, im *Secretum secretorum* (»Geheimnis der Geheimnisse«), das aus dem maurischen Spanien stammt und seit Mitte des 13. Jahrhunderts in ganz Europa gelesen wurde, werden die Jahreszeiten nach kalendarischen Daten und astronomischen Konstellationen definiert:

> Der Frühling beginnt, wenn die Sonne in das Sternzeichen des Widders eintritt, er beginnt am elften Tag des März und endet am dreizehnten Tag des Juni. An seinem Anfang sind Tag und Nacht gleich. Der Sommer beginnt, wenn die Sonne in das Sternzeichen des Krebses eintritt, er beginnt am dreizehnten Tag des Juni und dauert bis zum vierzehnten Tag des September. In dieser Jahreszeit sind die Tage am längsten. Der Herbst beginnt, wenn die Sonne in das Sternzeichen der Waage eintritt. Er dauert vom vierzehnten September bis zum zwölften Tag des Dezember. An seinem Anfang sind Tag und Nacht gleich lang. Der Winter nimmt seinen Anfang, wenn die Sonne in das Sternzeichen des Steinbocks eintritt, er dauert vom zwölften Tag des Dezember bis zum elften Tag des März. In dieser Zeit sind die Tage am kürzesten.

Abgesehen davon, dass sich diese Zeitangaben noch auf den alten julianischen Kalender beziehen, der dem gregorianischen um zehn Tage voraus war, konnte der mittelalterliche Bauer mit diesen Weisheiten wenig anfangen. Für ihn begann und endete das bäuerliche Jahr mit dem Fest des Erzengels Michael, dem 29. September – da sollte die Ernte eingebracht worden sein, danach begannen schon die Vorbereitungen für die Aussaat des Wintergetreides und die Schlachtmonate.

Auf den beliebten Monatsbildern (den »Kalendern« des Mittelalters) sind zumeist Motive aus dem bäuerlichen Jahresrhythmus wiedergegeben. So zeigen viele Januarbilder verschneite Bauernhäuser, der Bauer ist mit Holzhacken beschäftigt. Im Mai blühen schon die ersten Blumen auf den Wiesen, was das pflanzliche Wachstum symbolisieren soll; im Oktober werden meistens Bauern bei der Weinlese abgebildet.

Im Frühjahr, wenn die Tage länger wurden und die Fastenzeit vorbei war, mussten die Landbewohner nicht mehr so viel Zeit in ihren rauchigen, dunklen Wohnungen verbringen, zugleich begann wieder die Phase der schweren Feldarbeit.

Wie lebten Bauern zu Beginn des 13. Jahrhunderts in einem kleinen Dorf, als es noch Grundherrschaften gab? Den Winter nutzten sie, um die Arbeitsgeräte instand zu setzen, neue Pflugscharen anzubringen, Messer und Äxte zu schärfen. Im Winter wurden die Zugtiere ordentlich gefüttert, damit sie wieder zu Kräften kamen, um im März die schwere Pflugarbeit verrichten zu können. In den Ställen hatten die Bauern den Dung des Viehs gesammelt, den sie im Frühjahr über die Felder verteilten; auch den Taubenmist verwendeten sie als Düngemittel im Garten, wo sie Gemüse, Kohl, Lauch, Zwiebeln und Erbsen anbauten. Wie Illustrationen in den schon erwähnten *Stundenbüchern* zeigen, wurde im März das erste Mal gepflügt und geeggt. Die Egge, ein hölzerner Rahmen mit Querstreben und Holzzinken, setzten die Bauern zur Unkrautbekämpfung und zum »Eineggen« der Saat ein; vielfach ließen sie die Pferde die Egge quer zur Furche übers Feld ziehen. Nach dem

Pflügen streuten sie aus einer Kiste, die sie sich um den Hals gehängt hatten, die Samenkörner auf dem Acker aus. Erbsen und Bohnen wurden von Frauen in der Weise ausgesät: Zuerst trieben sie mit einem spitzen Stab Löcher in den Boden und füllten dann diese einzeln mit Samen aus. Um die Saat zu schützen, wurde sie unmittelbar nach dem Säen mit Strauchwerk in die Furche verteilt, anschließend wurde nochmals geeggt, meistens über Kreuz. Auf Illustrationen folgen häufig Kinder den Eggen und verscheuchen Vögel mit Steinwürfen. Im Frühjahr wurden im Allgemeinen Pflanzen ausgesät, die als Pferdefutter oder zur Herstellung von Getränken dienten, so Hafer und Gerste; erst im Herbst baute man Roggen und Weizen an, also Getreidesorten, aus denen Brot gebacken wurde.

Wenn das Pflügen, Eggen und Säen – die Haupttätigkeiten im Frühjahr – erledigt waren, reparierten die Bauern wieder die Arbeitsgeräte, arbeiteten im Garten, besserten Hecken und Zäune aus, räumten Gräben und Latrinen aus, beschnitten die Weinstöcke. Auf den Tisch kam in dieser Zeit viel Lauch: »Der März«, so ist in einer englischen zeitgenössischen Chronik zu lesen, »ist die beste Zeit für Lauch, denn er ist für die Suppe gut und reinigt das Blut.« Zwiebeln galten als Appetitanreger, »sie vertreiben den Ekel und lockern den Bauch, sie verbessern das Sehvermögen«. Ostern war dann das erste große Fest des Kirchenjahres, immer am ersten Sonntag nach dem ersten Frühlingsvollmond.

Für die Bauern und ihre Familien waren März, April und Mai arbeitsreiche, aber auch angenehme Monate. Mit Bittprozessionen, die an heidnische Frühjahrsumzüge anknüpften, gaben sie ihrer Hoffnung Ausdruck, dass die mühsame Arbeit des Frühjahrs durch eine reiche Ernte im Herbst belohnt würde. So ordnete etwa die Äbtissin des Klosters Schildesche bei Bielefeld im 10. Jahrhundert an:

> Alljährlich am zweiten Pfingsttag sollt ihr mit Beistand des Heiligen Geistes den Leib unseres Schutzheiligen in euren Pfarrsprengeln in weitem

Bogen herumführen und damit eure Häuser und Felder heiligen, anstelle eines heidnischen Frühjahrsumzuges. Ich vertraue aber auf die Barmherzigkeit unseres Schutzheiligen, dass auf diesen Umzug hin die Erzeugnisse des Landes üppiger wachsen und die Wetterunbilden aller Arten nicht mehr auftreten werden.

Der Sommer war die Hauptsaison bäuerlicher Arbeit. Im *Secretum secretorum* wird der Sommer mit einer verheirateten Frau verglichen, deren Körper in höchster Vollkommenheit erblüht ist. In der Jahreszeit, in der Obst und Getreide reiften, begannen sie mit der Getreideernte, dem wichtigsten Ereignis des Sommers. Der englischen Bauerndichtung *Piers Plowman* (»Peter der Pflüger«) ist zu entnehmen, dass in England als Beginn der Getreideernte der 1. August, der Tag der »Laibmesse«, gefeiert wurde: An diesem Tag wurde das erste Brot aus der neuen Ernte eingesegnet.

Die langen Sommertage waren die arbeitsreichsten des Jahres, denn die Bauern mussten auch noch Hand- und Spanndienste auf den grundherrlichen Feldern ableisten. Der Arbeitstag begann bei Sonnenaufgang und endete bei Sonnenuntergang; von Freizeit konnte keine Rede sein, weil sie mit Mehrarbeit auf der eigenen Hufe die auf grundherrlichem Land abgeleistete Arbeit ausgleichen mussten. Nichts bedrückte sie so sehr, als dass der größere Teil des von ihnen bewirtschafteten Landes nicht ihnen, sondern dem Grundherrn gehörte.

Vor dem Getreide wurde im Juli das Heu geerntet; das beste Heu gewann man auf Wiesen, die an Teichen und Bächen lagen und bisweilen überflutet wurden. Die Männer schnitten das Gras, die Frauen wendeten es, die Kinder häuften es mit dem Rechen auf. Während der Fronarbeit wurden die Bauern vom Verwalter beaufsichtigt, der voller Misstrauen darauf achtete, dass alle ihre vorgeschriebenen Arbeiten erledigten. Vom Gutsherrn wurden die Bauern mit Bier, Brot und Käse verköstigt.

Sobald das Heu eingebracht war, wurde das Brachland zum zweitenmal umgepflügt und von Unkraut und Disteln befreit.

Im August fand dann die Ernte von Getreide und Futterpflanzen statt. Gerste und Hafer wurden im Frühmittelalter noch mit der Sichel, später mit der Sense geschnitten. Auch vor der Getreideernte gab es religiöse Zeremonien. Aus der Eifel ist überliefert, dass der Dorfpfarrer – noch bevor das erste neue Getreide in die Scheune gefahren wurde – mit einer brennenden Kerze, die er bereits am 2. Februar, am Fest Mariä Lichtmess in der Hand gehalten hatte, ein Gebet sprechen sollte: »Herr Jesu Christe, wahres Licht vom reinen Licht entstammend, der Du zusammen mit dem Vater Urheber allen Gedeihens bist, erhalte und bewahre unsere Ernte.«

Auf den Feldern bildeten die Bauern oft Gruppen von mehreren Leuten, einige gingen mit den Sensen voran und schnitten das Getreide, die anderen folgten ihnen und bündelten die Halme zu Garben. Das Binden der Garben besorgten zumeist die Frauen. Die Garben sollten nicht zu groß sein, damit sie mühelos zum Wagen getragen werden konnten. Weizen wurde knapp unterhalb der Ähre geschnitten, das Stroh ließ man stehen, um es später zu mähen und an das Vieh zu verfüttern oder um es als Dünger einzupflügen. Im September konnte man dann bereits wieder säen.

Wenn die Ernte zur Neige ging, wurden Wettkämpfe um den Schnitt der letzte Ährenreihe veranstaltet. Die Bauern schmückten die letzte Garbe, und wenn der letzte Erntewagen in die Scheune einfuhr, brach Jubel los. Das Ende der Erntezeit war dann Anlass für Erntedankfeste, die zumeist in der letzten Septemberwoche gefeiert wurden.

Neben der Feldarbeit gab es genug weitere Arbeiten für die Bauern, die ebenfalls im Sommer erledigt werden mussten, etwa die Schafschur. Im Mai, nachdem die Lämmer entwöhnt waren, wurden die Herden selektiert, im Juni wurden die Schafe, die verkauft werden sollten, geschoren und auf der Sommerweide gemästet. Die Schur besorgten Männer und Frauen gemeinsam. Bis in den September hinein lieferten die Mutterschafe nahrhafte Milch, die auch zur Herstellung von Käse verwendet wurde. Auch der Honig, den man zur Herstellung von Met benötigte, wurde im Sommer geerntet. Und zu dieser Zeit fand auch die Verarbeitung des an der Küste aus Meerwasser gewonnenen Salzes statt

Die Jahreszeit der vollen Mägen

Der Herbst diente vor allem dazu, die Erträge des Sommers weiterzuverarbeiten und Vorräte für den Winter und das kommende Jahr anzulegen. Auch die Ernte des nächsten Jahres musste vorbereitet werden: Auf mittelalterlichen Monatsbildern sieht man auch im Oktober und November Bauern beim Pflügen und Aussäen. »Wenn der Oktober seinen Abschied nimmt und der November heraufzieht, ist die Zeit da, in der gute Bauern den Boden mit großer Sorgfalt bearbeiten, um im folgenden Jahr noch mehr Korn für die Ernährung des Menschen hervorzubringen«, bemerkt Thomas Usk, ein englischer Autor des 15. Jahrhunderts. Oktober und November gelten als eine angenehme Zeit auf dem Land, »eine Zeit der vollen Mägen«, wie in einer maasländischen Chronik zu lesen ist. Es ist auch die Zeit der Weinlese und des Schlachtens.

Die Herbstarbeit begann für die Bauern mit dem Dreschen des Getreides. Mit Dreschflegeln schlugen sie auf die am Boden liegenden Ähren. Die Körner wurden in Behälter gefüllt, das Stroh wurde dann zum Dachdecken verwendet. »Geworfelt« wurde an windigen Tagen im Freien – dabei warfen sie die Körner in die Luft, damit der Wind »die Spreu vom Weizen trennte«. Die Spreu wurde als Viehfutter verwendet, die Körner wurden dann zum Mahlen zur Mühle gebracht.

Der Herbst bzw. die Wochen nach der Ernte waren auch die Zeit, in der die Abgaben geleistet werden mussten. Einige Bauern mussten beispielsweise für die Nutzung ihrer Hufe Abgaben an ein Kloster zahlen und waren zudem verpflichtet, in vorher festgelegten Sommerwochen, Frondienste zu leisten,

Monatsbild August: Dreschen. Aus den so genannten »Bedford Hours«.

und beim Vogt des Klosters im Fronhof einen Ochsen, ein Ferkel, Hühner, Eier und ein paar Fuder Holz abzuliefern. Das war aber noch nicht alles: Die Höhe der Abgaben war zwar regional unterschiedlich, es war aber durchaus üblich, dass dem Vogt an Mariä Himmelfahrt, am 15. August, eine Gans und am Bartholomäustag, am 24. August, Eier und eine Fuder Dachschindeln gebracht werden mussten.

Da das Winterfutter oft knapp und teuer war, wurden viele Rinder, Schweine und Ziegen im Herbst ausgesondert und geschlachtet – mit Ausnahme der Arbeitstiere wie Zugochsen sowie der Tiere, die zur Zucht oder Milchproduktion gebraucht wurden. Im November, wenn die Eicheln von den Bäumen fielen, wurden die Schweine im Gemeindewald gemästet. Im Dezember wurden sie dann geschlachtet: »Jetzt auch pflegt man die Schweine zu schlachten, welche die Eichel schon aufgefüttert hat, so dass sie die völlige Mast durch wanstigen Bauch bekunden«, ist einem rheinischem Gedicht aus dem 9. Jahrhundert zu entnehmen. In einigen Regionen hieß der November der »Blutmonat«, weil da am häufigsten geschlachtet wurde. Konserviert wurde das Fleisch durch Einsalzen, Räuchern oder einfaches Abhängen.

Am 12. Dezember begann nach dem julianischen Kalender – der damals üblichen Zeitrechnung, die das reine Sonnenjahr zugrunde legt – der Winter, die unangenehmste Jahreszeit im Leben der Bauern. »Der Winter zehrt alles auf, was der Sommer erzeugt«, lautet eine bäuerliche Spruchweisheit. »Im Dezember, Januar und Februar sorgen Frost, Schnee, Regen und Winde für großes Ungemach«, schreibt ein französischer Zeitgenosse. Nach der Saat des Winterweizens konnten die Bauern nur noch wenige landwirtschaftliche Tätigkeiten verrichten: Sie schlugen Holz im Gemeindewald, reparierten Häuser und Zäune, fütterten und pflegten das im Stall untergebrachte Vieh. Stroh wurde bisweilen mit Getreide vermischt, um den Tieren etwas Nahrhaftes zu geben.

Alle Mitglieder der Familie hielten sich an kalten, stürmischen Wintertagen überwiegend im Wohnbereich des Gehöfts auf, im einzigen beheizten Raum, in der Wohnküche. Die kleinen Kinder spielten, die älteren schnitzten Löffel und Schalen, die Frauen saßen am Spinnrad oder nähten, die Männer flochten Fischreusen oder reparierten das Pferdegeschirr. Hauptnahrung im Winter waren über dem offenen Feuer in großen Kesseln zubereitete dicke Suppen – Kohlsuppen, Linsensuppen, Lauchsuppen, Bohnensuppen –, die mit Kräutern aus dem eigenen Garten, vor allem Petersilie, gewürzt und bisweilen mit Fisch oder Fleisch angereichert wurden. Nach Weihnachten wurde die Winterkost sehr einseitig und vor allem salzhaltig, denn die meisten eingelagerten Nahrungsmittel, Fleisch, Butter und Käse, waren mittels Salz für eine gewisse Zeitspanne haltbar gemacht worden.

Die Eintönigkeit des Alltags vertrieben sich die Bewohner des Dorfes mit Spielen. Wenn etwa Teiche und Flüsse zugefroren waren, wagten sie sich schon mal aufs Eis; Tierknochen oder geschliffene Hölzer hatte man aus Osteuropa als »Schlittschuh« übernommen. Das Weihnachtsfest, das nicht so wichtig war wie Ostern, war der gesellschaftliche und kulinarische Höhepunkt der winterlichen Jahreszeit; dank der angelegten Vorräte konnten die Bauern ausgiebig feiern und sich mit Selbstgebasteltem oder gedörrtem Obst gegenseitig beschenken. Zu Weihnachten konnte noch richtig gefeiert werden: Vielleicht hat das Fest gerade deswegen noch heute einen so großen Stellenwert.

Missernten, Hungersnöte – und was man dagegen tun konnte

In den mittelalterlichen Chroniken gibt es zahllose Berichte über Unwetter, Überschwemmungen, harte Winter, die die Saat vernichteten. Man beobachtete derartige Erscheinungen nicht zuletzt deshalb genau, weil man sie als Strafen Gottes interpretierte, die auf die Sünden der Menschen folgten.

Zum Jahr 1060 heißt es in der Chronik des Klosters Altaich: »Im ganzen Reich gab es einen so strengen Winter, dass infolge der großen Menge Schnee, der sehr lange liegen blieb, viele Menschen ihr Leben verloren, dann folgte eine so große Überschwemmung.« Und aus Augsburg wird über den Winter 1075/76 berichtet: »Der Winter war ohne Unterbrechung streng, und die Schneelast blieb vom 15. November bis zum 15. April liegen, sodass die Bäume verdorrten, danach brachte das Land so wenig Ertrag an Feldfrüchten, dass es sogar an Saatgut fehlte.«

In den Annalen des Klosters Reichersberg in Oberösterreich wird das Jahr 1145 beschrieben:

> In diesem Jahr gab es eine große Hungersnot. Denn der Saturn, einer der sieben Planeten, ein Stern von sehr kalter Natur, der in diesem Jahr am äußersten Rande des Sternbildes Widder stand, hatte die vorher liegenden sieben oder acht Jahre unfruchtbar und das Land nahezu unempfänglich gemacht, sodass es nur in wärmeren und fruchtbareren Landstrichen seinen Bestellern geringe Ernteerträge und spärliche Weide brachte. In dieser Zeit sind in fast allen Ländern Europas zahlreiche Menschen an Hunger gestorben; die Übrigen haben ihr Leben mit Kräutern, Wurzeln und auch mit dem Verzehr von Baumrinde kläglich gefristet. Manche machten es sich zur Gewohnheit, dem Großvieh wöchentlich Blut abzuzapfen, und erhielten mit dieser Nahrung ihr Leben.

Ein paar Jahre später folgte die nächste Missernte: »1151 gab es eine so große Hungersnot, dass selbst die Fürsten für einige Tage kein Brot hatten, das Volk aber lebte von Kräutern, mehrere Tausend Menschen starben vor Hunger, sodass in den Dörfern viele Häuser leer standen«, ist im Bericht eines Mönchs aus Ottobeuren zu lesen. Und in einer friesischen Chronik zum Jahr 1272 heißt es:

> In diesem Jahr gab es eine große Hungersnot in Friesland, die sich auch über ganz Westfalen erstreckte, dazu eine Sterblichkeit der Schafe. Wegen übermäßiger Regenfälle war vier Jahre lang nur wenig Korn gewachsen. Man konnte nur in Dänemark und im Slawenlande Getreide kaufen, wo der Herr, der zürnt und sich wieder erbarmt, eine reiche Getreideernte beschert hatte. Doch der Herr Bischof hatte aus Hass gegen die Bewohner des Emsgaus den Markt an der Ems gesperrt, sodass die Friesen ihr Vieh nicht verkaufen konnten und die lebensnotwendigen Dinge nicht bezahlen konnten, weil sie kein Geld hatten. In Dänemark und im Slawenlande wollte man ihr Vieh nicht nehmen, sondern nur Geld. So verstärkte sich die Hungersnot immer mehr, wegen der Wucherpreise waren Grundstücke nichts mehr wert. Und so flüchteten nicht wenige in die Städte, manche, um zu betteln, manche, um nur fürs Essen als Knechte zu dienen, obwohl sie zuvor eigene Felder bestellt hatten. Manche haben auch, so gut es ging, ihr klägliches Leben mit Brennnesseln, Hagebutten und Wendelgras gefristet.

Das Hochmittelalter, vor allem das 11. und 12. Jahrhundert, war indessen eine Epoche, in der Europa infolge einer allmählichen Klimaverbesserung mit einigen Ausnahmen von regelmäßigen Hungersnöten verschont blieb. Aber mit Naturkatastrophen, Missernten und Hungersnöten mussten die Bauern auch weiterhin rechnen. Die Abhängigkeit vom Wetter hat sozusagen den »Bauernkalender« hervorgebracht: Um Rückschlüsse auf wiederkehrende Wetterkonstellationen ziehen zu können, beobachteten die Bauern das Wetter im Verlauf des Jahres genau. Den Unwägbarkeiten des Wetters waren sie aber hilflos ausgesetzt. Was nach ihren Vorstellungen half, war beten, da Gott die Katastrophen als Strafe schickte.

Die Bauern galten als sehr fromm, wie alle Menschen im Mittelalter hatten sie Angst vor dem Zorn Gottes, vor den Höllenstrafen und dem Fegefeuer. Umso größer war ihr Streben nach Vergebung ihrer Sünden, nach dem göttlichen Heil. Doch immer wieder wurden sie des Aberglaubens bezichtigt. Noch lange nach Einführung des Christentums wurden auf dem Land alte, heidnische Bräuche gepflegt, auch im Hinblick auf das Wetter. »Um gut Wetter bitten« – das versuchte man mit Flurumgängen, mit der Anrufung von Dämonen, der Beschwörung von Geistern und anderen überirdischen Kräften, mit Zauberformeln und dem Einsatz von selbst ernannten »Wettermachern«. Bischof Burchard von Worms hat geschildert, was rheinische Frauen im 11. Jahrhundert bei ausbleibendem Regen anstellten:

> Wenn sie keinen Regen haben, so holen sie eine Anzahl Mädchen zusammen und machen ein ganz kleines und jungfräuliches zur Führerin der Gruppe; und diese ziehen sie nackt aus und führen sie zu einer Stelle, wo sie Bilsenkraut finden. Sie lassen die Jungfrau eben diese Pflanze mit dem kleinen Finger der rechten Hand ausziehen, und wenn sie mitsamt der Wurzel herausgezogen wurde, so binden sie diese mit einem Band an den kleinsten Zeh des rechten Fußes. Und die Mädchen, welche alle eine Gerte in der Hand halten, führen das jungfräuliche Mädchen, welches das Kraut

hinter sich herschleift, in den Fluss hinein und besprengen es mit Wasser, und dann hoffen sie, dank ihrer Zaubersprüche, Regen zu bekommen.

Bilsenkraut als Regenmacher – ein vergleichsweise harmloser Aberglaube. Man könnte zahllose weitere Beispiele, nur auf das Wetter bezogen, aufführen. »Hierzulande glauben alle, dass man Hagel und Donner machen könne«, schreibt Agobard von Lyon. Und noch im 15. Jahrhundert glaubte man in Niederösterreich, dass man ein drohendes Gewitter mit Geschrei, Lärm und Rasseln vertreiben könne, »weil die nach oben getriebene Luft sich dem Unwetter entgegenstellt«. Da die Bauern keine medizinische Versorgung hatten, gab es zahllose Zaubersprüche und Rezepte gegen Krankheiten. Gegen den »bösen Blick« musste man die Kinder mit Amuletten schützen; zwölf Maiwürmer, in Honig eingelegt, halfen gegen Fieber; in Öl gepresste Schnecken, die im Frühtau gesammelt werden mussten, heilten Wunden und Stiche; die Leber des in Mainächten gefangenen Maulwurfs galt als Arznei gegen Genitalleiden. Der Maibaum, das heidnische Phallussymbol, sollte alles Böse und Lebensfeindliche verscheuchen. Die Vertreter der Kirche reagierten auf die im Volk fest verankerten Vorstellungen, indem sie – wo es möglich war – die heidnischen durch christliche Symbole ersetzten. So wurde beim Flurumgang der christliche Schutzheilige mitgeführt. Heidnische Vorstellungen und Bräuche hielten sich übrigens, wie Volkskundler herausgefunden haben, in jeder Gesellschaftsschicht weit über das Mittelalter hinaus: Lexika und Handwörterbücher des deutschen Aberglaubens füllen ganze Bücherwände.

Bäuerliche Festkultur: Die Bauernhochzeit

Der bäuerliche Alltag war durch Arbeit geprägt. Ein wenig »Freizeit« hatte der Bauer im Mittelalter nur im Winter. Einen Einschnitt stellten die Sonntage dar, weil Arbeitsverbot herrschte. Dieses Verbot wurde allerdings wegen der Menge der anfallenden Arbeiten immer wieder übertreten. An einem arbeitsfreien Sonntag ging man geschlossen in die Kirche, oft – wenn kein Pfarrer am Ort war – musste man weite Wege über Stock und Stein in Kauf nehmen, um im nächsten Dorf dem Gottesdienst beiwohnen zu können. Am Nachmittag trafen sich die Bauern am Anger oder unter der Linde, um gemeinsame Dinge zu besprechen. Die Jungen führten Wettrennen oder Ringkämpfe durch, warfen mit Steinen, schossen mit Armbrüsten auf Zielscheiben oder, wie es aus England überliefert ist, traten mit dem Fuß gegen aufgeblasene Schweinsblasen: »Sie laufen und springen und jagen dem Ball nach und vergessen dabei die Arbeit und manch schmerzhaften Sturz.«

Im 13. Jahrhundert verfügte Papst Gregor IX., dass das Jahr insgesamt 85 arbeitsfreie Tage haben sollte, an denen man sich Gott zuwenden solle. In vielen Regionen war die Zahl der Festtage aber weitaus höher. Man beging die hohen christlichen Feiertage und den Tag des Dorfheiligen, besonders populär war das Fest Mariä Himmelfahrt am 15. August, das letzte große Fest des Sommers. Es wurden aber auch ursprünglich heidnische Feste weiter gefeiert: der Maianfang, die Sommersonnenwende, das Erntedankfest, die Wintersonnenwende und die Fastnacht, Letztere, um den Winter endgültig zu vertreiben.

Über all diesen Feierlichkeiten standen aber die Hochzeiten auf dem Land. Zumeist hatten die Väter beziehungsweise die Familien die Ehe verabredet, »Liebesheiraten« waren selten, zumeist wurden Nachbarskinder miteinander verheiratet: »Heirate über den Mist, so weißt du, wer sie ist«, war ein gängiger Ratschlag für junge Männer auf Freiersfüßen. Bei Hörigen, die verschiedenen Grundherrschaften angehörten, mussten einige Hindernisse aus dem Weg geräumt werden, die Grundherren erteilten ihre Zustimmung nur ungern und wenn – so will es der Mythos – sie von ihrem bizarren Vorrecht Gebrauch machen durften, das »Recht der Ersten Nacht« *(ius primae noctis)* mit der Braut eines Abhängigen in Anspruch zu nehmen. Dieser einst von Gelehrten schamvoll-poetisch so genannte berüchtigte Brauch der Feudalgesellschaft erlaubte dem Grundherrn bzw. seinem Vogt angeblich, unmittelbar nach der Hochzeitsfeier die Braut zu entjungfern. Es soll Regelungen gegeben haben, nach denen besagtes Recht vom Bräutigam durch eine Zahlung an den Grundherrn abgelöst werden konnte; dem abzuliefernden Geld gaben die Bauern recht drastische Namen: Jungfernzins, Steckgroschen, Hemdschilling oder Bunzengroschen. Neueren Forschungen zufolge ist aber diese Sitte eine juristisch-literarische Fiktion, ein Mythos, der entstand, als die Rechtsgelehrten des Absolutismus das feudale Gewohnheitsrecht durchleuchteten und dort allerlei skurrile Privilegien und Heiratsabgaben fanden. Nicht alles war ihnen verständlich, doch sie erfanden einiges hinzu und tradierten das Hinzugedichtete als abschreckendes Beispiel.

Hatte also der Gutsherr seine Zustimmung gegeben, waren Braut und Bräutigam im heiratsfähigen Alter (das regional unterschiedlich festgelegt war), war man sich über die Mitgift einig, so konnte endlich die Trauung vorgenommen werden. Erst seit dem Hochmittelalter, als die Kirche das Sakrament der Ehe überall in Europa durchsetzen konnte, wurde auch auf dem Land die Ehe von einem Geistlichen geschlossen; früher konnten auch Laien Trauungen vornehmen.

Gefeiert wurde anschließend im Freien mit Tanz, Gesang und dem Hochzeitsmahl als Höhepunkt. Vor allem reiche Bauern betrieben bei Hochzeiten ihrer Kinder einen besonders großen Aufwand. Das wurde schon im Spätmittelalter mit offensichtlichem Neid registriert, bezeichnenderweise von Stadtbewohnern. So notierte ein elsässischer Theologe:

> Durch Reichtum sind die Bauern in unserer Gegend und in manchen Teilen Deutschlands üppig und übermütig geworden. Ich kenne Bauern, die bei der Hochzeit von Söhnen oder Töchtern und bei der Kindtaufe so viel Geld ausgeben, dass man dafür ein Haus und ein Ackergut nebst Weinberg kaufen könnte. Sie sind in ihrem Reichtum wahrhaft verschwenderisch in Nahrung und Kleidung und trinken kostbare Weine.

Wenn der Tisch so reichlich gedeckt war, aßen und tranken die Gäste – Verwandte und Nachbarn –, die sonst nur kärgliche Mahlzeiten gewohnt waren, hemmungslos viel. Der ritterliche Lyriker Neidhart von Reuenthal, der im bayerisch-österreichischen Raum wirkte, hat schon im 13. Jahrhundert die Tanzwut der Dorfjugend satirisch beschrieben. Von Heinrich Wittenwiler, der als Advokat des bischöflichen Gerichts in Konstanz erwähnt wird, stammt vielleicht die schönste, allerdings satirisch überzeichnete Darstellung einer Bauernhochzeit. Aus seiner Ende des 14. Jahrhunderts veröffentlichten Dichtung *Der Ring* seien nun Auszüge aus »Die ungeheuerliche Schlacht des Hochzeitmahls« zitiert. Den schlimmsten Bauerntölpeln, die sich bei Tisch natürlich nicht benehmen können, hat Wittenweiler Namen wie »Fahrindiekuh« (womit auf Sodomie angespielt wird), »Schlingdenspeck«, »Triefnas«, »Lastersack« oder »Scheißindieblumen« gegeben.

Einer schlug die Schüssel mit der Faust,
dass die ganze Suppe saust
mitsamt dem Brot hinab zur Erde.
Da sagte sich jeder: Eh ich sterbe
vor Hunger, so will ich vergessen
den Dreck, den Kot und die Reste fressen,
und wäre es noch übler beschissen,
es blieb nicht ein einziger Bissen!
So geschah es, man lobte den edlen Geschmack.
Danach nahm ein jeder einen Sack
und breitete ihn im Grase aus.
Da wurde ein herrliches Tischtuch draus. (...)
Gerste- und Haferbrot indessen
konnte man genügend essen,
Roggenbrötchen gab es frisch,
und fertig war der Hochzeitstisch.
Als das Schenken ein Ende nahm,
galoppierten Frau und Mann
hin zum Tisch wie die Säu zum Trog:

Zum Händewaschen es niemanden zog
bis auf Frau Else und Fahrindiekuh,
die hatten indessen auch Grund dazu,
weil sie inmitten der drängelnden Scharen
in die Scheiße gefallen waren. (...)
Sie [Frau Else] wollte dem Wirt keine Schande tun
und fasste den Krug mit den Händen nun
und stieß Mund und Nase hinein,
so wundervoll schmeckte ihr der Wein,
wobei sie drin eine Schabe fand,
die zog sie heraus mit bloßer Hand,
dann trank sie weiter so emsig und flink,
bis dass ihr der Atem ausging. (...)
Niemand wollt ein Messer zücken,
man riss das Fleisch einfach in Stücken,
das war Vätersitte, ungebrochen.
Sie schlang das Brot und benagte die Knochen,
sie knabberte, biss und zerrte so viel,
dass ihr ein Zahn aus dem Rüssel fiel.
Was sollten da noch die Hunde genießen?
Das Nagen begann sie zu verdrießen,
schließlich tat einer einen Sprung
und zog ihr den Knochen aus dem Mund.
Doch fraß sie, bis sie schließlich dann
die anderen zu erreichen begann.
Die hatten's inzwischen ähnlich getrieben,
und so war kein Krümel übrig geblieben.
Da schrieen sie gräulich: »Bringt uns her!
Egal was es ist, Hauptsache mehr!«
Hatten alle wie Else auch reichlich getrunken,
so war doch keiner umgesunken.
Inzwischen stand Kraut bereit,
mit Speck und Grieben überstreut. (...)
Ein paar kriegten Löffel und waren froh!
Die anderen machten's einfach so:
Sie benutzten ihre Händ als Kellen

und aßen so gut wie die anderen Gesellen.
Seht, welch Getümmel und welch Mühe
erhob sich da um Kraut und Brühe,
dass solch Eifer und solch Jagen
ihr nie saht in euren Tagen! (...)
Graf Burghard schlang den andern zum Schaden:
Er hielt eine Hand mit Kraut beladen
Und schleppte die Fuhre zu seinem Mund.
Dazu rief er Gott an aus Herzensgrund,
dass doch das Wetter so günstig bliebe,
bis er sein Fuder ins Scheuer schiebe.
Wie schnell erwachte da Knotzens Rach,
er rührte bis der Löffel brach!
So fuhr er einfach mit den Händen beiden
in das Kraut von allen Seiten,
einen mächtigen Haufen ergriff er voll Wut:
»Sei nun das Wetter schlecht oder gut«,
sprach er da zu dem halben Pfund,
»du musst rein in meinen Schlund!« (...)
Da stürzten die andern sich wie das Vieh
darauf und schlabberten (ich weiß nicht wie)
das Tischtuch ab so unerschrocken,
dass es blitzblank ward und trocken.
Doch was da sonst noch alles war,
wie Gras oder Laub vom vorigen Jahr,
Krümel, Rinden, Knochen, Fliegen,
die blieben unverwertet liegen. (...)
Trotzdem war noch der Hunger geblieben.
Doch hatten sie vorher entkräftet geschwiegen,
so schrieen jetzt all die netten Bekannten:
»Wir schänden dein Weib mitsamt deinen Tanten,
Triefnas, bringst du uns nicht hier
jetzt Wein und Met und dazu Bier,
sonst verlierst du unsere Huld.« (...)
Jeder soff, weil ihn die Kehle kratzte,
so mächtig, dass ihm der Gürtel platzte. (...)

Dem Mediävisten Siegfried Epperlein zufolge wurde »so ausführlich und wirklichkeitsnah ein bäuerliches Hochzeitsessen in der gesamten mittelhochdeutschen Literatur nicht geschildert«. Die Fress- und Trunksucht der Bauern ist in der Literatur und der bildenden Kunst immer wieder dargestellt und karikiert worden. »Der tiefste Inhalt eines mittelalterlichen Festes war immer Exzess und Rausch«, wie Dieter Hägermann feststellt, womit er darauf hinweist, dass man alles aufbot, was Küche und Keller hergaben, um die gemeinschaftsstiftende Wirkung des Festes zu erhöhen. Dass sich die Mehrheit der bäuerlichen Bevölkerung einen Aufwand wie den geschilderten nicht leisten konnte, versteht sich von selbst – schließlich handelte es sich um eine Hochzeit unter reichen Bauern im Spätmittelalter.

Das zeigte sich vor allem in der täglichen Nahrung. Viele der im Text von Wittenwiler aufgezählten Speisen, wie Kraut und Bier, gehörten zu den Nahrungsmitteln, die auch im Alltag verzehrt wurden, natürlich in Maßen. Die einfachen Hufenbauern und ihre Familien ernährten sich einfach und ohne viel Abwechslung. Hauptsächlich kamen Milchprodukte auf den Tisch, ab und zu gab es Eier und Schweinefleisch, häufiger aber Gemüse, Bohnen, Linsen, weiße Rüben, weißen Lauch, den man bevorzugt als Suppe zu sich nahm. Getreide wurde zunächst hauptsächlich zu Brei verarbeitet, denn erst im Hochmittelalter wurde, wie bereits erwähnt, Brot – vorwiegend das haltbare Roggenbrot – zum Grundnahrungsmittel. Obst aus den eigenen Gärten brachte immerhin etwas vitaminreiche Abwechslung in den Speiseplan. Die einfachen Bauern tranken hauptsächlich Molke, Most und Wasser, zudem Bier und Wein, die sie selbst herstellten. Der Wein war im Durchschnitt von eher schlechter Qualität, das selbstgebraute Bier setzte sich seit dem 14. Jahrhundert als »Volksgetränk« durch.

Auch die im Spätmittelalter aufkommende Kritik an der »Putzsucht« der Bauern, an ihrer Vorliebe für protzige Kleidung, darf nicht auf die Allgemeinheit übertragen werden. Die einfachen Hufenbauern trugen einen einfachen, aus grobem Stoff gefertigten Leibrock, den Kittel, eine Hose, die im besten Fall bis zu den Knöcheln reichte, und Holzschuhe, geschnitzt aus weichem Holz, oder rindsledernes Schuhwerk, das mit Riemen und Bändern zusammengehalten wurde. Auch die Kleidung der Frauen war sehr einfach: lange Kleider, von einem Gürtel gehalten, je nach Jahreszeit mit oder ohne Ärmel. Als Unterwäsche trug man allenfalls leinene Hemden. In einigen Gegenden wurden Kleiderordnungen erlassen. So heißt es in einer in Versform überlieferten Kleiderordnung aus dem 12. Jahrhundert:

> Nun will ich euch sagen von dem Bauern,
> was er nach dem Gesetz sollte tragen,
> es sei schwarz oder grau,
> nichts anderes ist erlaubt,
> ein Tuchstück auch daneben,
> das geziemet seinem Leben,
> sein rindslederner Schuh,
> damit ist es genug.

Mit der Auflösung des Systems der Grundherrschaft waren zahlreiche Bauern in einigen Regionen Deutschlands »wohlhabend« geworden. Die Art und Weise, wie sie ihren Reichtum zur Schau stellten, etwa bei den Bauernhochzeiten, rief in den Kreisen der adligen und bürgerlichen Zeitgenossen Hohn und Spott hervor. Doch die Kritiker berücksichtigten dabei nicht, dass dieser Wohlstand auf harter, eigener Arbeit beruhte. Bäuerliches Leben war nämlich in erster Linie sehr harte Arbeit im Rhythmus der Jahreszeiten. Selbst wenn Missernten ausblieben, lebte die Mehrheit der bäuerlichen Bevölkerung immer knapp am Rand des Existenzminimums.

Die bäuerliche Gesellschaft: Freie, Hörige, Leibeigene

Die mittelalterliche Gesellschaft war streng hierarchisch gegliedert. An der Spitze stand der König, darunter Adel und Klerus. Auf der untersten Stufe standen die Bauern, die am wenigsten angesehene Schicht. Das ganze Mittelalter hindurch waren sie Zielscheibe von Spott und bösartigen Verunglimpfungen, zunächst seitens des Klerus, dann der Städter. Daran hat auch die Tatsache nichts geändert, dass Theoretiker die gottgewollte Dreiteilung der Gesellschaft in *pugnatores* (Krieger), *oratores* (Beter) und *laboratores* (Arbeiter) propagierten und einer harmonischen Aufgabenteilung das Wort redeten. In einer aus dem 13. Jahrhundert stammenden Predigt eines Franziskaners, der sich eingehend mit dem Bauernstand befasst hat, ist zu lesen:

> Es ist beklagenswert, wie viele Bauern der ewigen Verdammnis anfallen werden, und das vor allem durch vier Dinge: Durch ihre Trägheit, denn sie trachten dem Gottesdienst zu entgehen, wenn sie sagen, sie müssten die ganze Woche hindurch hart arbeiten. Durch die Ungerechtigkeit, denn sie stehlen einander die Früchte auf dem Feld und nicht allein die Früchte, ja sogar das Land durch den Pflug. Durch Meineid, denn jeder Bauer ist bereit, für drei Heller einen Meineid zu leisten. Durch Trunksucht, durch die die Seele so verdorben wird, dass sie Gott vergisst.

Der Bauer – ein ungehobelter, träger, trinkfreudiger Klotz? Dieses Vorurteil haben bis heute viele nicht abgelegt.

Rustici und »gebure«: Der Bauer als Standesbegriff

Die große Masse der mittelalterlichen Bevölkerung war in der Landwirtschaft tätig, der Grundlage des mittelalterlichen Wirtschaftslebens. Im frühen Mittelalter gab es indessen keinen einheitlichen Namen für Bauern oder Landarbeiter. In frühmittelalterlichen Quellen wurde unterschieden zwischen *liberi,* Freien, und *servi,* Unfreien. Nur die Freien hatten das Recht, Waffen zu tragen, wurden an allgemeinen rechtlichen und politischen Entscheidungen bedingt beteiligt, genossen Freizügigkeit und übten Herrschaft über Unfreie aus. Das gesamte Mittelalter hindurch gab es – mit großen regionalen Unterschieden – freie Bauern, doch der Großteil der Bevölkerung lebte in Unfreiheit und arbeitete als »Hörige« in der sich ausbreitenden Grundherrschaft.

Den umfassenden gesellschaftlichen Wandel, der im 11. Jahrhundert einsetzte, dokumentieren die Quellen mit der Aufgabe der überkommenen geburtsständischen Unterscheidung zwischen *liberi* und *servi,* die durch eine funktionale Differenzierung zwischen *milites,* Ritter, und *rustici,* Landleute, ersetzt wird. Erst mit der Aufteilung der mittelalterlichen Gesellschaft in *oratores,* Betende, *bellatores,* Krieger, und *laboratores,* Arbeitende, wurden die *rustici* als eine funktionale und soziale Schicht wahrgenommen. Beispielhaft für diese Auffassung sind die Ausführungen des Bischofs Adalbero von Lâon zu Beginn des 11. Jahrhunderts:

> Im Glauben ist die Christenheit einheitlich, doch gliedert sie sich in drei Stände. Das weltliche Recht hingegen zeigt eine Teilung in zwei Standesgruppen: Der Freie und der Knecht haben ja nicht dasselbe Recht. An der Spitze steht der König, durch dessen Gebot der Staat gesichert dasteht. Dann gibt es solche, die keiner Macht unterworfen sind, das sind die Krieger, die Beschützer der Kirchen, sie verteidigen das ganze Volk. Die andere Standesgruppe ist die der Knechte. Sie sind ein sehr schwer belastetes Geschlecht, das sich seinen Besitz mühsam erarbeiten muss. Wer vermag die vielfältige Tätigkeit der Knechte, ihre großen Anstrengungen und Mühen ermitteln? Schätze, Kleidung und Nahrung für alle bieten die Knechte auf, denn ohne Knechte vermag kein Freier zu existieren, die Herren werden von den Knechten ernährt. So gliedert sich das Haus des Herrn in drei Teile: die einen beten, die anderen kämpfen, die

Dritten arbeiten. Die drei existieren zugleich und sind untrennbar miteinander verbunden.

Hier wird erstmals die so genannte Dreiständelehre formuliert. Wie die drei Stände miteinander verbunden sind, hat ein anderer Kleriker, Gerhard von Cambrai, ebenfalls im 11. Jahrhundert, präzise zum Ausdruck gebracht:

Während das Streben der Beter, frei von weltlichen Geschäften, auf Gott gerichtet ist, hat es den Kriegern zu danken, dass es sich den heiligen Dingen in Sicherheit widmen kann, und den Bauern, dass es durch deren Arbeit mit leiblicher Nahrung versorgt wird. In gleicher Weise werden die Bauern durch die Fürbitte der Beter zu Gott erhoben und durch die Waffen der Krieger verteidigt. Ebenso werden die Krieger unterstützt, indem sie von den Erträgen der Felder ihre Verpflegung erhalten und durch Besteuerung zu ihrem Sold kommen, und indem das Gebet der Frommen die Gewalttaten ihrer Waffen sühnt.

Genauer ist die gottgewollte Gliederung der mittelalterlichen Gesellschaft, vor allem aber ihre »Arbeitsteilung«, nie beschrieben worden. Es war aber in erster Linie eine Theorie, die, wie der Historiker Werner Rösener zu Recht betont, mit der gesellschaftlichen und sozialen Realität nicht verwechselt werden darf.

Das mittelhochdeutsche Wort *gebure,* Bauer, bezeichnete ursprünglich den Hausgenossen, den Nachbarn, den Angehörigen eines Siedlungsverbands, auch in den Städten; in Köln hießen noch im Spätmittelalter die Versammlungsstätten der einzelnen Stadtviertel »Geburhäuser«. Im Laufe des Hochmittelalters wurde der Begriff »Bauer« indessen mehr und mehr auf die Landbewohner angewendet, Bauern waren nunmehr all diejenigen, die Land bebauten und Viehzucht trieben. Die *rustici* wuchsen zugleich immer mehr zu einem einheitlichen Bauernstand zusammen. Und dieser Stand wurde allmählich streng abgegrenzt von Adel und Klerus: So verbot der erste Reichslandfriede Friedrichs I. im Jahre 1152 den Bauern das

Waffentragen, wenngleich ihnen der Kaiser später erlaubte, außerhalb des Dorfes ein Schwert zur Verteidigung mit sich zu führen. Dem Sohn eines unfreien Bauern war etwa der Eintritt in ein Kloster verboten, wenn ihm nicht sein Grundherr vorher die Freiheit geschenkt hatte. Auch in regionalen Landfriedensgesetzen, etwa im bayerischen Landfrieden von 1244, wird die Tendenz deutlich, den Bauern die Wehr- und Waffenfähigkeit gänzlich zu entziehen, nur ein Messer wurde ihnen als Waffe zugestanden. Messer, Sichel und andere landwirtschaftliche Geräte wie Haue, Gerte und Dreschflegel entwickelten sich schließlich zu Standeskennzeichen der Bauern.

Knechte, Mägde, Liten, Leibeigene

Der Abt des Klosters Saint-Germain-des Prés bei Paris ließ im Jahre 830 ein Verzeichnis der Besitzverhältnisse, Kopfzahlen und Abgabenregelungen seines Klosters erstellen. Über die Verhältnisse im Weiler Nuviliacus (wahrscheinlich das heutige Neuilly-sur-Eure) heißt es:

> Das Kloster hat in Nuviliacus eine Herrenhufe mit reichlichen Nebengebäuden. Es hat dort zehn kleine Felder, darauf können 200 Scheffel Hafer gesät werden, eine Wiese von neun Joch, von denen an Heu zehn Karren gemacht werden können. Es hat dort an Wald schätzungsweise drei Meilen in der Länge, in der Breite eine Meile, in dem 800 Schweine gemästet werden können. Der Knecht Electeus und seine Frau, die Kolonin Landina, Eigenleute von Saint-Germain, bleiben in Nuviliacus. Er hat eine halbe Hufe, bestehend aus Ackerland sechs Gewann, aus Wiese ein halbes Joch. Er pflügt bei der Winterbestellung vier Ruten, bei der Frühjahrsbestellung 13. Er fährt Mist auf das Herrenfeld und tut und zahlt sonst nichts, wegen des Dienstes, den er übernimmt. Es gibt in Nuviliacus sechseinhalb besetzte Hufen, die andere Hälfte ist unbesetzt. An Feuerstellen sind es 16. Sie erbringen für die Heeressteuer zwölf Hammel, für Kopfzins fünf Schilling vier Pfennig, 48 Hühner, 600 Bretter und ebenso viele Schindeln,

54 Dauben und ebenso viele Reifen, 72 Fackeln. Sie machen zwei Weinfuhren und zweieinhalb Bretterfuhren im Mai und einen halben Ochsen. Das sind die Knechte: Electeus, Gislevert, Sinopus, Ragenard, Gausbiold, Feremund (es folgen sieben weitere Namen). Die erbringen die Fackeln und machen den Fuhrdienst. Das sind die Liten: Maurifius, Gaudul, Bertlin, Ceslin, Gedalbert. Das sind die Mägde: Frotlina, Ansegund, Alda, Framberta. Die mästen die Hühner und machen Tücher, wenn ihnen Wolle gegeben wird. Das sind die Litinnen: Berthild, Leutberga, Gotberga, Celsa, Faregild, Sigalsis, Bertenild. Die erbringen vier Pfennig Kopfzins.

Das Dokument stammt aus karolingischer Zeit; es verdeutlicht die verschiedenen Maßeinheiten wie Gewann und Joch, die Erträge, die unterschiedlichen Sachleistungen und Abgaben für Heeressteuer oder Kopfzins, vor allem aber die verschiedenen Formen der Abhängigkeit.

37 Erwachsene und 42 Kinder lebten auf dem Fronhof und in dessen Umkreis. Jedem Hufenbauer stand eine unterschiedliche Menge an Land zur Verfügung. Selbst der Sauhirt Bertlin saß mit seiner Familie noch auf einer Viertelhufe. Die Knechte und Mägde waren *servi,* schollengebundene Unfreie, die Liten waren Halbfreie, also Hufenbauern. Hier sind also verschiedene Stufen der Unfreiheit erkennbar, deren Ursache Verknechtung durch Unterwerfung, Kriegsgefangenschaft, Schuldknechtschaft oder Geburt sein konnte. Schon aus der Merowingerzeit sind Rituale überliefert, wie sich Menschen in Notsituationen in die Abhängigkeit eines anderen begaben, um zu überleben.

Die vielfältigen Formen bäuerlicher Abhängigkeit werden hauptsächlich mit dem Begriff »Hörigkeit« umschrieben. Das deutsche Wort – in der Bedeutung »gehörend« bzw. »hörend auf« – wird erst im 14. Jahrhundert benutzt, als eine Vielzahl von Rechtsquellen eine noch größere Zahl unterschiedlicher, von Region zu Region, ja von Dorf zu Dorf abweichender Rechtszustände dokumentiert: Es gab »Gerichtshörige«, »Amtshörige«, »Altarhörige«, »Vogthörige« und »Eigenhörige«.

Hörigkeit bedeutet die Abhängigkeit, in die ein Bauer durch

die Übertragung grundherrlichen Landes gerät, sie ist also nur die »dingliche« Gebundenheit, eine Form der »Minderfreiheit«: Der Hufenbauer oder Lite selbst war frei, musste jedoch für sein Land Zins entrichten und Frondienste leisten. Wenn ein Grundherr eine Hufe verkaufte, ging der Hufenbauer mit seinem Land in eine neue Abhängigkeit über, das heißt, nur das Grundstück wurde verkauft, nicht der Hörige.

Die persönliche Abhängigkeit und Bindung an den Grundherrn, wird hingegen mit dem Begriff »Leibeigenschaft« umschrieben – was jedoch im Mittelalter nicht hieß, dass der Leibeigene eine Art Sklave war – das verbot schon die christliche Religion. Er gehörte zur *familia* des Grundherrn und war damit auch ein Schutzbefohlener.

Leibeigenschaft wurde zum Teil als gottgegeben gerechtfertigt, als Resultat des Sündenfalls. Im 11. Jahrhundert stellte Bischof Burchard von Worms einen Zusammenhang zwischen Erbsünde, Knechtschaft und Herrschaft her:

> Um der Sünde der ersten Menschen willen ist dem Menschengeschlecht als Gottes Strafe die Knechtschaft auferlegt worden; wobei er denen, welchen die Freiheit nicht zusteht und angemessen ist, aus Barmherzigkeit die Knechtschaft bestimmt hat. Und wenn dies auch, um der Sünde willen, vom Menschen selbst ausgegangen ist, so hat der gerechte Gott doch das Leben der Menschen unterschiedlich gestaltet, indem er die einen zu Knechten, die anderen zu Herren bestimmt hat, auf dass durch die Gewalt der Herrschenden den Knechten die Freiheit, Übles zu tun, beschränkt werde. Denn wenn alle ohne Furcht wären, wer würde dann irgend jemanden am bösen Tun hindern? Daher sind allen Völkern Könige und Fürsten erwählt worden, welche die Völker vom Bösen zurückhalten und sie Gesetzen unterwerfen, damit sie ein christliches Leben führen.

Durch die Gewalt der Herrschenden sollen die Menschen vor bösem Tun bewahrt werden. Damit stellte sich aber die Frage nach dem bösen Tun der Herrschenden. Vor allem in regionalen Rechtsaufzeichnungen, die wie *Sachsenspiegel* und *Schwa-*

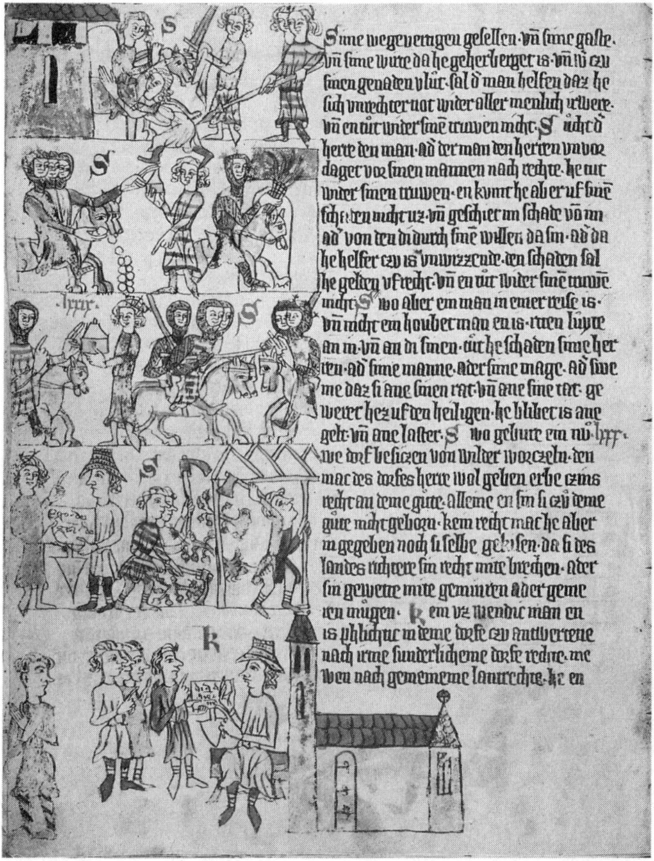

Sachsenspiegel (Heidelberger Handschrift) mit folgenden Motiven: Verteidigung eines Flüchtlings; Herr setzt Haus seines Vasallen in Brand; Heerfahrt; Urkundenverleihung; Rodung und Hausbau; Gericht auf dem Dorf.

benspiegel zumeist in privater Initiative gefertigt wurden und keineswegs offizielle, kodifizierende Rechtsbücher waren, wurde die Gottgegebenheit der Leibeigenschaft bestritten.

Der vermeintliche Verfasser vom *Sachsenspiegel,* der sächsische Ritter Eike von Repgow, ein Rechtskundiger, der selbst einer kleinadligen Familie entstammte, äußerte sich um das Jahr 1230 zu der Frage, woher die Leibeigenschaft komme, wie folgt:

> Gott hat den Menschen nach seinem Ebenbild geschaffen und hat ihn durch sein Leiden erlöst, den einen wie den anderen. Ihm steht der Arme so nahe wie der Reiche. Als man das Recht zuerst festlegte, gab es keinen Dienstmann, und alle Leute waren frei, als unsere Vorfahren in dieses Land kamen. Mit meinen Sinnen kann ich es in Wahrheit nicht erfassen, dass einer des anderen Eigentum sein soll. Dafür haben wir auch keinen Nachweis. Zwar sagen manche Leute, die mit der Wahrheit nicht recht umgehen, dass die Leibeigenschaft mit Kain entstand, der seinen Bruder erschlug. Kains Geschlecht aber wurde ausgetilgt, als die Welt in den Wassern der Sintflut versank.

In dieser Weise widerlegt Eike von Repgow weitere theologische Argumente zugunsten der Leibeigenschaft, ob ihr Entstehen nun mit Cham, dem Sohn Noahs, mit Esau oder anderen biblischen Figuren in Zusammenhang gebracht wird. Zum Schluss argumentiert er dann in voller Schärfe: »In Wahrheit hat die Leibeigenschaft ihren Ursprung in Zwang, Gefangenschaft und unrechter Gewalt, die man von alters her zur unrechten Gewohnheit werden ließ und die man nun für echt erklären will.«

Ebenfalls im 13. Jahrhundert reimte der Dichter Hugo von Trimberg: »Sind die Menschen leibeigen, die anderen frei? Ja, sprach ich, und das geschah im Zorn: Wir alle sind doch frei geboren.« Im 14. Jahrhundert war es ein »irrer Priester«, John Balle, der den ersten großen englischen Bauernaufstand auslöste. In einer zeitgenössischen Chronik heißt es:

> Er sammelte die Leute, die aus der Kirche kamen, um sich und predigte vor der Kirchentür: Ihr braven Leute, die Dinge können nicht gut gehen in England, bis es soweit ist, dass aller Besitz gemeinsam wird und es weder Bauern noch Edelleute gibt. Aus welchem Grund sind die, die wir

> Herren nennen, größere Meister als wir? Warum halten sie uns in Knechtschaft? Wenn wir alle von einem Vater und einer Mutter abstammen, Adam und Eva, inwiefern können sie behaupten und beweisen, dass sie mit besserem Grund als wir Herren sind?

Das sind frühe, revolutionäre Auffassungen von Gleichheit und Menschenwürde, die ins Bewusstsein der mittelalterlichen Gesellschaft vordrangen. Im Deutschen Reich trat der Satz »Als Adam grub und Eva spann, wo war denn da der Edelmann?« seinen Siegeszug an und wurde in den Bauernkriegen des 16. Jahrhunderts zum geflügelten Wort. Es sollte allerdings noch ein paar Jahrhunderte dauern, bis derartige Gedanken, wie von John Balle vertreten, ihre gesellschaftspolitische Brisanz entfalteten.

Bauernschelte, Bauernlob

Die Aufgabe des Villikationssystems führte seit dem 13. Jahrhundert zu einer überaus komplizierten Zersplitterung der ohnehin schwer zu durchschauenden rechtlichen Situation auf dem Land. In den Quellen werden als abhängige Leute nun auch »Eigenleute«, »Hintersassen«, »Zinshörige«, »Vogtleute«, »Wachszinser« und viele andere mehr genannt. Die persönlichen Bindungen der Bauern an den Grundherrn wurden aber nachhaltig gelockert. Das grundherrliche Salland wurde parzelliert und ausgegeben, so entstanden mehr und mehr vollständige Bauernstellen, was zu einer größeren Produktivität der Landwirtschaft führte. Der Zerfall des Fronhofsystems reduzierte zugleich die Anzahl der ungeliebten Frondienste, die ja gerade in den Zeiten gefordert wurden, in denen die Arbeit auf den eigenen Feldern hätte verrichtet werden müssen. Die Veränderungen des landwirtschaftlichen Herrschafts- und Wirtschaftssystems führten auch einen Wandel in der Mentalität herbei: Bäuerliche Arbeit wurde spätestens seit dem 13. Jahrhundert allmählich als nützliches, gottgefälliges Werk gepriesen – doch der wachsende Wohlstand vieler Bauern rief auch Neid hervor.

Schon in fränkischer Zeit gab es negative Äußerungen über die *rustici,* denen wir unser Wort »rustikal« verdanken. *Rusticus* war ein Schimpfwort; Bauern galten als dumm, gefährlich, lasterhaft, den alten heidnischen Bräuchen zugetan. Und wann immer man Bauern beschrieb, waren sie grobschlächtig und schon an ihrem Äußeren erkennbar:

> Ein Riesenkerl mit groben Armen, breiten Hüften und Schultern, seine Augen standen um Handlänge auseinander. Sein Haar war borstig, seine Wangen schmutzig und gegerbt, er hatte sie schon ein halbes Jahr nicht mehr gewaschen, und das einzige Wasser, das sie je benetzt hatte, war der Regen.

So wurde im 12. Jahrhundert ein Bauernsohn beschrieben. In derselben Erzählung, der *Geste Garin de Loherain*, heißt es von einem anderen Bauern: »Er hatte einen großen Schädel, pechschwarzes Haar, seine Wangen waren breitflächig, die riesige Nase mit den geblähten Nüstern plattgedrückt, die wulstigen Lippen röter als Rostbraten, die großen Zähne gelb und hässlich.« Der Bauer ist ein Dummkopf und ein Tölpel, er gleicht dem Tier, er ist faul und schmutzig und wird übermütig, wenn man ihn lobt. Moralisten, wie Hugo von Trimberg warnten bereits: »Eines Bauern großes Gut bringt ihn leicht zum Übermut!« In einem Vagantenlied aus dem 14. Jahrhundert heißt es: »Die Bauern sind fröhlich, wenn sie voll gefressen sind, und sie sind aufgeblasen, wenn sie betrunken sind.« Im 15. Jahrhundert nehmen die bauernfeindlichen Äußerungen immer mehr zu.

> Die Bauern haben keine Sitten, und sie sind falsch, sie sind grausam und unmenschlich, sie reden eitel und mit gespaltener Zunge, sie sind voll gefressen wie die Kröten und stehlen wie die Räuber. Sie sind Betrüger und dreckige Lügner und gegen alle rebellisch. Man sollte alle Bauern erschlagen.

So verspottete der Nürnberger Lorenz Schaller in seinem Gedicht *Gegen die Bauern* im 15. Jahrhundert einen ganzen gesellschaftlichen Stand. Andererseits wandelte sich, wie bereits erwähnt, ab dem 13. Jahrhundert das Bild des Bauern und bäuerlicher Arbeit in der öffentlichen Wahrnehmung zum Positiven hin. Bäuerliches Leben wurde zu einem beliebten Objekt literarischer und künstlerischer Darstellung. In seinem Epos *Der arme Heinrich* hat Hartmann von Aue das Paradies als großen Bauernhof geschildert. Der erste Bauernroman, in Versform geschrieben, ist *Meier Helmbrecht,* sein Autor nannte sich Wernher der Gartenaere, der Gärtner.

Ebenfalls im 13. Jahrhundert entstanden die berühmten *Carmina burana,* in denen viele Bereiche mittelalterlichen Lebens, darunter auch das Leben auf dem Land, thematisiert werden. In zahlreichen kunstvoll gestalteten Gebetbüchern erschienen, zuerst in Frankreich, Szenen aus dem bäuerlichen Milieu. Die Miniaturen zeigen den Bauern bei der Arbeit auf dem Feld, beim Einbringen der Ernte, beim Weiden und Schlachten des Viehs. Eine berühmte deutsche Handschrift ist der *Landgrafenpsalter* (13. Jahrhundert, heute im Besitz der Württembergischen Landesbibliothek), in dem ländliche Szenen im Rhythmus der Jahreszeiten dargestellt sind. Nicht zuletzt die zahllosen Stundenbücher, die seit dem 14. Jahrhundert in höfischen Kreisen äußerst beliebt waren, haben die bäuerliche Tätigkeit geradezu verklärt. In idyllischer Landschaft, in die Dörfer, Bauernhäuser, Scheunen eingebunden sind, werden im Ablauf der Monate ländliche Arbeitsabläufe stimmungsvoll dargestellt: der Bauer bei der Aussaat, Bauer und Bäuerin bei gemeinsamer Feldarbeit (wobei der Mann die Sense führt), Bauern bei der Schafschur, Bäuerinnen beim Melken. Das berühmteste Stundenbuch ist wohl *Très Riches Heures* des Herzogs Jean de Berry.

Geradezu ein Sachwalter bäuerlicher Interessen war der Franziskaner Berthold von Regensburg, der bedeutendste Prediger des 13. Jahrhunderts, der den Beinamen »Rusticanus« hatte. Er soll seine Predigten vor Tausenden von Zuhörern gehalten haben; in zeitgenössischen Berichten heißt es, bis zu 200 000 Menschen seien zusammengeströmt, um ihn zu hören. Auf den Wiesen, wo er zu predigen beabsichtigte, errichtete man große, hölzerne Kanzeln, daneben ein großes Banner, damit die Zuhörer die Windrichtung erkennen und sich auf die richtige Seite stellen konnten, um seine Rede zu verstehen. »Wie durch ein Wunder«, schreibt ein Chronist, »ist er überall gut zu hören gewesen, nahe der Kanzel, aber auch weit weg.« Berthold von Regensburg schätzte die Bauern als »selige Gotteskinder«, wie er sie immer wieder bezeichnete. Das Lob der Landleute, die in seiner Analogie zwischen den zehn Engelchören und den zehn Kategorien der Gesellschaft den fünften Chor bildeten, verband er mit Warnungen an die Grundbesitzer – ihnen stellte er die Strafen des Jüngsten Gerichts drohend vor Augen:

> Viele Tausende Heilige sind durch ihre Mildtätigkeit ins Himmelreich gelangt, und deshalb sollt auch ihr den armen Menschen helfen. Pfui, du Habgieriger, wie hilfst du diesen armen Gotteskindern? Du hilfst ihnen, dass sie vollends zu Almosenempfängern werden müssen! Weh dir und allen, die rauben und den Armen das Ihre schmälern, wie teuer ist dir die Tugend! Ihr Räuber, ihr Ausplünderer, ihr unrechten Vögte, ihr unrechten Richter und habgierigen Wucherer, was wollt ihr Gott antworten am Jüngsten Tag, wenn diese armen Gotteskinder dann über Euch klagen werden?

Berthold von Regensburg propagierte nicht den Umsturz der Besitzverhältnisse. Er ermahnte die Bauern, ihre irdische Existenz gelassen zu ertragen, ihren Lohn würden sie im Himmelreich erhalten: »Leidet jetzt geduldig eure Mühsal, die nimmt ein Ende! Eure Armut nimmt bald eine Ende, doch eure ewige Freude und euer Reichtum, die nehmen nimmer ein Ende.« Doch zugleich tadelte er die Grundherren – und er forderte alle Stände zu größerem Zusammenhalt auf. An die Bauern ging daher die Frage: »Wer sollte den Acker bestellen, wenn ihr alle Herren wäret?«

> Unser Herr hat jedem ein Amt verliehen, er hat niemanden zur Untätigkeit erschaffen. Wir müssen uns alle einer Aufgabe annehmen, damit wir unser Leben fristen. Ich habe auch ein Amt: Predigen ist meine Aufgabe. Da unser Herr alle Dinge mit Weisheit geordnet hat, so hat er auch das Leben der Menschen geordnet und eingerichtet, wie er will und nicht, wie wir wollen. Wollte mancher gern ein Graf sein, so muss er doch ein Schuster sein. Wolltest du gern ein Ritter sein, so musst du doch ein Bauer sein und für uns Korn und Wein bauen. Du musst sein, was Gott will.

Mit solchen maßvollen Gedanken trug der Regensburger Prediger zumindest dazu bei, die Spannungen zwischen Grundbesitzern und abgabepflichtigen Bauern zu vermindern. Eine ähnliche Haltung wird aus dem *Bauernspiegel* des Kölner Kartäusers Werner Rolevinck deutlich. Auch er betonte, dass die Zuweisung der Berufe nach göttlichem Willen und nach den Prinzipien der Vernunft erfolge. Als besondere Charaktermerkmale des »guten« Bauern nennt Rolevinck Gottesfurcht, Gehorsam gegenüber dem Grundherrn, Ehrfurcht vor der Kirche und ihren Priestern, Befolgung der christlichen Gebote und nicht zuletzt Sorge für ein gutes Familienleben:

> Ausdruck fand die Wertschätzung der unteren Stände als notwendige Teile einer von Gott eingerichteten Ordnung auch in den so genannten organologischen Auffassungen von Gesellschaft und ›Staat‹. Sie dachten sich die Funktionsweisen des Zusammenlebens gemäß den arbeitsteiligen Aufgaben im menschlichen Körper. In solchem Denken hatten die Bauern als pedes rei publicae ihre wichtige Funktion.

Seit dem 12. Jahrhundert wurden die Bauern als eigener Stand in der gesellschaftlichen Pyramide wahrgenommen, die sich in Klerus, Adel und Bürgertum der aufstrebenden Städte gliederte. Zugleich wurden Stimmen laut, die sich gegen die Leibeigenschaft als gottgegebene Einrichtung wandten. In Volksrechten und so genannten Weistümern wurden die Rechte der Bauern aufgezeichnet. Dennoch überwog in höfischen und städtischen

Kreisen die Verachtung der Bauern und ihrer Arbeit: »Der Bauer ist an Ochsen statt, nur dass er keine Hörner hat«, war damals ein geflügeltes Wort.

Die Grundbesitzer – Das Beispiel Klöster

Träger und Nutznießer der Grundherrschaft waren der König, der Adel und die Geistlichkeit. Aus der Zeit Karls des Großen sind einige Dokumente erhalten, die über die Verwaltung des Königsgutes Auskunft geben. Das Reichsgut, so besagt ein königlicher Erlass aus dem Jahre 792/93, war in Amtsbezirke aufgeteilt, die mehrere königliche Höfe umfassten. Diese Amtsbezirke unterstanden jeweils einem *iudex,* einem Richter, der für Rechtsprechung und Verwaltung zuständig war, er sollte Buch führen über Einnahmen und Ausgaben in seinem Bereich. Die einzelnen Königshöfe mit ihren Landgütern wurden von Meiern *(maiores)* verwaltet, die die Arbeiten auf dem Salland organisierten, Überschüsse der Hofproduktion ablieferten und die Abgaben der Hufenbauern einsammelten und weitergaben.

Ein königlicher Hof bei Lille

Das hochmittelalterliche Königtum, vor allem das in Deutschland, war ein Reisekönigtum. Der König übte »sein hohes Gewerbe im Umherziehen aus«, wie Aloys Schulte pointiert formuliert hat. Weder die fränkischen noch die deutschen Könige hatten eine Hauptstadt, es gab königliche Höfe und Residenzen, von denen die größten und prächtigsten »Pfalz« genannt wurden, von *palatium,* der Palast. Die berühmteste Königspfalz der Karolinger war Aachen. Der königliche Hof – der Name stammt tatsächlich vom »Hof« auf dem Land – war ständig unterwegs. Recht und Herrschaft wurden im Mittelalter personal verstanden, das heißt, Herrschaft musste körperlich präsent sein. Auf ihren Reisen durch das Reich machten die fränkischen und später die deutschen Könige oft in Bischofssitzen oder Klöstern Station, feste Anlaufpunkte waren die Pfalzen und königlichen Höfe, die stets auf herrschaftlichen Besuch vorbereitet sein mussten.

Wie ein königlicher Hof aussah und ausgestattet war, erzählt das Inventar von Annapes (in der Nähe von Lille): Der Königshof, die *curtis regia,* war weiträumig mit einem festen Zaun umgeben, als Eingang diente ein repräsentatives Steintor. Auf dem Gelände befanden sich mehr als zwanzig Gebäude, zumeist Holzhäuser, die nur einen Raum besaßen, mehrere Ställe für Vieh und Geflügel, Getreidescheunen, ein Backhaus und die Küche. Im Mittelpunkt der Anlage stand das große, aus Stein gebaute Königshaus. Es war mit drei größeren Zimmern, elf Kammern und einem geräumigen Keller ausgestattet; hinter zwei Vorhallen lag der größte Saal, der »Königssaal«. In ihm hielt der Herrscher Hof, dort wurde gespeist, dort empfing er Adlige und Geistliche aus der Umgebung und nahm die Rechenschaftsberichte seiner Amtsträger entgegen. Anlässlich eines Besuchs Karls des Großen listete man in Annapes auf, welche Gerätschaften und Haushaltsgegenstände vorhanden waren: Da ist die Rede von Bronzeschüsseln und Trinkbechern, Bronze- und Eisenkesseln, Pfannen und Kesselhaken, die in der Küche und beim Essen benutzt wurden. Betttücher, Tischtücher, Handtücher lagen für den hohen Besuch bereit. Der Meier der *curtis regia* ließ auch alle Werkzeuge zählen: Beile, Bohrer, Messer, Äxte, Sensen und Sicheln sind penibel aufgeführt. Der König und seine *mensa,* sein Haushalt, konnten kommen – alles war vorbereitet.

Die detaillierte schriftliche Fixierung und Reglementierung vieler Einzelheiten königlicher Gutsverwaltung in der Zeit Karls des Großen blieb jedoch Episode. Über das Hochmittelalter geben einige wenige Dokumente Auskunft über die königliche Grundherrschaft und ihre Verwaltung, etwa das »Tafelgüterverzeichnis des römischen Königs«. Darin ist aufgeführt, welche Königshöfe welche Abgaben an den königlichen Haushalt auf dessen Weg durchs Reich zu leisten hatten. Außerdem liegen Abrechnungen einzelner königlicher Höfe vor, etwa die des Königshofes in Nordhausen und des Güterkomplexes in Neuburg an der Donau. Recht anschaulich ist auch die Jahresbilanz des königlichen *villicus* von Sinzig, in der Einnahmen und Ausgaben des Jahres 1242 gegenübergestellt sind.

Im Hinblick auf das »Reichsgut« ist die Quellenlage nicht besonders ergiebig – in England sieht es besser aus dank eines einzigartigen Verzeichnisses, das Wilhelm der Eroberer 1086 anlegen ließ. Im *Domesday Book* sind Umfang und Wert sämtlicher Güter erfasst, die die Lehnsträger der Krone innehatten: Grafschaften, Burgen, Domänenland, Wald, Weiden, Mühlen, Fischereibetriebe und andere königliche Einnahmequellen. Die neuen normannischen Herren verschafften sich mit der Aufstellung einen Überblick über Landbesitzrechte und Besitzeinteilung in dem von ihnen eroberten Teil Englands. Das *Domesday Book* gilt als wichtigste Quelle für die Geschichte des englischen Lehnswesens.

In Deutschland dagegen gehört die adlige Grundherrschaft zu den Problembereichen der Mediävistik. Während Personengeschichte, Genealogie, Herrschaftsformen und Selbstverständnis des Adels weitgehend erforscht sind, ist nur wenig über die wirtschaftlichen und sozialen Grundlagen adliger Herrschaft bekannt. Der Sozialhistoriker Werner Rösener hat das folgendermaßen zusammengefasst: »Obwohl die Gesellschaft des Hochmittelalters in starkem Maße vom Adel und seinen Herrschaftsformen geprägt ist, sind unsere Kenntnisse über die Struktur der adeligen Grundherrschaft äußerst dürftig« – was wohl von der ausgesprochen schlechten Quellenlage herrührt.

Faksimile des *Domesday Book*, Public Record Office, London.

Im Bereich der geistlichen Grundherrschaft sieht die Situation dagegen ganz anders aus, was natürlich mit der Schriftlichkeit zusammenhängt, die an Bischofssitzen und Klöstern gepflegt wurde. Nahezu alles, was wir über die Grundherrschaft und ihre verschiedene Ausprägungen wissen, ist durch Urkunden, Güterverzeichnisse, Annalen und Chroniken überliefert, die in Klöstern und Domschulen angefertigt wurden.

Geistliche Grundherren: Klöster als regionale Wirtschaftszentren

Kirchen, Stifte und Klöster kamen durch Schenkungen zu umfangreichem Grundbesitz und grundherrschaftlicher Macht. Es waren hohe weltliche oder geistliche Amtsträger, die Klostergründungen förderten, den Klöstern Ländereien übertrugen, Felder, Wiesen, Weiden, Weinberge und Gewässer. Zudem stellten sie Mittel für den Bau der ersten Klostergebäude zur Verfügung. Nicht zuletzt wurden den Mönchen Waldgebiete übergeben, die nur von verstreuten Einzelwirtschaften durchsetzt waren. Große Waldflächen verdankten den Klöstern ihre landwirtschaftliche Erschließung, der Wald lieferte den Schweinen Futter und den Menschen Bau- und Brennholz. In vielen Fällen kamen die erschlossenen Gebiete der Erweiterung der Herrschaft adliger Stifterfamilien zugute.

Nur in den Anfängen arbeiteten die Mönche bei der Bewirtschaftung ihres Besitzes selbst mit, die landwirtschaftliche und handwerkliche Arbeit übernahmen allmählich nichtadlige Laienmönche, *Konversen,* die einen abgesonderten Rang unterhalb jenem der Mönche besaßen, der auch durch Barttracht, Kleidung und getrennte Unterbringung erkennbar war. An die Stelle kontemplativer Verpflichtungen trat für sie eine erhöhte Arbeitsleistung. Die Konversen, meist jüngere besitzlose Bauern und Handwerker, bestellten die Felder, versorgten das Vieh, sie waren Handwerker und Händler. Neben den Konversen wurden auch aber auch Knechte und Mägde beschäftigt. Und auf den dem Kloster geschenkten Fronhöfen führten die Verwalter die Geschäfte und überwachten die Hufenbauern, die Frondienste, die so genannten Hand- und Spanndienste, zu leisten und Naturalabgaben zu liefern hatten. Auch ein Kloster hatte also seine *familia:* Konversen, das Hausgesinde und die Bauern gehörten ihr an.

Wie viel Besitz häuften klösterliche Gemeinschaften an? Im »Urbar« (Besitzverzeichnis) des Klosters Werden an der Ruhr sind in der Mitte des 12. Jahrhunderts 60 Haupthöfe und 1600 Bauernstellen als Besitz aufgeführt. Nicht nur in der näheren Umgebung lag dieser Besitz, sondern auch in Holland, Friesland, im Rheinland und im Münsterland. Allein zum Werdener Hofgut Freimersheim am Rhein gehörten fünf Dörfer, deren Bewohner das Salland bewirtschafteten; darüber hinaus waren dem Fronhof mehr als 120 Hufen mit abhängigen Bauern angeschlossen. Das Kloster Prünn in Oberlothringen besaß im Hochmittelalter 2000 Bauernstellen sowie 35 Mühlen, sieben Brauereien und Waldgebiete mit 6700 Mastschweinen. Die Bauern leisteten für das Kloster 70000 Tage Frondienste, sie mussten 2000 Doppelzentner Getreide, 4000 Hühner und 4000 Eimer Wein pro Jahr im Kloster abliefern. Dem Kloster Prüm in der Eifel gehörten zu Beginn des 10. Jahrhunderts mehr als 40 Landgüter mit 2200 Bauernstellen, die drei »Oberhöfen« in Prüm, Münstereifel und St. Goar zugeordnet waren.

Diese Beispiele belegen eindrucksvoll, welchen wirtschaftlichen Rang die Klöster der verschiedenen Orden im Mittelalter einnahmen: Sie waren über ihre unmittelbare Umgebung hinaus wirkende Wirtschaftszentren, die auch das Umland versorgten, denn über die Eigenversorgung hinaus erzielte Überschüsse wurden auf die Märkte gebracht. Da aber nur wenige Klöster über einen geschlossenen Besitz verfügten, die meisten Landgüter weit verstreut lagen (»Streulage«), war es durchaus im Sinne der Klöster, dass die Naturalabgaben, die umständlich zu organisieren, zu transportieren und zu verwalten waren, allmählich durch Geldleistungen ersetzt wurden. Schließlich bewirtschafteten viele Klöster kein eigenes Land mehr, sondern lebten von Natural- und Geldabgaben, die die Hufenbauern zu leisten hatten. Durch den Wechsel von der Naturalabgabe zur Pacht wurden höhere Einnahmen erzielt und der allgemeine Geldfluss erhöht.

Von den Klöstern gingen auch gewerbliche Impulse aus, denn sie besaßen Mühlen, Bäckereien und Brauereien, wovon einige bald über ihr Kerngebiet hinaus bekannt wurden (und zum Teil heute noch bekannt sind). Die Arbeit in diesen Betrieben erledigten ebenfalls Laienbrüder, die überschüssigen handwerklichen Produkte wurden auf den umliegenden Märkten oder an Händler verkauft.

Die Zisterzienser: Selbstversorger und »arme« Grundbesitzer

Schon in ihren ersten Statuten hatten die Gründer des Zisterzienserordens zu Beginn des 12. Jahrhunderts festgelegt, wie die einzelnen Klöster, die Zisterzen, sich selbst versorgen sollten:

> Die Mönche unseres Ordens müssen von ihrer Hände Arbeit, Ackerbau und Viehzucht leben. Daher dürfen wir zum eigenen Gebrauch besitzen: Gewässer, Wälder, Weinberge, Wiesen, Äcker, abseits von weltlichen Siedlungen gelegen, und Tiere. Zur Bewirtschaftung können wir nahe oder fern beim Kloster Höfe haben, die von Konversen beaufsichtigt werden.

Zugleich wurde detailliert aufgeführt, welche Einkünfte und Besitztümer keineswegs angestrebt werden durften: »Kirchen, Benefizien, Zehnten aus fremder Arbeit und Nahrung, Dörfer, Hörige, Bezüge von Ländereien, Mühlen und ähnliches, was dem reinen Mönchtum entgegen ist, verwehrt unser Name und die Verfassung dieses Ordens.«

Auch bei den Zisterziensern, den Mönchen in weißer Tracht mit schwarzem Skapulier, traten territoriale Gewalten als »Sponsoren« auf. Adlige Herrschaftsträger, für ihr Seelenheil und das ihrer Angehörigen Sorge tragend, übergaben den Mönchen Land, das die Zisterzienser zu urbaren Kulturflächen machten. Die Zisterzienser waren regelrechte »Rodungspioniere«, die in waldreichen Niederungen arbeitsteilig vorgingen, die *incisores* (Einschläger) fällten die Bäume, die *exstipatores* (Ausmerzer) gruben die Wurzeln aus und die *incensores* (Anzünder) verbrannten überflüssiges Ast- und Wurzelwerk. Die Konversen oder Laienbrüder ermöglichten die Wirtschaftsführung ohne Mithilfe von zinspflichtigen Bauern, wenigstens in den Anfängen. In der Frühzeit stellten die Konversen die einfachen Arbeitskräfte, Hirten, Stallknechte, Pflüger. Später übernahmen sie vielfach Aufsichtsfunktionen in den »Grangien«, wie die Zisterzienser ihre weit vom Kloster entfernt liegenden Hofanlagen nannten. Am Ende des 12. Jahrhunderts gab es in den Zisterzen mehr Konversen als Mönche. Die Konversen, die einem eigenen Meister unterstellt und weitgehend vom liturgischen und geistlichen Leben der Mönche ausgeschlossen waren, hielten sich in separaten Klostergebäuden bzw. in den auswärtigen Klosterhöfen auf. Während der Ostflügel der Klosteranlage mit dem oft äußerst lang gestreckten Dormitorium an das Querschiff der Kirche anschloss und für die Mönche bestimmt war, beherbergte der Westflügel den ebenfalls lang gestreckten »Konversenbau« (mit Dormitorium, Refektorium und Cellerarium) und war häufig durch einen offenen Gang, die »Konversengasse«, vom Kreuzgang abgetrennt.

Um die Statuten von Cîteaux einzuhalten, die den Besitz von Dörfern und Hörigen untersagten, lösten die Mönche bestehende Dörfer und Hofstellen, die ihnen übertragen worden waren, auf und bezogen die landwirtschaftlich genutzten Flächen in ihre Eigenwirtschaft ein. Der Vorteil lag darin, dass keine Steuern und Zinsen an die Territorialgewalten bezahlt werden mussten – viele Stifter hatten nämlich den Zisterzienserklöstern Steuerfreiheit nur für jene Ländereien zugesagt, die von den Mönchen selbst bewirtschaftet wurden. Man hat den Mönchen daher vielfach den unberechtigten Vorwurf gemacht, sich am »Bauernlegen« beteiligt zu haben. So nahm die Zisterze Maulbronn in der Mitte des 12. Jahrhunderts das Dorf Eilfingen, das ihnen der Bischof von Speyer zum Geschenk machen wollte, erst an, nachdem der Bischof alle bestehenden Rechte der Adligen sowie der Bauern aufgekauft hatte. Erst danach wurde das Dorf »aufgelöst« und eine Grangie errichtet. Die früheren Hufenbauern arbeiteten fortan als Lohnarbeiter *(homines mercenarii)* für die Grangie.

Viele Zisterzen besaßen mehr als zwanzig derartige Zweigbetriebe. Das hing sowohl von der Gegend ab, in der ein Kloster gegründet worden war, als auch von dessen Ausstattung durch die Stifter und ihre Familien. Große Klöster wie Eberbach, Schönau und Kamp hatten etwa fünfzehn Grangien, Otterberg und Heilsbronn jeweils zwanzig. Der Konverse, der sie leitete, führte den Titel *magister grangiae,* Hofmeister. Infolge des Streubesitzes wurde die ursprüngliche Vorgabe, Grangien nicht mehr als eine Tagesreise von der Abtei einzurichten, nicht eingehalten. Sinn dieser Auflage war, dass der Abt und der Cellerar die Aufsicht über die Landarbeiter haben und alle Mitglieder der *familia* den Sonntagsgottesdienst besuchen konnten. Zum Teil bis zu hundert Kilometer und mehr waren aber die Grangien von der Zentrale entfernt, was dazu führte, dass der Hofmeister die Interessen seiner Grangie mitunter mit beachtlicher Selbstständigkeit durchsetzen konnte. Für das Seelenheil wurden in weit entfernt liegenden Zweigbetrieben neben den Wirtschaftsgebäuden und dem Wohnhaus der Konversen und des Hofmeisters Kapellen errichtet.

Von der Eigenwirtschaft zur Pacht- und Zinswirtschaft

Mit den Konversen und durch den Verzicht auf die Mitarbeit von zinspflichtigen Bauern glaubten die Zisterzienser sich in der Lage, die Verpflichtung zur Armut einhalten zu können. Das Gebot der Armut, das sich das Mönchtum in der Koppelung mit dem Keuschheits- und Gehorsamsgebot zu Eigen machte, war aber schwer zu befolgen, da jede Institutionalisierung der klösterlichen Ordnung zu Besitz und letztlich zu Macht führte.

Die Eigenwirtschaft ließ sich auf Dauer nicht aufrechterhalten, auch deswegen, weil die Zahl der Konversen und der übrigen Arbeitskräfte seit dem ersten Viertel des 13. Jahrhunderts stark rückläufig war. Insbesondere die neuen Orden, die die Städte zu ihrem Wirkungskreis ausersehen hatten, zogen jenen Personenkreis an, aus dem sich bislang das zisterziensische Konversentum rekrutiert hatte. So wurde das Eigenbaugebot allmählich gelockert, anstelle der Grangien wurden wieder Dörfer errichtet und das Land gegen Zins an Bauern abgegeben. Die Umwandlung der Eigenwirtschaft in eine Rentengrundherrschaft wurde regional in unterschiedlichem Tempo vollzogen, 1224 erlaubte aber das Generalkapitel, die zentrale Ordensleitung, jedem Kloster, seine Eigenwirtschaft aufzugeben, wenn dies notwendig und im Interesse des Klosters sein sollte. Die Äbte, die freie Hand bei der Realisierung dieses Beschlusses erhielten, gaben Land zunächst nur gegen Zeitpachtverträge aus, später wurden Pachtverträge auf Lebenszeit geschlossen. Ab dem 14. Jahrhundert gingen die Zinshöfe allmählich in erblichen Besitz über.

Um die Naturalabgaben, die die neuen Pächter des zisterziensichen Grundbesitzes zunächst – vor der Umstellung auf die Geldwirtschaft – entrichteten, direkt am Markt verkaufen zu können, wurden so genannte Stadthöfe in nahen urbanen Zentren gegründet. Allein in London unterhielten elf Klöster solche Stadthöfe. In Köln gab es den Altenberger Hof (des Klosters Altenberg), den Himmeroder Hof (des Klosters Himmerod) und den Heisterbacher Hof (des Klosters Heisterbach) sowie die Höfe der Klöster Kamp und Eberbach.

Auch in anderer Hinsicht gewöhnten sich die Zisterzienser an die Annehmlichkeiten eines gewissen Wohlstands, viel Geld verdienten die Mönche beispielsweise mit ihren Mühlen: Sie hatten sich stets und mit Erfolg gegen die Anlage fremder Mühlen im Einzugsbereich ihrer Klöster gewehrt – die Mahlabgaben waren im Hochmittelalter verhältnismäßig hoch. Produzenten, die ihr Getreide in den klostereigenen Mühlen verarbeiten lassen mussten, wetterten über die hohen Preise, die ihnen die frommen Brüder abverlangten. Die Bürger des Städtchens Loburg klagten etwa darüber, dass sie ein Achtel ihres Getreides als Mahlgebühr zu entrichten hätten, obwohl sie dem Konvent ohnehin ein ergiebiges Essen böten und zudem eine jährliche Mahlgebühr von 100 Mark zahlten.

Nicht ganz zu Unrecht höhnte ein Zeitgenosse schon um das Jahr 1200 über die hemmungslose Geldgier der Zisterzienser, »die jede Tür des Geizes öffne«.

Das Kloster – Ein hoch organisierter Großbetrieb

Die zisterziensischen Klöster waren Wirtschaftsunternehmen, die auf der Grundlage einer durchorganisierten Betriebsführung funktionierten. Der gesamte Besitz mit allen seinen Einkünften und Rechten war in so genannten Urbaren (Besitzverzeichnissen) registriert. Einer Wirtschaftsordnung des Klosters Savigny aus dem Jahr 1230 ist zu entnehmen, dass am Jahresbeginn bereits festgelegt wurde, wie viel Getreide zum Brotbacken und Bierbrauen jeweils für zwei Wochen benötigt wurde. Auch die Ration Wein, die jedem Mönch pro Tag zustand, wurde festgelegt, sodass man wusste, wie viel Wein das Kloster im Monat benötigte. Die Vorräte des Klosters sowie Arbeitsgeräte und sonstige Ausstattungstücke, etwa Tuche, wurden zweimal im Jahr überprüft und registriert.

Das galt auch für die Grangien, deren Hofmeister regelmäßige Berichte abliefern mussten, in denen Einkünfte und Ausgaben sowie besondere Vorkommnisse eingetragen waren. Der *magister grangiae* war zudem gehalten, seinen Hof zweimal pro Woche gründlich zu kontrollieren. Im Spätherbst fand dann regelmäßig das Konsilium statt, in dem Abt und Konvent eine Art Jahresbilanz vorgelegt wurde, in der zugleich die wirtschaftlichen Aussichten für das nächste Jahr prognostiziert wurden.

Hauptanbauprodukt der Zisterzienser war Getreide. Von der Bodenqualität machte man es abhängig, ob Weizen, Gerste, Roggen oder Hafer angebaut wurde. Spezialkulturen, Kräuter- und Obstgärten, die besonders intensiv gepflegt und gedüngt werden mussten, gab es nur in unmittelbarer Nähe der Klöster. Einen Schwerpunkt zisterziensischer Agrarwirtschaft war der Weinbau. Das Kloster Eberbach wurde wegen seiner Weingärten besonders gelobt, dazu gehörten noch heute berühmte Lagen wie Lorch und Rüdesheim. Der Burgunder, den die Mönche des Hauptklosters Cîteaux kelterten, wurde in ganz Europa geschätzt. Als die Kurie in Avignon residierte (1309–1376), labten sich bekanntlich Päpste und Kardinäle am Wein aus Cîteaux.

Da den Mönchen zunächst der Genuss von Fleisch untersagt war, spielte die Versorgung mit ausreichenden Mengen Fisch eine große Rolle innerhalb der nach Autarkie strebenden klösterlichen Wirtschaft. Die Klöster sollten in der Nähe von Gewässern angelegt werden, hieß es in der Ordensregel; darum wählten die frühen Konvente bevorzugt wasserreiche Standorte aus. Eine hoch entwickelte Entwässerungstechnik, die in Feuchtgebieten zum Tragen kam, gehörte bald zu den Kennzeichen zisterziensischer Agrarwirtschaft, ebenso die Nutzung der Wasserkraft durch Mühlen. Dafür wurden mittels Stauwehren eigene Stauseen angelegt, die zur Abwasserbeseitigung und Gartenbewässerung dienten. In Clairvaux hatte man den Fluss Aube reguliert, was ein Besucher im 13. Jahrhundert folgendermaßen beschrieb: »Ein Arm dieses Flusses, der die zahlreichen Werkstätten der Abtei durchquert, wird überall gesegnet, wegen der Dienste, die er erweist. Sein Bett ist nicht von der Natur ausgehöhlt, sondern durch die Arbeit der Mönche.«

Stauseen und Teiche nutzte man auch zur Fischzucht. Verschiedene Fischarten – Karpfen, Hechte, Aale – wurden, nach Alter getrennt, in eigenen Becken oder einzelnen Seen gehalten, um einen optimalen Zuchterfolg zu erzielen. Noch heute ist der so genannte Mönch eine gebräuchliche Vorrichtung, um das Wasser aus Fischteichen abzulassen bzw. den Wasserstand zu regulieren. Je nach Zahl der Abschlusswände gab es den einfachen, doppelten und dreifachen Mönch. Durch ihn konnte der Wasserstand im Teich über Monate hinaus konstant gehalten werden. Da Wassereinlass und Wasserablass unmittelbar über der Teichsohle lagen, konnte nur verbrauchtes, sauerstoffarmes Wasser abfließen. Der Wasserbauingeniuer Franz Ferling hat beschrieben, wie der »Mönch« funktionierte:

> Für die Aufnahme eines aus vier gleichen Holzbohlen zusammengefügten Holzkastens wird am Fuße des Teichabschlussdammes ein kleines Fundament gefertigt. Darüber sind in zwei gegenüberliegenden Holzbohlen Öffnungen eingeschnitten, die eine für den Wassereinlauf, die andere für den Wasserablauf. Vor dem Wassereinlauf, der dem Teich zugewandt ist, wird Maschendraht angebracht, der das Abwandern der Fische verhindert. Die Ablauföffnung ist direkt an ein Abflussrohr angeschlossen. Auf den beiden sich gegenüberliegenden anderen Holzbohlen werden in der Mitte jeder Seite zwei Leisten angeschlagen, sodass eine Nut zum Einschieben und zur Befestigung der etwa 10 cm hohen Staubrettchen entsteht. Den oberen Abschluss der Holzbohlen bildet ein dreh- und verschließbarer Holzdeckel. Zur Bedienung des Verschlussdeckels wird vom Abschlussdamm eine Bohle auf ein an der Rückwand des Mönchs befestigtes Querholz gelegt.

Mühelos konnte man somit Wasser aus dem Teich abfließen lassen, indem man nach der Kontrolle des Wasserstands ein oder mehrere Staubrettchen herauszog.

Neben der Eigenversorgung mit Süßwasserfischen gab es den Einkauf von Seefischen. Den erledigten in der Regel die Konversen, die in den Stadthöfen der Zisterzen tätig waren, etwa in Köln, dem großen Umschlagplatz für Seefische. Spezialisierte Fischgroßhändler versorgten dort die Einkäufer vor allem mit Hering, Stockfisch, Bückling, Schellfisch, Makrelen und Thunfisch. Im nordwestlichen Europa gab es aber auch Zisterzen, die sich Fangrechte an bestimmten Küstenstreifen der Nordsee übertragen ließen. Der Fisch wurde dann eingesalzen oder zu Stockfisch verarbeitet, also an der Luft getrocknet.

Die meisten Arbeiten, die im Kloster und in den Grangien anfielen, verrichteten die Konversen und ihre landwirtschaftlichen Hilfskräfte, die als Pflugknechte auf dem Acker tätig waren, als Stallknechte das Vieh versorgten oder als Viehknechte für die Schlachttiere zuständig waren. Schirrmeister kümmerten sich um Gespanne, Reittiere und Karren. Für die Tierherden gab es eigene Hirten und Hütejungen. Die Zisterzienser betrieben vor allem Schafzucht, später auch Rinder- und Pferdezucht. Für Forstarbeit und Holzversorgung waren Waldarbeiter zuständig. In der Erntezeit wurden oft zusätzliche Arbeitskräfte beschäftigt, die zum Mähen und Dreschen eingesetzt wurden oder bei der Weinlese aushalfen. In der Meierei, dem Verwaltungszentrum des Klosters, arbeiteten hauptsächlich Konversen. Auch im unmittelbaren Arbeitsumfeld des Klosters herrschte eine strenge Arbeitsteilung; in der Küche, in der Mühle, in der Brauerei oder im Weinkeller war spezielles Personal tätig. Eine Zisterze hatte sogar einen eigenen Schuhmacher, denn jedem Mönch stand pro Jahr ein Paar Lederschuhe zu. Die Zisterzienser waren berühmt wegen der erstklassigen Qualität ihrer Lederverarbeitung; selbst adlige Stifter ließen sich ihre Jagdstiefel im Kloster anfertigen.

Die Zisterzienser gehörten zu den Großgrundbesitzern in Europa, die mit der Anlage ihrer Zweigbetriebe in gewissem Sinne eigene Wege eingeschlagen hatten. Doch im Rahmen der Auflösung der Grundherrschaft gingen auch sie dazu über, ihre Wirtschaftshöfe aufzugeben, Dörfer zu gründen und Land gegen Pacht auszuteilen. Sie gelten als die Agronomen unter den abendländischen Mönchsorden. Eine hoch organisierte Wirtschaftsführung und die Anwendung neuer landwirtschaftlicher Techniken trugen zur allgemeinen Steigerung von Produktivität und Produktion der Klöster bei. Doch mit ihrer erfolgreichen Wirtschaftstätigkeit, die die Klöster zu finanzkräftigen Großunternehmen werden ließ, entfernten sich die Mönche mehr und mehr von ihren ursprünglichen Prinzipien. Dafür wurden sie schon von den Zeitgenossen kritisiert – sie sind keine Gottesleute, hieß es im 13. Jahrhundert, »sie sind habgierig, sie sind Kaufleute«.

Bauernhaus, Familie, Dorf

Die Welt des Bauern im frühen Mittelalter war das räumliche Umfeld der Grundherrschaft, der er angehörte, seit dem Hochmittelalter dann seine Dorfgemeinschaft. Von Freizügigkeit und Mobilität konnte im ländlichen Raum über viele Jahrhunderte hinweg keine Rede sein, die Bindung an die Scholle verpflichtete zu lebenslanger Sesshaftigkeit an einem Ort. Selbst als infolge von Landesausbau und Ostsiedlung größere Gruppen von Siedlern sich in neu erschlossenen Gebieten niederließen, als zudem viele Landbewohner in die aufblühenden Städte abwanderten, änderte sich in den Dörfern, in den neuen Siedlungsgebieten sowie im Altsiedelland prinzipiell nur wenig: Die abgaben- und zinspflichtigen Bauern waren in der Regel sesshaft und hatten keine Aussicht auf sozialen Aufstieg. Im Alter übergaben sie ihr Stück Land dem Sohn, dann hatten sie Anspruch auf das »Altenteil«. Alle Familienmitglieder mussten mitarbeiten, um den Lebensunterhalt der Großfamilie zu erwirtschaften. Und jede Hofgemeinschaft musste sich mit der Dorfgemeinschaft arrangieren.

Das Bauernhaus

Ländliche Familien wohnten auf engem Raum zusammen: in Norddeutschland unter einem Dach mit dem Vieh, in Süddeutschland zumeist getrennt vom Vieh. Der Schriftsteller Rolf Schneider beschreibt in dem von Dieter Hägermann herausgegebenen Buch *Das Mittelalter* ein durchschnittliches bäuerliches Wohnhaus zu Beginn des 13. Jahrhunderts:

> Die Tür besteht aus aneinander gehefteten rohen Brettern. Die Angeln, in denen sich die Tür bewegt, sind lederne Riemen. Der Raum ist niedrig und dunkel, der Boden gestampfter Lehm, an Möbeln gibt es eine rohe Holzkiste als Truhe, es gibt einen Tisch und darum geordnet mehrere Schemel. Es gibt Pritschen zum Schlafen, nackte Holzbretter auch hier, mit einem Strohsack darüber und einem Schafsfell darüber als Decke. Dies ist die Ruhestatt für Erwachsene. Die Kinder schlafen in aufgeschüttetem Stroh auf dem Fußboden. Mittelpunkt des Raumes ist die Feuerstelle, eine aus Lehm geformte und nach oben geöffnete Herdstatt. Der Rauch, den das Feuer entwickelt, entweicht durch eine Luke im Dach, das so genannte Eulenloch. Das Feuer dient zum Heizen und zum Kochen. Die Mahlzeiten, gewöhnlich zwei am Tag, eine morgens und eine am Abend, werden von der Bäuerin in einem Tontopf gegart und anschließend in Holznäpfen serviert. Die Hälfte des Hauses wird durch die Wohnstatt eingenommen, die andere Hälfte dient als Stallung und als Scheune.

Das von Schneider rekonstruierte Haus hatte ein Satteldach, gedeckt mit Stroh oder Schilf, die Wände waren aus senkrecht in den Boden gerammten Holzpfählen gefügt, deren Zwischenräume mit einem Geflecht aus Zweigen gefüllt und anschließend mit Lehm beworfen wurden; die Fenster bildeten kleine Löcher in der Wand, mit der Haut von Tierblasen oder fettgetränktem Stoff verblendet, sodass ein wenig Licht einfallen konnte.

In den Quellen sind Angaben über Hausbau und Baumaterialien äußerst selten. Sicher ist, dass im Frühmittelalter vorwiegend Holz als Baumaterial diente. Im frühen Mittelalter war das Haus in eine Schlaf- und eine Wohnkammer eingeteilt, der Standort der Feuerstelle, die meist von Feldsteinen umrahmt wurde, variierte. In vielen Häusern weist die Brandfärbung des Bodens darauf hin, dass der Herd in der Mitte stand, die Kochtöpfe zur Bereitung der Speisen hängte die Bäuerin an einem Kesselgalgen über dem Feuer auf. Die Belüftung war sehr dürftig, die Räume waren ständig mit Rauch gefüllt: »Drei schlimme Dinge gibt es im Haus: ein undichtes Dach, ein schlimmes Weib und den Rauch«, lautet ein geflügeltes Wort aus dem 11. Jahrhundert. Das Feuer musste wegen der Brandgefahr immer beaufsichtigt werden: »Jeder soll seinen Ofen so sichern, dass die Funken nicht in eines anderen Hof fliegen und dort Schaden verursachen können«, heißt es im *Sachsenspiegel*. Im Winter schlief man in der Nähe des wärmenden Feuers, wie Rolf Schneider anschaulich darstellt:

> Bei den Ungarn ruhten in aller Regel die Frauen beim Feuer, die Männer beim Vieh; sollte es zu einer intimen Begegnung der Geschlechter kommen, begab sich der Bauer zur Bäuerin und hing zuvor als sichtbares Zeichen seinen Gürtel an einen bestimmten Haken.

Steinbauten konnten sich die Bauern bis ins Spätmittelalter nicht leisten. Erst im Hochmittelalter ging man in einigen Gegenden dazu über, so genannte Ständerbauten zu errichten, deren Pfosten auf einer Sockelmauer ruhten. Die Pfosten konnten nicht mehr so schnell verfaulen wie die in die Erde geschlagenen Stützen. Dadurch war nun auch eine zweigeschossige Bauweise möglich, später baute man sogar mehrere separat gezimmerte Stockwerke übereinander. Als am besten erforschter mittelalterlicher Haustyp gilt das niederdeutsche Hallenhaus, das sich vom 12. Jahrhundert an allmählich von der Küste bis an den nördlichen Rand der Mittelgebirge durchsetzte. Es war in der Regel eine große »Wohnstallhalle«, in der Wohnräume, Stall und Scheune sich unter einem Dach befanden.

Der Innenraum dieser Hallenhäuser, die bis zu vierzig Meter lang sein konnten, war dreigeteilt. An der Giebelseite des Hauses, die der Dorfstraße zugewandt war, befand sich ein großes Tor, das sogar voll beladene Erntewagen durchfahren konnten. Das breite Mittelschiff zwischen den beiden Pfostenreihen diente auch als Dreschraum, rechts und links davon waren Futtergänge angelegt. In den Seitenschiffen war das Vieh untergebracht, das von der Dreschdiele aus gefüttert wurde. Die Familie nutzte einen Raum vor dem rückwärtigen Giebel als Wohnstätte, hier stand auch der Herd. Infolge der Intensivierung der Landwirtschaft, die zu erhöhter Getreideproduktion führte, wurden unter dem Dach aus Brettern und Bohle bestehende Decken eingezogen, um dort das Getreide zu lagern. Diese Lagerstätte wurde Banse genannt und hatte gerade in Norddeutschland, wo ein relativ feuchtes Klima herrscht, den angenehmen Nebeneffekt, dass das Erntegut im aufsteigenden Rauch ausreichend nachtrocknete, sodass es nicht schimmeln oder faulen konnte. Vom 13. Jahrhundert an wurden die Hallenhäuser immer mehr verbreitert, die Einfahrt und die Banse wurden vergrößert, was auf eine gesteigerte Produktivität hinweist. Die seitlichen Ställe wurden vertieft, mehr Vieh bedeutete höheren Dunganfall, der wiederum auf den Feldern zu größerer Fruchtbarkeit führte. In dieser Zeit wurden neben den Hallenhäusern einige Funktionsbauten errichtet: Speicher für das gedroschene Getreide, Scheunen für Heu und Futter.

In anderen Gegenden sind die Bauernhäuser noch wenig erforscht, es gab so genannte Vielhausgehöfte mit getrenntem Wohn- und Wirtschaftsbereich, das heißt, Ställe, Speicher und Scheunen wurden neben dem Wohnhaus gebaut. In den Bergen herrschten Blockbauten vor, bei denen liegende Nadelholzstämme zu Wänden aufgeschichtet wurden, die ihrerseits das Dach trugen. Auch dort waren Wohn- und Wirtschaftsräume nicht unter einem Dach. Beim »fränkischen Haus« war hingegen der Wohnbereich bereits in Küche und Stube aufgeteilt, von der Küche gelangte man durch eine Tür zum Stall, der an das Haus angebaut war.

»Eine einfache und primitive Welt«, hat Otto Borst das mittelalterliche Bauernhaus genannt:

> Hütten aus Lehm und Stroh, der Fußboden ist hart gestampfte Erde, die Notdurft verrichtet man im Freien, Trinkwasser fehlt, Männer, Frauen, Kinder schlafen im selben luftleeren, düsteren Raum. Der Geschlechtsverkehr spielt sich in Anwesenheit der Kinder ab, nebenan steht das Vieh.

Der Viehgeruch, verbrannter Talg, der Rauch vom Feuer, die Hühner, die im Winter in der Stube gehalten wurden – das alles verbreitete einen scharfen Geruch. Im Innern des Bauernhauses gab es einen Tisch, ein paar Bänke an den Wänden, im Idealfall ein Bettgestell aus Brettern, darüber Stroh. Für die dürftige Beleuchtung sorgten das Herdfeuer und allenfalls ein paar Kienspäne oder Talglichter. Das wichtigste Inventar des Hauses war der Herd – gemäß dem Sprichwort »Eigener Herd ist Goldes wert«.

Frauen und Kinder in der Hausgemeinschaft

Die ländliche Familie war die Kernzelle bäuerlichen Wirtschaftens, alle Familienmitglieder mussten mitarbeiten, auch die Kinder. In einem königlichen Erlass, in dem die Sonntagsarbeit verboten wurde, hieß es schon im 9. Jahrhundert:

> Die Männer sollen keine Land- oder Weinbergsarbeiten verrichten, nicht die Felder pflügen, ernten oder Heu mähen, Zäune errichten, in den Wäldern roden, Steine brechen, Häuser bauen oder im Garten arbeiten. Die Frauen sollen aber keine Textilarbeiten verrichten oder Kleider zuschneiden, nicht nähen, sticken, Wolle rupfen, Flachs schlagen, in der Öffentlichkeit waschen oder Schafe scheren.

Damit ist zum einen eine Differenzierung geschlechtsspezifischer Arbeiten und zum anderen der große Anteil der Bäuerin an der landwirtschaftlichen Tätigkeit belegt. Die Ehe war also

Arbeiter im Steinbruch. Aus: Barthélemy l'Anglais, *Livre de la propriété des choses* (französische Buchmalerei).

eine Funktionsgemeinschaft, in der Mann und Frau gewisse Verpflichtungen hatten. In zahlreichen mittelalterlichen Schriftstücken geht es in diesem Zusammenhang aber auch – nicht nur auf dem Lande – immer wieder um die Frage: Wie weit ist die Frau dem Mann untertan? »Bruder Berthold«, so wurde der Franziskaner Berthold von Regensburg gefragt, »du sprichst: Die Frau soll dem Manne gehorchen, muss ich dann nicht meiner Hausfrau so gegenüber auftreten, wie es mir richtig erscheint?« – »Nein, nein«, antwortete er darauf, »man darf die Frauen nicht ohne Grund schlagen und schelten, du musst deine Frau würdig unterhalten.«

So wie in der zitierten Stelle kommt allgemein zum Ausdruck, dass die Ehefrau die *genoz,* die Partnerin des Mannes war. *Genoz* kommt von »genießen« im Sinne des heutigen »Nießbrauchs«. Noch in der Frühen Neuzeit gaben Pfarrer nach vollzogener Eheschließung dem frisch gebackenen Ehemann mit auf den Weg: »Ich übergebe dir keine Magd, sondern eine Gefährtin.« Um die allgemeine Rechtsstellung der Frau war es ohnehin nicht ganz so schlecht bestellt, wie es die Vertreter der Theorie des »finsteren Mittelalters« propagieren. »Eine Frau muss tun, was der Mann will«, heißt es zwar in vielen Weistümern und Rechtsaufzeichnungen, doch in der Realität beurkundeten Bauer und Bäuerin gemeinsam Besitzübertragungen, als »Genossin« übernahm die Frau das Recht des Mannes, die Ehe brachte insofern auch Rechtssicherheit. Haushaltsvorstand blieb der Mann, in manchen rechtlichen Angelegenheiten konnte die Frau ihn aber vertreten. Beim Tod des Mannes durfte sie den Hof weiterführen, wie zahlreiche Quellenhinweise auf selbstständig wirtschaftende, vermögensrechtlich handelnde Frauen dokumentieren. Das Erbrecht von Frauen und Töchtern in Ehen ohne männlichen Nachwuchs war allgemein unstrittig. In der Regel wurde der Hof dem Sohn übergeben, der für Mutter und Geschwister, aber auch in der Dorfgemeinschaft als Familienvorstand auftrat.

Die Frau war für den Haushalt verantwortlich, kochte, wusch, holte Wasser aus dem Brunnen, hegte den Obst- und Gemüsegarten und zog Heilkräuter. Hinzu kamen das Melken, Entrahmen und die Butter- und Käseherstellung. In der Erntezeit wurden Frauen auch auf dem Feld eingesetzt: Sie wendeten das Gras, banden Garben oder schichteten Heuhafen. Ganz selbstverständlich fütterte die Hausfrau auch das Vieh. Die meiste Zeit beschäftigten sich Bauersfrauen aber mit der Herstellung von Textilien: Sie spannen die Wolle der Schafe, brachen den Flachs, webten und sorgten so für die Kleidung der Familie. Und das alles, obwohl sie fast immer schwanger waren.

Die mangelnde Gleichstellung verriet aber der Satz: »Der Friede im Haus muss von den Frauen kommen.« Das Dorfrecht schützte zwar die Frauen vor den Schlägen des Mannes; die zänkischen, geschwätzigen Frauen, denen man »nichts Heimliches sagen darf, denn sie können nicht schweigen« durften jedoch geschlagen werden.

In seinem Buch *Alltag im Mittelalter* hat sich der Mediävist Hans-Werner Goetz allgemein zum Begriff der »Schwachheit des Weibes« geäußert:

> Diese *infirmitas sexus* [die Schwachheit des Weibes] ist zweifellos eine Grundauffassung im Mittelalter. Davon leiten sich verschiedene Sachverhalte ab; etwa der Ausschluss der Frauen vom Heerwesen, etwa der besondere Schutz, den Frauen genießen, weswegen sie für die gleichen Vergehen wesentlich milder bestraft werden als die Männer, etwa – die Kehrseite der Medaille – die geringere Entlohnung für die gleichen Arbeiten, die sie wie die Männer im Weinberg verrichteten usw. Ist aber diese *infirmitas-sexus*-Auffassung die Grundlage für weitergehende Vorstellungen von einer Inferiorität der Frauen gewesen? So manches dahin zielende Kleriker-Zitat hat die Forschung zutage gefördert und häufig mit Untertönen des Bedauern kommentiert.

Zu diesen Auffassungen über den geringeren Wert der Frau zählte auch die Vorstellung, dass der Mann auch im Bereich der Sexualität Verfügungsgewalt über die Frau habe. »Wenn wir uns ihrer aus reiner Lust bedienen, wann und wie auch immer wir wollen, so begehen wir keine Sünde« – diese Vorstellung, aus dem Hochmittelalter überliefert, war weit verbreitet.

Berthold von Regensburg äußerte sich hingegen zugunsten der Frauen: »Man muss maßvoll sein, viele tausend Seelen sind direkt vom Ehebett in den Himmel gefallen.« Enthaltsamkeit sei besonders in der Fastenzeit und an Feiertagen, in der Schwangerschaft und bei Krankheit der Frau geboten. Kinder, die in solchen Zeiten gezeugt würden, brächten keine Freude. Entweder würden sie Missgeburten oder sie seien vom Teufel besessen. Der Franziskaner glaubte, dass so etwas nur unter Dorfbewohnern und Dummköpfen passieren könnte, die der Predigt fern blieben und daher nicht wüssten, zu welcher Zeit man die Frauen schonen müsse:

> Viele Dorfbewohner hören selten die Predigt und arbeiten bis in die Nacht, und das an allen Tagen der Woche. Und so schläft der Mann in der Woche wie ein Stein, aber wenn ein Feiertag gekommen ist, dann hält er es nicht mehr aus und tobt er sich aus und beachtet weder die Zeit noch die Stunde. Deshalb haben Bauern selten Freude an ihren Kindern, die in einer solchen Zeit gezeugt wurden.

Reichlich Kindersegen war aber auf dem Land dringend erwünscht, schon allein wegen der hohen Sterblichkeitsrate: Jedes zweite Kind starb bald nach der Geburt, auch die Zahl der Mütter, die noch im Kindbett starben, war außergewöhnlich groß. Schwangeren Frauen wurden in manchen Gebieten ein bis zwei Tage Fronarbeit erlassen, aber nur zur Erntezeit. Wenn eine Frau starb, war der Witwer schon aus wirtschaftlichen Gründen gezwungen, sich eine neue Frau zu suchen. Man schätzt, dass von acht Kindern nur zwei bis drei das Erwachsenenalter erreichten. Das war bei Mädchen regional unterschiedlich, es lag bei zwölf bis vierzehn Jahren; ein Junge wurde nach salischem Recht (das auch für den König galt) mit Erreichen des fünfzehnten Lebensjahrs volljährig. Daran erinnert noch heute die Konfirmation in der evangelischen Kirche.

Historische und literarische Quellen berichten über Spielzeuge, verschiedene Kinderspiele, Gruppenspiele im Freien,

Spiele mit allerlei Gegenständen in der Natur und mit Gebrauchsgegenständen im Haus. Für Kleinkinder gab es aus Tierknochen gefertigte Beißringe, Klappern und Rasseln, die mit kleinen Steinen gefüllt waren, Bälle, Reifen, Kreisel, Wippen, winzige Küchengeräte, Marionetten, Trommeln, Zimbeln, Tonfiguren, die Ritter und Krieger darstellten, aus Holz gefertigte Waffen für die Knaben und Holzpuppen für die Mädchen. Aus Erde, Wasser, dünnen Holzscheiten und Stoff bauten sie Dämme, Boote, Mühlen und Öfen. Eine Muschel wurde zum Sieb, ein Stock zum Steckenpferd, und damit zwei Holzklötzen veranstalteten die Kinder einen Zweikampf. Versteck-, Hüpf- und Blindekuhspiele waren im Mittelalter sehr beliebt.

Die Wichtigkeit einer gottesfürchtigen Erziehung war auch auf dem Land unumstritten, Kinder sollten von klein an Gebete lernen, man sollte sie fern halten von Leuten, die zum Fluchen oder zur Gotteslästerung neigten. Auch wohlhabenden Eltern wurde empfohlen, ihre Kinder spartanisch und – entsprechend der christlichen Weltanschauung – asketisch zu erziehen, denn die Natur selbst fordere Mäßigkeit im Essen und Trinken. Berthold von Regensburg wetterte gegen grobschlächtige Bauern, die ihre Frauen während der Schwangerschaft verprügelten und damit die Frucht in ihrem Leib verdarben – »Teufelswerk« war das in seinen Augen. Rügen und Drohungen mit der Peitsche waren übliche Erziehungsmethoden. Es kursierten Weisheiten wie »Wer sich mit Worten nicht erziehen lässt, an dem helfen auch keine Schläge« und das genaue Gegenteil: »Je lieber das Kind, desto größer die Rute.« Strenge Eltern zitierten das Bibelwort: »Wer die Rute spart, versündigt sich an seinen Kindern.«

Vom siebten Lebensjahr an wurden Mädchen und Jungen zur Mitarbeit auf dem Hof herangezogen; sie machten Botengänge, brachten den Knechten das Essen aufs Feld, hüteten die Gänse, Schweine, Schafe oder die Kuh, die ihre Familie besaß. Wenn sie etwas älter waren, fütterten sie die Pferde, holten Wasser, jäteten Unkraut, räumten Steine aus dem Weg, ernteten Gemüse, trennten die Spreu vom Weizen, halfen beim Garbenbinden nach der Ernte, beim Dachdecken mit Stroh, trieben die Zugtiere an und führten sie am Geschirr. In den Weistümern galten die Kinder als so weit entwickelt, dass sie selbst für ihren Lebensunterhalt sorgen konnten.

Dorf und Flur

Vom frühen Mittelalter an bestanden auf dem Land Siedlungen unterschiedlicher Größe, es gab Einzelhöfe, Weiler und Haufendörfer. Ein Dorf war zunächst keineswegs ein geschlossener Siedlungskomplex, die Häuser wurden oft in großem Abstand zum Nachbarn gebaut. Um Besitzgrenzen zu markieren, wurden sie darum vielfach mit einem Zaun umgeben. Im *Sachsenspiegel,* in dem das sächsische Recht aufgezeichnet ist, heißt es dazu: »Jeder soll seinen Teil des Hofes einzäunen.« Der Zaun sollte so stabil gebaut sein, »dass, wenn ein Amtmann darauf steht und dreimal kräftig wippt, ihn der Zaun allein hält, so stark soll er sein«, ist in einem Weistum zu lesen. Neben reinen Bretterzäunen setzte man Pfähle mit Flechtwerk oder Hecken. Der Hofzaun kennzeichnete den Bereich des Hausfriedens. Er sollte Tiere am Entlaufen hindern, aber vor allem Mensch, Vieh und den Hausbrunnen vor Eindringlingen schützen.

Ebenso wie die Höfe waren seit dem Hochmittelalter auch Dörfer mit einem Zaun umgeben, »Edder« oder »Etter« genannt, nach Möglichkeit legte man zusätzlich einen Graben an.

Der aus dem Germanischen stammende Ausdruck »Dorf« (fränkisch *thorp*) wies ursprünglich auf eine Einfriedung hin. Die Namen vieler Dörfer deuten auf eine herrschaftliche Gründung hin; Endungen wie -hausen, -hofen, -weiler, -heim oder -dorf geht meist der Personenname des Gründers oder des Gutsbesitzers voran. In Rodungsgebieten überwiegen wiederum Namensbestandteile wie -rode, -rade, -reuth, rieth oder -hagen.

Die Größe der Dörfer war äußerst unterschiedlich. Es gab Dörfer mit vierzig bis fünfzig Hofstätten; im Durchschnitt bestand ein Dorf im Hochmittelalter aus zehn bis zwölf Höfen und etwa siebzig bis hundert Einwohnern. Die meisten Dörfer waren Haufendörfer, unregelmäßig zusammengewachsene Siedlungen. Als geplante Siedlungen galten das Straßen-, das Anger- und das Waldhufendorf, besonders häufig vor allem im ostdeutschen Kolonisationsgebiet.

Um das Dorf herum erstreckten sich Gärten, Felder, Gewässer, Weiden und Wälder. Alle zum Dorf gehörenden Flächen wurden »Gemarkung« genannt. Die »Flur« war Teil der Gemarkung und umfasste alle bewirtschafteten Flächen, das Hof-, Garten- und Feldland. Die Ackerflur setzte sich aus verschieden großen Parzellen zusammen – der »Blockflur« mit einem quadratischen Landstück und der »Streifenflur« mit länglich angeordneten Parzellen. Letztere wurde vor allem im Hochmittelalter, nach Einführung der Dreifelderwirtschaft, angelegt, das heißt, man legte einvernehmlich fest, welche Ackerflächen als Sommerflur, Winterflur oder als Brachland genutzt wurden. Ein schmalstreifiger, lang gestreckter Parzellenverband, auf dem einzelne oder mehrere Streifen den verschiedenen Gehöften zugeordnet waren, wurde »Gewann« genannt. Als Flurnamen legte man nicht die Namen der Besitzer, sondern derjenigen zugrunde, die sie bearbeiteten; viele Namen beziehen sich auf die Lage der Flur, etwa »Osterfeld« oder »Hinter der alten Brücke«. Ackerflächen, die man mit Hecken oder Erdwällen eingehegt hatte, wurden »Kamp« genannt. Zur Gemarkung gehörte schließlich auch die »Allmende«, das Wirtschaftsland, das allen Mitgliedern der Dorfgemeinschaft zur Nutzung zur Verfügung stand, zumeist Weideflächen und Wald, den man zur Holz- und Streugewinnung, zum Sammeln von Wildfrüchten, für die Schweinemast und zur Jagd nutzte.

Die Nutzung der Allmende war genau geregelt – wie überhaupt das Zusammenleben der Dorfgemeinschaft und die wirtschaftlichen Abläufe im »Mikrokosmos Dorf« genauer Absprachen bedurften. Es ging um Zufahrten und Wegerechte, jedem Gehöft war das Recht auf »Weg und Steg« verbrieft, das heißt, bei der Anlage von Feldwegen mussten zahlreiche Interessen aufeinander abgestimmt werden. Die Dorfgemeinschaften waren ohnehin keine homogenen Einheiten, es gab verschiedene Abstufungen der Unfreiheit und reiche und arme Bauern. Und so kam es natürlich auch immer wieder zu Konflikten innerhalb der Dörfer. Man stritt sich um Weideflächen, um die Eichelmast, um die Nutzung von Brennholz, um die Sauberkeit des Dorfbachs und dergleichen mehr.

»Es kann der Beste nicht in Frieden leben, wenn es dem bösen Nachbarn nicht gefällt«. Diese Weisheit stammt, wie so manche, vom Land. In seinem *Sachsenspiegel* hat Eike von Repgow zahlreiche Regeln und Vereinbarungen aufgelistet, nach denen eine dörfliche Gemeinschaft funktionieren sollte:

> Wer immer sein Vieh auf eines anderen Mannes Korn oder Gras treibt, soll ihm seinen Schaden nach Recht erstatten und drei Schilling Buße zahlen … Wenn der Halter nicht dort anwesend ist, wo das Vieh Schaden anrichtet, kann es gepfändet werden, den Schaden sollen die Viehhalter erstatten, soweit er ihnen sofort nachgewiesen werden kann … Wenn ein Mann sein Korn draußen stehen lässt, während alle Leute ihr Korn eingefahren haben, und es ihm gefressen oder zertreten wird, erhält er keine Erstattung … Niemand darf seine Dachtraufe in eines anderen Mannes Hof hängen … Jeder, der Grenzsteine setzt, soll den hinzuziehen, der das Land auf der anderen Seite hat … Ofen, Abtritte und Schweinekoben sollen drei Fuß Abstand vom Zaun haben … Niemand darf Vieh zu Hause lassen, das dem Hirten folgen könnte, ausgenommen Sauen, die ferkeln … Alles, was man vor den Hirten treibt und er nicht wieder ins Dorf bringt, muss er erstatten … Was immer der Bauermeister zum Nutzen des Dorfes mit Zustimmung der Mehrheit der Bauern anordnet, dagegen darf die Minderheit nicht Einspruch erheben … Wenn die Flut kommt und den Damm von Dörfern am Wasser einreißt und die innerhalb des Landes Ansässigen zu Hilfe gerufen werden, dann hat jeder, der bei der Ausbesserung des Dammes nicht mithilft, dasjenige Erbe verwirkt, das er innerhalb des Dammes besitzt …

Als Eike von Repgow um 1230 die guten, alten Gewohnheiten des sächsischen Stammes niederschrieb, hatten sich die Dörfer schon zu selbstständig handlungsfähigen Gemeinden entwickelt, mit eigenen Amtsträgern wie dem im Text erwähnten »Bauermeister«. Diese Entwicklung hatte begonnen, als die Grundherren das Fronhofsystem allmählich aufgaben, den bislang von ihnen selbst bewirtschafteten Teil an die Bauern verliehen und die überflüssig gewordenen Frondienste durch Zinszahlungen ablösten. Insofern bestand weiterhin eine leistungs- bzw. abgabepflichtige Bindung an den Grundherrn, andererseits war der Weg frei für eigenständiges bäuerliches Wirtschaften. Das war die entscheidende Voraussetzung für die Entstehung eines ländlichen Rechtsverbands mit eigener Gerichtsbarkeit, vergleichbar mit einer Landgemeinde. Ausgeübt wurde die Gerichtsbarkeit von Schöffen und dem *burmester,* dem »Bauermeister«, in einigen Gegenden nannte man den Vertreter der Dorfgemeinschaft Dorfschulze oder Schultheiß. Erst im 13. Jahrhundert kann man daher vom Dorf im Rechtssinn sprechen. Zu dieser Zeit gab es schon bürgerlichen Besitz auf dem Land, zugleich etablierte sich dort allmählich auch das Handwerk. In mittelrheinischen Dörfern sind schon kurz nach 1200 Schmiede, Metzger, Bäcker und Schuster nachweisbar.

Mittelpunkt des Dorfes war aber die Kirche. Mit der Bildung der Landgemeinde ging die Bildung der dörflichen Pfarrgemeinde einher. Jedes noch so kleine Dorf hatte mittlerweile seine Kirche oder Kapelle, nur größere Dörfer besaßen eine eigene Pfarrkirche. Das heißt aber auch, dass Bauern aus kleineren Dörfern an den hohen Feiertagen weite Wege zurücklegen mussten, um am Gottesdienst in der Hauptpfarrkirche teilzunehmen. Der Empfang der Taufe, die Zahlung des Zehnten an die Kirche, die Beerdigung der Toten auf dem Dorffriedhof – dieser Ablauf schloss die Dorfbewohner auch zu einer Kultgemeinschaft zusammen. Besonders reiche Dörfer erlangten sogar das Recht, den Pfarrer selbst zu wählen. Die Verbundenheit der Dorfgemeinde mit der Kirche wurde nicht zuletzt dadurch sichtbar, dass die dörflichen Gerichte auf dem Kirchhof tagten.

Das unmittelbare Lebensumfeld des bäuerlichen Menschen waren Haus, Familie und Dorf. Im Hochmittelalter verbesserte sich im Rahmen des allgemeinen wirtschaftlichen Aufschwungs auch der Lebensstandard auf dem Land. Die einfachen Hütten des Frühmittelalters wurden allmählich durch richtige Bauernhäuser ersetzt, nach Auflösung der Grundherrschaft gab es sogar reiche Bauern. In der ländlichen Rechtsgemeinschaft »Dorf«, die sich im 13. Jahrhundert herausbildete, spielten sie, etwa als »Bauermeister«, eine wichtige Rolle.

Neue Anbauarten und technische Innovationen

Im frühen Mittelalter war Europa vergleichsweise dünn besiedelt. Genaue Bevölkerungszahlen sind nicht überliefert. Schätzungen, die darüber angestellt worden sind, weichen teilweise erheblich voneinander ab. In einem Standardwerk zur Bevölkerungsgeschichte wird angenommen, dass West-, Mittel- und Nordeuropa im 7. Jahrhundert etwa 5,5 Millionen Einwohner zählten (Deutschland und Skandinavien zusammen zwei Millionen), um das Jahr 1000 lebten diesen Schätzungen zufolge 12 Millionen Menschen in diesem Raum, in drei Jahrhunderten hatte sich die Bevölkerungszahl in diesem Bereich Europas also mehr als verdoppelt. Diese expansive Phase der Bevölkerungsentwicklung sollte bis etwa 1300 anhalten.

Das Bevölkerungswachstum setzte im 10. Jahrhundert ein. Nicht nur die Einwohnerzahlen der damals noch wenigen Städte stiegen, auch die Anzahl der bewohnten Orte nahm zu. Das 12. Jahrhundert war dann geradezu die Zeit der Stadtgründungen und der Rodungswirtschaft, das heißt, der Ressourcenspielraum wurde erheblich erweitert, das betraf insbesondere die Landwirtschaft als Grundlage mittelalterlichen Wirtschaftslebens. Mehr Anbaufläche stand zur Verfügung, der Ackerbau wurde immer mehr zur dominierenden Wirtschaftsform. Durch die Verbreitung technischer Neuerungen nahmen Produktion und Produktivität einen gewaltigen Aufschwung.

Die wichtigsten Neuerungen in der Landwirtschaft waren die Einführung des schweren Pflugs, der Einsatz von Pferden im Ackerbau sowie ein neues System der Fruchtfolge – wobei das eine mit dem anderen ursächlich zusammenhing. Verbesserte Transportmöglichkeiten führten darüber hinaus zu regionaler Arbeitsteilung; verschiedene Gegenden spezialisierten sich auf die Züchtung bestimmter Feldfrüchte und Tiere, auf die Produktion von Wolle und Seide, Hanf und Flachs, um die wachsenden, unterschiedlichen Bedürfnisse der Bevölkerung Europas zu befriedigen.

Dreifelderwirtschaft: Neue Fruchtfolge, innovative Bewirtschaftung

Der Übergang zur Dreifelderwirtschaft als neuer Form des Fruchtwechsels gilt als der entscheidende Impuls zur »Vergetreidung« und allgemein zum Fortschritt der Landwirtschaft. Seit der Antike hatte man die so genannte Feldgraswirtschaft betrieben, bei welcher der Boden solange bewirtschaftet wurde, wie er ergiebig war, und anschließend einige Jahre brachliegen gelassen wurde. In der Zweifelderwirtschaft wurde eine Hälfte des Landes nicht genutzt, während auf der anderen Korn angebaut wurde, das heißt, die Ackerfläche wurde nur alle zwei Jahre bestellt, dazwischen sollte sie ruhen. Dieses System wurde mit der Einführung der Dreifelderwirtschaft, die erstmals in der zweiten Hälfte des 8. Jahrhunderts urkundlich belegt ist, vervollkommnet.

Die bewirtschaftbare Fläche wurde seither in drei Teile aufgeteilt, das erste Drittel lag brach, das zweite wurde mit Wintergetreide bestellt, das dritte mit der Frühlingssaat. Die eigentliche Neuerung erschließt sich erst bei näherem Hinsehen: Das im Herbst ausgesäte Wintergetreide, Weizen, Roggen, Dinkel, konnte schon im Frühsommer des nächsten Jahres geerntet werden, das Feld wurde danach als Stoppelfeld und Weide genutzt. Im Jahr darauf wurde es im Frühjahr mit Sommergetreide, Hafer und Gerste, aber auch mit Hülsenfrüchten, Bohnen, Linsen und Erbsen, bebaut, geerntet wurde im Spätsommer. Danach lag das Feld im Winter und im nächsten Frühjahr brach, ehe es im Juni gepflügt und nach erneuter Brache erst im Herbst mit Wintergetreide eingesät wurde. In diesem Rhythmus wurden – mit einer zeitlichen Verschiebung von einem Jahr – auch die anderen beiden Drittel bearbeitet. In sechsunddreißig Monaten lagen die Felder also etwa zwanzig Monate brach, hatten also mehr Zeit zur Erholung und konnten intensiver gedüngt werden, da sie auch als Viehweide dienten und regelmäßig mit Stallmist gedüngt wurden.

Mit der Dreifelderwirtschaft nutzte man nicht mehr 50 Prozent, sondern zwei Drittel der Fläche zum Anbau, zugleich war die Arbeit auf dem Feld – Pflügen, Säen und Ernten – nun gleichmäßiger über das Jahr verteilt. Missernten, die infolge schlechter Witterung beim Wintergetreide zu beklagen waren, konnten durch die Sommersaat ausgeglichen werden. Durch intensive Unkrautbekämpfung und regelmäßigen Fruchtwechsel wurde der Boden vor rascher Erschöpfung bewahrt. Die höheren Erträge führten auch zu besserer Ernährung, denn Weizen und Roggen lieferten Kohlehydrate, während die Sommersaat neben dem Hafer, der als Pferdefutter diente, in Form von Hülsenfrüchten den erhöhtem Konsum von pflanzlichem Eiweiß ermöglichte.

Bessere Arbeitsbedingungen, mehr Erträge, bessere Qualität: Voraussetzungen für eine reibungslose Umsetzung der Dreifelderwirtschaft waren eine Neuaufteilung des Bodens und der so genannte Flurzwang. Daher nimmt man an, dass die Dreifelderwirtschaft zuerst in den großen Grundherrschaften praktiziert wurde, weil der Grundherr die Umverteilung der Anbauflächen »von oben« anordnen konnte. Die gesamte Ackerflur einer Gemarkung wurde in mindestens drei Teile aufgeteilt, die man »Zelgen« nannte, Winterzelge, Sommerzelge, Brachzelge. An diesen Zelgen, die wiederum in »Gewanne« unterteilt waren, erhielt jeder Bauer seinen Anteil. Mit der Einführung des schweren Pflugs wurden die Gewanne meist in lange Streifen parzelliert (Langstreifenflur), was der Arbeit mit dem Pflug entgegenkam. Da die Felder der einzelnen Bauern meist verstreut in den Gewannen lagen, war es nötig, neben der Festlegung des Fruchtwechsels auch Zeitpunkte zu vereinbaren, nach denen in den Gewannen gepflügt, gesät und geerntet werden sollte. Der Flurzwang sollte nach der Auflösung des Villikationssystems dazu beitragen, den genossenschaftlichen Zusammenhalt der Dorfgemeinschaft zu stärken.

Im System der Dreifelderwirtschaft spielten Roggen und Hafer eine wichtige Rolle. Diese beiden Getreidesorten wurden erst seit der Karolingerzeit im Kernraum des Frankenreichs, zwischen Seine und Rhein, angebaut. Der Historiker Michael Mitterauer nennt sie »Kulturpflanzen der zweiten Generation«. Das relativ kühle nordwesteuropäische Klima mit seinen vielen Niederschlägen bot ihnen gute Nährböden; Roggen trotzt Kälte und Nässe, er reift schnell und laugt den Boden nicht so aus wie Weizen, ist also eine ideale Anbaupflanze in Regionen mit durchschnittlicher Bodenqualität und kurzen Vegetationsphasen. Ähnliches gilt für den Hafer, auch er bevorzugt kühles, feuchtes Wetter. Da er aber gegen Frost anfällig ist, wurde er als Sommergetreide angebaut. Roggen wurde in erster Linie als Brotgetreide verwendet; dass Brot zunehmend zum wichtigsten Bestandteil der Nahrung des mittelalterlichen Menschen wurde, hängt mit der Haltbarkeit des Roggenbrotes zusammen. Schließlich wurde seit der Karolingerzeit Dinkel intensiv angebaut, eine dritte Getreideart, die sich zu längerer Lagerung eignete.

Den verstärkten Anbau von Hafer, der hauptsächlich zur

Fütterung von Pferden eingesetzt wurde, erklärt Mitterauer mit der neuen Militärverfassung, die sich im Frankenreich im Rahmen des Lehnswesens entwickelte:

> Im Militärwesen ist das frühe Mittelalter, zum Teil schon die vorausgehende Epoche der Spätantike, durch das Aufkommen des schweren Panzerreiters charakterisiert, mit dem Lehnswesen und der Grundherrschaft wurde eine sehr spezifische Form der dispersen Ansiedlung und damit der gesellschaftlichen Integration dieser Panzerreiter gefunden.

Die neue Militärorganisation, die die bäuerliche Fußtruppe ablöste, hatte sich nur herausbilden können, weil die Landwirtschaft gewisse Grundlagen dafür bot. So sei, Mitterauer zufolge, die für das nordalpine Europa charakteristische Integration der Großviehhaltung in die Landwirtschaft erfolgt, so kam es zum verstärkten Anbau von Hafer, wie schon bei Gregor von Tours nachzulesen sei. Der fränkische Panzerreiter, der mit Eisenhelm, Schuppenpanzer, Beinschienen, Schild, Stoßlanze und Schwert bewaffnet war, ist gewissermaßen ein Vorläufer des Ritters des Hochmittelalters.

Im Spätmittelalter wurden weitere Verbesserungen der Anbaumethoden eingeführt, etwa Verfahren zur Dränage niedrig gelegener Landstriche: Pumpen wurden eingesetzt, Kanäle und Schleusen gebaut. Die Anbaugebiete in den Rhein- und Rhône-Niederungen wurden durch Deiche gegen Überschwemmungen geschützt. In theoretischen Schriften machten zahlreiche Autoren Vorschläge zur Intensivierung der Landwirtschaft, so schrieb etwa Albertus Magnus über die Düngung mit Mist; der Engländer Walter von Henley, dessen um 1250 erschienenes Buch *Hosebondrie* (Landwirtschaft) ein Standardwerk werden sollte, befasste sich mit dem Anbau von Getreide, Erbsen und Bohnen und der Hege der Wälder mit Mergel als Düngemittel. Der Wert tierischen Düngers zur Bodenverbesserung war im Mittelalter durchaus bekannt, man trieb bewusst das Vieh auf die Stoppelfelder, sammelte Dung und streute ihn auf den Feldern aus. Schon vor Henleys Schrift nutzte man Mergel, Kalk, Asche, Torf und kalkhaltigen Sand als Düngemittel. In den Niederlanden und in Nordfrankreich war es üblich geworden, das Brachland mit Rüben und Hülsenfrüchten zu bebauen, was zu einer Anreicherung des erschöpften Bodens führte.

Schwerer Pflug, Kummet und Sense

Mit den neuen Kulturpflanzen und dem neuen Nutzungssystem der Dreifelderwirtschaft, die beide die Großviehhaltung als integrierte Form bäuerlicher Wirtschaft ermöglicht hatten, vollzog sich annähernd zeitgleich ein technischer Fortschritt im Bereich der Ackerbaugeräte. An erster Stelle ist der Bodenwendepflug oder schwere Pflug zu nennen, »die Schlüsselinnovation« der Agrarwirtschaft (Mitterauer). Seit der Römerzeit wurde in Europa das *aratrum* benutzt, ein hölzerner Hakenpflug, der von Menschen oder Ochsen gezogen wurde und mit einem Pflugmesser den Boden auflockerte, was in den Mittelmeerländern durchaus zur Bodenbearbeitung ausreichte. Der »schwere Pflug«, auch Räderpflug, Beetpflug oder Schollenpflug genannt (lat. *carruca*), machte durch das Wenden der Scholle eine intensivere Bearbeitung des Bodens möglich. Der Mediävist Hans-Werner Goetz hat die Funktionsweise des Bodenwendepflugs treffend beschrieben: »Es war ein Wagenpflug mit Vorderrädern, Messer, Streichbrett und einer Schar, er zog tiefere Furchen, schnitt die Schollen ab und wendete sie; das Messer teilte den Boden senkrecht, die eiserne Schar waagerecht, das Streichbrett warf ihn zur Seite und deckte so die beim letzten Durchgang gezogenen Furchen wieder zu.«

Der schwere Pflug war eine revolutionäre Erfindung. Er löste den Hakenpflug im Verlauf des Hochmittelalters in Europa ab. Da Pflugmesser, Streichbrett und Pflugschar auf Rädern montiert waren, wurde der Transport zum Acker und der Einsatz vor Ort erleichtert. Der »Sech« (so nannte man das Pflugmesser) und die Schar konnten den Boden viel tiefer als bisher zerschneiden und auflockern, was einer besseren Durchlüftung diente; das Streichbrett wendete die Scholle und versetzte sie um eine Furchenbreite, womit die Nährstoffe, die vom Regen in untere Bodenschichten gewaschen worden waren, wieder nach oben befördert wurden. Zudem konnte das später in den Furchen verteilte Saatgut erheblich leichter Wurzeln schlagen. Mit der Egge, die man nach dem Pflug über die Felder zog, wurden die umbrochenen Schollen weiterzerkleinert und geglättet. Der schwere Pflug und die Egge ließen sich am besten auf lang gestreckten Felder einsetzen, daher verdrängte die Streifenflur allmählich die alte Blockflur.

Zur Bedienung eines solchen Pflugs waren zwei Arbeitskräfte notwendig: der Pflüger, der den Pflug führte, und der Treiber, oft ein Junge, der das Spannvieh mit einem Stock antrieb. Gezogen wurde der Pflug zunächst von zwei Ochsen; kompakte Pflüge mussten sogar von mehreren Tieren gezogen werden, über die nicht jeder Hufenbauer verfügte. Vielfach stellten sich die Bauern daher ihr Zugvieh gegenseitig zur Verfügung, um die Pflugarbeit in Nachbarschaftshilfe zu bewältigen. Seit dem 11. Jahrhundert wurde indessen auch das Pferd beim Ackerbau eingesetzt, zunächst vor der leichteren Egge.

Dass das Pferd, bislang nur als Reittier und allenfalls als Zugkraft vor dem Karren genutzt, dann allmählich den Ochsen als Zugtier bei der Feldarbeit ablösen konnte, hing mit der Verbreitung des Hufeisens zusammen: Mit dessen Hilfe wurden die empfindlichen Hufe der Pferde, die im feuchtkalten Klima Nordwesteuropas besonders in schwierigem Gelände äußerst anfällig waren, widerstandsfähiger gemacht und den Bedingungen des Ackerbaus angepasst. In der Karolingerzeit wurde es allgemein üblich, Hufe zu beschlagen; die nicht billigen Eisenteile wurden mit zwölf Nägeln befestigt. Wer ein Hufeisen fand, durfte sich glücklich schätzen; und »beschlagen sein« bedeutet noch heute, anderen etwas voraus haben.

Auch die verbesserte Methode der Anschirrung war von

Vorteil: Die Einführung des »Kummet« (das Wort kommt aus dem Polnischen und bedeutet so viel wie Halskrause) erlaubte es, auch Pferde zu schwerer Zugarbeit zu verwenden. Im Gegensatz zum Halsgeschirr, das die Atmung erschwerte und die Blutzufuhr beeinträchtigte, je schwerer die zu ziehende Last war, wurde beim gepolsterten Kummet der Tatsache Rechnung getragen, dass Pferde ihre größte Zugkraft an den Schultern und mit den Brustmuskeln entwickeln. Das auf den Schultern aufliegende Kummet wurde daher zumeist durch das »Brustblatt« ergänzt, das die Zugkraft von der Brust des Pferdes aufnahm. Mit der neuen Anschirrung konnten Pferde einen Pflug schneller ziehen als die langsamen Ochsen, was ebenfalls zur Erhöhung von Arbeitsleistung und Produktivität beitrug. Der Mehrbedarf an Futter wurde durch vermehrten Ertrag an Hafer ausgeglichen.

Der gesteigerte Wert des Pferdes zeigte sich darin, dass die Pferdezucht in einigen Gegenden zum wichtigsten Bestandteil der Landwirtschaft wurde. Pferde zogen auch die neu entwickelten vierrädrigen Wagen, die neben den zweirädrigen Karren eingesetzt wurden und sich besonders für den Transport von schweren, sperrigen Lasten eigneten. Durch Verlängerung der Seitenstränge wurde die »Tandemanspannung« ermöglicht, das heißt, man konnte nun ein Pferd vor das andere spannen, sodass eine unbeschränkte Zahl von Tieren zum Fortbewegen schwerer Lasten verwendet werden konnte.

Durch Pflug und Egge wurde eine intensivere Bodenbearbeitung ermöglicht, mit der Einführung von Sense und Dreschflegel wurden die Einbringung und die Weiterverarbeitung der Ernte erleichtert. Bis ins Hochmittelalter hinein wurde das Getreide mit der Bogensichel geschnitten. Dabei hielt der »Schnitter« mit der linken Hand ein Bündel von Halmen fest, das er dann mit der Sichel auf halbem Halm abschnitt. Auf diese Weise fielen kaum Körner aus den Ähren. Die Sense war zunächst für die »Wiesenmahd« entwickelt worden, zur effizienteren Gewinnung von Wiesenheu, das bei der Winterfütterung des Viehs eingesetzt wurde. Bei der Wiesenmahd spielte der Aspekt des Körnerverlustes keine Rolle.

Um die Sense auch bei der Getreideernte einsetzen zu können und den Körnerverlust gering zu halten, mussten verschiedene Veränderungen vorgenommen werden. Die Wirkung des Sensenschnitts wurde dadurch optimiert, dass der Schaft verlängert und das Blatt gleichmäßig gekrümmt wurde. Der Umgang mit dieser neuen Sense erforderte vom Schnitter allerdings viel Kraft und Geschick: Der Sensenbaum lag meist auf der linken Schulter, und bei jedem Sensenschwung wurde der Oberkörper mit gewendet. Die Schnitter trugen Wetzsteine am Gürtel, denn die Schärfe der Schneide eines Sensenblatts nahm bei intensivem Einsatz schnell ab. Dass bei der Sensenmahd mehr Körner als bei der Sichelmahd verloren gingen, wurde in Kauf genommen, da man mit der Sense eine erheblich höhere Arbeitsleistung erzielen konnte. Eine gute Sense war allerdings teuer. Bis zur Erfindung des Mähdreschers blieb sie das wichtigste Erntegerät für Getreide.

Das mit der Sense viel schneller eingebrachte Getreide wurde nun nicht mehr mit den Füßen oder mit Ästen und Hölzern gedroschen, sondern mit dem neu entwickelten Dreschflegel. Die Innovation war die Entwicklung des zweiteiligen Dreschflegels, der mit großer Wucht auf die Ähren geschlagen wurde und sie auf diesem Weg entkörnte. Da man für die Herstellung kein Metall benötigte, sondern Leder, war der Dreschflegel billiger als die Sense und konnte auch von kleineren Gehöften gekauft werden.

Wind- und Wassermühlen

Bis zum Ende des 10. Jahrhunderts wurde im karolingischen Großreich das geerntete Korn hauptsächlich mit recht einfachen Handmühlen gemahlen: Über einem flachen Bodenstein, auf dem man das Korn verteilte, wurde ein zweiter Stein, der

Wassermühle mit Mühlrad und Reusen im Mühlbach.

mit Griffen oder Stangen versehene Mühlstein, zum Drehen gebracht. Wassermühlen sind seit dem frühen Mittelalter bekannt, als Erbe der Antike, denn schon die Römer benutzten die Wasserkraft zum Kornmahlen. Der bereits geschilderte Prozess der »Vergetreidung« war letztlich der Auslöser einer Entwicklung, die zur Errichtung von Mühlen im Bereich fast jeder Grundherrschaft führte. Schon am Ende des 6. Jahrhunderts wird der Einsatz von Wassermühlen in einem Gesetz der Merowinger erwähnt, im 8. und 9. Jahrhundert war die Wassermühle über das gesamte Frankenreich verbreitet. In England soll es im Jahr 1086 in etwa dreitausend Gemeinden mehr als fünftausend Wassermühlen gegeben haben.

Bei den frühen Wassermühlen wurde das vertikale Wasserrad unterschlächtig, also durch die natürliche Bewegung des Wassers in Flussläufen und Kanälen, in Gang gesetzt. Durch verschiedene Getriebe wurde die Kreisbewegung der Radwelle auf den Mühlstein bzw. den Läuferstein übertragen, der wie bei der Handmühle auf dem fest verankerten Bodenstein auflag und sich auf ihm drehte. Große Exemplare maßen bisweilen bis zu 1,60 Meter, im Schnitt war der Durchmesser aber viel geringer. Der Bodenstein war im allgemeinen etwa zwanzig Zentimeter dick, der Läuferstein wies eine Dicke von etwa fünfunddreißig Zentimetern auf. Der Abstand zwischen beiden Steinen konnte mit einem Hebestock, einer Hebelvorrichtung, variiert werden. Das Korn wurde dann mittels eines Trichters durch ein Loch im Läuferstein zwischen die Mühlsteine eingefüllt, die mit Furchen und Schärfen versehen waren.

Im Hochmittelalter wurde das oberschlächtige Wasserrad entwickelt, das durch von oben auf das Mühlrad treffendes Wasser angetrieben wurde. Um von der natürlichen Fließkraft des Wassers unabhängig zu sein, wurden Gräben und Rohre, Wehre und Dämme angelegt. Mit der Verbreitung der Wassermühlen wurden auch die Methoden der Kraftübertragung und der Verwendung ihrer rotierenden Bewegung verfeinert. Illustrationen aus dem 12. Jahrhundert zeigen veränderte Proportionen der Kron- und Zahnräder, die das Getriebe bildeten: Man hatte sie so angepasst, dass sie dem Mühlstein selbst in langsamer Wasserströmung eine hohe Umlaufgeschwindigkeit gaben.

Die organisatorischen und ökonomischen Voraussetzungen für den Bau von Wassermühlen hatten die Grundherrschaften geschaffen; der Grundherr verfügte meist über die Mühle, die vom Müller betrieben wurde. Im Spätmittelalter gab es aber auch Mühlen, die von Dorfgemeinschaften unterhalten wurden oder dem Müller gehörten. Selbstständig arbeitende Müller werden in den Quellen schon im 8. Jahrhundert erwähnt. Die Bauern waren in der Regel verpflichtet, ihr Korn in der Mühle des Grundherrn mahlen zu lassen; dafür musste eine Mahlgebühr entrichtet werden.

Windmühlen kamen erst seit dem Ende des 12. Jahrhunderts im nordwestlichen Europa in Gebrauch, wahrscheinlich durch Vermittlung der Mauren in Spanien. Arabische Geografen berichten, in Persien seien Windmühlen schon im 10. Jahrhundert betrieben worden. Dort waren die Flügel horizontal angebracht, sodass die Kraftübertragung direkt auf die vertikale Achse erfolgen konnte, an deren unterem Ende ein horizontaler Mühlstein befestigt war. In Europa sind die ersten Windmühlen in Flandern, England und in der Normandie in Betrieb genommen worden, zumeist in Gegenden mit Wasserproblemen. In Deutschland kamen Windmühlen zunächst nur nördlich der Mittelgebirge zum Einsatz, die erste wird 1222 in Köln erwähnt. Die Flügel waren – wie bei Wassermühlen das Wasserrad – vertikal an der Mühle angebracht und setzten eine horizontale Achse in Bewegung. Die vier Flügel bestanden aus Holzrahmen, die mit Stoff bespannt oder mit Holzplanken, so genannten Windhölzern, ausgefüllt waren. Damit die Flügel sich dem sich drehenden Wind darboten, ließ man anfangs die gesamte Mühle um einen Bock oder Ständer drehen (daher der Name Bockwindmühle). Das bedeutete aber, dass die Mühlen klein bleiben mussten; erst am Ende des Mittelalters wurden die Windmühlen größer gebaut und so gestaltet, dass sie wirklich leistungsfähig waren. Damals neigte man die Achse in einem kleinen Winkel zum Boden, die Flügel wurden so angebracht, dass sie jeden Windhauch auffingen, eine Bremsvorrichtung wurde eingebaut und die Lage der Mühlsteine durch Hebel reguliert. Bei dem später in Italien entwickelten Typ der Turmwindmühle wurden nur die an einer drehbaren Dachhaube angebrachten Flügel in den Wind gestellt. Das Mahlwerk war im feststehenden Gebäude untergebracht. Die Entwicklung der Turmwindmühle war die letzte bedeutsame Neuerung nicht nur im Bereich der Landwirtschaft, sondern allgemein im Bereich der Antriebsmaschinen vor der Erfindung der Dampfmaschine.

Dieser landwirtschaftliche Umwälzungsprozess fand nur in Europa statt, er war eingebunden in das für Europa bezeichnende System der Grundherrschaft. Er ist damit Teil des von Michael Mitterauer so bezeichneten »europäischen Sonderweges«. Die von den Grundherren eingeführten Neuerungen –

die Ausweitung und Intensivierung der Getreidewirtschaft, die Einführung der Dreifelderwirtschaft, die Verbesserung der Arbeitsgeräte und der Weiterverarbeitung der Erträge – haben im Hochmittelalter zu einem Aufschwung der Landwirtschaft geführt, der sich in Ertragssteigerungen niederschlug, die wiederum die Voraussetzung für das hochmittelalterliche Bevölkerungswachstum darstellten. Die Fortschritte der Landwirtschaft ermöglichten also in gewisser Form erst das Wachstum der Gesamtwirtschaft. »Erst auf dieser Grundlage«, hat der Historiker Werner Rösener einmal formuliert, »konnten sich Stadtwirtschaft und städtische Kultur, Feudalherrschaft und ritterlich-höfische Welt voll entfalten.«

STÄDTE, HANDEL, KATHEDRALEN

Europa in Bewegung

Wann hat sich das Gesicht Nordwesteuropas entscheidend gewandelt? Wann nahm die Landschaft jene uns vertraute Gestalt an, als Wälder gerodet waren, Sümpfe trocken gelegt und dem Meer Kulturland für die Menschen abgetrotzt worden war? Seit wann ist dieses vormoderne Europa der Städte und des Handels greifbar, das die Mittelmeerantike hinter sich ließ und eine neue römisch-christliche, abendländische Welt schuf? Wie das Land noch im Jahre 1000 ausgesehen haben mag, an der Schwelle zum Mittelalter, hat Georges Duby zu Beginn seines Klassikers *Die Zeit der Kathedralen* anschaulich beschrieben:

> Sehr wenige Menschen – einsame Gegenden, die sich nach Westen, nach Norden und nach Osten erstreckten, unüberschaubar werden und schließlich alles bedecken –, Brachland, Sümpfe, unstete Flussläufe, die Heide, das Dickicht und die Weiden, alle Arten verkümmerten Waldes als Hinterlassenschaft von Buschbränden und den flüchtigen Einsaaten der Brandroder – hier und dort Lichtungen, einmal erobertes, doch nur halbwegs gezähmtes Land, leichte kümmerliche Furchen, die die von mageren Ochsen gezogenen Holzgeräte auf dem widerspenstigen Boden hinterlassen haben; innerhalb dieses Nahrung spendenden Raums noch riesige Leerstellen, all die Felder, die man ein Jahr, zwei Jahre, drei und manchmal gar zehn Jahre brachliegen lässt, damit sich die Bedingungen ihrer Fruchtbarkeit im Ruhezustand auf natürliche Weise wiederherstellen – bescheidene, zu Weilern versammelte Wohnstätten aus Stein, Lehm oder Zweigwerk, umgeben von dornigen Hecken und einem Ring aus Gärten – gelegentlich inmitten schützender Palisaden der Wohnsitz eines Oberhaupts, ein offener Holzbau, Kornspeicher, Verschläge für die Sklaven und, etwas abseits, die Feuerstelle der Küchen – ab und an, auf große Entfernungen, eine städtische Siedlung, die in Wirklichkeit nur noch ein von der ländlichen Natur durchdrungenes, verblichenes Skelett der römischen Stadt ist; von Pflugland umgebene Ruinenviertel, eine recht und schlecht ausgebesserte Einfriedung, Steinbauten aus der Zeit des Imperiums, die in Kirchen oder Zitadellen verwandelt worden sind; in ihrer

> Nähe ein paar Dutzend Hütten, in denen Weinbauern, Weber und Schmiede wohnten, jene Handwerker, die als Dienstmannen Schmuck und Waffen für den hochwürdigen Bischof und die Garnison fabrizieren; und schließlich zwei oder drei jüdische Familien, die gegen Pfand etwas Geld verleihen – schmale Pfade, die langen Züge frondienstleistender Lastenträger und kleine Barkenverbände auf allen Wasserläufen; das ist das Abendland im Jahre tausend. In seiner Ländlichkeit wirkt es gegen Byzanz oder Córdoba sehr arm, sehr mittellos. Eine wilde Welt, eine Welt in den Fängen des Hungers.

Zwar war die Kaiserkrönung Karls des Großen ein Ereignis von immenser politischer Bedeutung, doch hatte, abgesehen von der Etablierung des Christentums, in den nächsten zweihundert Jahren die Lebenskultur der Menschen geringe Fortschritte gemacht. Kaum war Karl der Große gestorben, wurde der Friede im Inneren zerrüttet, fielen Invasoren aus Skandinavien und den vom Islam beherrschten Mittelmeerinseln in die fränkische Welt ein. Auf dem Land hatte um das Jahr 800 die Wildnis den seit römischer Herrschaft bebauten Boden wieder weitgehend verdrängt. Die überwiegende Mehrheit der Menschen bewirtschaftete neben ihrem Haus einen kleinen Garten und durchforschte Wälder, Flüsse und Sümpfe nach Essbarem. Da sich die Felder in unmittelbarer Nähe rasch erschöpften, waren die meisten Gemeinschaften gezwungen, umherzuziehen und immer wieder neu zu siedeln. Den Forschungen von Archäologen und Historikern wie dem Engländer Robert Moore ist zu entnehmen, dass das fest gegründete, dauernd bewohnte Dorf einem Strukturwandel zu verdanken ist, der erst im 10. und 11. Jahrhundert einsetzte.

Obwohl die Bevölkerungszahlen nach den Wirren der Völkerwanderung im 8. und 9. Jahrhundert wieder etwas anstiegen, kam es erst ab der Jahrtausendwende bis ins 14. Jahrhundert hinein zu einem dramatischen Zuwachs der westeuropäischen Bevölkerung, beinahe zu einer Verdoppelung. Wollten alle ernährt werden, musste dieser Bevölkerungsdruck zu einem umfangreichen Landausbau und zu Neusiedlungen führen, mithin zu gewaltigen Wanderungsbewegungen – und in Mitteleuropa war in der Tat unbevölkertes, noch nicht urbar gemachtes Land reichlich vorhanden. Die Historiker wenden zwar den Begriff der Völkerwanderung vornehmlich auf die Migration der Germanen bis ins 6. Jahrhundert hinein an, aber auch im Hochmittelalter setzte eine beträchtliche Wanderung in Siedlungsgebiete ein, die zum Teil Tausende von Kilometern entfernt waren. Aus freien Stücken brachen damals die Menschen in neue Gegenden auf, auch wenn sie wussten, dass das Abenteuer direkt vor der Haustür begann – wer das Dorf seiner Väter verließ, setzte sich einer fremden, bedrohlichen Welt aus.

Aus dem bevölkerungsreichen Westeuropa, dem Zentrum des Geschehens, drängten die Auswanderer hinaus an die Ränder des Kontinents: in die keltischen Länder, auf die Iberische Halbinsel, nach Osteuropa jenseits der Elbe. Im Osten wurde im Zuge der deutschen Kolonisation in großem Stil neues Kulturland gewonnen. Die Zahl der Einwanderer war so groß, dass sich bald die deutsche Sprache und die deutschen Rechtsgewohnheiten in den neuen Gebieten ausbreiteten. Die Ostsiedlung begann in der ersten Hälfte des 12. Jahrhunderts und fand ihren Höhepunkt im 13. Jahrhundert, als deutsche Bauern, Kaufleute und Bergleute in ganz Osteuropa siedelten.

Auch auf der Iberischen Halbinsel fand im Zuge der Reconquista besonders im 13. Jahrhundert eine umfangreiche Wanderung und Neusiedlung statt, teils in von Muslimen verlassenen Landesteilen, teils in noch unbevölkerten Gegenden. Siedler aus Südfrankreich drängten ins Land hinein, Kastilier stießen vom zentralen Hochland der Iberischen Halbinsel in das zum Mittelmeer sich öffnende Andalusien vor. Mit dem Ausmaß dieser beiden Migrationen konnten andere Bewegungen nicht mithalten, dennoch waren sie bedeutend. Aus England und teilweise Nordfrankreich wanderten die Menschen nach Wales, Irland und Schottland aus, und auch im östlichen Mittelmeerraum kam es nach den Kreuzzügen zu einer beachtlichen Siedlungstätigkeit westeuropäischer Ritter und Abenteurer.

Den neuen Siedlern, zumeist Bauern, stand die schwere Aufgabe bevor, siedlungsfeindliches Gebiet urbar zu machen; unzugängliche Waldgebiete waren zu roden, Sumpflandschaften zu entwässern, Deiche gegen Überflutungen neu gewonnenen Landes zu errichten, trockenes Land zu bewässern. Es mussten Bäume gefällt, Brände gelegt und dem Boden Wurzeln entrissen werden. Vieh musste gezüchtet werden, Werkzeuge mussten gefertigt, Häuser mussten gebaut werden. Neue Siedlungen, die nicht an alte anknüpften, bezeichnet man als Siedlungen »auf wilder Wurzel«. Dabei waren die Rodungssiedler mit den unterschiedlichsten Naturgegebenheiten konfrontiert, wobei die Gebirgsgegenden Süddeutschlands ihnen gewiss die größten Beschwernisse bereitet haben müssen. In den fruchtbaren Tälern des Ebro und Guadalquivir hingegen entstand schnell eine blühende Landwirtschaft. Östlich der Elbe mussten geschlossene Waldregionen für den Getreideanbau gerodet werden, was die Ostgebiete in der Folge zur Kornkammer Europas werden ließ. In vielen deutschen Ortsnamen sind die ursprünglichen Methoden der Urbarmachung noch enthalten, wie in den Endungen -reuth oder -rode, -greuth oder -ried.

Für die schwere Rodungsarbeit wurden die neuen Siedler von ihren neuen Herren in der Regel entlohnt, oder sie erhielten später zum Teil sogar die Herrschaft über das Land. Das Land war damals dünn besiedelt, und angesichts der ausgedehnten Wälder und Sümpfe waren Arbeitskräfte zur Urbarmachung dieser Flächen begehrt. Nur die wenigsten Grundbesitzer zwangen ihre Untergebenen durch Knechtschaft in den Dienst. Um Arbeitskräfte zu gewinnen, gewährten die Grundherren den Siedlern persönliche Freiheit und das Recht auf Eigentum und befreiten sie zumindest zeitweise von Abgaben. In vielen Dörfern konnten die Siedler sogar eine Art Selbstverwaltung etablieren. Im *Sachsenspiegel* wird die auf Gegenseitigkeit begründete Abmachung der beiden Parteien beschrieben: »Wenn

Bauern durch Rodung ein neues Dorf besetzen, dann kann der Herr des Dorfes ihnen das Erbzinsrecht an diesem Gut geben, auch wenn sie nicht zu diesem Gut geboren wurden.« Als Gegenleistung für die Urbarmachung des neuen Landes, die das Einkommen des Grundherrn vergrößerte, erlangte der Bauer und Siedler den vorteilhaften Rechtsstatus des Erbpächters.

Auf diese Art wurden neue Länder erschlossen und Siedlungen gegründet. Nach einem festen Plan entworfene Dörfer ersetzten zunehmend die Aneinanderreihung von Einzelhöfen. Die Organisation des Lebens in der Gemeinde entwickelte sich fort, was sich beispielsweise an der zunehmend differenzierten Einteilung in Pfarr- und Gerichtsbezirke und an der Weiterentwicklung feudaler Strukturen ablesen lässt. Die Anbauflächen für Getreide vergrößerten sich, durch die neue Dreifelderwirtschaft konnten den Böden immer reichere Erträge abgetrotzt werden. Folglich nahmen in Europa die Hungersnöte ab. Während das 11. Jahrhundert noch sechsundzwanzig davon verzeichnete, so waren es im 12. Jahrhundert nur noch zwei, und im 13. Jahrhundert gab es keine mehr.

Der Forschung zufolge fand in Europa im beschriebenen Zeitraum ein massives Bevölkerungswachstum und eine immense kulturelle und territoriale Expansion statt. Zwischen 1000 und 1340 wuchs die Bevölkerung Europas um fast 100 Prozent an, von etwa 38 auf 74 Millionen. Das Wachstum in Nordeuropa war proportional größer als das im Süden, in Spanien, Italien und auf dem Balkan: Im Norden wuchs die Bevölkerung von 12 auf 35 Millionen, im Süden von 17 auf 25 Millionen. Die größere Bevölkerungsdynamik im Norden bestätigt übrigens die berühmte Aussage von Henri Pirenne, der angesichts der fränkischen Hegemonialstellung seit dem 6. Jahrhundert von der »Achsendrehung der Weltgeschichte nach Norden« spricht: Nicht mehr die antiken Kulturen des Mittelmeerraums bestimmen den Lauf der Geschichte, sondern zunehmend die Völker nördlich der Alpen.

Die Entstehung der Städte

Vom 12. Jahrhundert an vollzog sich eine wahre urbane Revolution, die neben dem christlichen Fundament das bedeutendste Erbe des Mittelalters für das moderne Europa darstellt. Um die Entwicklung dieser ersten Städte der abendländischen Moderne besser einschätzen zu können, sei eingangs ein kurzer Rückblick auf die Situation der Stadt in der Spätantike und im frühen Mittelalter gestattet.

Nach den geschichtsträchtigen Kulturmetropolen des Mittelmeerraums hatten sich im Zuge der römischen Ausdehnung nach Nordwesteuropa die ersten urbanen Orte aus Militärlagern entwickelt. Im 1. und vor allem im 2. und 3. Jahrhundert waren Trier, Köln und Mainz zu blühenden Wirtschaftszentren geworden, die ihre lebhafte Kultur einem Zusammenwirken verschiedenster romanisch-germanischer Völkerschaften verdankten. Unter dem Ansturm der Germanenvölker allerdings hatten sie furchtbare Verwüstungen hinzunehmen; das Ende der Völkerwanderungszeit markierte zugleich das Ende dieser ersten Stadtkultur im römischen Germanien.

Trier beispielsweise, die älteste Stadt Deutschlands, war im 4. Jahrhundert die bedeutendste römische Stadt nördlich der Alpen. Nicht von ungefähr nannte man sie »Rom des Nordens«. Als kaiserliche Residenz unter den römischen Cäsaren hatte Trier einen einzigartigen wirtschaftlichen und kulturellen Aufschwung erlebt. Mit fast 300 Hektar Grundfläche war es die größte Stadt nördlich der Alpen. In ihrer Blütezeit zählte sie etwa 100 000 Einwohner – eine Einwohnerzahl, die keine deutsche Stadt im Mittelalter mehr erreichen sollte. (Köln war die größte Stadt mit rund 35 000 Einwohnern.) Und dennoch blieb Trier hinter den historisch gewachsenen Mittelmeermetropolen jener Zeit zurück, wie Karthago und Alexandria (jeweils ca. 500 000 Einwohner) oder Rom (über 1 Million Einwohner).

Im 5. Jahrhundert brach Trier unter den verheerenden Verwüstungen der Franken zusammen. Viermal waren die Germanen zwischen 410 und 435 über Trier hereingefallen, 455 zerstörten sie die Stadt vollends. Das römische Trier verfiel, auch die Aquädukte, die Trier mit Wasser versorgt und hygienische Verhältnisse ermöglicht hatten. Im Mittelalter lebten dort gerade noch 10 000 Einwohner. Auch Köln war 456 den Franken in die Hände gefallen; viele Bauten wurden zerstört, nur die Stadtmauer blieb aus Verteidigungszwecken erhalten. Die neuen Herren zeigten sich am Stadtleben nicht sonderlich interessiert, sie zogen auf Höfe außerhalb der Stadt und in dörfliche Gemeinschaften. Die antike Stadt mediterraner Prägung existierte nicht mehr, erst nach vielen Jahren sollte sich Köln wieder erholen. Auch Mogontiacum (das heutige Mainz) fiel den barbarischen Attacken zum Opfer. 451 brachen die Hunnen auf ihrem großen Feldzug Richtung Westen über Mainz herein, raubten die Stadt aus und zerstörten sie. Als kurz danach die römischen Provinzen am Rhein endgültig zusammenbrachen, standen ab 456 auch Mainz und Umgebung unter fränkischer Herrschaft.

Diese rund vier Jahrhunderte waren für die germanischen Provinzen eine kulturell eminent prägende Zeit. Dass die urbane Kultur durch die einbrechenden Barbaren nicht vollends verkümmerte, ist auf die Bischöfe und Geistlichen zurückzuführen, die vorrangig aus dem galloromanischen Senatorenadel stammten und in den Städten ihre Bischofssitze hatten. Da die politisch-militärische Führung der Städte durch den Rückzug der Römer verwaist war, übernahmen die Bischöfe die Funktion von Stadtherren. Sie kümmerten sich um die Wasserversorgung, ohne die städtisches Leben nicht möglich war, organisierten die Verteidigung und den Mauerbau, beschafften Lebensmittel und verhandelten mit den Germanenfürsten, wenn diese vor den Stadttoren auftauchten. So blieben viele Städte als kirchliche Siedlungskerne bestehen. Bistumssitze wie Trier, Köln, Mainz, Worms, Augsburg und Regensburg existierten fort, während Orte, deren Bischöfe aufgrund der Völkerwanderung im 5. Jahrhundert abgezogen wurden, kaum eine Chance hatten.

Das Wesen einer Stadt

Wann ließ sich von einer »Stadt« sprechen, außer dass schon ihr Anblick mit einer Stadtmauer, mit Türmen und Toren sie von ländlichen Siedlungen unterschied? Für die Definition Stadt waren drei Kriterien maßgeblich: Neben einer angemessenen Einwohnerzahl musste eine Stadt vor allem ein reges wirtschaftliches Leben und einen entsprechenden rechtlichen Status haben. Die Einwohnerzahl ist relativ zu sehen und kann nicht mit heutigen Verhältnissen verglichen werden, denn viele mittelalterliche Städte können heute nur mehr als Orte oder Dörfer eingestuft werden. Von den rund dreitausend deutschen Städten des Hochmittelalters wird der größte Teil unter tausend Einwohner gehabt haben, nur rund fünfzehn Städte waren »Großstädte« mit über zehntausend Einwohnern. Das sah in Europa, vor allem in Italien, etwas anders aus, auch wenn die von der Forschung angenommenen Zahlen nicht unbedingt zuverlässig sind. Daten zur Bevölkerungsgeschichte des Hochmittelalters liegen sehr lückenhaft und oft nur örtlich begrenzt vor. Die größten Städte jener Zeit waren Paris (bis 200 000 Einwohner) und London (bis 100 000 Einwohner), gefolgt von den italienischen Metropolen Venedig, Mailand, Florenz und Genua, die alle um die 100 000 Einwohner gehabt haben dürften. Darauf folgten die flämischen Zentren der Tuchfabrikation, Gent (65 000 Einwohner) und Brügge (45 000 Einwohner); ungefähr gleich groß waren Prag, Bologna, Rom, Neapel und Palermo. Köln, die größte Stadt Deutschlands, zählte rund 35 000 Einwohner, Brüssel 20 000. Schätzungen zufolge dürften Nürnberg 25 000, Lübeck und Straßburg 20 000, Bremen, Hamburg, Danzig und Rostock etwa 15 000, Lüneburg,

Goslar, Soest, Dortmund, Frankfurt, Basel und Zürich etwa 10 000, Mainz 6000, Dresden 5 000 Einwohner gezählt haben.

Eine hohe Einwohnerzahl ging mit einer hohen Arbeitsteilung von Handel und Gewerbe einher. In einer Stadt wurde Markt abgehalten, Kaufleute boten ihre aus handwerklicher Produktion stammenden Waren an. Das Gemeinwesen der jungen Städte begann sich durch die Konzentration der gewerblichen Produktion und des Handels zu konsolidieren. Es bildete sich eine Funktion der Siedlungen als »Zentralort« in einer bestimmten ländlichen Umgebung heraus. Vom wirtschaftlichen Aufschwung profitierten auch die Stadtherren, Könige, Bischöfe und Fürsten. Seit dem 12. Jahrhundert gingen die Rechte jedoch zunehmend auf die immer autonomer gewordene Bürgerschaft über.

Damit ist neben dem Bevölkerungsumfang und der wirtschaftlichen Kraft das dritte konstitutive Element der Stadt angesprochen, ihre rechtliche Stellung. Während sich die ersten beiden Faktoren noch gegenseitig bedingen – eine wirtschaftliche Metropole benötigte natürlich eine bestimmte Bevölkerungsstruktur –, konnte das Stadtrecht auch einer kleinen ländlichen Siedlung gewährt werden, wenn der Grundherr ihr Privilegien verleihen wollte. In einem zum Teil durchaus konfliktreichen Prozess emanzipierten sich die Bewohner der städtischen Siedlungen von ihren Stadtherren. Dies geschah in der Regel dadurch, dass sie sich zu einem Schwurverband *(coniuratio)* zusammenschlossen und sich gegenseitige Hilfe in allen Lebenslagen versprachen. Sie gingen damit eine genossenschaftliche Gruppenbildung ein, die sich eigene Institutionen schaffte und selbstständig die rechtlichen Fragen regelte. Die *coniuratio* war nicht nur ein Mittel der Einwohner, sich dem herrschaftlichen Rechtskreis mehr oder weniger zu entziehen, sie diente genauso der genossenschaftlichen Sicherung des inneren Friedens in der Stadt. Dies geschah häufig in Auseinandersetzung mit den Stadtherren. Die Konkurrenz unter den Stadtherren führte im 12. Jahrhundert auch zu einer ganzen

Reihe von Stadtgründungen, in die die Stadtherren die Neubürger durch besonders attraktive Privilegien und Freiheiten zu locken versuchten.

Es war diese Freiheit, die seit dem 12. Jahrhundert die Neusiedler scharenweise in die Städte trieb. Nicht allein wirtschaftlichen Wohlstand suchten sie, sondern auch persönliche Freiheit. Daher rührt der Grundsatz »Stadtluft macht frei«. Er beruhte auf einzelnen hochmittelalterlichen Privilegien, in welchen die Stadtherren den Bewohnern ihrer Stadt und allen Zuzüglern zusicherten, dass sie von aller Knechtschaft frei sein sollten. Das Individuum wurde frei, musste sich aber im Gegenzug dem Stadtrecht fügen – die Leibherrschaft wurde abgelöst von der Herrschaft des Stadtherren oder des Stadtrats. Dem vormals Unfreien wurde die freie Erbleihe von Grundstücken gewährt. Da die Abgaben in Geld zu leisten waren, spricht man bei diesen Leiheverhältnissen von Erbzinsleihe.

Aus dem Stadtrecht ergaben sich mit der Zeit weitere Differenzierungen: Im Prozessrecht setzten sich Beweisführung und Tatsachenermittlung durch, im Familienrecht erlangten allein stehende Frauen eine bessere Position, das Vermögensrecht in der Ehe und das Erbrecht sowie umfangreiche Verfahrensweisen im Wirtschaftsleben wurden weiterentwickelt. An all diesen Fortschritten erkennt man, welch große Bedeutung die aus dem Stadtrecht entwickelten Rechtserrungenschaften für die Menschen des Hochmittelalters hatten. Die Stadt als eine Rechtseinheit kam übrigens im Stadtsiegel zum Ausdruck – und dieses befand sich in den Händen des Rats, als Symbol der städtischen Autonomie.

Stadtgründungen und Handel

Seit dem 13. Jahrhundert ging die Initiative zur Stadtgründung zunehmend von den Fürsten aus, die damit ihre Herrschaft über ihr Land intensivierten und ausbauten. Mit der Gründung verbunden war das Recht, Markt abzuhalten und eine Befestigung anzulegen. Die Zahl der Fürstenstädte überwog bei weitem die der Städte, die unter der Herrschaft des Königs standen – nur waren sie diesen in der Bevölkerungszahl und wirtschaftlichen Bedeutung unterlegen. Zu den Königsstädten oder Reichsstädten (Aachen, Dortmund, Goslar, Frankfurt am Main, Nürnberg) zählten auch jene, die sich von der bischöflichen Herrschaft befreit hatten (Köln, Hamburg, Bremen, Regensburg). Unter dreitausend Städten befanden sich etwa nur achtzig Reichsstädte, der Rest stand unter fürstlicher Herrschaft.

Der entscheidende Schritt zur städtischen oder kommunalen Selbstverwaltung und der Höhepunkt mittelalterlicher Stadtverfassung vollzogen sich mit der Institution des Stadtrats als Exekutivorgan der Gemeinde. Diese Errungenschaft ist in erster Linie auf starke Kaufmannsbünde zurückzuführen, die sich im frühen 12. Jahrhundert immer mehr bürgerliche Freiheiten erkämpften, vorwiegend in den rheinischen Städten wie Köln, Mainz und Worms zu Lasten der bischöflichen Herrschaft. Dabei musste es dem nach Autonomie drängenden Bürgerverband darum gehen, durch Privileg, Kauf oder Anpfändung möglichst vieler Rechte die direkte Verfügungsgewalt des Stadtrats zu erlangen. Hierbei ging es beispielsweise um das Marktrecht, die Münze, den Zoll, das Befestigungsrecht, das Recht auf Grundbesitz, die Gerichtsrechte, die Steuerrechte und so weiter. Besonders in wirtschaftlich starken Gemeinden konnte die *communitas civium* in Form des Stadtrats immer stärkere ratsherrliche Autonomie gewinnen und den Großteil der städtischen Angelegenheiten regeln, wie die Bauordnung, das Gesundheits- und Sicherheitswesen. Der Stadtrat setzte sich zusammen aus vierzig bis fünfzig gleichberechtigten Mitgliedern, meist aus der städtischen Oberschicht, die durch Mehrheitsbeschluss abstimmten. Ihnen oblag die Verwaltung und das Satzungsrecht, das heißt, sie konnten verbindliche Anordnungen für die Bürger der Stadt treffen. Aus ihrer Mitte wählten sie den Bürgermeister, und mit der Zeit entstanden

Bau einer Stadt. Illustration zu einem Roman des Gerhard von Rouissillon, 14. Jahrhundert.

die aus unseren Städten nicht mehr wegzudenkenden weiteren städtischen Ämter wie Bauamt und Stadtkanzlei. Die Welt der Beamten und Stadtbediensteten tat sich auf.

Das 13. und 14. Jahrhundert gelten als der Höhepunkt städtischer Kultur. Nahezu überall in Europa nahmen Anzahl und Größe der Städte zu. Neben dem Aufblühen der alten römischen und frühmittelalterlichen Städte im Altsiedelland wurden – besonders in den Kolonialgebieten – im großen Stil Hunderte von neuen Städten gegründet. Die meisten entstanden neben kleinen Siedlungen, alten Marktflecken oder in der Nähe von Pfalzen und Burgen. Sie boten ihren Einwohnern Schutz und garantierten freien, sicheren Markthandel. Größere unter ihnen wurden Amtssitze oder gar Residenzen, wenn der Fürst sie zu längeren Aufenthalten nutzte.

Aufgrund des starken Zustroms neuer Siedler wurde es auf der umwehrten Fläche schnell zu eng. So wuchsen auch die Außengrenzen der Städte zwischen dem 11. und 14. Jahrhundert beträchtlich, was die Stadtmauern verraten, die, Baumringen gleich, in immer weiteren Kreisen um die Städte gezogen wurden. Umfasste zum Beispiel die Stadtbefestigung von Florenz 1172 rund 80 Hektar Land, erreichte sie ein Jahrhundert später eine Fläche von mehr als 600 Hektar. Die frühen, primitiven Befestigungswälle waren aus Erde, Lehm und Holz errichtet, erst ab dem 13. Jahrhundert baute man zunehmend Steinmauern mit Toren und Türmen – sie waren allerdings derart aufwändig und teuer, dass ihre Fertigstellung viele Jahre in Anspruch nahm und mancherorts nie zum Abschluss kam. Auch die Stadthäuser wurden solider, Holz wurde seit dem 14. Jahrhundert durch die feuerfeste Steinbauweise ersetzt.

In den Städten ging es sehr eng zu, die Gassen waren winklig und holprig, und es gab nur wenige größere Plätze. An der Hauptverkehrsstraße befanden sich die öffentlichen Gebäude wie das Rathaus, etwas dezentraler standen oft die Pfarrkirchen, Klöster und Konvente. Die Handwerksbetriebe waren nach Zünften organisiert. Alle Zünfte waren Vereinigungen selbstständiger, überwiegend für den freien Marktverkauf arbeitender Handwerksmeister und vertraten vorrangig deren Interessen. Jeder Meister war verpflichtet, seine Erzeugnisse mit Stempel oder Marke zu kennzeichnen. Zur Erleichterung der Produktions- und Verkaufsüberwachung bei den Lebensmittelgewerben wurden die Marktstände der Bäcker, Metzger und so weiter an bestimmten Stellen konzentriert. Andere Handwerker konnten zur Benutzung städtischer Schmelzhütten oder Brennöfen verpflichtet werden. Im Hinblick auf die Verbesserung der Feuersicherheit und auf die Minimierung von Lärm- und Geruchsbelästigung wurden beispielsweise Schmiede, Böttcher, Gerber oder Färber in bestimmten Straßenzügen an den Stadträndern oder aus Gründen der Energiegewinnung entlang den Flüssen angesiedelt.

Die Entwicklung von Stadt und Handel bedingten sich gegenseitig: Die Stadt mit ihrem freien Marktrecht war der Ort freien Handels, sodass sie diesen anzog und durch ihn Aufschwung erfuhr. Die Beziehungen zwischen Produzent und Konsument wurden intensiver und bescherten dem Kaufmann Gewinn und immer größeren Einfluss. In der Kaufmannsprestigeskala standen Fernhändler und Großhändler an der Spitze. Sie stellten die städtische Oberschicht und häuften aufgrund großer, auch risikoreicher Ferngeschäfte so viel Kapital an, dass die reichen Familien Darlehen an den Hochadel vergaben, selbst an die Herren der Städte – was den politischen Einfluss der Kaufleute erhöhte und eine freie Stadtkultur zu befördern half. Märkte und Messen wurden das Herz urbanen Lebens. In der Metallverarbeitung kamen zum traditionellen Schmied der Gold- und Silberschmied, der Waffenschmied, der Kupferschmied und Panzermacher hinzu.

Die Qualitätssicherung oblag den Zünften: Sie überwachten die Ausbildung der Handwerker, kontrollierten die Wertigkeit der Produkte, sorgten für angemessene Preise und Löhne. Gemäß ihrer gewachsenen wirtschaftlichen Bedeutung strebten die Handwerkerzünfte in vielen Städten auch nach Beteiligung an der Stadtregierung, was sie in zum Teil heftige Auseinandersetzungen mit den ratsfähigen Familien aus den Schichten der Kaufleute verstrickte.

Als Musterfall einer mittelalterlichen Stadtgründung gilt Freiburg im Breisgau, das 1120 anlässlich einer offiziellen Marktgründung das Stadtrecht verliehen bekam: Der Zähringer Herzog Konrad rief Kaufleute herbei, wies ihnen Grundbesitz zu, garantierte ihnen Schutz und die Befreiung von Abgaben. Dort wurde eine Stadt planmäßig ins Leben gerufen – eine Stadt, die auf der schriftlich fixierten Freiheit und Autonomie seiner Bürger beruhte. Die Freiburger Urkunde vermittelt einen ungefähren Eindruck vom fortschrittlichen Verständnis von Bürger- und Stadtfreiheit zu Anfang des 12. Jahrhunderts:

> Bekannt sei allen Künftigen und Gegenwärtigen, dass ich, Konrad, in einem Ort meines Eigentums, nämlich Freiburg, im Jahre nach der Fleischwerdung des Herrn 1120 einen Markt begründet habe. Mit den von überall zusammengerufenen angesehenen Kaufleuten habe ich in einer beschworenen Vereinbarung beschlossen, diesen Markt zu beginnen und auszubauen.
>
> Deshalb habe ich in dem gegründeten Markt jedem Kaufmann ein Grundstück zum Hausbau als Eigentum zugeteilt und entschieden, dass mir und meinen Nachfolgern als Zins jedes Jahr am Fest des heiligen Martin von jedem Grundstück ein Schilling öffentlicher Münze zu zahlen sei. So sei allen bekannt, dass ich gemäß ihrer Bitte und Hoffnung die Privilegien, die folgen, bewilligt habe. Und es erschien mir ratsam, wenn sie in einer Urkunde niedergeschrieben würden, damit sie während langer Zeit im Gedächtnis gehalten würden, sodass meine Kaufleute und ihre Nachkommen von mir und meinen Nachfahren dieses Privileg in aller Zeit behaupten können.
>
> 1. Ich verspreche Frieden und Sicherheit des Weges allen, die meinen Markt aufsuchen, in meinem Machtbereich und Herrschaftsgebiet. Wenn jemand von ihnen in diesem Gebiet beraubt wird, werde ich, wenn er den Räuber namhaft macht, dafür sorgen, dass ihm das Geraubte zurückgegeben wird, oder ich werde es bezahlen.
>
> 2. Wenn einer meiner Bürger stirbt, soll seine Frau mit seinen Kindern alles besitzen und ohne jede Einschränkung behaupten, was ihr Mann hinterlassen hat.
>
> 3. Allen Besitzern am Markt verleihe ich, dass sie die Rechte meines Vol-

kes und der Landnahme teilhaftig werden, soweit ich es vermag, das heißt, dass sie frei von Herrschaftsrechten die Weiden, Flüsse, Gehölze und Wälder benutzen.

4. Allen Kaufleuten erlasse ich den Zoll.

5. Niemals werde ich meinen Bürgern einen anderen Vogt, niemals einen anderen Priester ohne Wahl vorsetzen, sondern wen immer sie dazu wählen, sollen sie unter der Bedingung meiner Bestätigung haben.

6. Wenn ein Zwist oder Rechtsstreit unter meinen Bürgern entsteht, soll er nicht nach meinem Gutdünken oder dem ihres Rektors entschieden, sondern er soll gerichtlich verhandelt werden nach der Gewohnheit und dem Recht aller Kaufleute, besonders aber der von Köln.

7. Wenn jemand durch Mangel am Lebensnotwendigen dazu genötigt wird, soll er seinen Besitz verkaufen, wem immer er will. Der Käufer aber soll von dem Grundstück den festgelegten Zins zahlen.

8. Damit meine Bürger den vorgenannten Versprechungen keinen geringeren Glauben zuwenden, habe ich ihnen Sicherheit geleistet, indem ich mit zwölf meiner namhaftesten Ministerialen auf die Reliquien der Heiligen geschworen habe, dass ich und meine Nachfolger das oben genannte immer erfüllen werden. Und damit ich nicht in irgendeiner Notlage diesen Eid breche, habe ich mit meiner Rechten dem freien Manne (es fehlt ein Name) und denen, die den Markt beschworen haben, unverletzlich Treue in dieser Sache geschworen. Amen.

Das Freiburger Stadtrecht ging in der Folge auf andere südwestdeutsche Städte über und bildete – ähnlich denen von Nürnberg, Wien, Aachen, Frankfurt, besonders aber denen von Lübeck und Magdeburg – eine ausgedehnte Stadtrechtsfamilie.

Das Paradebeispiel für die geplante Stadt, die sich von der räumlichen Enge historisch gewachsener Stadtareale durch eine neuartige, großzügige Struktur abhob, weil man sie gleichsam am Reißbrett entwerfen konnte, ist allerdings Lübeck. Als Beispiele könnte man auch die Städte des Ostseeraums anführen, die im Zuge der wirtschaftlichen Expansion der deutschen Hanse zwischen 1150 und 1350 entstanden. Aber die Forschung hegt in dieser Hinsicht noch ihre Zweifel. Beispielsweise für Stettin oder Danzig hat die Archäologie der letzten Jahrzehnte belegen können, dass hier schon vor der rechtlichen Stadtgründung seit dem 10. Jahrhundert komplexe, wirtschaftlich aktive Zentren mit beträchtlicher Einwohnerzahl angesiedelt waren. Es ist auf jeden Fall nicht falsch, von einer Urbanisierung Osteuropas nach westlichen Vorbildern auszugehen. Auch wenn es sich in manchen Fällen eher um die Reorganisation einer (wirtschaftlich bereits existierenden) Stadt als um eine vollständige Neugründung handelt: Mit der Verleihung des Stadtrechts nach lübischem oder Magdeburger Vorbild ging ein privilegierter rechtlicher Status auf die neuen Städte über, der das städtische Leben auf eine neue, rechtlich orientierte, moderne Grundlage stellte.

In Irland, wo bereits im 10. und 11. Jahrhundert die Wikinger erste wirtschaftliche Zentren gegründet hatten, war die Situation ganz ähnlich. Dublin war wirtschaftlich längst eine Stadt, bevor ihr die Anglonormannen im 12. Jahrhundert in Form einer Urkunde der englischen Könige Heinrich II. und seines Sohnes Johann Ohneland das Stadtrecht verliehen. Dennoch erfuhren die Bürger Dublins durch die Rechte, die in der 1192 ausgestellten Charta festgehalten wurden, eine erhebliche Aufwertung ihrer Stadtkultur und konkrete Privilegien. So konnten sie zum Beispiel außerhalb der Stadtgrenzen rechtlich nicht verfolgt werden; auch wenn innerhalb ihres Bezirks ein anonymer Mord begangen worden war, blieben sie von der gemeinschaftlichen Strafe verschont. Sie konnten bauen, wie sie wollten, und ihre Kinder verheiraten, wie es ihnen beliebte. Auch wirtschaftlich waren sie gut gestellt; so konnten ausländische Kaufleute Getreide oder Wolle nur von Dubliner Händlern erwerben, und selbst Tuch zu verkaufen oder Schenken zu betreiben, wurde ihnen nicht gestattet.

Die mit dem Stadtrecht verbundenen Rechtsformeln und Privilegien mussten nicht in jedem Fall neu ausgehandelt werden. Ein Grundstock individueller bürgerlicher Rechte, wie die persönliche Freiheit oder die Zollfreiheit, war Standard innerhalb einer jeden Stadtrechtsverleihung. Was differenziertere Bestimmungen im wirtschaftlichen, administrativen oder auch strafrechtlichen Bereich betrifft, konnten neu gegründete Städte ein solches Rechtspaket aber auch von einer »Mutterstadt« übernehmen. Mehrere Städte, die sich für dasselbe Vorbild entschieden, bildeten eine so genannte Stadtrechtsfamilie. Der Ursprung solcher Verwandtschaftsbeziehungen liegt im westlichen Mitteleuropa des 11. Jahrhunderts, im Rheinland und in Lothringen. Von da aus eroberte die Idee gemeinsamer bürgerlicher Privilegien die Randgebiete Europas: über die Normandie und England nach Irland, von Westfalen über Holstein ins Baltikum, von Sachsen nach Böhmen oder von Kastilien und Aragonien nach Andalusien. Gerade im Fall Kastiliens und Aragoniens, beim Stadtrecht von Cuenca-Teruel, handelt es sich mit beinahe tausend Einzelbestimmungen um ein beeindruckendes Modell: Da finden sich Regelungen von der militärischen Dienstverpflichtung über die Badekultur und das Verhältnis zwischen Juden und Christen bis hin zum Pflücken von Rosen und Lilien im benachbarten Weinberg. Alfons VIII. von Kastilien hatte 1177 den Kodex für Cuenca bewilligt, und ungefähr zur gleichen Zeit tat dies im benachbarten Aragonien König Alfons II. für die Stadt Teruel. Später, Anfang des 13. Jahrhunderts, wurde diese Stadtrechtsfamilie infolge der Reconquista bis ins muslimische Andalusien übertragen.

Die Beziehungen zwischen Mutter- und Tochterstädten konnten locker sein, indem entweder die Bräuche der einen auf die anderen übertragen wurden, oder aber die Töchter ihren Müttern verbunden blieben, indem sie sich bei ihnen Rat einholten bei Fragen und Unklarheiten im täglichen Umgang mit dem adaptierten Kodex. In der lübischen Stadtrechtsfamilie waren die Bindungen recht eng; oft stand am Anfang die Übersendung eines Buches an die neue Stadt. In den Rechtssätzen, die an Danzig weitervermittelt wurden, hieß es auf Wunsch des Fürsten und der Danziger Bürger:

> Im Jahr 1263 seit der Menschwerdung des Herrn haben die Ratsherren der Stadt Lübeck, angesichts der Ehre, der Fürsorge und der Bitte des erlauch-

ten Herrn Sambor, Herzog von Pommerellen, und aus Liebe zu den Bürgern von Danzig sowie auf deren Gesuch hin veranlasst, dass das Recht niedergeschrieben wird, welches ihnen vom ruhmreichen Herrn Heinrich, Herzog von Sachsen, gewährt wurde und welches durch seine Urkunde bestätigt ist. Hier beginnt das festgeschriebene Recht der Stadt Danzig, das ihnen von den Ratsherren aus Lübeck ordnungsgemäß übermittelt worden ist.

Das Lübische Recht spielte eine überragende Rolle im Ostseeraum – über dreitausend Rechtsanweisungen und Entscheide der Lübecker Ratsherren liegen bisher gedruckt vor, was nur ein kleiner Ausschnitt des Originalmaterials ist. Nach Osten und Süden blieb das Magdeburger Recht ein bindender Kodex für viele Städte dieser weit verzweigten Stadtrechtsfamilie. 1282 beispielsweise wurde es der böhmischen Stadt Leitmeritz verliehen. Aus dem Jahr 1324 kennt man eine Reihe von Briefen Magdeburger Schöffen an die Richter und Bürger von Leitmeritz, in denen sie detaillierte Angaben sowohl zu Erbrechtsfragen als auch zur Beilegung eines Konflikts zwischen Leitmeritz und einer Nachbarstadt machen.

Der Grundsatz »Stadtluft macht frei«, die Etablierung von Stadträten, Stadtrecht und Stadtrechtsfamilien: So viele Neuerungen mag man dem vermeintlich dunklen, von Lehnsherrschaft dominierten Mittelalter gar nicht zutrauen. In der Tat aber waren die weltlichen wie geistlichen Fürsten im Hochmittelalter eher am Prosperieren ihrer Städte interessiert, natürlich aus Gewinninteresse, als dass sie die politische Autonomie ihrer Bürger gefürchtet hätten. Diese Haltung sollte sich erst im Spätmittelalter ändern, ab dem späten 15. Jahrhundert, als die Tochterstädte zunehmend unter den Machtbereich der jeweiligen Territorialherrscher gestellt wurden – da ging dann auch die Appellationsgerichtsbarkeit Lübecks verloren. Nur der Deutsche Orden mochte bei den Freiheiten des Lübischen Rechts in seinen Gebieten nicht recht mitspielen. Er bevorzugte das Kulmer Stadtrechtmodell, das weniger Autonomie vorsah, und zwang mit der Zeit Städte wie Danzig dazu, das lübische zugunsten des Kulmer Rechts aufzugeben.

Exkurs: Zum Beispiel Köln

Köln, die größte deutsche Stadt des Mittelalters, sei »die schönste Stadt, die entstanden jemals in deutschen Landen«, so ein anonymer Geistlicher aus Köln oder ein Mönch des nahen Klosters Siegburg, der Verfasser des *Annolieds,* der um 1085 diese Zeilen reimte. Köln war vor 9 n. Chr. von den Römern gegründet worden und war bis ins 5. Jahrhundert Hauptstadt der römischen Provinz Niedergermanien. Auch im frühen Mittelalter blieb es weltlicher Verwaltungssitz, hier hatten seit etwa 450 n. Chr. die Könige der ripuarischen Franken residiert. Chlodwig, der erste König der Franken, ließ sich 507/08 in der Kölner Kirche St. Gereon huldigen.

Obwohl an der Peripherie des fränkischen Reichs gelegen, behielt Köln seine bedeutende Stellung, nicht zuletzt, weil die Stadt noch immer Mittelpunkt des römischen Straßennetzes im Rheinland war und zugleich als Bischofssitz diente. Das *praetorium,* den Sitz der römischen Statthalter, nutzten die Frankenkönige bei ihren Aufenthalten in Köln als Residenz. Karl der Große bestimmte Köln um das Jahr 800 zum Sitz eines Erzbischofs. Der Kölner Kirchenprovinz wurden die Bistümer Bremen, Münster, Minden und Osnabrück, die in den von ihm eroberten sächsischen Gebieten errichtet worden waren, sowie die Diözesen Lüttich und Utrecht als Suffraganbistümer zugewiesen. Die Kölner Erzbischöfe waren fortan, neben denen von Mainz und Trier, die vornehmsten Mitglieder des fränkisch-deutschen Reichsepiskopats. Vom 13. Jahrhundert an gehörten sie zum Kreis der sieben Fürsten, die den König »küren«, also wählen, durften, zu den Kurfürsten.

Es war natürlich auch ein Erzbischof, der im 10. Jahrhundert den Aufstieg Kölns zur größten und bedeutendsten Stadt des

Deutschen Reichs einleitete. Im Jahre 953 wurde Bruno, ein Bruder Kaiser Ottos I., zum Kölner Oberhirten bestimmt – er war indessen nicht nur Erzbischof von Köln, sondern auch Herzog von Lothringen. Und so übte er auch die weltliche Herrschaft in der Stadt aus. Die Grundlage dieser Herrschaft war ein Bündel an Hoheitsrechten, die er im Namen des Königs ausübte: Markt-, Zoll- und Befestigungsrecht, das Münzregal, vor allem aber die hohe Gerichtsbarkeit. Die Einwohner Kölns unterstanden also in allen Bereichen des öffentlichen Lebens ihrem geistlichen Oberhaupt. Der Erzbischof wiederum konzentrierte an seinem Sitz Handel, Handwerk und Gewerbe. Es entwickelte sich allmählich eine arbeitsteilige, nicht nur für ihre Eigenbedürfnisse produzierende, städtische Gesellschaft mit einem eigenen, vom Umland abgehobenen Rechtsbezirk, dessen Rechtsordnung sich an den Bedürfnissen der Kaufleute und Gewerbetreibenden zu orientieren begann.

Den Archäologen zufolge war Köln im Mittelalter dicht besiedelt, in der Frühzeit zählte die Stadt etwa 10 000 Einwohner. Wegen der hohen Bodenpreise wurden besonders im Rhein- und Marktviertel sehr schmale, mehrgeschossige Häuser gebaut. Alle Häuser hatten steile Dächer, die zuweilen hinter Stufengiebeln verschwanden, häufig wurden auch Doppeldächer mit Giebelpaaren gleicher oder ungleicher Breite und Höhe gebaut, ein Charakteristikum des Kölner Hausbaus. Da eine Nummerierung der Häuser noch nicht üblich war, bediente man sich zur Kennzeichnung bestimmter Hauszeichen, wie sie heute noch an alten Gastwirtschaften auf dem Land zu sehen sind. Zudem erhielten die Häuser Namen mit oft umständlichen Umschreibungen, »das Haus, das einst Gerhard Mile gehörte«, »das Haus nächst dem Backhaus an der Glockengassen«; andere Häuser hießen »Zum Stern«, »Zum Hasen« oder »Zur Schere«.

Bruno von Köln gilt heute als derjenige Erzbischof, der das Stadtbild entscheidend bestimmte. Er ließ die karolingische Kathedrale, die »Mutter aller Kirchen Deutschlands«, wie sie genannt wurde, erweitern. Neben anderen Verwaltungsgebäuden wurde eine Königspfalz erbaut, die dem kaiserlichen Bruder als Quartier diente. Er gründete Stifte und Klöster in der Stadt, für den Bau der Kirche St. Pantaleon (der besonders von Kaiserin Theophano gefördert wurde, die dort ihre Grablege wählte) soll er die Pfeiler der alten römischen Rheinbrücke, die für Fuhrwerke nicht mehr benutzbar war, verwendet haben. Mit der in königlichem Auftrag ausgeübten Hochgerichtsbarkeit und den ihm verliehenen Bannabgaben legte Bruno von Köln, der Gründer des Kartäuserordens, den Grundstein für die bis 1288 behauptete Stadtherrschaft der Erzbischöfe.

Im 11. Jahrhundert galt Köln dann schon als der bedeutendste Marktort des Deutschen Reichs; der Einzugsbereich des auf dem Rhein getätigten Handels erstreckte sich von London bis Basel. Um 1050 schlossen sich Kölner Fernhändler zu Gilden zusammen. Wichtigster Handelspartner war England, was auch aus geografischen Gründen nahe liegend war. Mit größeren Schiffen, die erst von Köln aus benutzt werden konnten, fuhr man rheinabwärts zur Nordsee, setzte über den Kanal, erreichte die Themsemündung und konnte dann den Fluss bis London hinaufsegeln. Wein, den die Kölner vom Mittelrhein und aus dem Elsass bezogen, war zunächst das bedeutendste Exportgut, aber auch Kölner Metallwaren und Seidenprodukte waren auf dem englischen Markt sehr gefragt. Aus England brachte man Wolle, Häute, Schaffelle und Rohmetalle mit. Seit der Mitte des 12. Jahrhunderts hatten die Kölner Händler sogar eine eigene Niederlassung an der Themse, die *Gildhalle*.

Die Erzbischöfe ließen damals die Stadt durch Dienstleute verwalten. Doch inzwischen hatte sich in der Stadtbevölkerung eine eigene Führungsschicht – Händler, Kaufleute, Landbesitzer – herausgebildet. Im Zuge bürgerlicher Autonomiebestrebungen, die ganz Nordwesteuropa erfasst hatten, erhoben sich die Einwohner Kölns im Jahre 1074 gegen ihren Stadtherrn, den Erzbischof Anno, nicht zuletzt, weil er die Bürger noch immer wie Unfreie behandelte, obwohl sie längst persönliche

Freiheit genossen und über ihre Arbeitskraft und ihren Besitz frei verfügten. Der Aufstand scheiterte zwar, doch er ist ein erster Beleg für das wachsende Selbstbewusstsein der städtischen Bevölkerung, die sich schrittweise vom Stadtherrn emanzipierte.

Zwischen 1114 und 1119 schuf sich die Gemeinde ein eigenes Stadtsiegel als Zeichen ihrer Selbstständigkeit. Im Jahre 1164 brachte Erzbischof Reinald von Dassel, der zugleich Reichskanzler war, die Reliquien der Heiligen Drei Könige, die ihm nach der Eroberung Mailands vom Kaiser geschenkt worden waren, nach Köln. Der Schrein mit den Gebeinen wurde im Dom aufgestellt. Köln war somit ein ranghoher europäischer Wallfahrtsort; je mehr Reliquienschätze zusammengetragen wurden, desto mehr Kirchen und Kapellen, Stifte, Klöster und Konvente entstanden. Ein englischer Reiseschriftsteller wagte im 17. Jahrhundert schließlich eine grobe Schätzung: »Köln hat so viele Kirchen wie Tage im Jahr.«

Ein imposantes Zeichen ihrer Autonomiebestrebungen setzte die Bürgerschaft im letzten Viertel des 12. Jahrhunderts – inzwischen war die Bevölkerung auf über 20 000 Einwohner angewachsen, vor allem durch Zuzug aus der Umgebung. 1179/80 wurde mit dem Bau der »großen Stadtmauer«, der größten jenseits der Alpen, begonnen. Ihre gewaltigen Befestigungsanlagen sollten die Stadt für mehr als sechshundert Jahre uneinnehmbar machen. Die neue Mauer, nach ihrer Fertigstellung von zwölf mächtigen Torburgen und zweiundfünfzig Wehrtürmen »gekrönt«, hatte eine Gesamtlänge von 7,5 Kilometern und umschloss halbkreisförmig eine Fläche von mehr als 400 Hektar; das städtische Areal war somit erneut verdoppelt worden. Kaiser und Erzbischof genehmigten den Baubeginn noch im gleichen Jahr, allerdings nur gegen Zahlung eines Bußgeldes. In der Urkunde Kaiser Friedrichs I. vom Sommer 1180 stehen die Bürger Kölns erstmalig gleichberechtigt neben dem Erzbischof, der alle Rechte und »guten und vernünftigen Gewohnheiten« der Bürgerschaft anerkannte.

Im 13. Jahrhundert wechselten sich Phasen des friedlichen

Ausgleichs mit gewalttätigen Auseinandersetzungen zwischen den Bürgern und den Erzbischöfen ab. So gewährte Erzbischof Konrad von Hochstaden, mit dem die Bürger öfters in Konflikt gerieten, 1239 den Bürgern das *ius de non evocando,* das Recht, sich keiner auswärtigen Gerichtsbarkeit stellen zu müssen. Später verzichtete er auf die Einnahmen des Bierpfennigs, einer indirekten Steuer. Im Jahre 1259 erteilte der Erzbischof der Stadt das Stapelrecht, das fortan ein Grundpfeiler der städtischen Wirtschaftskraft sein sollte.

Konrad von Hochstaden war es auch, der den Grundstein des gotischen Doms legte, des ehrgeizigsten Bauprojekts, das jemals im Rheinland geplant worden ist. Nach dem Vorbild der französischen Kathedralen von Chartres, Reims und Amiens sollte der Dom im »neuen« Stil gebaut werden. Papst Innozenz IV. gewährte all denen, die zum Bau »jener Kirche beitrugen, in der die Körper der drei heiligen Magier ruhen«, einen Ablass. Und selbst der englische König Heinrich III. empfahl seinen Untertanen, mit Blick auf die traditionell guten Wirtschaftsbeziehungen zu Köln, für den Dombau zu spenden.

Der Platz um den Dom war fortan die größte Baustelle der Stadt, zahlreiche Steinmetze, Gerüstarbeiter, Maurer und andere Handwerker wurden eigens für den Dombau beschäftigt. Anfangs wurde zügig gebaut, schon 1265 war der Kapellenkranz des Chors bis zu den Gewölben fertiggestellt. Die Bauarbeiten leitete in der ersten Zeit der Steinmetz Meister Gerhard. Ihn haben die Kölner später, als die Bauarbeiten nur noch schleppend vorangingen und 1528 schließlich ganz eingestellt wurden, in der Dombaumeistersage mitverantwortlich gemacht für jenen Torso, als der sich die unvollendete Kathedrale in späteren Jahrhunderten darbot.

Auch der Erzbischof Siegfried von Westerburg suchte zunächst ein gutes Verhältnis zu »seiner« Stadt; doch im Verlauf des Limburger Erbfolgekriegs wechselten die Kölner im Sommer 1288 in das Lager seines ärgsten Feindes, des Herzogs von Brabant. In der Schlacht von Worringen wurden der Erzbischof und seine Verbündeten geschlagen, die Kölner gehörten zu den Siegern. Dem Erzbischof blieben aber die durch den Kauf der Burggrafschaft 1279 verstärkten Gerichtsrechte erhalten. Doch die viel beschworene Freiheit war mit dem Sieg von Worringen noch nicht errungen.

Zehn Jahre nach der Schlacht einigte sich die Stadt gütlich mit dem Nachfolger Siegfrieds von Westerburg, der ihre Privilegien bestätigte. Die Kölner ihrerseits mussten ein Treuegelübde ablegen, darin gelobten die *vrie burgere van Colne dem ertzbischove van Colne, unsem herren* die Treue. Dieser Eid wurde bis ins 15. Jahrhundert von den Vertretern der Bürgerschaft geschworen, wenn ein neu gewählter Erzbischof in der Stadt seinen Antrittsbesuch machte.

Als faktisch selbstständige Bürgergemeinde entwickelte sich Köln dann im 14. Jahrhundert unter der Führung adliger Geschlechter zu einem der wichtigsten europäischen Handelszentren, zugleich zu einem führenden Vertreter der Hanse. Im Jahre 1396 übernahmen die Zünfte nach einem Umsturz, der ohne viel Blutvergießen ablief, die Macht in der Stadt. Die Zünfte, in Köln Gaffeln und »Ämter« genannt, waren fortan politisch-gewerbliche Korporationen; das volle Bürgerrecht war an die Mitgliedschaft in einer der zweiundzwanzig Gaffeln geknüpft. Man schätzt, dass am Ende des 14. Jahrhunderts von den 40 000 Einwohnern etwa 6 000 dieses Bürgerrecht innehatten. Wohlstand und Ruf Kölns basierten damals auf dem Wagemut seiner Kaufleute und der Qualität der in der Stadt produzierten Waren. »Besonnen, aufgeweckt, erfinderisch, fürsorglich, fleißig und arbeitsam ist das Volk, es verachtet untätige Muße, es ist maßvoll in seiner Lebensweise, sparsam und auf seinen Vorteil bedacht, es hält sein Geld zusammen und gibt es mit vollen Händen aus, wenn es die Klugheit gebietet«, so überschwänglich lobte ein Besucher die Kölner am Ende des 15. Jahrhunderts.

Der Hauptanteil aller Handelsaktivitäten Kölns, das als einer der wichtigsten Umschlagplätze für Waren und Handelsgüter aus ganz Europa galt, wurde am Rhein, der Lebensader der Stadt, und in den östlichen Stadtviertel um den Heumarkt und Alten Markt abgewickelt – auf diesen Märkten konnten sich die Bürger mit allen Waren des täglichen Bedarfs eindecken. Dort befanden sich auch die meisten Kaufhäuser, die der Rat seit dem 14. Jahrhundert errichten ließ, etwa das Kaufhaus auf dem Malzbüchel, das Kornhaus an der Rheingassenpforte, das Schlachthaus in der Mauthgasse sowie das Fischkaufhaus. Für das Wiegemonopol der Stadt boten die Kaufhäuser ideale Voraussetzungen – sie wurden die Standorte der städtischen Waagen, eine wichtige Bedingung für die Erhebung von Steuern. Am Rheinufer, wo es übrigens mehr als vierzig Wirtshäuser mit Weinausschank gegeben haben soll, wurden alle Waren, die per Schiff nach Köln gelangten, mit Kränen ausgeladen. Die Kräne hatte die Stadt im Zusammenhang mit der Durchsetzung des Stapelrechts aufstellen lassen, einige befanden sich auf der Kaimauer, andere waren auf Schiffen postiert, die Aufsicht hatte ein Kranmeister inne. Das Verladen und Beladen führten Kettenknechte, Räderknechte und Kranarbeiter aus, auch dafür musste Gebühren bezahlt werden.

In den westlichen und nördlichen Bezirken der Stadt lebten, in schlechten Straßen und elenden Hütten, die weniger Begüterten, die Tagelöhner, Knechte, Saisonarbeiter, Bettler und auch die Obdachlosen. Nicht unbedeutend war die Viehhaltung in diesen Bezirken, Mitglieder der so genannten Bauernbänke betrieben Schweine- und Schafzucht. In den Bauernbänken hatten sich seit dem 14. Jahrhundert kleine Grundbesitzer und -pächter zusammengeschlossen, die hauptsächlich von der Landwirtschaft lebten. Sie bewirtschafteten die Felder innerhalb und außerhalb der Stadtmauer. Da hauptsächlich Kohl angebaut wurde, nannte man die Bauern »Kappesbauern«. Wie an allen Toren türmten sich dort die Misthaufen auf, in einzelnen Straßen sollen sie so hoch wie die Häuser gewesen sein.

Die damalige wirtschaftliche Stellung Kölns spiegelte sich in der Benennung zahlreicher Waren als *kölnisch* wider, womit vor allem auf die überragende Qualität der Produkte hingewiesen werden sollte. Kölnisches Garn, ein blau gefärbter leinener Zwirn, der in *kölnischen meerse* (Körben) transportiert wurde, war über Jahrhunderte hinweg berühmt. Ebenso hoch gehandelt wurden Leinwand, Borten, Tuch, Hanf, Eisen, Blei, mit dem Zusatz *kölnisch*. Selbst Waren, die von Kölner Zwischenhändlern vertrieben wurden, wurden »eingekölscht«: Salz aus Portugal, das in Seeland veredelt und in Antwerpen erworben wurde, hieß kölnisches Salz, wie auch jenes vom Golf von Biskaya, das so genannte Baiesalz, das teilweise im Bayenturm gelagert wurde. Der kölnische Brand wiederum war ein weithin anerkanntes Markenzeichen, das für Qualität und Haltbarkeit der gepökelten Heringe aus den Niederlanden bürgte.

Die Erzbischöfe gaben übrigens ihren Anspruch auf die Stadtherrschaft nie auf. Selbst als 1475 Kaiser Friedrich III. die Rechte und Freiheiten der Stadt sowie ihre Stellung als Reichsstadt endgültig bestätigt hatte, betrachteten die Erzbischöfe Köln weiterhin als »ihre« Stadt. Bis zum Ende des Alten Reichs gab es immer wieder Versuche, Köln unter erzbischöfliche Kontrolle zu bringen.

Die wirtschaftliche Expansion

Mit der großen Welle der Stadtgründungen im 12. Jahrhundert begann auch für die Welt des Handels ein neues Zeitalter. Aus bäuerlichen Siedlungen entwickelten sich mit der Zeit Städte, in denen eine Vielfalt von Produkten hergestellt und gehandelt wurde. Der nun einsetzende organisierte Fernhandel mit der Erschließung neuer Märkte brachte Güter und Kaufleute unterschiedlichster Art und Herkunft zusammen – nicht nur vergrößerte sich mit dieser Expansion der verfügbare Warenkorb, auch das kulturelle Wissen der Menschen stieß in neue Welten vor. Hansische Kaufleute expandierten in den Nord- und Ostseeraum, italienische Händler stießen bis zu den Küsten des Schwarzen Meers vor.

Ein umfassender Warenaustausch begann. Europa wurde von neuen Handelswegen durchzogen, Reisen quer durch den Kontinent wurden üblich. Fast alle maßgeblichen Städte waren an Kreuzungen von Handelsrouten gelegen, an Flüssen oder an Küsten.

So waren die Häfen von Brügge oder von Lübeck, das als Knotenpunkt zwischen Ost- und Nordsee herausragend gelegen war und von wo aus die Ritter des Deutschen Ordens zur christlichen Mission ins Baltikum aufbrachen, Warenumschlagplätze von internationaler Bedeutung. Hinzu kamen Zentren wie Venedig und Genua, die den Handel im Mittelmeerraum beherrschten und ihren Reichtum auch den Kreuzzügen zu verdanken hatten, da ihre Schiffe das Heilige Land mit dem dringend benötigten Nachschub an Menschen und Proviant versorgten. Der Aufschwung im Hochmittelalter ist ohne diese großen Seestädte nicht denkbar; sie waren die Schnittpunkte der südlichen und nördlichen Meere, dort liefen Nachrichten aus Riga, London und Barcelona zusammen.

Bis ins 11. Jahrhundert hinein waren Produktionsstätten vorwiegend in Klöstern und Bischofssitzen angesiedelt, exklusive Güter wie hochwertige Stoffe mussten aus Byzanz oder dem Orient eingeführt werden. Die Produkte, die dem Handel nun ganz neue Chancen und Gewinnspannen ermöglichten, wurden jetzt weitgehend in städtischen Zentren hergestellt. In ihnen fand eine immer stärkere Konzentration von zugereisten Handwerkern statt, die in der Stadt bessere Verkaufschancen sahen als auf dem Land; stellenweise machten sie fast 50 Prozent der städtischen Bevölkerung aus. Dadurch, dass sie miteinander in Wettbewerb traten, kam es zu einer erheblichen Produktivitäts- und Qualitätssteigerung. Manche Städte konzentrierten ihre Industrie auf die Produktion von Exportgütern. Berühmt waren die Textil- und Tuchwaren aus Flandern, und zwar aus Brügge, Gent, Arras oder Ypern, und die Metalle aus Lüttich oder Dinant.

Gewerbe, Handwerk und Zünfte

Die Entwicklung von Handwerk und Gewerbe in der mittelalterlichen Stadt ist mit einer Organisationsform verbunden, die wir auch heute mit dem Mittelalter assoziieren: mit den Zünften. In den Zünften, die sich urkundlich ab dem 11. und 12. Jahrhundert in allen europäischen Städten nachweisen lassen, waren alle möglichen Berufsstände zusammengefasst. Die Zünfte umfassten nicht nur traditionelle Berufe wie Färber, Bäcker oder Schneider, sondern auch als politisch relevante Gewerbeverbände waren sie so wichtig und so erfolgreich, dass sogar »ausgefallenere« Berufsgruppen sich ihrer Anziehungskraft nicht zu entziehen vermochten. So gab es eine Zunft der Diebe und Bettler, und in Paris soll sich selbst das horizontale Gewerbe organisiert haben, um freiberufliche Konkurrentinnen aus dem lukrativen Geschäft zu drängen.

Zünfte konnten erst im Hochmittelalter entstehen, da sie auf Städte mit rechtlich garantierten Freiräumen angewiesen waren. Die Zünfte waren auf die Anerkennung durch die Stadtherren oder den Rat angewiesen, in den Zunftstatuten waren die Arbeits- und Produktionsbedingungen festgelegt. Sie kontrollierten die Preise, die Arbeitszeiten, die Ausbildung der Lehrlinge und Gesellen, die Zulassung zur Meisterprüfung, die verwendeten Rohstoffe, die Herstellung der Produkte, die Größe der Betriebe, die Art der Produktionsmittel. Dabei wurde genauestens darauf geachtet, dass die einzelnen Tätigkeitsbereiche voneinander getrennt wurden; kein Handwerker durfte dem anderen »ins Handwerk pfuschen«. Die Branchen waren in hohem Maß spezialisiert, wie man an den Metall verarbeitenden Handwerkern sehen kann. Sie waren sowohl nach Tätigkeit als auch nach Material unterteilt, also für die Produktion von Waffen und Rüstungen zuständig oder als Bronze- oder Zinngießer tätig.

Innerhalb der Zünfte griff eine strenge Hierarchie zwischen Meister, Geselle und Lehrling. Sie entwickelten sich zu geschlossenen Einheiten gleicher Berufsgruppen, bisweilen gar einzelner Handwerkerfamilien, die nach dem so genannten Zunftzwang eine Monopolstellung auf dem Markt innehatten. Innerhalb der Stadt durften nur Mitglieder der Zunft ein bestimmtes Handwerk ausüben und die Produkte ihrer Arbeit verkaufen.

Nur wenige Handwerker konnten sich den mächtigen Zünften entziehen; die Bauhandwerker zum Beispiel folgten den Baustellen und waren daher schwer an einen Ort zu binden. Nicht zu vergessen ist, dass die Zünfte auch kirchlich-karitative und soziale Funktionen wahrnahmen. Sie sorgten sich um die Absicherung ihrer Mitglieder im Alter und um Schicksale rund um Arbeitslosigkeit, Krankheit oder Tod.

Die besondere Bedeutung der Zünfte hängt mit einem Wert zusammen, der auch in der modernen Industriegesellschaft Gültigkeit hat: mit der Qualitätssicherung. Die Zünfte wachten über die Qualität der Arbeit und der Produkte. So war der Arbeitsalltag auf die Zeit zwischen Sonnenaufgang und -untergang begrenzt, weil man davon ausging, bei Kerzenlicht verrichtete Arbeit müsse von geringerer Qualität sein. Oberstes Ziel war die Herstellung eines Meisterstücks, das die Aufnahme in die höchste Zunftstufe versprach. Wer unter einer Mindestqualität produzierte, musste mit empfindlichen Strafen rechnen. Sämtliche Erzeugnisse wie Waffen oder Rüstungen wurden einer professionellen Qualitätsprüfung unterzogen und nach bestandener Prüfung mit einer Art amtlichem Gütesiegel versehen. Anhand eines solchen Siegels konnte nicht nur die Qualität, sondern auch die Warenmenge kontrolliert werden. Die durch die Zünfte vorangetriebene Qualitätskontrolle, -sicherung und -steigerung leitete die spätmittelalterliche Blüte des Handwerks ursächlich in die Wege, und es versteht sich von selbst, dass die Entstehung immer hochwertigerer Produkte Voraussetzung für einen Handel in ganz neuen Dimensionen bedeuten musste. Jetzt wetteiferte man darum, auch international die besten Produkte anzubieten, das Konkurrenzprinzip hielt Einzug.

Wechsel, Giro und Zins – Erste moderne Bankengeschäfte

Die Explosion der Handelswelt im Hochmittelalter wurde dadurch ermöglicht, dass viele günstige Faktoren im 12. und 13. Jahrhundert ineinander griffen. Die Entstehung freier Städte und leistungsstarker Zünfte ging mit einer zunehmenden Befriedung der Verkehrswege einher, was eine unabdingbare Voraussetzung für eine Warenzirkulation größeren Ausmaßes darstellte. Dazu trug übrigens auch der relative politische Friede jener Zeit bei. Sichere Verkehrswege ermöglichten einen Transport von einer immer größeren Menge immer ausgefallenerer Waren, außerdem führten sie zu einer Abkehr vom Karawanenverkehr hin zum Individualhandel – im Westen Europas schneller als in Polen oder Russland, wo die Kaufleute immer noch in Gruppen auf große Abenteuerfahrt voller Unwägbarkeiten gingen. Jetzt erreichten die Städte in Verhandlungen mit den jeweiligen Landesherren, dass die produzierten Waren frei in die entsprechenden Zielgebiete entsendet werden konnten, begleitet von Vertretern, die von ihren Fernhändlern bevollmächtigt waren.

Damit änderte sich der Handel grundlegend. Der moderne italienische Kaufmann, der Senior, begab sich nicht mehr per Karawane oder Schiff auf zeitraubende und anstrengende Fernreisen, sondern leitete seine Geschäfte zunehmend schreibend und rechnend von zu Hause aus, vom heimatlichen Kontor. Das Wort Kontor, abgeleitet vom französischen *comptoir,* bezeichnet sowohl das Büro eines Kaufmanns als auch eine Handelsniederlassung im Ausland. Am Zielort, wo die gewünschten Waren produziert und vertrieben wurden, wurde der Senior von so genannten Faktoren vertreten. Auf diese Weise war er an verschiedenen Plätzen zugleich tätig, womit sein Handelsvolumen deutlich anstieg. Allerdings benötigte er hierfür eine höhere Kapitalmenge, doch auch da setzte sich eine revolutionäre Idee durch: die Einführung des bargeldlosen Zahlungsverkehrs, eine Erfindung des Mittelalters.

Wie bei allen fortschrittlichen Geld- und Zahlungstechniken gingen die Neuerungen von Norditalien aus, wo eine hohe wirtschaftliche Dynamik vorhanden war. Der bargeldlose Handel war darauf zurückzuführen, dass die Kaufleute begonnen hatten, Buch über Ausgaben, Einnahmen und aufgenommene Kredite zu führen. Vor allem wurden Schulden gegenseitig verrechnet, was natürlich die Menge des per Saldo zu zahlenden Geldes verringerte. Sie schrieben nicht nur auf, was sie ausgaben sondern auch, welche Waren sie dafür erhielten. Sie führten Buch über Geld- und Warenbestände, über Soll und Haben – doppelte Buchführung also. Das erlaubte ihnen einen möglichst genauen Überblick über die Geschäftsvorgänge und ihr Vermögen.

Nicht nur die Verschriftlichung der Geschäftsführung, auch die Banken sind eine italienische Erfindung. Da Handel an verschiedenen Orten und die damit verbundene Münzvielfalt zu der Notwendigkeit führte, das entsprechende Geld in jeweils gültige Währungen zu wechseln, war Ende des 12. Jahrhunderts, wohl zuerst in Genua, der Beruf des Geldwechslers aufgekommen. Dieser Vorläufer des modernen Bankiers hieß *bancherius,* da er seine Geldgeschäfte ganz simpel an einem Wechseltisch *(bancus)* sitzend erledigte. Dort wurden die verschiedensten einheimischen und fremden Münzsorten ausgebreitet und gewechselt, was angesichts des Sortenreichtums eine umfassende Kenntnis des Wechslers erforderte. Die Fürsten hatten das Recht auf eigene Münzprägung, was bisweilen zu einer gigantischen Währungsvielfalt führte; und gerne reduzierten sie auch schon mal heimlich den Edelmetallanteil, um sich an anderer Stelle etwas zu gönnen. Die Wechsler mussten die Legierung der Münzen und die Wechselkurse kennen sowie zwischen Echtheit und Fälschung unterscheiden können. Da diese Entwicklung in Oberitalien, in der Lombardei, ihren Ursprung hatte, hießen die Geldwechsler bald in ganz Europa Lombarden; bis zum heutigen Tag ist die Bankensprache entsprechend geprägt, wie dem Begriff Lombardsatz zu entnehmen ist. Hatte sich der Wechsler zunächst dem Bargeldgeschäft gewidmet, bekam er es nun zunehmend mit Bankgeschäften im heutigen Sinne zu tun. Er nahm Einzahlungen an, vergab Kredite, organisierte die Konten und den Zahlungsverkehr an Ort und Stelle.

Vor allem stellte er Wechsel aus, die ein Schlüssel zur kommerziellen Revolution waren. Bargeldgeschäfte besonders bei großen Transaktionen, die den globalen Handel nun beherrschten, waren untauglich; auch die Gefahren beim Geldtransport und die Münzzersplitterung standen dem grenzüberschreitenden Handel entgegen. Kaufleute, die Geldüberweisungen in fremde Länder vornehmen oder an fremden Orten Geschäfte abschließen mussten, ohne Bargeld mitführen zu wollen, taten dies mit einem Wechselgeschäft. Der Kaufmann zahlte bei der heimischen Bank das Geld ein (entweder vor oder nach der Reise), erhielt darauf einen Wechsel, der sich am Ort, an dem die Handelsmesse stattfand, in die dort gültige Währung eintauschen ließ. Der Wechsel, mithin ein Vorläufer des modernen Schecks, entwickelte sich immer mehr zu einer Zahlungsanweisung am Zielort, zu einem international gültigen Schuldschein, wobei der den Wechsel ausstellende Bankier oder sein am Zielort befindlicher Geschäftsfreund die Auszahlung garantieren musste. Ein Wechsel konnte allerdings auch von Kaufmann zu Kaufmann als ein Schuldschein gereicht werden, indem der Käufer auf dem Schein seine Schuld anerkannte und der Verkäufer sich dieses Geld in örtlicher Währung auszahlen lassen konnte. Der Grundmechanismus des Wechsels war also, bargeldlos und vor allem währungsübergreifend Geschäfte abschließen zu können. Dokumentiert sind solche Wechselgeschäfte in den Notariatsarchiven von Genua. Sie zeigen, wie das Geld mittels Wechsel zu den Champagnemessen hin- und rücküberwiesen wurde. Bald waren in Oberitalien mehr Wechsel und Buchgeld im Umlauf als Münzen, womit das Zeitalter des Papiergeldes allmählich hereinbrach. Begünstigt wurde die Entwicklung auch dadurch, dass seit dem 13. Jahrhundert das arabische Zahlensystem die komplizierten römischen Zahlen verdrängte.

Das Aufkommen des Giroverkehrs fällt unmittelbar mit dem Wechsel zusammen. Mit dem Girogeschäft (ital. *giro,* Übertragung) ist die auch heute übliche Überweisung im bargeldlosen Zahlungsverkehr von einem auf das andere Konto gemeint. Der *bancherius,* der Wechsler, nahm Einzahlungen von Privatleuten oder Firmen auf ein laufendes Konto *(conto corrente)* an, von dem beliebige Überweisungen vorgenommen werden konnten. Wie beim Wechsel lag der Vorteil des Girogeschäftes für beide Geschäftsparteien darin, dass die nicht selten gefahrvollen Reisen zu Messen und Handelszentren nicht durch große Bargeldmengen kompliziert und verteuert wurden. Durch das gegenseitige Verrechnen der Saldi kam es also nur selten zu Zahlungen beträchtlicher Bargeldmengen. Je mehr Kunden auf das Girosystem zurückgriffen und ihre Einlagen beim Wechsler beließen, desto mehr Kapital stand ihm zur Verfügung, um auch Kredite gewähren zu können, an Handwerker oder Kaufleute. Das hiermit entstandene Bankwesen fand ab dem 13. Jahrhundert an allen Handelplätzen rasche Verbreitung. Die erste große Girobank war die 1408 gegründete Casa di San Giorgio in Genua.

Die Umstellung auf den bargeldlosen Zahlungsverkehr im 13. und beginnenden 14. Jahrhundert blieb allerdings weitgehend auf Norditalien begrenzt. Nur hier war genügend Geld im Umlauf, das jederzeit einen Wechsel oder eine Überweisung auffangen konnte. Seltsamerweise fand eine vergleichbare Entwicklung in Flandern oder Süddeutschland erst gut fünfzig

Jahre später statt, die Hanse griff die neuen Instrumente im Kapitalverkehr sogar noch später auf.

Wer einen Kredit vergab, durfte dafür keine Zinsen erheben, das regelte das kanonische Zinsverbot. Das kirchliche Recht erklärte Zinsnahme zu Wucher – zu einer Art Diebstahl, der im Widerspruch zum Evangelium Jesu Christi stand. Die Kirche vertrat dabei die Auffassung, dass Reiche mit ihrem Kredit den Armen helfen sollten, statt sich über Zinsen an ihnen zu bereichern. Etwas anderes war, wenn ein Kaufmann dem anderen Geld lieh und dafür am Gewinn beteiligt wurde. Wer also Geld borgen wollte, musste sich an jemanden wenden, der nicht an die Kirche gebunden war. Aus diesem Grund nahmen Juden hier eine Art Monopolstellung ein, außer in Norditalien, wo die Kirche das kanonische Zinsverbot nicht durchsetzen konnte. Die Juden, die Kredite gegen Pfand mit teilweise sehr hohen Zinsen belasteten, spielten dabei häufig mit dem Feuer. Denn wer sein Geld dem jüdischen Kreditor nicht zurückzahlen konnte, ließ jenen seine unangenehme Schuld nicht selten gewaltsam spüren. Dann wurden die Geldverleiher unter fadenscheinigem Vorwand aus der Stadt gejagt, womit das Problem gelöst war. Außerdem gab es noch die Möglichkeit, einen Zins im Wechsel zu »verstecken«: Die Währungen wurden so miteinander verrechnet, dass es zu einem verdeckten Gewinn für den Kreditgeber führte.

Die Messen der Champagne

Internationaler Handel im großen Stil fand auf den großen Messen der Champagne statt. Die vier Städte Troyes, Bar-sur-Aube, Lagny-sur-Marne und Provins wurden von Ende des 12. bis zum Beginn des 13. Jahrhunderts zum Zentrum des europäischen Handels- und Finanzwesens. Erst dominierte der Warenhandel, dann wurden Geldgeschäfte immer wichtiger. Alle waren dort versammelt: Großhändler aus Italien, Flandern,

Deutschland oder England. Im Wesentlichen trafen die Güter des Mittelmeerraums und des Orients auf jene des west- und nordeuropäischen Raums. Hier chinesische Seide und Brokat, indische Saphire, Smaragde und Rubine, Elfenbein, Wein und Gewürze, das klassische Kulturgut des Mittelalters überhaupt, wie Pfeffer, Zimt und Mandeln, und dort in erster Linie Pelze aus Russland, Tuche aus Flandern und Brabant, dazu skandinavische oder baltische Rohstoffe, Bernstein, Wachs und Honig. Auf den Messen spielten die beschriebenen Wechselgeschäfte eine zentrale Rolle, und die Fälligkeit großer Summen wurde häufig auf die Messestädte ausgestellt.

Die Messen fanden nach einem strikten Terminplan statt. Die erste Messe begann in Lagny am 1. Januar, die letzte in Troyes am 1. November. Alle Messen dauerten jeweils rund zwei Monate: erst die bedeutende Stoffmesse, dann die Leder- und Pelzmesse und schließlich jene, auf der Produkte nach Gewicht angeboten wurden, wie Gewürze. Das zeigt, dass ähnlich der frühen Spezialisierung beim Handwerk auch der Handel sich in die entsprechenden Produktgruppen unterteilte, nach Textilien und Getreide etwa. Aus dem Jahr 1265 ist der Brief eines italienischen Kaufmanns erhalten, der sich über die Messe beklagt, im Bereich der »avoir-du-poids«:

> Die Gewichtswaren gehen hier schlecht, sodass es scheint, man könne hier überhaput nichts verkaufen, und das Angebot ist ziemlich groß. Und Pfeffer ist hier 46 Pfund die Ladung wert und lässt sich nicht gut verkaufen. Ingwer. Zwischen 22 und 28 Pfennig, je nach Qualität. Safran war hier sehr gefragt und geht für 25 Schilling das Pfund ab, und es gibt hier keinen! Wachs aus Venedig: 23 Pfennig das Pfund. Wachs aus Tunis: 21 1/2 Pfennig. Wachs aus Byzanz: 21 1/2 Pfennig. Der Teilhaber von Scotto hat einen großen Posten Gewichtswaren hier und kann kein Bargeld dafür bekommen; und jetzt verhandelt er, um ihn zum Verkauf nach England zu schicken.

Der Begriff »Messe« ist übrigens darauf zurückzuführen, dass große Märkte ursprünglich nach zentralen Kirchenereignissen stattfanden. Auf den Messen der Champagne trafen sich nicht nur Händler aus ganz Europa, sondern eine komplette Unterhaltungsbranche war dort versammelt: Gaukler, Schausteller und Bänkelsänger. Die Messen standen unter dem Marktfrieden der Grafen von Champagne und Blois, die ein geschicktes Gesamtkonzept entworfen hatten. Sie garantierten einen freizügigen Handel, und ihre institutionalisierten Marktaufseher *(gardes des foires)* übernahmen den Schutz der Kaufleute und kümmerten sich um die Beförderung der Waren. Dafür kamen ihnen Wegegelder, Zolleinnahmen und weitere Gebühren zugute, was die Messen natürlich zu einem einträglichen Geschäft machte.

Ende des 13. Jahrhunderts löste sich dieser erste große internationale Kristallisationspunkt europäischen Handels langsam auf. Die periodischen Messen der Champagne verloren an Bedeutung und wurden von neuen Handelszentren, den großen Städten mit ihren ständigen Märkten, abgelöst. Die italienischen Händler kauften beispielsweise nicht mehr flämische Stoffe auf den Messen der Champagne ein, sondern am Produktionsort selbst, wo sie sich zudem dauerhaft niederließen. Die Tuchproduktionsregion Flandern stand im Europahandel nun an erster Stelle, besonders das seegestützte Brügge, aber auch Ypern und Gent. Brügge hatte eine verbindende Funktion zwischen der nordischen Hanse und dem südeuropäischen Wirtschaftsraum. Aber auch Paris hatte schon seit einiger Zeit das Messegeschehen der Champagne an sich gezogen, die Bedeutung Londons stieg ebenfalls an. Italienische Kaufleute aus den Seestädten Venedig und Genua nahmen nun durch die Straße von Gibraltar direkten Kurs auf Brügge und London. Hintergrund waren die in Italien entdeckten Alaunvorkommen, denn der Beizstoff Alan war in der flämischen und englischen Tuchindustrie außerordentlich gefragt.

Die wirtschaftlichen Beziehungen zwischen Oberitalien und Süddeutschland erlebten um 1300 durch die Öffnung des

Brennerpasses für Fuhrwerke einen lebhaften Aufschwung. Durch neue Verkehrswege über die östlichen Alpen löste sich der italienische Landhandel vom Rhônetal und orientierte sich nach Süddeutschland, zum nahe gelegenen Regensburg und nach Nürnberg sowie nach Frankfurt, dessen Messen im neuen Handelssystem eine große Rolle spielten, und ins Rheinland nach Köln.

Fernhändler – Die neue bürgerliche Elite

Die Kaufleute waren eine reiche und einflussreiche Schicht, da der Handel gewinnträchtiger als das Handwerk und der Warenumschlag profitabler als die Produktion war. Wollten deutsche Kaufleute in Venedig Ware erwerben, so mussten sie das im Fondaco dei Tedeschi tun. Im Bereich der Hanse gab es ähnliche Niederlassungen wie den Peterhof im russischen Nowgorod oder den Stalhof in London – allesamt Handelszentren, die von der örtlichen Obrigkeit kontrolliert wurden, um die heimischen Kaufleute vor der ausländischen Konkurrenz zu schützen, aber natürlich auch um von ihnen Gebühren zu erheben. Die Regensburger Handelsfamilie Runtinger kaufte in Venedig südöstliche Ware ein, um sie über die Alpen nach Süddeutschland und gegebenenfalls weiter nach Osteuropa zu transportieren. Mit diesen Luxuswaren erzielten die Runtinger finanziellen Erfolg, wie ihr Geschäftsbuch ausweist, das diesen Warenverkehr zwischen 1383 und 1407 festhält. Das Hauptbuch der Runtinger ist das einzig vollständig erhaltene Kaufmannsbuch aus dieser Zeit und damit das wichtigste des deutschen Mittelalters. Matthias Runtinger war im Jahre 1400 mit 15 000 Gulden der reichste Bürger von Regensburg.

Kapitalgeschäfte und Gewerbe hatten in der Erfolgsbilanz des Geschlechts der Runtinger gegenüber dem Venedighandel keine große Rolle gespielt. Anders verhielt es sich bei der schwäbischen Familie Fugger. Angefangen hatte der 1367 aus dem

Jakob II. Fugger (1459–1525) in seinem Kontor. Zeichnung aus dem Kostümwerk des M. Schwarz, 1518.

Dorf Graben am Lechfeld nach Augsburg eingewanderte Hans Fugger zwar als Weber und Textilhändler. Mit 22 Pfund Startkapital hatte er am Ende seines Lebens ein großes kaufmännisches Unternehmen geschaffen und verfügte schließlich über rund 2 000 Gulden. Der spätere Reichtum und die Weltgeltung der Familie aber, besonders unter Jakob II. dem Reichen, basierte auf Finanzgeschäften und Beteiligungen am Erzbergbau, die er als Gegenleistungen für entsprechende Kredite an Fürsten erhalten hatte. Nach weiteren Erfolgen im Bergbau in Schlesien, Thüringen und Kärnten war die Kaufmannsfamilie Fugger schließlich als Metalllieferanten unübertroffen, sie übte fast ein Monopol aus. Jakob Fugger gründete das größte europäische Bankhaus jener Zeit: Er war der Bankier der Päpste, er finanzierte 1519 die Wahl von Maximilians Enkel Karl V. zum Kaiser. Bei seinem Tod 1525 belief sich sein Vermögen auf 2 Millionen Gulden. Gewiss waren die Fugger die mächtigste und reichste Familie im ausgehenden deutschen Mittelalter, doch auch anderen oberdeutschen Unternehmerfamilien war großer wirtschaftlicher Erfolg beschieden. Der Fernhandel mit dem Bunt- und Edelmetallgeschäft lief im 15. Jahrhundert gut, und die günstige Verkehrslage von Nürnberg, Augsburg und Regensburg an der Nordseite der Alpen trug zu diesem Aufschwung bei.

In jener Zeit ragten allerdings die Italiener besonders hervor. Ihre Kenntnis der Geld- und Warengeschäfte, ihre Handels- und Finanztechniken machten sie zur führenden Macht der mittelalterlichen Wirtschaftwelt. Ein Pionier des kapitalistischen Wirtschaftssystems war Francesco di Marco Datini (1335 bis 1410), ein Fernhändler aus Florenz, der zur gleichen Zeit lebte wie Hans Fugger und Matthias Runtinger. Über Datini wissen wir eine ganze Menge, da sein Briefwechsel vollständig erhalten ist. 150 000 (!) Briefe fand man im Jahr 1870 eingemauert in seinem Haus in Prato bei Florenz. Wie Hans Fugger stammte Datini aus einfachen Verhältnissen; sein Vater war ein kleiner Schankwirt. 1348 starben beide Eltern und zwei seiner Ge-

Aus Furcht vor dem Fegefeuer verfügte Datini in seinem Testament, dass sein Kapital einer Armenstiftung zugute kommen sollte. Das Geschäft vererbte er seinen Angestellten.

schwister an der Pest. Mit dreizehn oder vierzehn Jahren machte er in Florenz eine Kaufmannslehre und wurde kurz darauf nach Avignon gesandt, wo florentinische Kaufleute als erfolgreiche Händler und Geldvermittler tätig waren. In einem Laden in der Nähe des Papstpalastes handelte Datini mit allem, was zur Verfügung stand, mit Waffen, Panzerhemden, Gewürzen, vor allem mit Stoffen. Mit achtunddreißig Jahren leitete er in Italien seine eigene Firma, die rasch internationale Geschäftspartner gewinnen konnte, und unterhielt Niederlassungen in Spanien und auf den Balearen. Er hatte sich von Anfang an mit doppelter Buchführung vertraut gemacht – mehr als 5000 Wechselgeschäfte lassen sich von ihm nachweisen – und trug jede geschäftliche Transaktion penibel in seine Kontorbücher ein. Datini, der Allrounder: 1398 eröffnete er mit einem seiner Partner eine Bank, die Wechsel ausstellte, Einlagen annahm, Kredite vergab und sogar Konten in verschiedenen Währungen führte. Schließlich stand der unermüdliche Datini Ende des Jahrhunderts einem europäischen Konzernimperium aus zweiundachtzig Faktoreien und Zweigniederlassungen vor.

Datinis Erfolgsrezept lag im Zusammenschluss verschiedener Firmen begründet, in einer Art Holdinggesellschaft. Vor ihm hatten sich Kaufleute für Handelsgeschäfte nur so lange zusammengetan, wie sie zu deren Abwicklung brauchten. Jetzt waren die Zusammenschlüsse dauerhaft, sodass man langfristig mit dem Kapital der Gesellschafter arbeiten und planen konnte, was auch auswärtige Kapitalanleger anzog. Eine so weit verzweigte Holdinggesellschaft mit vielen Partnern bedurfte allerdings einer präzisen Buchführung, um jederzeit den Vermögensstand und die Liquidität aller Zweigniederlassungen im Blick zu haben; früher hatte der in die Champagne reisende Messekaufmann seine Geschäfte weitestgehend im Kopf gehabt und nur die Außenstände notiert. Datini fungierte innerhalb seines Firmensystems meist als Kapitalgeber, und seine Partner investierten die Arbeitskraft. Bei allen Geschäften, die die Firmen untereinander abschlossen, schöpfte Datini den Großteil der Gewinne ab. Und wenn man sich vergegenwärtigt, welch gigantische Warenströme im 14. und 15. Jahrhundert durch Europa zogen – Venedig bezog beispielsweise jährlich rund 100 000 Tonnen Premiumware aus dem Orient –, so lassen sich die großen Vermögen eines Datini oder einer Familie Bardi, deren Imperium sich von Zypern nach England erstreckte, schnell erklären.

Venedig und Genua – Die Handelsrouten der Italiener

Die intensivste Ausprägung der wirtschaftlichen Revolution vollzog sich mit der Internationalisierung des Handels über größte Entfernungen hinweg – sie ist das drastischste Beispiel für die vielen Expansionsbewegungen im Hochmittelalter. Im 12. und vor allem 13. Jahrhundert brach der Seehandel aus den recht engen Grenzen, die ihn bis zur Jahrtausendwende definiert hatten, heraus und bahnte sich einen Weg in ein geografisch weit gespanntes Netz von Geschäftskontakten, Niederlassungen und Kolonien. Besonders zu erwähnen sind zwei Kaufmannskulturen, die die Welt verändern sollten: die der Italiener und die der deutschen Hanse, die hinsichtlich der Kolonisation des europäischen Ostens bereits kurz skizziert wurde. Wie sonst keiner verstanden sich die italienischen Kaufleute auf weit gespannte Handelsnetze und damit verbundene Finanzaktionen. Sie kamen im Wesentlichen aus zwei Städten: aus Venedig und Genua. Die italienische Schifffahrt nahm dann im Mittelmeer über Jahrhunderte eine Vormachtstellung ein, und italienische Kaufleute errichteten Kolonien bis zu den Küsten des Schwarzen Meeres.

Nicht erst im Hochmittelalter wurde das Mittelmeer von italienischen Seekaufleuten befahren – schon vor der Jahrtausendwende waren die Venezianer zu den Seemetropolen des Byzantinischen Reichs und der islamischen Welt unterwegs. Doch erst im späten 11. und frühen 12. Jahrhundert wurde der internationale Seehandel im großen Stil gepflegt, auch weil neben Venedig zwei weitere Städte ins Rampenlicht drängten: Pisa und vor allem Genua. Zwischen Venedig und Genua sollte sich ein intensiver Wettkampf um die Vormachtstellung entwickeln, der bis zu tödlicher Feindschaft reichte. Von feineren Geschäftsusancen, die hansischen Händlern nicht zu Unrecht nachgesagt werden, waren die unter erbitterter Konkurrenz stehenden Italiener weit entfernt – italienische Kaufleute standen in dem Ruf, oft raffgierig und gefährlich zu sein. Erfolg wog bei ihnen mehr als Herkunft, viele waren soziale Aufsteiger: Nicht woher man stammte, zählte, sondern wie man sich gegen die Konkurrenz behauptete. Aber sie waren die Berühmtheiten jener Zeit, kosmopolitische Abenteurer, die Hugo von Paris enthusiastisch beschrieb: »Der Kaufmann dringt in die Geheimnisse der Erde ein und bereist nie gesehene Küsten. Sein Eifer einigt Völker, dämpft Kriege und festigt den Frieden.« Wagemutige Händler drangen in den Süden und Osten vor, um die Welt zu erschließen, um aus diesen Paradiesen wahre

Schätze mit in die ärmeren Kulturen Nordwesteuropas zu schaffen – dieses vorteilhafte Bild des Kaufmanns hat sich bis in die Märchen hinein tradiert.

Eine wesentliche Bedingung für das Florieren des italienischen Handels stellten die Kreuzfahrerstaaten dar, die Anfang des 12. Jahrhunderts an der Levante gegründet worden waren. Sie verfügten in der Regel über keine eigene Flotte, sodass sie beim Nachschub auf die Galeeren der Italiener angewiesen waren. Für Letztere hingegen waren die Kreuzfahrer nötige Verbündete bei ihrem Ansinnen, an der feindlichen Küste zu eigenen Einflusssphären zu kommen – sie boten Einfallstor und Brückenkopf in eine neue Welt und deren reiche Märkte. Der stärkere Partner waren zweifellos die italienischen Städte aus dem Westen. Wie ihre Handelsstrategien beschaffen waren, wie der Geben-und-Nehmen-Mechanismus des *quid pro quo* im aggressiven Geschäftsgebaren der Italiener einzuschätzen war, das vermag man am *Pactum Warmundi* aus dem Jahr 1123 zwischen dem Dogen von Venedig und Vertretern des Königreichs Jerusalem abzulesen. Die Venezianer sollten den Kreuzfahrern bei der Eroberung der muslimischen Küstenstadt Tyros behilflich sein. Im Gegenzug würden sie in allen Städten des Königreichs eine Handelsniederlassung erhalten, bei günstigen Steuern und Zöllen, darüber hinaus sollte ihnen ein Drittel der zu erobernden Stadt Tyros gehören. Der Sieg fiel dann auch den Christen zu, dank einer venezianischen Seeblockade.

Damit war der Weg frei zu italienischen Handelsniederlassungen in Palästina. In Akkon, der Hauptstadt des Königreichs Jerusalem, hatten Venezianer, Genuesen und Pisaner eigene Stadtviertel mit eigenen Kirchen und Plätzen sowie eigenen Gerichtsbarkeiten. Auf diese Weise etablierten die Italiener im gesamten Mittelmeerraum Handelsstützpunkte. Sie schlossen Vereinbarungen mit Herrschern jeder Couleur, ob mit Kreuzfahrern, muslimischen Sultanen oder griechischen Kaisern. Die Venezianer sicherten sich 1082 ihr Viertel in Konstantinopel, die Pisaner ein Jahrhundert später eines in Alexandria.

Handelte es sich zu Beginn noch um Enklaven, die die Italiener in den Küstenstädten von den jeweiligen Protektoren erhielten, entstanden mit der Zeit entlang den Haupthandelsrouten regelrechte Kolonien – das territoriale Netz mächtiger Kaufleute wurde somit immer dichter.

Ein entscheidender Schritt in der venezianischen Erfolgsgeschichte ereignete sich 1204 mit der Eroberung Konstantinopels durch die Kreuzfahrer – darauf hatten die christlichen Eroberer lange gelauert, aber nur dank der Mithilfe der venezianischen Flotte konnten sie die reiche Stadt einnehmen. Die Konzessionen an ihre Partner waren erheblich: die Überlassung des Großteils der Beute, politische Mitsprache bei der Wahl des nächsten christlichen Kaisers und Territorien für den Dogen von Venedig. Dazu gehörten auch Teile der Ägäis, deren prominenteste Insel Kreta 1212 faktisch an Venedig fiel, nachdem es die Ansprüche Genuas zurückdrängen konnte. Die jetzt einsetzende weltliche und geistliche Kolonialisierung der Insel geschah so gründlich, dass sie bis 1669 unter venezianischer Herrschaft blieb.

Auch der Steckbrief Genuas kann sich hinsichtlich internationaler Handelserfolge sehen lassen. 958 waren Genua von Berengar II. und Adalbert städtische Privilegien gewährt worden, die zu den ältesten in Europa gehören. Wie Venedig hatte auch Genua seinen Reichtum auf den Kreuzfahrerstaaten aufgebaut. Darüber hinaus waren genuesische Schiffe an der christlichen Rückeroberung der spanischen Städte Almeria und Tortosa von den Muslimen in den Jahren 1147 und 1149 beteiligt gewesen. Genua unterhielt nun weit reichende Geschäftsbeziehungen, von Südfrankreich und Spanien über Sizilien und Konstantinopel nach Ägypten und Palästina. Nach andauernden Konflikten mit Venedig erzielte Genua schließlich einen entscheidenden Vorteil, welcher der Stadt für die nächsten zweihundert Jahre zu einem einzigartigen Aufschwung verhelfen sollte. 1261 halfen die Genuesen dem byzantinischen Kaiser bei der Rückeroberung Konstantinopels von den katholischen Kreuzfahrern. Jetzt konnten sie sich daran machen, sich den Zugang zum Schwarzen Meer zu sichern – das wiederum bedeutete, das Tor nach China aufzustoßen.

An den Küsten des Schwarzen Meers errichteten die Genuesen nun überall Handelsniederlassungen und Kolonien. Neben Tana am Nordrand gab es vor allem eine Stadt, die sie zu ihrer Metropole machten: Kaffa, das heutige Feodosija, blieb bis 1475 mit einer kurzen Unterbrechung der Nabel genuesischer Aktivitäten im Schwarzmeerhandel und bildete somit den östlichsten Handelsposten der Alten Welt. Kaffa war der Umschlagplatz von Waren aller Art, von Seide und Gewürzen und besonders von Sklaven, ihrem wichtigsten Exportartikel für die Märkte in Italien und Spanien. Griechen, Syrer, Armenier und Italiener lebten dort nebeneinander. 1386 lebten einer Einwohnerliste zufolge etwa tausend Katholiken in Kaffa, das 1322 bereits Bischofsitz geworden war. Die Stadt hatte einen mächtigen Verteidigungsring, über zwanzig katholische Kirchen, dazu viele griechische und armenische, Moscheen und eine Synagoge. 1475 musste Kaffa an die Osmanen übergeben wurden. Auf einen Export in ihrer großartigen Handelskarriere indes kann Kaffa nicht stolz sein, denn es waren wohl Schiffe aus Kaffa, die 1347 die Pest nach Westeuropa brachten. Internationaler Handel, die Überschreitung der Horizonte – das hieß ab jetzt eben auch, dass Krankheitserreger zwischen den Kulturen ausgetauscht wurden.

Ohne die Unterstützung durch die italienische Schifffahrt hätte die mediterrane Kreuzzugsbewegung in der Fremde nicht bis Ende des 13. Jahrhunderts durchgehalten. Die Bastionen und Brückenköpfe an der Levante waren nur zu halten, weil die italienischen Schiffe den nötigen Nachschub an Soldaten, Waffen und Nahrung brachten. Die unterlegenen muslimischen Flotten waren nicht in der Lage, diese Unterstützung zu Wasser zu unterbinden. Doch auch im südlichen Mittelmeer wurden die Italiener aktiv, an den Küsten Spaniens und Nordafrikas. Schließlich unternahmen sie sogar Fahrten über den Atlantik in Richtung der Nordmeere – die Genuesen seit Ende des 13. Jahrhunderts, einige Jahrzehnte später folgten ihnen die Venezianer. Zwar lässt sich angesichts des niedrigen Handelsvolumens nicht wirklich von einer nördlichen Expansion der italienischen Schifffahrt sprechen, doch offenbaren die von den Italienern angesteuerten unterschiedlichsten Regionen nur zu gut, wie weit gespannt, international und multikulturell ihre Kontakte, Erfahrungen und Erkenntnisse waren. Bartlett fasst die Modernität der italienischen Handelspolitik anschaulich zusammen:

> Zurück in Ligurien, konnten sich diese Männer zusammensetzen und ihre Aufzeichnungen über Handelskonditionen, politische Strukturen und natürliche Ressourcen in England, Griechenland und auf der Krim vergleichen. Auf diese Weise schufen die Italiener nicht nur einen Güter- und Kapitalkreislauf, sondern ließen auch Informationen zirkulieren. So hatte die dramatische Erweiterung ihrer Horizonte zwischen dem 11. und 14. Jahrhundert die lateinische Christenheit in ein integriertes Netzwerk verwandelt, in einem bis dato unbekannten Ausmaß.

Doppelte Buchführung, Giroverkehr und erste Banken; internationale Messen und Handelsmetropolen, die fast aus dem Nichts entstanden; erste große Kaufmannsdynastien, die Fürsten und Kaiser finanzierten – eine wirtschaftliche Revolution fürwahr. Oder sollte man eher von mittelalterlichem Globalismus sprechen, fast dreihundert Jahre, bevor Christoph Kolumbus die Neue Welt entdeckte und Europa die Welt eroberte? Auf einmal bereisten Kaufleute die entferntesten Winkel Europas, stellten Wechsel aus, zahlten Geld auf Banken ein, versorgten die Südfranzosen mit russischen Pelzen, die Deutschen mit Seide aus China und die Engländer mit Brokat aus Persien. Venezianer und Genuesen eröffneten Handelsniederlassungen in Konstantinopel und sogar in China. Kaufleute der Hanse fuhren bis zum russischen Nowgorod. Alle standen miteinander in Verbindung, überwanden Grenzen, tauschten Geschichten und Erlebnisse aus.

Die Hanse und die deutsche Ostkolonisation

Die Hanse, der Zusammenschluss von Kaufleuten zu gemeinsamer Handelsfahrt, ist nicht nur in der deutschen Geschichte eine einzigartige Erscheinung. Man kann sie als die erste europäische Wirtschaftsgemeinschaft bezeichnen. Sie wurde zu einem der wichtigsten wirtschaftlichen, politischen und auch kulturellen Faktoren des mittelalterlichen Europa, ihr Tätigkeitsfeld erstreckte sich im Nord- und Ostseeraum von Antwerpen im Westen über Lübeck, Danzig und Königsberg bis nach Riga und Reval im baltischen sowie Nowgorod im russischen Raum. Insgesamt war die Hanse ein halbes Jahrtausend bis zum Ende des 17. Jahrhunderts aktiv und wirtschaftlich überaus erfolgreich. Sie begründete eine neue Bürgerkultur und etablierte Wirtschaftsregeln, die bis in unsere Zeit hinein wirken.

Die Anfänge der Hanse

»Hanse« und »hansisch« stehen für kaufmännisches Ethos und gediegene Tradition, für hochbordige Schiffe und gestriegelte Backsteingotik der Städte. Die Ableitung »hanseatisch« bezieht sich eigentlich nur auf die letzten Hansestädte Lübeck, Hamburg und Bremen. Das Wort »Hanse« ist gotischen Ursprungs *(hansa)* und taucht erstmals in der gotischen Bibelübersetzung Wulfilas auf. Im Frühmittelalter ist es in der Bedeutung von einer Gruppe von Menschen (»Schar«) belegt, die sich zur Verfolgung eines Ziels für eine bestimmte Zeit zusammentaten. Die Hanse war also, wie im Mittelalter oft üblich, ein Zusammenschluss, der umfassende Hilfe der Gesellschaft versprach. In der heutigen Bedeutung einer Gruppe von Händlern, die in ausländischen Märkten tätig sind, kommt es seit Ende des 11. Jahrhunderts vor. Die älteste Hanse bildeten die Kaufleute *(hanseurs)* von Valenciennes im 11. Jahrhundert; in London gab es mehrere, nach Städten organisierte Hansen. Die älteste bekannte Hanse deutscher Kaufleute ist die der Kölner Englandfahrer, die 1157 von Heinrich II. unter besonderen Schutz gestellt wurden und der auch Händler aus anderen niederrheinischen Städten angehörten. Der englische König befreite sie von höheren Abgaben und ermöglichte ihnen günstige Bedingungen beim Handel mit Wein. Einige Jahrzehnte später hatten sie freien Zugang zu allen Märkten im Land. Im 13. Jahrhundert bildeten auch die Hamburger und Lübecker Kaufleute eigene Hansen. Ende des 13. Jahrhunderts schlossen sich auf Veranlassung des englischen Königs alle deutschen und flandrischen Kaufleute in London zu einer Hanse zusammen und nutzten gemeinsam die von den Kölnern unterhaltene Gildehalle, den späteren »Stalhof«.

Die Hanse bezeichnete zunächst den genossenschaftlichen Zusammenschluss Fernhandel treibender Kaufleute, die erst aus dem Raum zwischen Niederrhein und Elbe, dann aus dem Ostseebecken kamen. Ihren Namen haben sie sich selbst gegeben: *Hansa Theutonicorum, dudesche hense*. Allmählich vollzog sich der für den Aufbau der späteren »Deutschen Hanse« bestimmende Wandel vom Kaufmannsbund zu einem Bund von Kaufmannsstädten, einem Bund von siebzig großen und bis zu hundertdreißig kleineren Städten, in denen die Kaufleute das Bürgerrecht hatten. Während die italienischen Handelsstädte, beispielsweise Venedig und Genua, erbitterte Konkurrenten waren, ging die Hanse mit dem städtischen Bündnisgedanken den entgegengesetzten Weg. Die Kaufmannshanse entwickelt sich zur Städtehanse.

Ziel und Sinn der Hanse waren, Handel zu treiben und dadurch reich zu werden. Dazu musste sich die Hanse Wettbewerbsvorteile gegenüber ihren Konkurrenten verschaffen, auf der Grundlage von Privilegien, die sie sich in den Gastländern erwarb und die ihr rechtliche Sicherheit gaben. Der Schwerpunkt ihrer Aktivitäten lag von Beginn an im nordeuropäischen Raum von Nordwestrussland über Flandern und Nordfrankreich bis England. Dort befanden sich auch ihre zentralen

Niederlassungen, die Kontore: im russischen Nowgorod, einer der ältesten und mit 20 000 Einwohnern eine der damals größten Städte im ostslawischen Raum, im norwegischen Bergen, in Brügge und in London. Im Südhandel nach Italien und zum Schwarzen Meer waren hansische Händler zwar aktiv, als Organisation oder gar als Städtegründer traten sie allerdings nicht in Erscheinung. Westwärts wurden Pelze, Teer, Holz, Wachs, Flachs und Pech für den Schiffsbau, Eisen oder Amber gehandelt; in den Osten gelangten feines flämisches Tuch, Metallwaren, insbesondere Salz aus Lüneburg oder weitere Luxusartikel wie Weine aus dem Rheinland und aus Frankreich sowie Gewürze, die die Italiener importiert hatten.

Lübeck – Das Tor zur Ostsee

Der Aufschwung der Hanse ist untrennbar mit Lübeck verbunden. Von dort aus trat die Hanse ihren jahrhundertelangen Siegeszug an. Daher hieß es, Lübeck sei für die Hanse das, was Rom für das römische Weltreich bedeutete. Lübeck wurde 1143 als eine deutsche Kaufmannssiedlung gegründet und nach schweren Zerstörungen 1159 an Heinrich den Löwen, den mächtigsten Reichsfürsten, übergeben. Unter Mitwirkung westfälischer und niedersächsischer Kaufleute wurde die Stadt planmäßig und zweckorientiert aufgebaut, denn ihre attraktive Lage als Knotenpunkt zwischen Ost- und Nordsee sowie dem Binnenland versprach eine glorreiche und gewinnbringende Zukunft. Die neue Stadt bündelte alte Handelswege und zog die Warenströme an sich. Lübeck war das Tor zur Ostsee: Als westlichster Ostseehafen bot es den Schlüssel zum Baltikum und dem russischen Nowgorod mit seinem weiten Hinterland. Nach Norden befuhr man Skandinavien, nach Westen gelangte man über Hamburg zur Nordsee, nach England, Flandern und zum niederrheinischen Markt. Richtung Süden erreichten die Waren das deutsche Binnenland.

Unter Heinrich dem Löwen wurde Lübeck als ein internationales Handelszentrum konzipiert, mit einem präzise definierten Flächennutzungsplan. Anscheinend hat er sich als Bauherr dem Rat von einflussreichen Kaufleuten und Finanziers nicht verschlossen. Vergleicht man die andere Neugründung Heinrichs des Löwen, München, mit der Hansestadt Lübeck, so stehen 17 Hektar ganzen 135 Hektar gegenüber, womit Lübeck fast die Fläche Kölns erreichte, der größten Stadt des deutschen Mittelalters. Zwei heute noch vorhandene parallel verlaufende Straßen wurden durch die Stadt gebaut, von Norden nach Süden.

Herzog Heinrich der Löwe stattete Lübeck mit reichen Privilegien aus: Die lübischen Kaufleute wurden im gesamten Herzogtum Sachsen von Abgaben befreit. Zwar wird das Lübische Stadtrecht erst 1188 urkundlich erwähnt, doch es gab von Anfang an eine städtische, vom Herzog unabhängige Verwaltung. Offenbar hatte er Lübeck auch das Münzrecht gewährt. Damit hatte Lübeck früh eine dauerhafte, ortsfeste Einwohnerschaft von Gewerbetreibenden und Fernkaufleuten, die sich ihrer Rechte sicher sein und so leben konnten, wie es ihren Zielsetzungen entsprach. Ein Teil des Siedlungsgebietes wurde direkt an die Kaufleute vergeben, die es in Parzellen gleicher Größe aufteilten (rund 300 Quadratmeter) und an Neusiedler weiterreichten – auch gegen Miete an Handwerker, die dort ihre Läden eröffneten. Die makelnden Kaufleute wurden für ihre Mühe mit Grund und Boden entlohnt. Sie kontrollierten das Stadtzentrum und schufen so ein Stadtgebilde, dessen eigenständige Rechtsstellung zunehmend wuchs.

1160 verlegte Heinrich der Löwe den Bischofssitz des Bistums Oldenburg in die junge Stadt. Ein Jahr später schlossen gotländische und deutsche Seefahrer unter der Vermittlung des Herzogs einen Vertrag, in dem sie sich die gleichen Rechte im jeweiligen Gastland zusicherten. Hatten sie sich vorher noch aufs Bitterste bekämpft, gingen sie von nun an auf gemeinsame Fahrt bis nach Norwegen und Russland. Die Deutschen durften den lukrativen Markt in Visby nutzen, und die Gotländer profitierten fortan vom Lübischen Stadtrecht, dem modernsten seiner Zeit.

Mit diesem »Artlenburger Privileg« von 1161 konnte die große Zeit der Hanse beginnen, die des entschlossenen Stadtgründers Heinrich des Löwen hingegen neigte sich dem Ende zu. Nachdem er bei Friedrich I. Barbarossa aufgrund einer Hilfeverweigerung in Ungnade gefallen war, musste er seine Herzogtümer Sachsen und Bayern abtreten. Den Bürgern Lübecks gereichte dies aber nicht zum Schaden. Der Kaiser beließ den Stadtvätern die Freiheit, ihr Stadtrecht eigenverantwortlich zu regeln, Kaiser Friedrich II. erhob Lübeck 1227 sogar zur freien Reichsstadt, zur *civitas imperii*. Lübeck sollte die einzige freie Reichsstadt östlich der Elbe bleiben. Die Kaiser des Heiligen Römischen Reichs mischten sich nie in die Belange der Hanse ein, sodass diese über Jahrhunderte in ihrer Entwicklung autonom bleiben und eigenverantwortlich handeln konnte.

Die Expansion der Hanse

Schon mit der Stadtgründung Lübecks waren die deutschen Fernhändler voller Tatendrang in den Ostseeraum vorgedrungen. Ihr Erfolgsrezept, so der Historiker Uwe Ziegler, beruhte auf der Strategie von Gemeinschaftlichkeit:

> Die neuen deutschen Fernhändler, die »Hansen«, handelten gemeinschaftlich: Privilegien wurden der Gemeinschaft erteilt. Handelsniederlassungen gemeinsam errichtet und betreut; man segelte und reiste möglichst im Verband; gemeinschaftlich finanzierte man den Bau der Schiffe, der Koggen. Das war der Zug der neuen Zeit: Probleme gemeinschaftlich lösen, Risiken verteilen, gemeinsam handeln.

Die ersten Stationen ihres Expansionsdrangs waren die heute schwedische Insel Gotland, Nowgorod und das 1201 gegründete

Riga. Das handelsstrategisch besonders günstig gelegene Gotland mit der Stadt Visby war damals das Zentrum des Ostseehandels und spielte die entscheidende Rolle beim Pelzhandel mit Russland. Dort trafen skandinavische, russische und deutsche Seehändler aufeinander. Nachdem Heinrich der Löwe Auseinandersetzungen zwischen Gotländern und Deutschen als deren Schutzherr beigelegt hatte, eröffneten sich den Deutschen perfekt eingespielte Geschäftsbeziehungen und Handelswege. Ihre neuen Freunde führten sie ins russische Nowgorod ein, das Dorado damaliger Händlerträume, wo sie als Gäste auf dem gotländischen Handelshof wohnen durften. 1192 erhielten sie die Erlaubnis, ihr eigenes Kontor, den Peterhof, zu errichten. In Nowgorod waren die großen Geschäfte zu machen. So verlangte ganz Europa nach den russischen Pelzen, denn trotz der zu jener Zeit eher milden Temperaturen schützten die Pelze vor der Kälte in den Häusern und zugigen Burgen, die noch keine Fensterscheiben hatten – mit Stoffen und den russischen Pelzen ließ sich so manches Fensterloch wirkungsvoll zuhängen. Bis zu 200 000 Felle sollen in einer Schiffsladung transportiert worden sein. Darüber hinaus führten die deutschen Kaufleute aus Nowgorod Gewürze, chinesische Seide und Apothekerwaren ein, den Russen lieferten sie flämisches Tuch und Metalle, vor allem Silber.

Das zweite Zentrum des Russlandhandels war Livland an der baltischen Küste der Ostsee, im heutigen südlichen Estland und nördlichen Lettland gelegen. Livland spielte eine große Rolle bei der christlichen Missionierung des Raums; auch hier konnte Lübeck profitieren, da von der Hansestadt aus der Nachschub an Kreuzfahrern und notwendiger wirtschaftlicher Güter über Gotland ins Baltikum ging. Die um 1290 entstandene *Livländische Reimchronik* schildert, wie erste deutsche Kaufleute an der Mündung der Düna auftauchten: »reich und stark an Ehr' und Gütern, denen kam in ihr Gemüte, dass sie gewinnen wollten noch mehr Gut, wie es gar so mancher tut« – eine überaus charmante Umschreibung für kaufmännisches Profitstreben. Die Deutschen überwanden die anfängliche Feindseligkeit der heidnischen Liven, und im Jahr 1200 beschloss Albert von Bekeshovede (Buxhövden), der dritte Bischof von Livland, die Gründung einer neuen Stadt, die sowohl Bischofssitz als auch Anlaufstation für die Händler aus Lübeck und Gotland werden sollte: Er begründete die Stadt Riga, die anstelle einer älteren Siedlung die zweite deutsche Stadt im Ostseeraum wurde.

Wenige Jahre später lockten Privilegien viele deutsche Siedler dorthin, 1255 wurde die Stadt Erzbischofssitz. Damals hätte man das Stadtbild Rigas mit seinen katholischen Kirchen und den typischen Koggen im Hafen mit dem einer jeden norddeutschen Seehandelsstadt verwechseln können. 1282 trat Riga der deutschen Hanse bei und übernahm eine Schlüsselrolle im Handel mit Litauen und Russland. Damit übte Riga eine Doppelfunktion aus, die für städtische Neugründungen im Ostseeraum typisch war: Zum einen erweiterte sie den Handlungsspielraum der deutschen Kaufleute, und zum andern war sie ein weiterer Stützpunkt der christlichen Mission, denn unweit Rigas waren noch etliche heidnische Stämme zu bekehren. Die Stadt wurde neben ihrer handelsspezifischen Berufung zu einer »Stadt Gottes« mit einem Missionsbistum und einem Kreuzfahrerorden, der sich dem »heiligen Krieg« verschrieben hatte.

Auch die Meere und Märkte Skandinaviens verleibten lübische Kaufleute in ihr Handelssystem ein. Sie verschafften sich Zugang zu den Heringsmärkten des dänischen Schonen, im Süden Schwedens, die damals legendär waren und guten Profit versprachen. Während der Fangmonate von Sommer bis Herbst machte das bunte Gemisch aus Schiffern, Fischern, Küfern und Kaufleuten Schonen zu einem spannenden Schauplatz. Hier komme der Hering in solch großen Mengen vor, dass sich die Ruderboote kaum bewegen könnten, berichtet der dänische Chronist Saxo Grammaticus in seiner *Historia danica*. Hering war nicht nur an Fastentagen begehrt, sondern aufgrund des Bevölkerungswachstums ein unverzichtbares Nahrungsmittel. Besonders in Verbindung mit Salz war Hering ein Exportgut, das

Europa im Sturm eroberte. Die Hanse lieferte aus Lüneburg das zur Konservierung notwendige Salz und führte im Gegenzug den Hering als Rückfracht mit.

Auch zu Schweden knüpfte die Hanse Beziehungen, vor allem aufgrund der Kupfergewinnung in Falun. Deutsche Kaufleute und Siedler waren nicht unerheblich an der Gründung Stockholms 1251 beteiligt. Norwegen (Bergen) war wegen des Stockfischs interessant, der sich ebenfalls in ganz Europa verkaufte. Dafür importierte die Hanse aus den neu erschlossenen Ostgebieten Getreide, Mehl und Salz nach Bergen, wo sie etwa 1343 eine ihrer vier großen Niederlassungen gründete.

Die deutsche Ostkolonisation

Die für das Gedeihen der Hanse entscheidende Entwicklung – die deutsche Ostkolonisation – fand allerdings im Nordosten statt. Die intensive Kolonisierung des Ostseeraums begann ungefähr zu der Zeit, als auch Lübeck mit der Neugründung seinen Aufschwung nahm, und erfolgte weitgehend bis Mitte des 14. Jahrhunderts. Während dieser rund zweihundert Jahre wurde der deutsche Sprach- und Siedlungsraum um etwa ein Drittel erweitert. Für diese immense Siedlungsbewegung waren verschiedene Faktoren verantwortlich: das territoriale Streben deutscher Fürsten, die christliche Missionierung und ein intensiver Auswanderungswille. Wie bereits ausgeführt, nahm die europäische Bevölkerung binnen weniger Jahrhunderte bis 1250 extrem zu, in Deutschland verdoppelte sie sich gar. Zwar waren die Urbarmachung neuen Landes und technische Errungenschaften in der Landwirtschaft Zeichen des Aufbruchs, aber Mitte des 12. Jahrhunderts hatte sich die Anbaufläche pro Person reduziert und die Nahrungssituation verschlechtert. Auch in den Städten war es durch die Bevölkerungsexplosion immer enger geworden, administrative Reglementierungen und immer neue Auflagen der Gerichtsherren und Vögte machten die Alltagswelt kompliziert. Das zunehmend ausdifferenzierte Lehnswesen engte den Spielraum ein, und der finanzielle Druck wuchs. Unter diesen Bedingungen wurde eine Migration nach Osten für Tausende von aufbruchsbereiten Bauern, Handwerkern und Kaufleuten immer attraktiver. Östlich der Elbe lockten Freiheit und Abenteuer. Dort konnte die Luft neuer Städte sie wieder frei machen.

Die Hoffnungen auf eine neue, bessere Heimat wurden nicht enttäuscht. Die Neuankömmlinge rodeten die Wälder, machten das Land urbar, gründeten Siedlungen und Städte. »Nach Ostland wollen wir mit, dort ist eine bessere Statt«, heißt es in einem flämischen Volkslied des 12. Jahrhunderts. Erste Vorstöße erfolgten von Lübeck aus ins Baltikum; die Hauptströme kamen aus Sachsen und den Nordsee-Küstengebieten Flanderns und Hollands, aber auch Hessen, Thüringer oder Rheinländer schlossen sich der Auswanderung an. Es waren verschiedene Völker, die zusammenkamen und auf Balten und Slawen trafen, wobei die Deutschen in der Überzahl waren. Auch die südöstlichen Züge fanden zu jener Zeit statt, nach Ungarn oder Siebenbürgen. Während dort allerdings neue Siedlungsräume zumeist als Inseln in fremder Kultur entstanden, führte die Besiedlung des nordöstlichen Ostseeraums zu einer geschlossenen Landnahme, zu einem dichten Netz von Kaufmanns- und Hafenstädten von Lübeck bis Reval.

Die Träger der Kolonisation waren Landesherren, Adel, Bischöfe, Klöster, der Deutsche Orden, und natürlich die Siedler selbst. Dass alle Beteiligten einen Nutzen hatten, versteht sich von selbst; weit bemerkenswerter ist aber, dass die Landnahme friedlich vonstatten ging beziehungsweise von den slawischen Herren sogar vorangetrieben wurde. Die deutschen Landesherren und führenden Stände erhielten neues Land und neue Untertanen. Die Einheimischen profitierten vom Aufschwung, der ihr Land und ihre Kultur erfasste. Und die Siedler selbst erhielten den gewünschten neuen Freiraum im Rahmen einer neuen Rechtsstellung. Die slawischen Einheimischen hatten keinen Verlust hinzunehmen. Die neuen Städte entstanden weitgehend im siedlungsfreien Gelände oder wurden an alte, bestehende Siedlungen angebaut. Es war sogar so, dass slawische Fürsten die Siedler gezielt herbeiriefen – dem wirtschaftlichen Wachstum ihres Landes konnten die neuen Bauern und Bürger nur dienlich sein.

Die Siedlungen und Städte entstanden aus sorgfältiger Planung heraus. So genannte Lokatoren wurden vom Grundherrn damit beauftragt, den neuen Bürgern ihr Land in meist gleicher Größe zuzuweisen. Diesen Lokatoren winkte bei erfolgreicher Vermittlung ein lukrativer Gewinn: ein eigenes Stück Land, oder ein Teil des Zinses, den die Bauern dem neuen Grundherrn entrichteten, eine administrative Stellung oder beispielsweise das Recht, eine Schenke oder Mühle zu führen. Die Siedler erhielten einen rechtlich sicheren Status *(ius teutonicum)*, der die persönliche Freiheit und Freizügigkeit garantierte, ein weitgehend unantastbares Verfügungsrecht über ihren Besitz und die Einrichtung einer Gerichtsbarkeit. Manchen wurde von ihren Grundherren sogar die Pflicht auf Steuern und Abgaben erlassen.

Aus den alten Niederlassungen, die deutsche Kaufleute an der Süd- und Ostküste der Ostsee schon seit geraumer Zeit eingerichtet hatten, entstanden im Verlauf der Kolonisation die mit Stadtrecht ausgestatteten Städte: 1218 aus einer alten slawischen Marktsiedlung Rostock, 1229 Wismar, 1230 Reval, 1234 Stralsund, 1240 Danzig, 1250 Greifswald, 1254 Memel. Der entscheidende Unterschied zwischen dem hansischen Handelsnetz und dem der Italiener bestand darin, dass die italienischen Kaufleute im Mittelmeerraum ihre Faktoreien nur in jenen Küstengebieten errichtet hatten, in denen es teilweise seit über einem Jahrtausend eine urbane Kultur gab, während die Deutschen entlang ihrer Handelswege die Städte erst errichten mussten – Kolonialstädte also, nach dem Vorbild von Lübeck oder Soest. Insgesamt wurde über hundert Städten das Lübecker Stadtrecht verliehen. Von Lübeck ging nicht nur das Stadtrecht auf die neuen Städte über, die Hansestadt wirkte auch an der

Planung und Infrastruktur der meisten Neugründungen mit, inklusive finanzieller Unterstützung. Einmal im Jahr kam es zum so genannten Burding, zum Bürgereid, zu dem sich die gesamte Bürgerschaft – alte und neue Siedler – vereinigte und sich verpflichtete, ein weiteres Jahr das Stadtrecht einzuhalten.

Mit der Entstehung der Hansestädte an der Küste und im Binnenland wurde ein riesiges, wirtschaftlich hochinteressantes Gebiet erschlossen. Der deutsche Siedlungsraum reichte an der Ostsee bis zum Finnischen Meerbusen und im Osten bis nach Ostpolen und Siebenbürgen. Bis über Memel und Düna hinaus stand der Hanse ein verlockendes Warenangebot zur Verfügung: Getreide, Holz, Pottasche, Teer, Wachs, Honig, Butter und vieles andere mehr. Auf all diese Rohstoffe aus Land- und Waldwirtschaft waren die westlichen Länder mit ihrer wachsenden Bevölkerung dringend angewiesen. Aus diesem Grund versuchten Engländer und Holländer sehr früh, selbst an die begehrten Güter zu kommen und den hansischen Zwischenhandel zu umgehen – was ihnen letztlich auch gelang.

Höhepunkt und Abschwung der Hanse

Die Hanse verfolgte ihre Ziele nicht als ein politisch geschlossener Verband, wie es etwa die süddeutschen Städtebünde taten. Aus einer rechtlich sicheren Position heraus wollte sie Handel treiben in Gebieten ihres Einflussbereichs. Dabei konzentrierte sie sich auf wirtschaftlichen Profit. Um ihre Interessen durchzusetzen, vertraute die Hanse auf ihr Verhandlungs- und Schlichtungsgeschick. Nur im Notfall machte sie von kriegerischen Mitteln Gebrauch, denn militärischer Einsatz kostete Geld und verhinderte den wirtschaftlichen Aufschwung. Eher verhängte sie Handelssperren gegen die jeweiligen Zielländer, wie die gelegentliche Blockade- und Boykottpolitik gegen Nowgorod, Polen, Norwegen, England und Russland verdeutlicht.

Im 14. Jahrhundert konnte die Hanse zeitweilig auf eine bewaffnete Flotte von rund hundert Schiffen zurückgreifen, mit denen sie Piraten aus der Nordsee vertrieb und vor allem die dänischen Könige unter Druck setzte. Als die Hanse 1360 die Expansionspolitik Waldemars IV. Atterdag von Dänemark, der Gotland erobert hatte, als Bedrohung ihrer Handelsverbindungen empfand, reagierte sie mit einem wirkungsvollen Kriegsbündnis, mit der Kölner Konföderation. Im Frieden von Stralsund (1370) gewährte Waldemar den Hansestädten völlige Handelsfreiheit in seinem Reich. Darum ging es immer wieder in der Geschichte der Hanse: um die freie Durchfahrt durch den Sund nach Schonen und Bergen sowie in die Nordsee, während die dänischen Könige die Schiffswege zu kontrollieren versuchten. Im 15. Jahrhundert geriet die Vorrangstellung der Hanse im Ost-West-Handel ins Wanken. Den 1426 errichteten dänischen Sundzoll konnte die Hanse nicht mehr abschütteln, auch das Vordringen der Niederländer in den Ostseehandel 1441 vermochte sie nicht zu verhindern. Ein empfindlicher Rückschlag war die Auflösung des Hansekontors in Nowgorod 1494, mit dem Moskau seine Beziehungen zum Westen über zweihundert Jahre fast auf null reduzieren sollte – und auch in wichtigen Metropolen wie London und Brügge ging der Einfluss der Hanse immer mehr zurück.

Ihr langsamer Abschwung hatte zum einen mit staatlichen Interventionen zu tun, die den Wirkungskreis der Hanse einschränkten; die bisher genossenen Handelsprivilegien waren in diesem Umfang mit modernem Recht nicht mehr zu vereinen. Zum anderen wurden die aus den überseeischen Entdeckungen resultierenden Fernhandelsrouten immer wichtiger. Auch fiel es den hansischen Kaufleuten angesichts einer zunehmenden Internationalisierung und Verflechtung des Handels immer schwerer, eine gemeinsame Haltung einzunehmen; ihre Stärke, die Solidarität, schwand immer mehr.

Moderne Kaufleute aus England und Holland, die auf die Unterstützung mächtiger Regierungen zurückgreifen konnten, aber auch solche aus süddeutschen Städten wie Nürnberg, liefen der Hanse im 16. Jahrhundert den Rang ab. Mitglieder süddeutscher Häuser erwarben in Lübeck das Bürgerrecht eigens mit dem Ziel, sich in den nordosteuropäischen Handel einzuklinken. Die Richtung, die die Konkurrenz aus Süddeutschland bei der Wahrnehmung ihrer Osthandelsinteressen nahm, folgte zunehmend dem Landweg über Breslau und Leipzig, womit Lübeck umgangen wurde. Dem hansischen Bündnis gingen immer mehr Mitgliedsstädte verloren, nach dem Dreißigjährigen Krieg waren nur noch drei Hansestädte übrig, die sich eng zusammenschlossen: Hamburg, Lübeck und Bremen.

Die Hanse war keine, wie man aufgrund ihres nachhaltigen Erfolgs annehmen könnte, straff organisierte Handelsgemeinschaft. Sie blieb eine auf Freiwilligkeit gegründete Vereinigung von Kaufleuten, die sich einzig auf dem Hansetag der Städtevertreter manifestierte. Ihr Erfolgsrezept bestand in der gezielten Konzentration auf gemeinsame wirtschaftliche Interessen vieler, für die keine schriftliche Verfassung notwendig war. Die Hanse hatte über einen langen Zeitraum hinweg für einen wichtigen, intensiven Handel im Bereich der Nord- und vor allem der Ostsee gesorgt, hatte den Getreide- wie den Luxusbedarf der Menschen gestillt. Andererseits aber hatte sie zu lange auf ihr Handelsmonopol vertraut und sich der Konkurrenz und deren Neuerungen verschlossen, wie beispielsweise einer flexibleren Bank- und Kreditpraxis. Sie hat auch keine fortschrittlichen Organisationsformen wie große Handelsgesellschaften mit einer Vielzahl von weit verstreuten Niederlassungen entwickelt.

Die Erforschung der Geschichte der Hanse ist längst nicht abgeschlossen. Mit der deutschen Wiedervereinigung ist jetzt eine uneingeschränkte Einsicht in die ostdeutschen Archive und Quellen möglich geworden, die lange nicht zugänglich waren. Auch Lübeck erhielt erst jetzt wieder wesentliche Teile seines großen Hanse-Archivs aus Russland und den neuen Bundesländern zurück. Möglicherweise werden in Zukunft alte Fragen anders beantwortet als bisher.

Kultur und Vermächtnis

> Kein Zweifel, den gewaltigen wirtschaftlichen Leistungen, dem lange Zeit überragenden ökonomischen Erfolg der Hanse entsprechen auch ihre kulturellen Leistungen. Allein schon ihre Existenz, ihre Organisation (deren Qualität und Eigenart bis heute unerreicht bleibt), ihr Handeln über etwa 500 Jahre hinweg sind singuläre historische Phänomene, sind Kulturleistungen besonderer Art.

So lautet Uwe Zieglers Resümee des Vermächtnisses der Hanse, und gemessen an unserem Zeitempfinden des 21. Jahrhunderts scheint dieses halbe Jahrtausend hansischer Dominanz eine unfassbar lange Zeit zu sein. Die norddeutsche und auch nordeuropäische Kultur von der Stauferzeit bis zum Dreißigjährigen Krieg hat durch die Hanse, ihre Kaufleute und Städte eine tiefe Prägung erfahren.

Die Errungenschaften beginnen in der rechtlichen Fixierung von Geschäftsbeziehungen. War das Fundament hansischer Vertragsabschlüsse noch der Kontrakt auf Treu und Glauben, so existieren in Hamburg und Lübeck zu Ende des 13. Jahrhunderts bereits »Schuldbücher«, in denen Verträge öffentlich festgehalten und garantiert wurden. Überhaupt etablierte die Hanse ihren Kaufleuten ein damals unübliches Maß an Rechtssicherheit in der Wirtschaft und zur See – es gab noch keine national oder international verbrieften Rechte, die man sichern und einfordern konnte. Nach dem Machtverlust der Staufer war es den Fürsten und Bischöfen als den neuen Landesherren nicht gelungen, eine verbindliche Rechtssicherheit zu garantieren. Es blieb der privaten Initiative der Kauf- und Seeleute überlassen, das entstandene Rechtsvakuum zu füllen, und sie taten dies, indem sie im täglichen Geschäftsverkehr Regeln des Handelns und Streitens vereinbarten. Da es noch kein kodifiziertes Recht für Handelsangelegenheiten gab, schufen die Kaufleute ihre eigene einheitliche Rechtskultur – eine Kulturleistung besonderer Art.

Einen kulturellen Fortschritt bedeutete die effektive Stabilität des Lübischen Stadtrechts, das sich aus dem Soester und Kölner Vorbild entwickelt hatte. Die erste überlieferte Fassung stammt von 1225. Das Lübische Stadtrecht folgte den Grundsätzen städtischer Selbstverwaltung und bürgerlicher Freiheit mit einem geordneten Besitz- und Erbrecht, einem Marktrecht, bisweilen auch Münzrecht. Schon der Stadtgründer Heinrich der Löwe hatte sich zugunsten des wirtschaftlichen Erfolgs Lübecks die Stadtherrschaft mit den Fernhändlern geteilt, nun konnten die Stadtneugründungen im Osten davon profitieren. An der Spitze der städtischen Hierarchie standen der Stadtrichter oder Schultheiß, daneben konstituierte sich ein Bürgerrat. Die Verleihung eines Stadtrechts war ein für die Rechtsgeschichte zentraler Fortschritt, weil damit die Selbstkonstituierung des Bürgers einherging.

Obwohl Ausgrabungen belegen konnten, dass bereits vor der deutschen Ostsiedlung städtische Lebensformen existierten, so in Polen oder Mecklenburg, ist die traditionelle Auffassung von einem Transfer deutsch-europäischer Kultur in den Ostseeraum zweifellos richtig. Die Deutschen brachten das *ius teutonicum* mit, ein den Bürger und Kaufmann schützendes Recht. Die neue politisch-soziale Ordnung, die mit den deutschen Siedlern ins Land kam, setzte sich in kurzer Zeit durch und strahlte gar bis in entfernte Gegenden des polnischen und russischen Ostens.

Eine weitere, kulturell wichtige Entwicklung fand auf dem Gebiet der Sprache statt. Durch die wirtschaftliche Dominanz der Hanse verbreitete sich das Niedermitteldeutsche als Verkehrssprache im gesamten nordeuropäischen Wirtschaftsraum, von London bis nach Nowgorod. Dies ist umso höher zu bewerten, als bis Mitte des 13. Jahrhunderts der Handel auf mündlichen Vereinbarungen beruhte. Schriftlichkeit, die dazu auf Lateinisch war, oblag den geistlichen Herren, nur in den seltensten Fällen wurden rechtliche oder politische Entscheidungen schriftlich fixiert. Mittelniederdeutsch wurde nun zur internationalen Handels- und Gesandtensprache, selbst in der Korrespondenz mit europäischen Fürstenhöfen und Königshäusern wurde diese regionale Sprache verwendet. Die Sprache einer frei organisierten Berufsgruppe wurde zum international gültigen Idiom – und dies jahrhundertelang. Spätestens seit 1367 wurden alle Beschlüsse der Hansetage auf Mittelniederdeutsch festgehalten.

Obwohl kaufmännische Ausbildung und Hochschule im Mittelalter kaum Berührungspunkte hatten, standen hansische Bürger der Gründung von Universitäten sehr aufgeschlossen gegenüber. In Erfurt entstand mit päpstlicher Erlaubnis schon 1392 die erste städtische Universität auf Betreiben der Bürger der Stadt. Auch in anderen Städten förderte die Hanse die Gründung von Universitäten, so in Krakau (1364), Köln (1388) Rostock (1419), Greifswald (1456) und Königsberg (1544). Die Häupter der Städte, Ratsherren und Bürgermeister, mussten zunehmend ein Hochschulstudium vorweisen.

Backsteingotik

Der wohl schönste Beitrag der Hanse zur deutschen oder gar europäischen Kultur ist zweifellos die so genannte Backsteingotik, die mit ihren Rathäusern (Lübeck, Stralsund, Danzig, Tangermünde), Basiliken (Lübeck, Wismar, Rostock, Stralsund, Riga, Schwerin), Hallenkirchen (Lübeck, Rostock, Stralsund, Greifswald), Klöstern und Burgen, besonders des Deutschen Ordens (Marienburg, Marienwerder), Bürgerhäusern (Danzig, Rostock, Wismar, Stralsund), Stadttoren (Jüterbog, Tangermünde) und Speicherbauten das Bild der norddeutschen Städte immer noch beseelt. Die Gotik hat die gesamte Erfolgsgeschichte der Hanse begleitet. In ihrer baulichen Einheitlichkeit stellt sie ein ebenso trotziges wie erbauliches Erbe der Hanse dar.

Auch das verwendete Baumaterial, der gebrannte Backstein, hat zur städtebaulichen Homogenität und Ästhetik der Hansestädte beigetragen. In den Altsiedelstädten wurde gehauener Stein gemauert, insgesamt überwog dort aber der Fachwerkbau. In den Hansestädten wurde der Fachwerkbau allmählich durch Backsteinhäuser ersetzt, weil der Reichtum der Städte die aufwändige Bauweise ermöglichte und Backstein wesentlich feuerfester war. Der Bau *mit stenernen muren* wurde in Lübeck seit 1276 angeordnet, und ein Vierteljahrhundert später wurde in der Stadt nur noch mit Stein gebaut. Herzogtümer wie Württemberg gingen zu diesem Zeitpunkt gerade dazu über, zumindest das Erdgeschoss aus Stein zu errichten.

Die Einheitlichkeit dieser nieder- und ostdeutschen Architektur kam auch dadurch zustande, dass fast alle Städte östlich der Elbe im Zuge der Ostkolonisation Neugründungen waren. Alte Städte wie Köln waren im Lauf der Jahrhunderte gewachsen – sie hatten alte Klöster, Burgen und Kaiserpfalzen und daher ein urwüchsiges Stadtbild. Die neuen Städte im Osten hingegen entstanden auf dem »Reißbrett«. Der Mythos von der ungeplanten mittelalterlichen Stadt trifft hier am wenigsten zu. Ob im freien Gelände oder in Anlehnung an eine slawische Siedlung wurden die Grundstücke in längliche Parzellen aufgeteilt, mit Häusern bebaut, deren schmale Giebelseite zur Straße ausgerichtet war und deren lange Seitenwand dicht an der Wand des Nachbarn hochgezogen war. Die hohe, dicht gedrängte Anzahl von Häusern, die nie über zwei Parzellen gebaut wurden, bewirkte ein Maximum an nachbarschaftlichem Kontakt; auch die Straßen gerieten zu intensiven kommunikativen und wirtschaftlichen Lebensadern. Im Stadtzentrum lag ein imposanter, meist rechteckiger Marktplatz mit der Pfarrkirche und dem Rathaus, daneben befanden sich die wichtigsten Patrizier- und Kaufhäuser. Auf dem Marktplatz beschworen die Bürger jedes Jahr ihre Stadtrechte, dort war ihr Parlament zu Hause, dort fanden auch die spektakulären Hinrichtungen statt. Stattliche Gebäude wurden auch von reichen Kaufmannsgilden und Handwerkern erbaut, wie das »Knochenhaueramtshaus« in Hildesheim oder das »Haus der Schiffergesellschaft« in Lübeck.

Die hohen, rund hundertdreißig Meter hohen Kirchtürme in Lübeck und Rostock waren die Schmuckstücke hansischer Architektur, sie grüßten die heimkehrenden Schiffe schon von weitem und waren somit auch Seezeichen, Orientierungshilfen. Und nicht zuletzt sei an das berühmte Stadttor, das »Holstentor« in Lübeck, erinnert, im späten 15. Jahrhundert vollendet, das nach dem Vorbild flandrischer Brückentore erbaut und im späten 15. Jahrhundert vollendet wurde. »Das Schöne und das Praktische als Akkord hansischer Kunstauffassung«, so charakterisiert Uwe Ziegler in seinem Buch über die Hanse diese besondere Kulturleistung.

Abenteuer des Geistes – Scholaren, Magister und Universitäten

Mit dem Ende des Römischen Reichs kamen Kunst und Kultur beinahe zum Erliegen. Es waren die Mönche und Nonnen in den Klöstern, die das Wissen der Antike aufnahmen und in ihren Schreibstuben und Bibliotheken für Europa weite Verbreitung nicht nur religiösen Wissens sorgten, sondern auch Kenntnisse der Medizin, Jurisprudenz, Architektur und Philosophie sowie Texte der schönen Literatur vermittelten.

Dennoch war im Grunde jede Form von Gelehrsamkeit auf religiöse Ziele ausgerichtet. Für die nächsten Jahrhunderte blieb die Kirche der Träger schulischer Einrichtungen und die Ausbildung maßgeblich auf den Klerikernachwuchs begrenzt. In den Kloster- und Domschulen des 10. Jahrhunderts wurden die aus der Verarbeitung des hellenistischen Bildungsgutes seit dem 7./8. Jahrhundert hervorgegangenen sieben »freien Künste« *(artes liberales)* der mittelalterlichen Bildungsordnung gelehrt. Sie bestanden aus den drei sprachlichen Fächern des *Trivium* (Grammatik, Rhetorik, Dialektik) und den vier mathematischen des *quadrivium* (Arithmetik, Geometrie, Astronomie, Musik). Während Letzteres in der Mathematik fußte, sollte das *trivium* den Gelehrten zu methodischem Vorgehen heranbilden, ihn in elegantem Latein und klassischen Texten unterweisen. Die hochmittelalterliche Schriftsprache war Latein, das galt sowohl für theologische, philosophische und literarische Texte als auch für solche aus dem Verwaltungs- und Urkundenbereich. Sie war Sache des Klerus, was seine kulturelle Vorherrschaft begründete. Die lateinische Sprache sollte erst langsam ihre Dominanz verlieren, besonders im Zuge der wirtschaftlichen Umwälzungen, als neue, immer anspruchsvollere Berufe ins Leben gerufen wurden, die sich nicht mehr in das alte Schema von Klerikern und Laien einfügten. Latein galt allerdings bis ins 19. Jahrhundert hinein als Gelehrtensprache.

Bildung im Wandel

So wie Städte mit Strukturen der Selbstverwaltung entstanden, der Fernhandel die Welt eroberte und seine Kaufleute mit Wissen um neue Kulturen ausstattete, so brach auch im Schulwesen eine neue Zeit heran. Zwischen 1150 und 1250 entstanden die ersten Universitäten, ein weiteres Vermächtnis des Hochmittelalters an die Moderne. Sie entwickelten sich aus bereits bestehenden Bildungseinrichtungen wie den Kathedral- oder Domschulen, unterschieden sich aber stark von ihnen: Die Universitäten wollten das ganze Wissensspektrum vermitteln, sich von weltlicher wie kirchlicher Bevormundung lösen und eine Gemeinschaft *(universitas)* von Schülern *(Scholaren)* und Lehrern *(Magistern)* sein.

Für die langsame Entstehung der Universitäten sind verschiedene Faktoren verantwortlich, die in dieser Konstellation erst im fruchtbaren 12. Jahrhundert zusammenkamen. Erst einmal mussten sich Städte entwickelt haben, die den umherziehenden Gelehrten und ihren Gehilfen eine sichere und dauerhafte

Unterkunft bieten konnten. Auch spielte eine große Rolle, dass sich die mittelalterliche Gesellschaft zunehmend differenzierte – in einem breiteren gesellschaftlichen Spektrum konnte auch die Wissenschaft eine eigene Rolle spielen. Die beiden Universalmächte Kirche und Staat hatten sich auseinander entwickelt, die Stände des Klerus und des Adels sich schärfer herausgebildet. Ein Bürgertum mit städtischen Ratsstrukturen war entstanden. Wie der Bürger oder der Ritter waren nun auch Scholaren und Magister zu Repräsentanten der neuen mittelalterlichen Gesellschaft geworden – die Universität sollte eine Führungselite aus ihnen machen, die für den geistigen Aufbruch des 12. und 13. Jahrhunderts prägend wurde. Die Zünfte und Gilden waren mit der Bildung eigener bürgerlicher Organisationsstrukturen vorangegangen, die nun als Vorbild für die Entstehung von Korporationen im Bereich der Wissenschaft fungieren konnten.

Für die Entstehung von Universitäten sprach ebenfalls die enorme Zunahme an Wissen zu jener Zeit. Neue Orden entstanden, die die überkommene Lebensweise des Mönchtums infrage stellten. Der sich eklatant ausbreitende Fernhandel führte zu neuen Erfahrungen und Erkenntnissen ebenso wie die Kreuzzüge, die mit der arabischen Geisteswelt in Kontakt kamen. In die arabische Kultur waren Einflüsse der griechischen Philosophie, der römischen Rechtslehre, der persischen Heilkunst eingegangen. Auf diese Weise hatten Kreuzritter zum Beispiel auch Texte des griechischen Arztes Hippokrates entdeckt. In seinem Buch *Die Universität* fasst Hans-Werner Prahl die Umbruchssituation wie folgt zusammen:

> Alle diese Entwicklungen trafen in dieser Zeit zusammen: rasche Expansion des Wissens durch Übernahme arabischer und antiker Wissensbestände, Differenzierung der kirchlichen Glaubensträger, Fortentwicklung vorhandener Schulen, Ausbau von Verwaltungs- und Informationsnetzen, Abbau klerikaler Wissens-, Glaubens und Schriftmonopole, Durchsetzung genossenschaftlicher beziehungsweise zünftlerischer Organisationsformen,

Umwertung der Berufsarbeit, Herausbildung spezieller Wissenschaftler- und Gelehrtenrollen und schließlich das Wachstum von Städten, die verkehrsmäßig leicht zugänglich waren, genügend Wohnraum und preiswerte Lebensmittel, Rechts- und Friedensschutz boten, Schreibkundige zur Vervielfältigung von Büchern hatten und an der Niederlassung von Gelehrten und Wissbegierigen interessiert waren. Am weitesten waren diese Entwicklungen dort gediehen, wo Fernhandelswege bestanden oder Kirche und Hof ihre Verwaltungen ausgebaut hatten: in Oberitalien, Frankreich und England. So war es auch nur eine historisch gesehen logische Konsequenz, dass in diesen Räumen die ersten Universitätsgründungen erfolgten.

Die Zeit für etwas Neues war gekommen. Die Klosterschulen hatten sich zu sehr auf die geistliche Ausbildung ihrer Novizen konzentriert und die Kathedral- oder Domschulen das Ausreizen neuer, anspruchsvollerer Wissenshorizonte versäumt. In den Domschulen Frankreichs, Italiens, Spaniens und Englands entwickelten sich zwischen 1150 und 1200 neue Korporationen von Schülern und Studenten, die weder primär kirchlich ausgerichtet noch einem wirtschaftlichen Ziel verpflichtet waren. Junge Männer mit recht hohem Bildungsstand waren aus den unterschiedlichsten Teilen Europas zusammengekommen und schlossen sich zu Gemeinden Gleichgesinnter zusammen. So erklärte König Philipp II. um 1200 den Zusammenschluss von Schülern und Lehrern in Paris zu einer Korporation. Aus diesen lockeren Zusammenschlüssen entstanden mit der Zeit die ersten Universitäten. Von einer Gründung oder gar einem exakten Gründungsdatum kann bei diesen Universitäten nicht gesprochen werden, da sich ihre Entstehung über einen längeren Zeitraum erstreckte. Die ältesten Universitäten waren Paris, Bologna, Montpellier und Oxford, sie entstanden zwischen 1200 und 1252. Manche angesehene Kathedralschulen, wie die von Reims und Chartres in Frankreich sowie Vicenza und Arezzo in Italien, entwickelten sich nicht zu Universitäten. Die ersten Universitäten entstanden ungefähr zur gleichen Zeit, waren also auf einen globalen Impetus zurückzuführen.

Der Name Universität taucht nachweislich zum ersten Mal in einem Brief von Papst Innozenz III. aus dem Jahr 1208 auf. Dabei war der damals verwendete Begriff nicht im heutigen Sinne der Gesamtheit der Wissenschaften und der Ordnung des Studiums gemeint. Der Ausdruck *Universitas* bezog sich auf das gemeinschaftliche Leben, wie zum Beispiel in *universitas civium* für die Bürgergemeinde. In den ersten Schriftstücken und Urkunden tauchten dann auch gleich mehrere Beschreibungen für die neue Organisation auf. In Paris sprach man in diesem Zusammenhang auch von *communitas, societas* und *consortium.* Erst mit der Zeit setzte sich das heutige Verständnis von Universität als ein Ort des Studiums durch, als der Zusammenschluss von Lehrern und Schülern zu einer Gemeinschaft. Magister vereinigten sich mit Schülern, und Schüler gleicher Interessen schlossen sich zusammen, um Lehrverträge mit Magistern abzuschließen. Die Universität entstand also von unten heraus. Könige und vor allem Päpste unterstützten die universitäre Bewegung, um die Entwicklung qualitätsvoller Studiengänge und die Ausbildung hochrangiger Theologen und Juristen zu fördern, die ihr Wissen in den Dienst des Staates und der Kirche stellten. Die Universitäten blieben auch immer unter kirchlicher Aufsicht, sie verstanden sich in erster Linie als Zusammenschluss von lehrenden und lernenden Menschen. Das äußerte sich zum Beispiel darin, dass Papst Innozenz III. der Universität von Paris nach 1200 das Privileg einer *universitas magistrorum et scholarium,* einer Gemeinschaft von Lehrern und Schülern, verlieh. Andere Schulen blieben vorerst daneben bestehen; die Kathedral- oder Domschulen widmeten sich weiterhin dem Theologie- und Philosophieunterricht, an privaten Schulen wurden Medizin und vor allem die Rechte gelehrt.

Bei der zweiten Gründungswelle ab 1290, der größten in der Geschichte der mittelalterlichen Universitäten, trat der freie Charakter der Universität noch klarer hervor. Die Juristen schufen das Konzept des *studium generale,* um den spezifischen Charakter der neuen Bildungsinstitution zu charakterisieren. Er zeichnete sich vor allem durch Autonomie in der eigenständigen Gestaltung der Lehre in inhaltlicher wie organisatorischer Hinsicht aus. Zwischen 1290 (Lissabon) und 1354 (Huesca) entstanden zwanzig neue Universitäten mit *studium generale.* Fast durchweg wurde per Erlass einer päpstlichen Bulle das Recht verbürgt, Studiengänge in beliebigen Fachbereichen, *in quavis licita facultate,* einzurichten. So hatte es Papst Nikolaus IV. 1289 der bereits bestehenden Universität Montpellier zugebilligt, womit er auf die Gründungsurkunde Kaiser Friedrich II. für Neapel im Jahr 1224 zurückgriff.

Paris – Zentrum neuer Gelehrsamkeit

Die charismatischste und wichtigste unter den alten Universitäten war Paris, vor Bologna, Oxford oder Salamanca. Paris war nicht nur im Zentrum des prosperierenden Europa, zwischen Italien, Spanien, Flandern und England gelegen, es spielte auch wirtschaftlich, gesellschaftlich und kulturell eine führende Rolle im europäischen Hochmittelalter. Aus allen Teilen Europas strömten Studenten nach Frankreich, das im 12. und 13. Jahrhundert an der Spitze der europäischen Entwicklung stand. Das Land der gotischen Kathedralen, der »Glaspaläste des Himmels«, übte eine magische Anziehungskraft aus. Die Kathedralschulen von Chartres, Reims und Paris verkörperten die Gelehrsamkeit schlechthin; dort hatte die dialektische Scholastik als eine neue Form des Philosophierens ihren Ursprung. Vor allem Paris, mit den anspruchsvollen Schulen von Notre Dame, Sainte-Geneviève und St. Viktor, die sozusagen Vorläufer der Universität waren. Dort lehrten Hugo von St. Victor und Pierre Abaelard, der bedeutendeste – und zweifellos aufgrund seiner tragischen Liebesgeschichte mit Héloïse Fulbert auch berühmteste – Scholastiker der Zeit. Abaelard hatte die Tochter eines Kanonikers heimlich geheiratet, und als sie von ihm ein Kind erwartete, wurde er von ihrem Vater gejagt und schließlich entmannt. Abaelard steht für den Typus des begeisterungsfähigen, charismatischen Lehrers, der nicht durch Herkunft, sondern durch Wissen besticht und um den zu hören manche Studenten durch halb Europa zogen.

Die Stadt erfuhr im 11. Jahrhundert eine allmähliche Entwicklung dank des relativen Friedenszustands. Im 12. Jahrhundert gewann das Wachstum stärkere Dynamik, das Seineufer wurde zum Geschäftsviertel. Berüchtigt war der Gestank, der in der Stadt herrschte. Auf den Straßen stakte man durch Abfälle und Unrat, der Unterschied zwischen Arm und Reich war eklatant, die in Gilden organisierten Bettler machten auf sich und ihre Gebrechen aufmerksam. Es herrschte ein Gewirr enger Straßen, die Häuser waren schmal und hoch mit spitzem Dach, die meisten waren aus Holz oder Fachwerk errichtet, die wenigsten aus Stein. Nach 1180 platzte Paris aus den Nähten, um 1250 dürfte die Stadt rund 100 000 Einwohner gezählt haben.

Ursprünglich war Paris auf die Seine-Insel, die Île-de-la Cité, konzentriert. Dort stand die Hauptkirche, die 1163 begonnene Notre-Dame-de-Paris. Die Île blieb zwar das Zentrum der Stadt, doch entstanden im Zuge ihrer Ausdehnung an beiden Ufern der Seine Ansiedlungen, die aus den einstigen Klosteranlagen hervorgingen. Kirchen dominierten das Bild. Paris war in Viertel *(quartiers)* aufgeteilt. Auf dem linken Seineufer richteten sich Magister und Scholaren ein, auf dem rechten Handwerker und Kaufleute. Das Viertel auf der linken Seite mit der Universität hieß *quartier latin,* weil hier die Gelehrten mit ihrem Latein zu Hause waren. Aber nicht nur die Gelehrten, sondern auch die finsteren Gestalten, die *mauvais garçons,* denn da die Studenten im *quartier latin* einer eigenen, der kirchlichen Gerichtsbarkeit unterworfen waren, die im Zweifelsfall milder richtete, war dort auch das Zentrum des Verbrechens angesiedelt.

Paris war die Residenz der französischen Könige. Philipp II. hatte die zentralen Institutionen auf Paris konzentriert: das königliche Archiv, die Kanzlei, das Gericht und das Finanzwesen. Unter ihm vollzog sich auch die Gründung der Universität, die sich aus dem Zusammenschluss mehrerer unabhängiger Klosterschulen entwickelte. Allmählich hatten sich Magister und Scholaren von der Île in einen eigenen Schulbezirk auf das linke Seineufer zurückgezogen und betrieben die neuen, spannenden Philosophiestudien. Die alte Schule der »freien Künste« blieb vorerst in der Domschule der Insel. Die Magister entzogen sich damit der unliebsamen Aufsicht durch die Kanzler des Kathedralkapitels von Notre-Dame, die im Auftrag des Bischofs die Hohen Schulen kontrollierten. Sie zogen es vor, ein direktes Vertragsverhältnis mit den Schülern einzugehen, das die Bindungen zwischen Lehrern und Studenten vertiefte. Die eigenwilligen Interpretationen antiker und theologischer Texte sorgten für den Zulauf Tausender wissbegieriger Studenten aus allen Teilen Europas, auch aus den rechtsrheinischen Gegenden. Nach vielen kleinen und großen Kämpfen mit den Behörden und kirchlichen Autoritäten wurden im ersten Drittel des 13. Jahrhunderts die Gemeinschaft der Scholaren *(communitas scholarium)* und die der Magister *(universitas magistrorum)* rechtlich anerkannt: 1231 erhielt die Universität von Paris durch eine päpstliche Bulle eine eigene Satzung *(Parens scientiarum)*.

Der Lehrbetrieb und die Fakultäten

Gegenüber der alten Schule mit ihren *artes liberales* entstand an den neuen Universitäten ein *studium generale* mit den vier Fakultäten Theologie, Jurisprudenz, Philosophie und Medizin. Europa kannte verschiedene Zentren der Gelehrsamkeit, je nach Spezialgebiet. Paris war die »Königin der Theologie«, Bologna glänzte in der Rechtswissenschaft, Montpellier in der Medizin.

Die Medizinische Fakultät hinkte den anderen hinterher, da die Studenten und Ärzte aufgrund des von der Kirche verhängten Verbots der Leichenöffnung keine praktischen Erfahrungen am menschlichen Körper sammeln konnten und sich auf das Studium von Texten beschränken mussten. Die Absolventen des Medizinstudiums blieben Theoretiker, und bis in die Neuzeit hinein mussten sie die Behandlung der Kranken Heilkundlern, Barbieren und Salbern überlassen.

Die Rechtsschule von Bologna war eine der ältesten Hohen Schulen des europäischen Mittelalters. Die Pflege der Rechtswissenschaft an der Universität Bologna hing mit dem allgemeinen kulturellen Aufschwung zusammen, da das reiche Stadtpatriziat für Handel und Verwaltung in erster Linie Rechtskundige benötigte. Bologna gelang es immer wieder, die Koryphäen an sich zu binden Die hochrangigen Rechtsgelehrten waren neben dem Unterricht als Berater und Richter hoch begehrt. Dabei mussten die Stadtväter immer wieder darum bangen, dass die Lehrer die Stadt verließen und weiterzogen, denn die Magister wurden von den Studenten angestellt und bezahlt. Waren die Schüler mit ihren Lehrern nicht einverstanden, weil sie ihren Fragen nicht gewachsen waren oder ihnen auswichen, kürzten sie einfach ihr Gehalt – eine ungewöhnliche, aber sinnvolle Gepflogenheit.

Die Theologische Fakultät nahm im Mittelalter den höchsten Rang ein. Es folgten Recht und Medizin und an letzter Stelle die Artistische Fakultät der »freien Künste«, die lange eine reine Vorlesungsdisziplin war und eher die Stellung einer vorbereitenden Oberschule hatte. Der universale Vorrang der Theologie war in der bedeutendsten Universität des Mittelalters, in Paris, fest verankert. Die Theologie dominierte auch aus dem Grund, weil die Päpste angesichts der Häresien besonders in Frankreich in ständiger Sorge um die reine theologische Lehre waren. Seit den 1220er Jahren zogen besonders Dominikaner und Franziskaner zum Studium der Theologie nach Paris. Dominikus zufolge half gegen häretische Ketzer nur das im gründlichen Studium erworbene Wissen. Auch Franz von Assisi schätzte die gottesfürchtigen Theologen hoch. Allerdings waren die eifrigen, disputierstarken Ordensbrüder mit ihren weltlichen Kommilitonen nicht immer einer Meinung; aufgrund ihres wachsenden Einflusses schlug ihnen oft handfester Neid entgegen.

Als imposante Bauten darf man sich die ersten europäischen Universitäten nicht vorstellen. Da wenige Hörsäle zur Verfügung standen, fanden die Vorlesungen häufig in Wirtshäusern, in Kirchen und auf Höfen statt. Die Scholaren saßen auf dem Boden, um ihren Respekt gegenüber den Lehrern zu bezeugen. Gleichwohl boten die Lehrer den Schülern gegen Honorar Übungen zur Vertiefung des Lernstoffs an. Unterrichtssprache an allen Universitäten war Latein. In Bologna hießen die Hochschullehrer Doctores, in Paris Magister – erst im 15. Jahrhundert setzte sich europaweit die Bezeichnung Professor durch. Das anspruchsvolle Theologiestudium dauerte auf keinen Fall weniger als acht Jahre, ein Lehrer der Theologie musste mindestens fünfunddreißig Jahre alt sein – ein beträchtliches Alter angesichts der damals herrschenden Lebenserwartung. In der Artistischen Fakultät wurde gemeinhin der akademische Grad eines *Baccalarius* (*bas chevalier,* niederer Ritter) erworben, in den höheren Fakultäten die Grade eines *Licentiaten* und *Magisters* (in Italien *Doktor*). Die Titel Magister und Doktor entsprachen mit der Zeit dem gleichen akademischen Grad, nur dass Magister zunehmend für die »freien Künste« und Doktor für die Juristen verwendet wurde. Georg Kaufmann stellte Ende des 19. Jahrhunderts in seiner Geschichte der deutschen Universitäten die bis heute gültige Beobachtung an: »Da die juristischen Doktoren durch Einfluss und große Einnahmen gesellschaftlich meist bedeutend höher standen als die Masse der in engen Verhältnissen lebenden Magister der Artisten, so fiel auf den Magister leicht der Schatten des niederen Grades.«

Mit der Erlangung eines Grades war jedoch noch längst kein Arbeitsplatz verbunden, weil die Nachfrage nach Hochschulabsolventen gering war beziehungsweise sie kaum entsprechende Berufsbilder und Tätigkeitsfelder vorfanden – mit

Ausnahme der Hochschullehrer. Was den tatsächlichen Wert des Universitätsabschlusses angeht, die Zahl der Absolventen und ihren Verbleib, so sind nach Hans-Werner Prahl die Ergebnisse bescheiden:

> Von den höchstens 15 000 Studenten, die um 1500 an den 75 europäischen Universitäten anzutreffen waren, erwarb nur ein Viertel einen akademischen Grad, der Rest verließ die Universitäten nach einiger Zeit ohne jeden Abschluss. Nur zwei bis drei Prozent aller Studenten erreichten einen Magister- oder Doktorgrad, etwa sieben bis acht Prozent den Grad eines Licentiaten, weitere fünfzehn Prozent den Grad eines Baccalarius. Bedenkt man außerdem, dass in vielen Fällen das Studium sehr lange dauerte und an das Erreichen eines bestimmten Alters gebunden war, so dürfte der Ausstoß der mittelalterlichen Universitäten alljährlich kaum mehr als 700 bis 1000 Graduierte betragen haben … Diese Zahlen verdeutlichen nicht nur den hohen Stellenwert der selten stattfindenden Prüfungsrituale, sondern verweisen auch auf den Elitecharakter der mittelalterlichen Universitätsabsolventen.

Das Interesse an einem Hochschulstudium war in den Ständen unterschiedlich ausgeprägt. Der Adel hatte wenig Interesse an den neuen Bildungseinrichtungen, seine Söhne sah er lieber im Milieu der höfischen Welt, denn Bildung war als Ideal dem Rittertum unterlegen. Selbst für den König war sie im Hochmittelalter nicht verpflichtend, erst später wurde der *rex sapiens,* der gebildete, wissende König, ein Leitbild. Alle weiteren gesellschaftlichen Gruppen – der Klerus, die Händler, die Handwerker, die Bürger –, die im Gegensatz zum Adel keine Titel erben konnten, sahen im Studium die Chance des sozialen Aufstiegs. Die Graduierung durch Examina räumte den Bürgerlichen Rechte und Privilegien ein, später rückte sie ein Doktortitel in die Nähe des niederen Adels. Von den neuen Universitäten und deren demokratischen Effekten profitieren am meisten die Kinder von städtischen Angestellten, Advokaten, Schreibern, Händlern und Handwerkern. Im Spätmittelalter gelang ihnen der Durchbruch: Als Rechtsprechung und Diplomatie Stadtverwaltungen, Handelshäuser und Gerichte immer stärker dominierten, wurden an der Hochschule ausgebildete Juristen, Notare und Archivare immer gefragter.

Studenten und Lehrer

Allgemein bekannt ist der Anstieg der Mobilität um 1200: Man braucht nur an die weitgehend ungeschützten Pilger und die Wanderprediger zu denken, an die Kreuzritter, die ins Heilige Land aufbrachen, an die Fernhändler, die Europa mit einem multikulturellen Kommunikationsnetz überzogen, und an die Neusiedler, die in den entferntesten Gegenden neuen Wohnraum dem wilden Land abtrotzen mussten. Diese zeittypische Suche nach neuen Welten, die sich vom Vertrauten erheblich unterschieden, galt auch für die Studenten. Wie keine andere junge Generation vor ihnen waren sie bereit zum Wandel, zu einer neuen Lebensform, zur Erweiterung ihres Wissenshorizonts. Die Universitätsstädte, in die sie zogen, waren oft in weiter Ferne gelegen. Doch genau aus diesem Mut und Aufbruchswillen bezogen die neuen Universitäten ihre Initialzündung.

Wer sich mit dem Grundstudium in den Domschulen von Köln und Bamberg nicht zufrieden gab, wem die *artes liberales* nicht genügten, der ging nach Chartres oder Paris, um Philosophie und Theologie zu studieren, um dort die großen Meister zu hören. Und diese – Anselm von Bec, Wilhelm von Campaux und besonders Pierre Abaelard – wirkten deshalb so begeisternd auf die jungen Studenten, weil sie die Philosophen und Lehren der Antike neu entdeckt hatten: Augustinus, Boetius, Aristoteles. Die Rezeption der Antike führte zur Entwicklung der dialektischen Philosophie der Scholastik, die mit Abaelard begann und mit Albertus Magnus (1200–1280) und Thomas von Aquin (1224–1274) ihre Vollendung erreichte. Aristoteles war die philosophische Instanz des Hochmittelalters; seine

Lehren waren in erster Linie über arabische Gelehrte in Córdoba, Toledo und Salamanca nach Europa gelangt. Besonders der arabische Philosoph und Richter Averroes (1126–1198) versuchte in seiner *Summa* und in den Kommentaren, die antike Philosophie mit der mittelalterlichen Theologie in Übereinstimmung zu bringen, was die Intellektuellen jener Zeit faszinierte.

Abaelard nun war der berühmteste unter den neuen Lehrern, ein streitbarer, enthusiastischer Magister, der seine Schüler mitriss. Er hatte die Magisterlaufbahn einem höfischen Leben vorgezogen, statt mit Schwert und Lanze kämpfte er mit Worten und Gedanken. Im Kreuzgang von Sainte-Geneviève pflegte er seine Schüler um sich zu scharen und sie zu unterrichten.

Eine neue Art zu lehren und zu forschen hatte sich Bahn gebrochen: die Scholastik. Diese Methode beinhaltete eine gemeinschaftliche Textanalyse, dic mit Fragen begann, um dann zu Erkenntnissen und Antworten zu gelangen: klares Herausarbeiten der Frage *(quaestio)*, scharfe Abgrenzung und Unterscheidung der Begriffe *(distinctio)*, logische Beweisführung sowie Erörterung der Gründe und Gegengründe in der Disputation. Antike und theologische Texte und Textfragmente wurden geprüft, zergliedert, geordnet und diskutiert. Nicht nur die Tatsache, dass die Texte jetzt hinterfragt wurden, machte den Fortschritt aus, sondern auch die mit dem Frage- und Antwortspiel verbundene geistige Emanzipation der Studenten, die es in der mönchisch geprägten Welt des Wissens nicht gegeben hatte. Denn Scholastik bedeutet die Aufforderung zum Mitdenken, zur kritischen Analyse auch der kirchlichen Autoritäten, und dies inmitten einer neuen Diskussionsgemeinschaft zwischen Lehrern und Studenten. Abaelard selbst hatte in einer Schrift *Sic et non* Sätze etwa der Bibel einander gegenübergestellt und gezeigt, dass Widersprüche bestanden, die durch kritisches Erfassen ihres Sinns zu lösen waren. Ferdinand Seibt sieht in der Scholastik die Anfänge des modernen, mündigen Studienbetriebs, wie er noch heute gültig ist. Er wurde auch

> zum Ausdruck der Verbindung von Lehre und Forschung, wie unsere Universitäten sie noch heute behaupten. Sie wurde gleichzeitig zum Schlüssel für den gesamten neuen Studienbetrieb durch die Kunst, Bücher einer »Vorlesung« anschließender Kritik zu unterziehen, schriftlich in Glossen und Kommentaren oder aber in der Disputation im Hörsaal. Die mittelalterliche Universität wurde dadurch zu einem Redeforum, auf dem sich eine neue Fähigkeit des Argumentierens, des Aufmerkens und der kritischen Replik entfaltete.

In ähnlicher Weise hatten auch andere Lebensräume ihre Sprache gefunden: Auch im Rathaus herrschten Rede und Gegenrede. Der mittelalterliche Mensch war ein gutes Stück mündig geworden, allmählich redete er mit und machte sich mit der Kunst des Argumentierens vertraut.

Die neue Welt der Bildung war eine Welt geistiger Abenteuer, aber sie brachte auch eine intensive soziale, städtische Realität mit sich, in der sich der Einzelne behaupten musste und wollte. Die Universitäten waren nicht allein Lehr- und Bildungsstätte, sondern auch ein Ort der Begegnung und der Freundschaft. Die in Paris eintreffenden Studierenden, zwischen zwölf und zwanzig Jahren alt, machten dort ihren Reifeprozess durch. Paris hatte schon um 1200 einen klingenden Namen und zog auch aus diesem Grund erlebnishungrige Studenten an. Dabei mussten die Neuankömmlinge gleich zu Beginn ein nicht unerhebliches Problem angehen: In Städten wie Paris kam es immer wieder zu Mietwucher und folglich zu Konflikten zwischen den Mietparteien – Bürgern und Kaufleuten auf der einen und Scholaren auf der anderen Seite. Allerdings nahm manch reicher Bürger oder Magister arme Scholaren kostenlos bei sich auf, außerdem wurden Kollegien, Hospize und so genannte Bursen für die Unterbringung von Studenten eingerichtet. Die Bursen – aus Stiftungen hervorgegangene »Studentenheime« – waren die einfachsten Unterkünfte. In Paul Grabeins *Vivat Academia* (1932 erschienen) wird das Leben in den Bursen anschaulich beschrieben:

> Der Rektor war verpflichtet, das, was in den Vorlesungen gelehrt wurde, nachher mit den Scholaren durchzuarbeiten. Er lieh seinen Schülern auch die notwendigen Bücher, die die meisten sich nicht selber anschaffen konnten. Nach dem Mittagessen musste der Rektor mit den Scholaren disputieren. Nicht nur hierbei, sondern auch bei der zwanglosen Unterhaltung der Scholaren innerhalb der Burse war das Latein vorgeschrieben und der Gebrauch des Deutschen verpönt, was geringschätzig »teutonisare« bezeichnet wurde. Zuwiderhandlungen wurden mit Geldbußen belegt, die in die Tasche des Rektors flossen. Daher unterhielt er Aufpasser *(Lupi)*, die ihm solche Verstöße anzeigten, was natürlich oft zu hässlichen Missständen führte. Auch in den Bursen waren Unterkunft und Verpflegung sehr dürftig. Sie enthielten nur eine einzige größere heizbare Stube, die als gemeinsamer Aufenthalt und Speiseraum diente. In den kleinen Schlafkammern wurden die Scholaren dicht zusammengepfercht, sodass später ihre Zahl durch Vorschriften begrenzt wurde. Wie in den Kollegien wurde sehr früh aufgestanden, im Winter um fünf, im Sommer schon um vier Uhr, um die bald darauf beginnenden öffentlichen Vorlesungen hören zu können. Um neun oder zehn Uhr gab es die Hauptmahlzeit *(Prandium)*, um fünf nachmittags das Abendessen *(Coena)*, bei der eine ähnlich bescheidene Verpflegung wie in den Kollegien und dazu ein Trunk Bier verabreicht wurde. Nach Einbruch der Dunkelheit wurden in der Wohnstube Lichter oder Kienspäne angezündet, deren beizender Qualm Lungen und Augen reizte. Die Haustür wurde im Winter um neun, im Sommer um zehn Uhr abends geschlossen, und nächtliches Ausbleiben durch die Statuten mit strenger Strafe bedroht … Trotz dieser Überwachung bot aber das Leben in den Bursen meist eine weitgehende Freiheit, was sich mit der wirtschaftlichen Abhängigkeit der … Magister von ihren Pfleglingen erklärt.

Gleichwohl fristeten die Scholaren kein unerbittliches Dasein, dafür sorgten allein die vielen Namenstage von Heiligen oder andere Feste. Wenn sie auf der Suche nach Abenteuern durch die Städte zogen, konnte ihnen nur der leere Geldbeutel den Spaß verderben. Ohne regelmäßige Einkünfte zu sein, bedeutete, einen reichen Gönner finden oder sich als Bettler durchschlagen zu müssen. Die Zahl jener Studenten, die in den Einschreibelisten als *pauper* geführt wurden, die also keine Studiengebühren zahlen konnten, war nicht gering. Zur Not blieb natürlich das hoffnungsvolle Anschreiben an den Ernährer in der Heimat, wie folgender ironische Musterbrief eines französischen Dichters vorschlägt:

> Geliebter Vater, ich habe keinen Pfennig mehr, und nur Ihr könnt mir helfen, denn das Studium ist so unendlich teuer ... damit ich meine Schulden in der Taverne, beim Bäcker, beim Arzt und an der Universität sowie die Wäscherin und den Barbier bezahlen kann, übersende ich Euch hiermit meine Ehrerbietung sowie meine Bitte um Geld.

Im Universitätsmilieu tummelten sich nicht nur die Wissbegierigen, die strebsamen Jünglinge, die künftigen Mönche, die Magister und Doktoren. Städte wie Paris zogen auch ruhelose Geister an, die sich auf den Bänken der Wirtshäuser sehr viel wohler fühlten als zu Füßen des Professors. Diese so genannten Vaganten oder Goliarden waren ein buntes, kulturell ungemein aktives Völkchen, das sich als dichtende und musizierende Vagabunden durchs Leben schlug. Den Vaganten ist zu verdanken, dass uns nicht nur gelehrte Schriften, Vorlesungsskripte und Promotionsurkunden aus dieser Zeit überliefert sind, sondern auch viele lebenspralle Lieder auf Wein, Weib und weitere Verführungen, meist aus der Feder von Unbekannten. Der berühmteste Schatz der Vagantenliteratur sind die aus der Klosterbibliothek von Benediktbeuren überlieferte *Carmina Burana,* die weltliterarischen Rang haben. Eine Strophe beginnt mit den folgenden Worten, die den Geist der Carmina Burana ebenso zusammenfassen wie das schöne Leben so mancher Scholaren jener Zeit:

> Mir ist vorherbestimmt, in der Schenke zu sterben (Mihi est propositum, in taverna mori).

Universitäten in Deutschland

Während allerorten in Europa die französischen, italienischen und spanischen Universitäten Nachahmung fanden, tat sich in Deutschland nichts. Keine städtischen Universitäten wie in Frankreich und Italien, keine Gründung in einem unscheinbaren Städtchen wie Oxford, das binnen weniger Jahre einen »Ableger« in Cambridge bekam, keine Verwaltungshochschule wie in Neapel, gar von einem Kaiser ins Leben gerufen. In Deutschland entstanden erst in der Mitte des 14. Jahrhunderts die ersten Hochschulen, gut hundertfünfzig Jahre nach dem Aufschwung in anderen Ländern.

Prag war die erste Universität auf deutschem Boden. Ihr Stiftungsbrief entstammt dem Jahr 1348, als der Landesherr von Böhmen, König Karl IV., nach Pariser Vorbild ein *studium generale* einrichtete. Eröffnet wurde die Prager Universität 1366, darauf folgten: Wien 1365, Krakau 1364, Heidelberg 1385, Köln 1388, Erfurt 1392, Würzburg 1402, Leipzig 1409, Rostock 1419, Trier 1454, Greifswald und Freiburg i. Brsg. 1456, Basel 1460, Ingolstadt 1472, Tübingen und Mainz 1477, Wittenberg 1502 und Frankfurt an der Oder 1506.

Bestimmt war die Aufsplitterung der deutschen Gebiete in viele Fürstentümer alles andere als eine ideale Grundlage für die Entwicklung renommierter, internationaler Bildungseinrichtungen, auch die agrarisch feudale Grundstruktur war nicht eben förderlich. Italien, Frankreich und Spanien hatten sehr viel früher große Städte herausgebildet, die in Deutschland fehlten. Im Süden und Westen Europas hatten die Städte eine quirlige Gesellschaft hervorgebracht mit einer Infrastruktur, die den fahrenden Studenten und Magistern einen guten Nährboden versprach. Deutsche Städte um 1200 wären mit der Aufnahme Tausender von Studenten überfordert gewesen, stattdessen zog es deutsche Studenten nach Italien und nach Frankreich.

Leb wohl, mein Heimatland,
Mein schön schwäbisch Schwabenland!
Grüß dich Gott, lieb Frankenreich,
Fröhlich Lichtgedankenreich!
Mutterland der Geister,
Nimm den fremden Schüler auf
Und nach manchem Jahreslauf
Schick' ihn heim als Meister.
(Vagantenlied)

Das Deutsche Reich wurde aus dem Sattel regiert. Das Reisekönigtum trug wenig zur Entwicklung zentraler Behörden bei, in denen Gelehrte eine Arbeitskultur hätten finden können, wie das in Frankreich oder in England der Fall war. Wie weit Frankreich dem Deutschen Reich auch in diesem Punkt voraus war, sieht man allein am königlichen Archiv von Paris. Die deutschen Fürstensöhne hingegen suchten ihre Zukunft auf Turnieren und nicht in Universitäten. Es war dem Leben zugewandter, Schwert und Lanze zu beherrschen, als lateinische Texte zu lesen und zu interpretieren. Letzteres wurde von ihnen auch nicht erwartet, ritterliches Leben zu Hofe sah anders aus. Was den Klerus betrifft, so wurde in Domschulen in den klassischen *artes liberales* unterrichtet.

Das Deutsche Reich war also nicht unbedingt ein Ort des Wissensdrangs und der sich emanzipierenden Bildungsinstitutionen, sondern eher der Hort einer statischen, konventionellen Standesgrenzen verhafteten Gesellschaft. Wie anders waren da die Franzosen, mit debattierfreudigen Magistern, deren wissenschaftliche Kompetenz die Gesellschaft viel mehr interessierte als ihre ständische Herkunft! Das geistige Leben in Deutschland schien, so Ferdinand Seibt, »durch die alten Domschulen befriedigt, so wie man die Dome vorerst noch romanisch baute und die ›französische Art‹ gelegentlich ausdrücklich ablehnte«.

Tua res agitur – Um deine Sache geht es!

Auch in alten hoch stehenden Kulturen hatte es anspruchsvolle Bildungsinstitutionen gegeben, wie das Museum von Alexandria, die orientalischen Koranschulen, die griechischen und byzantinischen Philosophenakademien, die römischen Rechtsschulen und die christlichen Klöster im Mittelalter. Die neuen Universitäten ab dem frühen 13. Jahrhundert aber waren einzigartig, weil erstmals wissenschaftliche und religiöse Analyse- und Deutungsmuster klar voneinander getrennt wurden, die Wissenschaft also aus dem religiösen Kontext herausgelöst wurde. Jetzt entstand ein neuer facettenreicher Typus der Gesellschaft: der weltliche Magister, der Wissenschaftler, in gewisser Form der »Intellektuelle«. Er begründete die neue geistige Elite jener Zeit, obwohl Bildung noch keine breite gesellschaftliche Akzeptanz besaß und sogar Fürsten und Könige des Lesens und Schreibens unkundig waren. Doch der Magister, der von Universität zu Universität zog, die neuesten philosophischen und naturwissenschaftlichen Erkenntnisse zwischen den großen geistigen Zentren von Paris, Bologna, Oxford, Salamanca oder Prag austauschte und nach antikem Vorbild lebhaft diskutierte, war »der Prototyp des europäischen Intellektuellen, der mit dieser mobilen Gelehrtengesellschaft fast schlagartig hervortritt, ein Typ, der sich zu einer neuen Elite entwickelte, die über Staatsverwaltung und Spezialistentum in Jurisprudenz und Medizin zur dauerhaften Führungsschicht in allen Staaten der Welt wurde« (Friedrich Prinz).

Natürlich mussten die Lehrpläne der Universitäten mit kirchlichen Lehrmeinungen in Einklang gebracht werden, doch unter direkter kirchlicher Kontrolle standen sie nicht. Die neuen Hochschulen besaßen ein erstaunliches Maß an politischer Autonomie. Die hier entstandenen Studien- und Lebensgemeinschaften von Lehrern und Lernenden waren einfach zu stark motiviert und organisiert, als dass Widerstand sie hätte auseinander bringen können. Sie waren an zu vielen Orten gleichzeitig entstanden und wirksam. Auch das Wissen und die Lehre mussten sich an der modernen Welt messen lassen: Die vier Fakultäten Theologie, Recht, Medizin und Philosophie hatten binnen weniger Jahrzehnte der alten Schule mit ihren sieben »freien Künsten« den Rang abgelaufen. Und dass diese Inhalte nun Europa weit gelehrt wurden, führte zu einer Vereinheitlichung des europäischen Denkens, die es in der Antike nicht gegeben hatte.

Mit der an den Universitäten im Rahmen der Scholastik gewünschten »Streitkultur« veränderte sich auch der Mensch hin zum selbstständigen Ich, zum Individuum, das sich in der Kunst des Argumentierens selbst erprobte und behauptete. Der Wissenschaftler war frei, nicht mehr wie der Mönch an das religiöse Wissen gebunden. Langsam weichte der Grundsatz auf, der Erwerb von Bildung und Wissen dürfe keinen finanziellen Zielen dienen. Auch wenn die Ausbildung anfangs nicht direkt an konkrete Berufe gekoppelt war, so setzte sich nun das Konzept beruflicher Erwerbsarbeit durch: Die Arbeit durfte Geld einbringen, sie wurde nicht mehr als Buße, sondern als Berufung verstanden. Der mehrfach erwähnte Abaelard soll Gilbert von Poitiers, dem bedeutendsten Vertreter der Schule von Chartres, vor den Kirchenoberen zugerufen haben: »*Tua res agitur,* um deine Sache geht es!« – ein Appell, der die Abenteuer des Geistes im 12. und 13. Jahrhundert auf den Punkt bringt.

Das Licht Gottes – Die Kathedralen der Gotik

Für die einen sind die Kathedralen der Gotik Sinnbild einer düsteren Zeit, bedrohliche Festungen des Glaubens, für die anderen sind sie das beeindruckendste Erbe des europäischen Mittelalters, der meisterliche Zusammenklang von Konstruktion, Illusion und Religiosität, Licht und Farbe zum Ruhme

Gottes. Ihre Gegner lehnen ihren Baustil ab, sehen darin die barbarische Kunst des Nordens, die »maniera tedesca« oder »maniera de' Goti«, wie der Renaissance-Künstler Giorgio Vasari (1511–1574) verächtlich sagte, womit er sich auf das nordische Volk der Goten bezog, dem »jegliche Harmonie abgeht« und dessen Baustil »man am ehesten als Durcheinander und Unordnung bezeichnen kann«. Die Kritik der Renaissance an der Gotik mag uns heute befremden, denn die damals errichteten Kathedralen sind die größte architektonische Leistung des Mittelalters, nicht nur in ihrer zu mächtiger Höhe emporstrebenden äußeren Struktur, sondern auch im Zusammenspiel mit dem als Raumeinheit empfundenen Innenraum mit seinem Kreuzrippengewölbe, seinen Strebebögen und Strebepfeilern. Gotische Kathedralen verkörpern den selbstständigsten Stil des Abendlandes nach der Antike.

Der französische Historiker Georges Duby hat ein ganzes Zeitalter nach ihnen benannt *(Die Zeit der Kathedralen)*, so sehr beherrschten die Kathedralen Frankreichs und Englands die Kultur und die Menschen ihrer Epoche. Auch heute ist die Faszination der Kathedralen von Chartres, Notre-Dame in Paris, Straßburg, Köln oder Canterbury auf den Betrachter ungebrochen. Sie sind eine einzigartige Schau Gottes und lassen die tiefe Frömmigkeit der Menschen, die sie erbaut haben, immer noch spüren.

Die Entstehung der Gotik in Nordfrankreich

Die Gotik entstand im 12. Jahrhundert in den Städten Nordfrankreichs, genauer in der *Francia,* dem Kerngebiet und der Keimzelle des französischen Staates. In der im Norden von Paris gelegenen, von den Flüssen Marne, Seine, Oise, Thève und Beuvronne umschlossenen »Insel« Île-de-France hatte die französische Krone ein eigenständiges, wirtschaftlich florierendes Teilgebiet des Römischen Reichs etabliert. Während der Regierungszeit Ludwigs VII. (1137–1180) und Philipps II. (seit 1190) hatte sich das Lebensgefühl der Gesellschaft gewandelt. In der *Francia* war man kulturellen Experimenten aufgeschlossen. Nicht zufällig hatten sich in Paris aus den alten Domschulen um 1200 die ersten Universitäten entwickelt und mit ihnen eine neue Form des Philosophierens. Die Bereitschaft, besondere Leistungen zu vollbringen, neue Wege in der Architektur zu beschreiten, hängt mit dem Aufblühen der Wissenschaften zusammen. Diesen Zusammenhang sah auch Victor Hugo, der große Verfechter des gotischen Mittelalters, als er 1831 in dem Roman *Der Glöckner von Notre-Dame* schrieb: »Jede Seite, jeder Stein des ehrwürdigen Monuments ist eine Ära nicht nur in der Geschichte des Landes, sondern auch in der Geschichte der Wissenschaft und der Kunst.« Die maßgeblichen Kirchenleute studierten in Paris, zusammen mit den Architekten trugen sie den so genannten französischen Stil in die anderen Städte Europas. Das kulturgeschichtlich Einzigartige an den gotischen Kathedralen ist, so der Kunsthistoriker Günther Bindung, dass sie eine originäre europäische Leistung des Hochmittelalters sind, unbeeinflusst von der antiken Mittelmeerkultur:

> Die gotische Baukunst entstand weit entfernt von der Architektur in den Ländern um das Mittelmeer – Byzanz, Italien, Spanien – und ist nicht als Weiterentwicklung oder als Übernahme antiker Traditionen zu verstehen, sondern ist aus dem Baugefüge und den Formen romanischer Kirchen erwachsen, und zwar in Frankreich, vorrangig in der fruchtbaren Île-de-France um den Sitz des französischen Königs in Paris.

Zur geistesgeschichtlichen Aufbruchsstimmung jener Zeit gesellte sich der wirtschaftliche Aufschwung, unabdingbar für jede bauliche Revolution. Durch die Konjunktur des 12. Jahrhunderts hatten sich die Verkehrsbedingungen verbessert. Handwerker konnten zwischen den Baustellen hin und her reisen, für neue Bauvorhaben wurden Transportwege neu angelegt oder verbessert. Die Städte begannen, untereinander zu wetteifern oder entwickelten gar eigene, regionale Varianten in der Baukunst. Stadtmauern mit wuchtigen Toren wurden ausgebaut und neue Burgen angelegt, beispielsweise die Festung Château-Gaillard an der Seine, die Richard Löwenherz 1196 bauen ließ, oder das großartige Jagdschloss Castel del Monte, von Friedrich II. 1240 in Apulien errichtet, ein Höhepunkt im Burgenbau. Die ältesten, erhaltenen Fachwerkhäuser stammen aus dem 13. Jahrhundert, immer mehr Häuser wurden aus Stein und Ziegeln gebaut. In Paris wurden zum Beispiel um 1190 die Straßen mit Steinen gepflastert – nach einer Anordnung Philipps II. mussten die Straßen mindestens achtzehn *pied-mains* aufweisen, eine Breite von rund sieben Metern.

Der Kirchenbau war jedoch im Mittelalter die zentrale Bauaufgabe, die andere Baubereiche beeinflusste und in der sich alle gestalterischen wie technischen Neuerungen entwickelten. Zwar findet man die ersten gotischen Bauten bereits Mitte des 12. Jahrhunderts, doch erst um 1190 erreichte dieser Baustil seine Blüte. Drei Jahrhunderte später gab es keine Stadt in West- und Mitteleuropa, einschließlich England, die kein gotisches Gotteshaus aufzuweisen hatte. Selbst die Italiener, die sich abwertend über diesen »Baustil der Barbaren« geäußert hatten, erwärmten sich schließlich für die »französische Art« *(mos francigenus)*, ebenso die Spanier. Das ganze mittelalterliche Europa war nach den Vorstellungen von Radulfus Glaber in ein »weißes Gewand von lauter Kirchen« gehüllt. Es war überzogen von Kathedralen und Kirchen, von Lissabon bis nach Riga an der Ostsee und Esztergom an der Donau. In manchen Regionen, so schätzt der englische Historiker Robert Moore, enthalten 80 Prozent aller Pfarrkirchen heute noch Bausubstanz aus dem 11. und 12. Jahrhundert. Allein in Frankreich seien vom 11. bis zum 13. Jahrhundert mehr als achtzig Kathedralen, fünfhundert andere Kirchen und einige tausend Pfarrkirchen gebaut worden. Der Bau von Kirchen habe das damalige Europa in ähnlich einschneidendem Maß verändert und geprägt wie der Bau von Eisenbahnlinien in der industriellen Revolution des 19. Jahrhunderts.

Die Architektur der Hochgotik

Als das früheste Beispiel gotischer Baukunst gilt der Chor der Klosterkirche von Saint-Denis (1140–1144), untrennbar verbunden mit dem Namen des Abtes Suger, auch wenn noch romanische Elemente vorhanden sind. Eine wirkliche Revolution in der Architektur hat es aber der Forschung zufolge erst ab den 1190er Jahren mit dem Bau der Kathedrale von Chartres (Neubau 1194 begonnen) gegeben, dann mit der Kathedrale von Reims 1211–1233. Nach Günther Bindung entstand innerhalb von knapp hundert Jahren eine beeindruckende Phalanx großer gotischer Kirchen:

> Die erste Blüte entfaltete sich unter Abt Suger in der Klosterkirche Saint-Denis (1130/35–1144) mit der königlichen Grablege, in den Kathedralen Noyon (1150–1185), Senlis (1156–1191), Laon (1160–1205) und Paris (1163–1220). Die Entwicklung erreicht ihre reife Ausformung in den Kathedralen Chartres (1194–1220), Reims (1211–1241), Amiens (1220 bis 1240) und Bourges (1195–1214) und fand ihre Vollkommenheit im Umbau der Klosterkirche Saint-Denis (1231–1241), in der königlichen Pfalzkapelle Sainte-Chapelle in Paris (1241–1245/48), in der Kathedrale Troyes (vor 1241) und in der königlichen Schlosskapelle Saint-Germain-en-Laye (um 1238). Zunächst Laon und Chartres, dann aber vor allem Reims (1211–1233) und Amiens (Ostteile 1236–1264) waren die Baustellen, von denen ausgereifte Baukonstruktion und neuer Stil zunächst nach England (Canterbury 1175–1185, Wells vor 1191, Lincoln 1192–1233, Salisbury 1220–1266, Westminster Abbey 1245–1272, Lichfield 1192–1233, Kapitelhaus von Salisbury 1263–1271), dann nach Deutschland (Marburg und Trier ab 1235, Köln 1248–1322, Straßburg ab ca. 1250 und Regensburg 1275–1322) und nach Spanien (Burgos ab 1221/1222, Toledo ab 1227) getragen wurden.

Das Strebewerk der gotischen Kathedralen erlaubte es,
hohe Kirchen ohne massive Mauern zu bauen. Die äußeren
Strebepfeiler kompensieren den Seitenschub von Dach und Gewölbe.

Die Frühgotik reicht mit vereinzelten Formen von 1140 bis 1180, die Hochgotik mit verbundenen Formen von 1180 bis 1270. Die beiden neuen Wesensmerkmale der gotischen Architektur waren: die scheinbare Schwerelosigkeit des schlanken, in die Höhe strebenden Baus und die Berücksichtigung des Lichts mittels farbiger Glasfenster. Der Innenraum der Kathedrale und damit die Gemeinschaft der Gläubigen sollte vom Licht Gottes durchdrungen werden. Die romanischen Kirchen waren dominiert von der schweren, düsteren Masse ihrer fensterlosen Wände, die Fläche boten für Malereien und Fresken – die Wände der gotischen Kirchen mit ihren farbigen Glasfenstern leuchteten hingegen. Die romanischen Kirchen bestachen durch ihren massiven Steinbau, hatten gleich den Burgen etwas Wehrhaftes, während sich die Kathedralen mit ihrem Skelettbau nach oben streckten und schwerelos wirkten.

Die Architekten der Gotik entwickelten das offene Strebewerk und das Maßwerk, lösten die Wände in Gewölbestützen

Das legendäre Königsportal der Kathedrale von Chartres erzählt die Geschichte des Neuen Testaments. Hier die Darstellung Marias und der Kindheit Jesu.

auf, spannten dazwischen die Glasfenster. Der Druck der Kreuzgewölbe im Innern war auf die Strebepfeiler verteilt und wurde so nach außen weitergegeben. Damit standen die Mauern fest, trotz der Höhe der Kirche. Der großzügige, vertikal ausgerichtete Innenraum der Kirche verschmolz zu einer Raumeinheit, während die Romanik nur eine Summe von Einzelräumen kannte.

Chartres, Reims und Amiens stehen für die klassischen Kathedralen der Hochgotik und bilden eine in sich geschlossene Gruppe, die mit ihrem Stil den gesamten abendländischen Kirchenbau des 13. Jahrhunderts prägen sollte: mit ihrer transparenten Konstruktion, dem stabförmigen Aufbau, dem dreigeschossigen Wandaufriss, dem vierteiligen Kreuzrippengewölbe und der Doppelturmfassade.

Gotische Kathedralen sind in der Literatur als aufstrebend, schwebend, zerbrechlich, als ein perfektes Zusammenspiel von Konstruktion und Illusion, als ein Abbild des Kosmos und des himmlischen Jerusalem bezeichnet worden. Die Steinmetze zauberten mit Hammer und Meißel reich verzierte Fassaden, schufen Statuen und Wasserspeier, die sich von den Wänden lösten. Das legendäre Portal von Notre-Dame in Paris erzählt mit Hunderten von gemeißelten Figuren die Geschichte des Neuen Testaments, in Chartres befinden sich rund zweitausend Steinfiguren an der Fassade und den Portalen.

Diese überreiche Ornamentik hat die Kritiker immer gestört: Die Gotik habe zu viele Säulchen, Spitzen, Vorsprünge, Kragsteinchen, zu viel unnötigen Zierrat, keine Ordnung. Bereits im 12. Jahrhundert erhoben sich kritische Stimmen gegen diese überwältigende Prachtentfaltung. So erregte sich zum Beispiel der Abt Bernhard von Clairvaux, Kreuzzugsprediger und Berater von Päpsten und Königen, schon 1124 über die Vorstufen gotischer Baukunst, die in der Pracht der Klosterkirche von Cluny ihren sichtbarsten Ausdruck fand. Er polemisierte gegen die

> ungeheure Höhe der (Kloster-) Kirchen, die maßlosen Längen, überflüssigen Breiten, verschwenderischen Steinmetzarbeiten und die ungewöhnlichen Malereien, die den Blick der Betenden auf sich lenken und die Andacht verhindern. Freilich die Sache der Bischöfe ist eine andere als die der Mönche. Wir wissen nämlich, dass jene, da sie Weisen und Unweisen verpflichtet sind, die Andacht des fleischlich gesinnten Volkes mit materiellem Schmuck anregen, weil sie es mit Geistigem nicht vermögen.

Chartres und Saint-Denis

Die Urteile der gestrengen Kritiker verblassen allerdings gegen die hemmungslose Schaulust, die beispielsweise die Kathedrale von Chartres, der ersten der Hochgotik, hervorruft. Sie steht mitten in der Stadt auf einem kleinen Hügel und erhebt sich über die kleingiebligen Häuser. Keine sichtbaren Steinwände, sondern nur dünne Streben und Pfeiler, dazwischen Fenster – als sei sie offen für jeden Besuch, jede Begegnung. Über den Portalen und Toren sind ganze Heerscharen irdischer und himmlischer Figuren in Aktion. Der steinerne Heiland mit Aposteln und Engeln, eine Taube schwebt über seinem Haupt; an anderer Stelle sieht man Cicero und Aristoteles, Vertreter des Tierkreises, Königinnen und Könige aus dem Alten Testament, Priester, Ammen, Soldaten, Schriftgelehrte und Teufel – nie enden wollende Geschichten aus Stein über das Christus-, Marien- und Heiligenleben. Insgesamt weist die Kirche rund hundertachtzig Glasfenster auf – das entspricht etwa 3000 Quadratmetern, auf denen etwa zehntausend Figuren aus Legenden und Bibelgeschichte zu sehen sind. Die einzelnen Fenster sind bis zu acht Metern hoch. Sie erheben sich in drei Geschossen bis zu dreißig Meter hoch ins Gewölbe – über die Köpfe der Betrachter, die nach oben schauen, zum Himmel, zur Erleuchtung. Spektakulär ist das südliche Rosettenfenster, wenn das Sonnenlicht hindurchströmt – dann leuchtet die Wiederkehr Christi in fantastischen Farben. Mit all diesen Figuren der Buntglasfenster, dem in den Innenraum fallenden farbigen Licht ist die Kathedrale ein optisches Erlebnis und Gesamtkunstwerk, sozusagen ein Lichtspieltheater im wahrsten Sinne des Wortes. *Lux mirabilis et continua,* das wunderbare, dauernde Licht, so hatte der Abt Suger es genannt. Die Menschen des Abendlands, so Joachim Fernau, kamen von dieser plötzlich in ihr Leben getretenen Sinnlichkeit nicht mehr los. Daher der Siegeszug der gotischen Kathedrale, als »ein einziger riesiger Schrein, ein filigranes Sakramentshäuschen, ein geschnitzter Tabernakel, eine Augenweide, ein optisches Medium zu Gott. Das Auge hatte sich aufgetan!«

Die gotische Baustelle

Wie waren die Kathedralen entstanden, vor denen die Menschen damals fassungslos standen? Es ist immer noch ein Rätsel, dass, im Vergleich zum romanischen Baustil, die ersten gotischen Kirchen gleichsam über Nacht das Licht der Welt erblickten. Im Verlauf nur einer Generation »wuchsen die ersten Zeugen aus dem Boden, phantastische, nie gesehene, verwirrende Wunderwerke eines ganz fremden Geistes« (Fernau).

Für die Zeit vor 1200 existieren keine Zeichnungen oder Bauskizzen, zu Beginn des 13. Jahrhunderts ist die Dokumentenlage etwas besser. Daher wissen wir nicht, unter welchen Mühen in relativ kurzer Zeit diese ersten himmelstrebenden Kirchen errichtet wurden. Die höchste Kirche der Christenheit sollte die Kathedrale Saint-Pierre in Beauvais werden (Einsturz 1284), die Höhe unter dem Gewölbe lag bei 48 Metern. Wie beförderte man schwere Lasten, wie errichtete man Säulen, Pfeiler und Gewölbe? Wie sahen die baulichen Anforderungen an die Bauleute (*artifices* und *operarii*) und die künstlerische und vor allem planerische Aufgabe des Architekten *(sapiens architectus)* aus? Er musste den Bau planen und überwachen, den Zeitaufwand überblicken, die Witterungsverhältnisse einschätzen. Fehler oder Ungenauigkeiten in der Frühphase konnten fatale Folgen haben. Die besten Architekten zogen in Europa umher, um visionären Bauherren bei der Erfüllung ihrer steinernen Träume behilflich zu sein. So wurde für den Bau in Canterbury in Nacheiferung der Kathedralen von Reims, Laon und Paris 1175 der französische Baumeister Wilhelm von Sens engagiert, zehn Jahre später sollte Wilhelm von England den Bau beenden. Die Baumeister standen immer unter Druck, denn zum einen sollten sie den Vorstellungen ihrer Auftraggeber gerecht werden, zum andern mussten sie das technisch Machbare im Auge behalten. Gewiss konnten sie auf überlieferte Statikerkenntnisse zurückgreifen, doch ihr wichtigstes Instrument war die tägliche Erfahrung, denn wie sollten sie zum

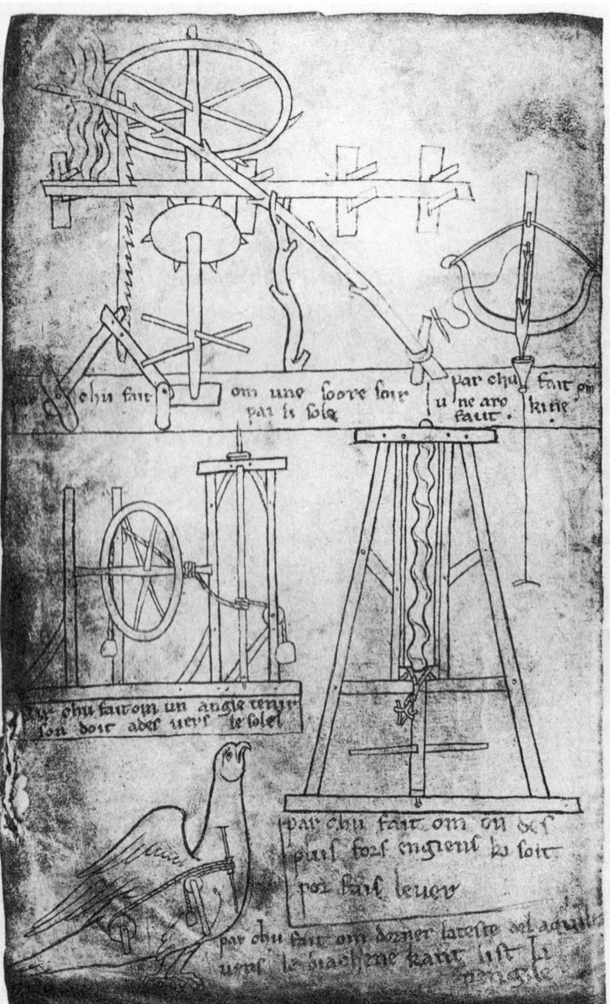

Säge, Seilwinde und Bohrer. Federzeichnung aus dem Bauhüttenbuch des französischen Baumeisters Villard de Honnecourt (um 1235), begleitet von erklärenden Beischriften.

Beispiel den Winddruck einschätzen, der auf die überhöhten Mittelschiffe einwirkte, oder die gefährliche Schubkraft, die auf dem komplizierten Gerüst von Strebebögen und -pfeilern lag? Architekten, Werkmeister, Steinmetze, Bauleute waren ständig unterwegs von einer Baustelle zur anderen, sammelten ihr Wissen und brachten ihre neue Erfahrungen bei nächster Gelegenheit ein. Bevor die modernen Kathedralen im französischen Kronland entstanden, hatte man beispielsweise in Aquitanien und in der Normandie bei großen Hallen und Spitälern schon einige Erfahrungen mit neuer Gewölbetechnik gemacht: Für den Bau der Kathedralen konnten sie sich also Kenntnisse über das Trageverhalten gemauerter Kreuzgewölbe zunutze machen.

Zu Beginn konnten noch die fertig behauenen Quader römischer Bauten und Ruinen für den Bau der Kathedralen verwendet werden, später aber mussten Steinbrüche angelegt, die Steine behauen und teilweise über weite Strecken bis zur Baustelle transportiert werden. Für besonders waghalsige Dach- und Raumkonstruktionen mussten überlange Holzbalken (teilweise aus Skandinavien) beschafft werden, die filigranen Pfeiler und Bögen mussten ein ungeheures Gewicht tragen. Der Wasserweg war für die Beförderung dieser schweren Baustoffe ideal, nicht von ungefähr wuchsen die Städte am schnellsten, die über einen Hafen verfügten.

Seit 1180, zu Beginn der Hochgotik, verbesserten sich durch den Einsatz technischer Hilfsmittel die Bedingungen am Bau. Beim Transport und Heben schwerer Lasten wurden allmählich über die menschliche Muskelkraft hinaus Leitrollen, Treträder, verschiedene Hebegeräten, Flaschenzüge und Kräne eingesetzt.

Der Übergang von der Hand- zur Maschinenarbeit ist dem Musterbuch von Villard de Honnecourt zu entnehmen, einem Baumeister aus der Picardie, der dieses Buch während seiner Reisen durch Frankreich, Schweiz und Ungarn 1235 zusammenstellte. Der unvollständige Pergamentband enthält 325 Einzelzeichnungen: Maschinen, Bauzeichnungen, Ansichten und

Polygonaler Chorschluss. Federzeichnung aus dem Bauhüttenbuch von Villard de Honnecourt, um 1235.

Grundrisse von Kirchen, Innenausstattungen, figürliche Darstellungen und geometrische Berechnungen. Im Vorwort heißt es: »Denn in diesem Buch kann man guten Rat finden über die große Kunst der Mauerei und die Konstruktionen des Zimmerhandwerks; und ihr werdet die Kunst des Zeichnens darin finden, die Grundzüge, so wie die Disziplin der Geometrie sie erheischt und lehrt.«

Wichtig für den Fortschritt in der Bautechnik wurde die Aufteilung der einzelnen Arbeitsvorgänge. Die Bearbeitung der rohen Quader war dem eigentlichen Bauvorgang vorgeschaltet. Durch die Verwendung von Schablonen konnten die Bauelemente seriell vorgeformt werden, was die Bauzeit beschleunigte und eine größere Präzision ermöglichte. Eine wichtige Rolle übernahmen nun die Bauhütten, in denen ursprünglich das Gewerk, die Bauhandwerkerzunft, des oft langjährigen Kathedralenbaus untergebracht war. Die Bauhütte war aber auch der Raum, in dem der Werkmeister und die Steinmetze arbeiteten und die Arbeitsgeräte abgestellt wurden. Die Baustellen waren hoch organisierte Gebilde mit verschiedenen Handwerkergruppen und Hilfsarbeitern: Maurer, Steinmetzen, Zimmerleute, Schmiede, Dachdecker, Seiler, Glaser, Steinbrecher, Mörtelmischer, Erdarbeiter, Tüncher, Lehmbewerfer, Putzer. Nach Wolfdieter Haas erlauben Aufzeichnungen zur ersten Bauphase der englischen Vale Royal Abbey bei Norwich Rückschlüsse auf den nötigen Bauaufwand:

> Allein für Lehrgerüste beim Gewölbebau, für Stützen zur Errichtung der Kreuzgewölbe waren 12 300 Bretter vorzubereiten und zu sägen. Dafür wird ein Bedarf von 67 000 Nägeln genannt. Wer sich die damaligen Lebens- und Arbeitsbedingungen vor Augen hält, gewinnt eine Vorstellung von den Schwierigkeiten und dem Aufwand bei der Planung und Ausführung dieser Bauten. In dem drei Jahre darstellenden Bericht werden 486 Arbeiter bei Fundamentgrabungen als Steinhauer und Fuhrleute für die zahlreichen Transporte genannt: Am Bau der Westminster Abbey wird eine ähnliche Zahl von Steinmetzen und Handlangern tätig gewe-

sen sein. Untersuchungen zur Kaufkraft der Löhne zeigen, dass die Steinmetzen und Zimmerleute vergleichsweise gut verdienten. Sie mussten jedoch während der oft gefahrvollen, langen Arbeitsphasen fern von zu Hause in Gruppen bei der Bauhütte leben.

Beim Bau waren neben der praktischen, auf Erfahrung gestützten Arbeit Kenntnisse der Geometrie für jeden Handwerker unentbehrlich. Der Zirkel war das wichtigste Instrument. Eine gotische Kathedrale war reine Geometrie, vor allem in ihren Ausschmückungen, im Außenaufriss, im Maßwerk, in den Rosetten. Es ist daher verständlich, dass damals die Geometrie ein Lieblingsfach des *Quadriviums* war. Da ließ sich aufzeigen, dass das Studium einen konkreten Nutzen hatte. Günther Bindung vergleicht die mathematische Grundstruktur der gotischen Kathedrale mit der perfekter Musik:

> Die gotische Kathedrale folgt in ihren Proportionen den gleichen mathematischen Regeln wie die instrumentale Musik. Die vollkommene Musik besteht wie die Kathedrale aus Harmonie. Seit Urzeiten ist die Musik ein Zaubermittel, wird »verstanden«, erlebt; die Proportionen, die Harmonien, die Logik sind gegenwärtig, aber für den Rezipienten nicht messbar, ganz wie bei der Kathedrale.

Einflüsse auf Westeuropa

Schon der Abt Suger lobte bei der Entstehung von Saint-Denis die Mitwirkung von Handwerkern und Künstlern, die aus weit entfernten Orten angereist waren. Sie trugen dann ihre Erfahrungen von Bauhütte zu Bauhütte, sodass sich der in der Île-de-France entwickelte Kathedralstil in Europas Städte verbreitete. Gleiche Standards, Techniken und Stile setzten sich nun durch, eine interkulturell verständliche Sprache in Stein und Glas. Das lag an den international wirkenden Baumeistern und an den Musterbüchern, die bewährte Baumethoden weiterempfahlen.

Dennoch kam es in den verschiedenen europäischen Ländern zu eigenen Ausprägungen und regionalen Bauformen.

Der erste rein gotische Bau in England war der Ostabschluss der Kathedrale von Canterbury, den der erwähnte Wilhelm von Sens begann (bis er im Vierungsgewölbe vom Gerüst stürzte und die Leitung abgeben musste). Dieser Bau war dem Erzbischof von Canterbury Thomas Becket gewidmet, der als Verfechter kirchlicher Interessen 1170 von vier Rittern in seiner Kathedrale ermordet wurde. Es folgten weitere Bauten, teils unter französischem Einfluss: Wells um 1180, Lincoln ab 1192, Chichester ab 1186, Salisbury ab 1220. Auch wenn sich die Forschung hierüber nicht immer einig war, den gotischen Bauten in England ist kein eigener, insularer Stil zuzuschreiben, sie orientierten sich am Vorbild des französischen Kronlands. Der wesentliche Unterschied zwischen beiden fällt dem Betrachter sofort auf: Im Vergleich zu den hoch aufragenden, schlanken französischen Vorbildern haben die englischen Kirchen eine geringere Scheitelhöhe, sie sind breiter und wirken gedrungen.

Begünstigt durch den Aufenthalt spanischer Geistlicher an der Pariser Universität, übernahm Spanien den französischen gotischen Baustil im 13. Jahrhundert: León ab 1205, Burgos ab 1221, Toledo ab 1226. Deutschland freundete sich nur zögernd mit der Gotik an. Der Dom zu Magdeburg (1209) orientierte sich vage an französischen Plänen; die Liebfrauenkirche in Trier (1235) und die Elisabethkirche in Marburg (1235) verwendeten einige Stilelemente der Hochgotik, ohne dem Grund- und Aufriss der französischen Vorbilder zu folgen. Erst das Straßburger Münster (1235) orientierte sich am Langhaus von Saint-Denis. Beim Bau des Kölner Doms wurden weitgehend Elemente der Kathedrale von Amiens übernommen. Allerdings stand im 13. Jahrhundert nur der Chor. Der Dom, wie wir ihn heute kennen, wurde erst 1880 fertiggestellt. Straßburg und Köln blieben aber in Deutschland ohne nennenswerte Nachahmung.

Religiöse Motivation und königliche Repräsentation

Warum wurden trotz der beengten Lebensverhältnisse so große Anstrengungen wie der Bau von Kirchen und Kathedralen unternommen? In der mittelalterlichen Gesellschaft waren die Kirchen die unbestrittenen Kristallisationspunkte eines jeden Dorfs, einer jeden Stadt. Soziales Leben war ohne sie nicht denkbar. Die Kathedralen aber brachten ganz neue Dimensionen ins Spiel. Ihre Größe, die schwierige Statik und die Unmengen an Baumaterial hielten die Stadtbewohner Jahrzehnte in Atem – bisweilen reichte die Bauzeit über das Leben des Einzelnen hinaus. Finanzielle Engpässe konnten auftreten, Gewölbe konnten wegen eines Detailfehlers einstürzen, die Planung durch ungünstige Witterung beeinträchtigt werden. Der Bau beanspruchte damals alle Schichten der mittelalterlichen Gesellschaft, alle Zünfte, alle Stadtbewohner. Welche Ausdauer und welche Zielstrebigkeit die Menschen dabei aufbrachten, kann heute nur noch erahnt werden.

Diese Opferbereitschaft war nur möglich, weil die Kathedralen die Religiosität der Menschen ansprachen. Als Symbole des Glaubens streben sie dem Himmel zu, sind durchflutet von Licht. Sie wurden zum Lob des Herrn errichtet, vielleicht auch zum Ruhm der eigenen Stadt. In den meisten Fällen ging die Initiative von Geistlichen aus, die auch in den Bau investierten, doch ohne die finanzielle Unterstützung der Bürger wäre keine Kathedrale fertiggestellt worden. Die Menschen waren so stark religiös motiviert, dass sich alle am Bau beteiligten, auch wenn ihnen dafür die Mittel fehlten. Es heißt, dass die Kathedrale Notre-Dame in Paris maßgeblich mit den Ersparnissen frommer älterer Damen errichtet worden sei. Diese Bereitschaft zum Engagement für den Kirchenbau erwuchs aus der religiösen Überzeugung, dass man mit Leistungen materieller oder anderer Art das Heil seiner Seele sichern könne. Es gab genaue Vorstellungen darüber, welche Wirkungen welche Leistungen haben würden. Und über den »Austausch« *(com-*

mutatio) einer Leistung mit einer anderen konnte man sich auch durch Geldspenden den Himmel verdienen.

Die Agrarrevolution und die materielle Besserstellung der Menschen im 12. Jahrhundert hatten den Bau aufwändiger Kirchen ermöglicht. Das galt besonders für das französische Kronland, dessen Könige für einen beträchtlichen Wohlstand gesorgt hatten. Zwar waren der Bischof und das Domkapitel die Bauherren der Kathedralen, doch spielte das Königtum für ihre Entstehung und Pflege eine zentrale Rolle. Dem König oblag im Verständnis seiner Zeit die Aufgabe, für Frieden und Gerechtigkeit zu sorgen. Er stand an der Spitze des Volkes, des *Gottes*volkes, und hatte in Ausübung seines hohen Amtes auch kirchliche Pflichten zu erfüllen. Somit war er der eigentliche Herr der großen Kathedralen. Dass er damit zudem imposante Zeichen seines Königtums setzte, war – so Wolfdieter Haas – ein Nebeneffekt, der den königlichen Einflussbereich ständig vergrößerte:

> Die französischen Könige des 12. Jahrhunderts widmeten sich hingegen betont den kirchlichen Aufgaben. Die Kirche war ein herausragender Ort für die Repräsentation des Herrschers; der *rex christianissimus* pflegte sie als Nachfolger der Karolinger durch die Darstellung seiner sakral erhöhten Würde. Auch deswegen stand der König hinter den Kathedralbauten, die seine Würde und Autorität zeichenhaft ins Land ausstrahlten. Die Beziehungen zu Bischöfen und Domherren, auch außerhalb der zunächst noch recht kleinen Francia, vertieften sich allmählich im Laufe des 12. Jahrhunderts. Die Expansion der Königsmacht bereitete sich damit vor. Auch der Kathedralbau gehörte dazu.

Kirchenpracht und Liturgie: Zum wahren Licht gelangen

Die Kathedralen eigneten sich hervorragend für Repräsentationszwecke; Königsbesuchen boten sie einen glänzenden Rahmen, auch dem Ansehen des Bischofs waren festliche Anlässe sehr zuträglich. Ihre Kernbestimmung lag aber in der Liturgie, in der gottesdienstlichen Feier, hier wurde die Kathedrale zum heiligen Ort. Über dem Märtyrergrab war nach alter Tradition der Altar errichtet, Mittelpunkt des Gottesdienstes.

Ein Kirchenjahr im 13. Jahrhundert kannte neben den zweiundfünfzig Sonntagen knapp fünfzig Feiertage, an denen auch nicht gearbeitet wurde. Für die Regelgottesdienste wurden die kleineren Pfarrkirchen genutzt, da sie der Gemeinde ausreichend Platz boten. Die Kathedrale war die Mutter- und Festtagskirche für die ganze Diözese. In den Seitenschiffen oder im Querhaus standen Altäre, an denen spezielle Messen oder Jahrgedächtnisfeiern abgehalten wurden – kleinere Prozessionen suchten je nach Festtag ihre Stationen auf. In der Kathedrale wurden aber insbesondere die großen Kirchenfeste unter Abhaltung feierlicher Prozessionen begangen, die vom Hauptportal zum Altar zogen, wobei Schreine und Reliquiare mitgeführt wurden. Dies waren die großen Momente, wenn die Geistlichen in ihren farbigen Gewändern einen großen Zug bildeten, untermalt von mehrstimmigem Gesang und kleinen Handorgeln. Wenn dazu das Licht durch die farbigen Glasfenster auf die Gläubigen fiel, dann, so schwebte es Abt Suger vor, mochte man aus Liebe zum Schmuck des Gotteshauses *(ex dilectione decoris domus dei)* von den äußeren Sorgen abgelenkt und zu höheren Regionen hinaufgeführt werden. Die prächtigen Gegenstände der Liturgie, die *ornamenta ecclesiae,* wie Altar, Reliquiare oder Kreuze, sollten gerade durch ihre Schönheit, durch Gold und Edelsteine, den Gläubigen zum Staunen anregen und ihm ihre geistige Bedeutung sichtbar machen.

Die Begeisterung des Abtes Suger über die Sinnlichkeit eines Gottesdienstes ist uns heute fremd. Zu jener Zeit standen aber Gotteshaus und Glaube in einem direkten Bezug zueinander. Die Größe und Pracht der Kathedrale sollten über die irdische Welt hinausragen. Die Kirche war für die Gemeinschaft der Gläubigen erbaut, der Bau *(ecclesia materialis)* war ein Abbild des Glaubens *(ecclesia spiritualis)*. Im großen, lichtdurchfluteten Kirchenraum kam die Gemeinde zusammen, und Gott war unter den Menschen, denn im Neuen Testament heißt es: Wenn zwei oder drei im Namen des Herrn versammelt sind, ist Gott selbst mitten unter ihnen. Die Kathedrale sollte ein Abbild des himmlischen Jerusalem sein und den Gläubigen zum Gottesreich heranführen. Auf den Bronzetüren des westlichen Seitenportals hatte Abt Suger folgende Inschrift anbringen lassen:

> Wer Du auch bist, der Du die Herrlichkeit dieser Türen rühmen willst: nicht das Gold und die Kosten bewundere, sondern die Leistung des Werkes! Edel erstrahlt das Werk, doch das Werk, das da edel erstrahlt, soll die Herzen erhellen, sodass sie durch wahre Lichter zum wahren Licht gelangen, wo Christus die wahre Tür ist. Welcher Art dieses innen ist, das bestimmt die goldene Tür in ihnen. Der schwerfällige Geist erhebt sich mithilfe des Materiellen zum wahren, und obwohl er zuvor niedergesunken war, ersteht er neu, wenn er dieses Licht erblickt hat.

Zum wahren Licht gelangen, hier in der religiösen Bedeutung der Gotteserfahrung gemeint, möchte man zu gerne auf das vorliegende Buch beziehen, das genau jene Wege aus der Finsternis zu beschreiben versucht. All die Lichtfunken, die durch die großen Farbfenster fallen, die liturgische Prachtentfaltung, die religiöse Inbrunst ihrer Menschen – es sind Bilder eines Zeitalters, das weit illuminierter war, als viele meinen; die Kathedralen mögen in der Tat als der mächtigste Beweis gegen das weit verbreitete Vorurteil eines finsteren Mittelalters angeführt werden. Von den *dark ages* oder *les ténèbres* war in den Kathedralen der Hochgotik ebenso wenig zu spüren wie in den Universitäten von Paris und Oxford, den Banken von Venedig und Brügge oder den Stadträten von Lübeck und Dublin. Von Frankreich ausgehend entstand mit den zum Himmel emporstrebenden sakralen Bauten der Gotik eine gemeinsame europäische, vom christlichen Glauben getragene Kunst und Kultur, deren Faszination im Lauf der Jahrhunderte nicht nachgelassen hat.

Zeittafel

814	Tod Karls des Großen.
843	Im Vertrag von Verdun wird das Frankenreich zwischen Lothar I., Ludwig dem Deutschen und Karl dem Kahlen aufgeteilt.
um 800	Entwicklung des Lehnswesens; die Dreifelderwirtschaft revolutioniert die Landwirtschaft.
9. Jh.	In Europa werden die ersten Burgen gebaut, die große Burgenbauwelle erfolgt im 12. und 13. Jahrhundert (Höhenburgen um 1170).
Ende 9. Jh.	Erfindung des Hufeisens.
um 900	Beginn der spanischen Reconquista, die Königreiche Navarra und León werden gegründet.
910	Gründung des Klosters Cluny, Ausgangspunkt der Klosterreform.
911–1024	Die sächsischen Kaiser (Ottonen).
955	Otto I. besiegt auf dem Lechfeld die Ungarn.
968	Gründung des Erzbistums Magdeburg.
987–1328	Herrschergeschlecht der Kapetinger in Frankreich (nach Hugo Capet).
988	Christianisierung von Kiew, wird zum kirchlichen Zentrum Russlands.
um 1000	In Südfrankreich entsteht die Gottesfriedensbewegung, die sich im 11. Jahrhundert über Burgund, Spanien, Italien und das Deutsche Reich erstreckt.
11. Jh.	Pferde werden bei der Feldarbeit eingesetzt.
1024–1125	Die salischen Kaiser.
1046	Auf der Synode von Sutri ersetzt Heinrich III. die drei rivalisierenden Päpste durch Clemens II.
1066	Wilhelm der Eroberer, Herzog der Normandie, erobert mit der Schlacht bei Hastings England.
1071–1127	Herzog Wilhelm IX. von Aquitanien, der erste Troubadour.
1076	Heinrich IV. und die deutschen Bischöfe erklären auf der Synode zu Worms Papst Gregor VII. für abgesetzt. Gregor VII. bannt Heinrich und ruft dessen Untertanen zum Abfall auf (Beginn des Investiturstreits).
1077	Heinrich IV. überquert im Winter die Alpen. Bußgang nach Canossa.
1082	Alexios I. Komnenos erteilt Venedig Handelsprivileg.
1085	Christliche Rückeroberung Toledos von den Mauren durch Rodrigo Diaz (El Cid).

1086	Das *Domesday Book* erfasst den gesamten Grundbesitz in England.
1088	Bologna wird zum Zentrum für die Lehre des römischen Rechts.
1095	Papst Urban II. löst mit seinem Aufruf auf dem Konzil zu Clermont den ersten Kreuzzug (1096–1099) aus.
1099	Eroberung von Jerusalem durch das Kreuzfahrerheer; Errichtung christlicher Lehnsstaaten nach französischem Muster.
Ende 11. Jh.	In Frankreich werden erste Ritterturniere ausgetragen.
um 1100	Entstehung der Troubadourdichtung in Südfrankreich; sie gelangt bis circa 1170 nach Italien, Deutschland und England.
um 1100	Dominicus von La Calzada befestigt einen Teil des Pilgerweges nach Santiago.
1113	Der Philosoph und Theologe Abaelard (1079–1142) gründet außerhalb von Paris auf dem Berg der heiligen Genovefa eine Schule.
1118	Bernhard von Clairvaux (1090–1153) steht an der Spitze des Zisterzienserordens.
1119	Entstehung des Templerordens.
1120	Freiburg i. Brsg. erhält das Stadtrecht.
1121	Verdammung der Lehren Abaelards in Soissons als Ketzertum.
1122	Das Wormser Konkordat beendet den Investiturstreit.
1125–1130	Verwendung von Strebepfeilern in der Kirche von Cluny.
1137	Abt Suger beginnt mit dem Bau der Kathedrale von Saint-Denis.
1138–1254	Die Staufer.
um 1140	Pilgerführer nach Santiago.
1143	Verbrennung von Häretikern in Köln.
1143	Gründung Lübecks als deutsche Kaufmannssiedlung, 1159 Übergabe an Heinrich den Löwen.
um 1150	Die Fürsten beginnen, feste Residenzen zu errichten.
1152–1190	Regierungszeit Friedrichs I. Barbarossa.
1163	Baubeginn von Notre Dame de Paris.
1165–1190	Artusromane des Chrétien de Troyes.
1180	Heinrich der Löwe (um 1129–1195), Herzog von Sachsen und Bayern, wird in die Verbannung getrieben.
1182–1226	Franz von Assisi (1181/82–1226), Begründer des Franziskanerordens für ein Leben in Armut und Buße.
1184	Großer Hoftag unter Kaiser Barbarossa an Pfingsten in Mainz.
um 1185	Verserzählung *Erec* von Hartmann von Aue.
1189–1199	Richard Löwenherz, König von England.
1190	Friedrich I. Barbarossa ertrinkt während des 1189 begonnenen Dritten Kreuzzugs beim Baden im Saleph, heute Göksu, in der Türkei.

1190	Erstmalige Erwähnung des Kompasses.
1192	Die Deutsche Hanse richtet Kontor in Nowgorod ein.
1194	Nach einem Brand Beginn des Neubaus der Kathedrale von Chartres im gotischen Stil.
1197	Richard Löwenherz vollendet den Bau des Château Gaillard, einer modernen Festung zur Verteidigung von Rouen.
1198	Gründung des Deutschen Ordens.
1198–1216	Mit Innozenz III. erreicht das mittelalterliche Papsttum den Höhepunkt seiner weltlichen Macht.
Ende 12. Jh.	Windmühlen werden in Nordwesteuropa eingeführt.
Anf. 13. Jh.	Erste Verwendung von Schießpulver in Spanien und in maurischen Gebieten.
1200–1280	Albertus Magnus, scholastischer Gelehrter, Lehrer des Thomas von Aquin (1225–1274).
1200	Charta der Universität von Paris.
1202	*Liber abaci* des Leonardo von Pisa, Mathematiker am Hof Kaiser Friedrichs II., ein Rechenbuch auf der Grundlage der arabischen Ziffern.
1204	Eroberung und Plünderung von Konstantinopel.
1209–1229	Der Albigenserkreuzzug in Südfrankreich endet mit der Vernichtung der Katharer.
um 1210	Versepos *Parzival* von Wolfram von Eschenbach.
1211–1233	Erbauung der Kathedrale von Reims.
1211	Der 1198 unter Verzicht auf die deutsche Krone zum König von Sizilien gekrönte Friedrich II. wird auf Betreiben von Papst Innozenz III. in Deutschland zum Gegenkönig gewählt, als Otto IV. Süditalien angreift.
1214	Schlacht von Bouvines, Niederlage Ottos IV. gegen den französischen König Philipp II., Sicherung des Thrones für Friedrich II.
1214	Statuten der Universität Oxford.
1215	Statuten der Universität Paris.
1215	Johann Ohneland (1199–1216) unterzeichnet die Magna Charta.
1215	Viertes Laterankonzil.
1218	Statuten der Universität Bologna.
1220–1230	*Sachsenspiegel* von Eike von Repgow.
um 1226	Französische Verschronik *Histoire de Guillaume le Maréchal* um den normannischen Ritter William Marshal; älteste Ritterbiografie.
1226	Goldbulle von Rimini, Friedrich II. ermächtigt den Deutschen Orden zu eigener Herrschaft in Preußen.
1230–1283	Der Deutsche Orden erobert Preußen.
um 1230	Skizzenbuch des Architekten und Baumeisters Villard de Honnecourt über die Kathedralen seiner Zeit.

1231	Erstes Inquisitionstribunal in Toulouse, zumeist aus Dominikanern.
1233	Kulmer Handfeste.
1244	Die letzten Katharer werden 1244 auf der Burg Montségur besiegt.
1244	Jerusalem geht den Christen für immer verloren.
1248–1880	Bau des Kölner Doms.
nach 1250	Kogge und Karavelle sind die beherrschenden Schiffstypen im Seehandel.
1254–1273	Interregnum (bis zur Wahl Rudolfs von Habsburg zum deutschen König).
1265–1273	Thomas von Aquin, *Summa theologica.*
1268	Hinrichtung Konradins, Ende der Staufer.
1271–1295	Marco Polo bereist das Mongolenreich sowie Südost- und Südasien.
um 1290	Erfindung der ersten mechanischen Uhren.
um 1290	Beginn der zweiten Gründungswelle von Universitäten.
um 1300	Alessandro della Spina stellt in Pisa die ersten Brillen her.
1291	Akkon wird von den Mamelucken eingenommen, Ende der christlichen Kreuzfahrerstaaten.
Ende 13. Jh.	Die internationalen Messen in der Champagne verlieren an Bedeutung.
1302	Papst Bonifatius VIII. (1294–1303) legt in der Bulle *Unam sanctam* den Weltherrschaftsanspruch des Papstes fest.
1307	Vernichtung des Templerordens in Frankreich.
1309–1376	Päpstliche Residenz in Avignon, »Babylonische Gefangenschaft« der Kirche.
1309	Die Marienburg in Westpreußen wird Sitz des Hochmeisters des Deutschen Ordens.
1335–1410	Francesco di Marco Datini, Fernhändler aus Florenz.
1339–1453	Hundertjähriger Krieg, Bezeichnung für die mit langen Unterbrechungen über 100 Jahre währenden Auseinandersetzungen zwischen England und Frankreich.
1346	In der Schlacht von Crécy besiegen englische Langbogenschützen eine hoch gerüstete französische Ritterarmee.
1347–1357	Die Pest wütet in Europa.
1348	Karl IV., deutscher Kaiser und König von Böhmen, gründet die Universität Prag.
um 1350	Boccaccio verfasst das *Decameron.*
1356	Die Goldene Bulle regelt die Königswahl, die von jetzt an bei den sieben Kurfürsten liegt.
1358	Zusammenschluss der Hansestädte *(stede van der dudeschen hense).*
1386	Jagiello (um 1351–1434), der Großfürst von Litauen, lässt sich als letzter europäischer Herrscher taufen.

1397	Gründung der Medici-Bank in Florenz.
1409	Die erste Börse entsteht in Brügge, weitere in Antwerpen (1460) und Lyon (1462).
1431	Jeanne d'Arc wird in Rouen als Hexe auf dem Scheiterhaufen verbrannt.
1453	Belagerung und Eroberung von Byzanz (Konstantinopel) durch die Türken, Ende des Oströmischen Reichs.
1454	Druck der ersten Gutenberg-Bibel.
1492	Christen erobern Granada, Ende der Reconquista; Kolumbus entdeckt Amerika; der Behaimsche Globus (nach Martin Behaim) ist der erste Gobus der Welt.
1517	Luthers 95 Thesen leiten die Reformation ein.

Bildnachweis

Archiv für Kunst und Geschichte (AKG), Berlin: S. 28, 47, 87, 112, 117, 141, 216, 222, 246, 265, 291, 309, 326, 353, 404, 408, 410; Farbteil: Abb. Nr. 1, 2, 4, 5, 8, 9, 10, 11, 14, 15, 18, 19, 20, 24, 26, 27, 28

Gruppe 5 Filmproduktion, Köln: S. 98, 275, 355, 403; Farbteil: Abb. Nr. 3, 12, 13, 16, 21, 25

Peter Arens: S. 188; Farbteil: Abb. Nr. 6, 7, 17, 22

BESTA Film, Warschau: Farbteil: Abb. Nr. 23

Ausgewählte Literatur

ALTHOFF, GERD/HANS-WERNER GOETZ/ERNST SCHUBERT: Menschen im Schatten der Kathedrale. Darmstadt 1998.

ANGENENDT, ARNOLD: Heilige und Reliquien. Die Geschichte ihres Kultes vom frühen Christentum bis zur Gegenwart. München 1994.

ARIÈS, PHILIPPE/DUBY, GEORGES (Hg.): Geschichte des privaten Lebens. Vom Feudalzeitalter zur Renaissance. Frankfurt a. M. 1990.

BARBER, RICHARD/BARKER, JULIET: Die Geschichte des Turniers. Düsseldorf/Zürich 2001.

Bartlett, Robert: Die Geburt Europas aus dem Geist der Gewalt. Eroberung, Kolonisierung und kultureller Wandel von 950 bis 1350. München 1996.

- (Hg.): Die Welt des Mittelalters. Kunst, Religion, Gesellschaft. Enzyklopädie mit 800 Bildern. Stuttgart 2001.

BECHMANN, ROLAND: Villard de Honnecourt. La pensée technique au XIIIe siècle et sa communication. Paris 1991.

BECK, RAINER (Hg.): Das Mittelalter. Ein Lesebuch zur deutschen Geschichte 800–1500. München 2001.

BERGDOLT, KLAUS: Der schwarze Tod in Europa. Die Große Pest und das Ende des Mittelalters. München 2000.

BEST, OTTO F.: Abenteuer. Wonnetraum aus Flucht und Ferne. Frankfurt/Main 1980.

BINDING, GÜNTHER (Hg.): Der mittelalterliche Baubetrieb Westeuropas. Katalog der zeitgenössischen Darstellungen. Nachträge. Köln 1992.

–: Der früh- und hochmittelalterliche Bauherr als sapiens architectus. Köln 1996.

–: Was ist Gotik? Darmstadt 2000.

–: Hochgotik. Die Zeit der großen Kathedralen. Köln 2002.

BLICKLE, PETER (Hg.): Landgemeinde und Stadtgemeinde in Mitteleuropa. Ein struktureller Vergleich. München 1991.

BOOCKMANN, HARTMUT: Die Stadt im späten Mittelalter. München 1986.

–: Das Mittelalter. Ein Lesebuch aus Texten und Zeugnissen des 6. bis 16. Jahrhunderts. München 1988.

–: Einführung in die Geschichte des Mittelalters. München 6/1996.

BORST, ARNO: Lebensformen im Mittelalter. Frankfurt a. M./Berlin 1973.

– (Hg.): Das Rittertum im Mittelalter. Darmstadt 1976.

–: Barbaren, Ketzer und Artisten. Welten des Mittelalters. München 1988.

BORST, OTTO: Alltag im Mittelalter. Frankfurt a. M./Berlin 1973.

BRANKOVIC, BRANISLAV: Die Basilika von Saint-Denis. Boulogne 2000.

Breuers, Dieter: Sterben für Jerusalem. Ritter, Mönche, Muselmanen und der Erste Kreuzzug. Bergisch Gladbach 1997.

–: Fenster, Pfeiler und Gewölbe. Die Geschichte des Kölner Doms. Bergisch Gladbach 1998.

DINZELBACHER, PETER/HOGG, JAMES LESTER (Hg.): Kulturgeschichte der christlichen Orden. Stuttgart 1997.

DINZELBACHER, PETER: Himmel, Hölle, Heilige. Visionen und Kunst im Mittelalter. Darmstadt 2002.

–: Europa im Hochmittelalter 1050–1250. Darmstadt 2003.

DIRNBECK, JOSEF: Die Inquisition. Eine Chronik des Schreckens. München 2001.

DOHRN-VAN ROSSUM, GERHARD: Die Geschichte der Stunde. Uhren und moderne Zeitordnung. München Wien 1992.

DUBY, GEORGES: Die Zeit der Kathedralen. Kunst und Gesellschaft 980–1420. Frankfurt a. M. 1980.

–: Krieger und Bauern. Frankfurt a. M. 1984.

–: Guillaume le Maréchal oder der beste aller Ritter. Frankfurt a. M. 1986.

EPPERLEIN, SIEGFRIED: Bäuerliches Leben im Mittelalter. Schriftquellen und Bildzeugnisse. Köln/Weimar/Wien 2003.

ERFEN, IRENE/SPIEß, KARL-HEINZ: Fremdheit und Reisen im Mittelalter. Stuttgart 1997.

FILIPS DE CLOEDT u. a. (Hg.): Benedictus. Symbol abendländischer Kultur. Stuttgart/Zürich 1997.

FINK, KARL AUGUST: Papsttum und Kirche im abendländischen Mittelalter. München 1981.

FLECKENSTEIN, JOSEF: Rittertum und ritterliche Welt. Berlin 2002.

FRIED, JOHANNES: Träger und Instrumentarien des Friedens im hohen und späten Mittelalter. Sigmaringen 1996.

–: Die Aktualität des Mittelalters. Gegen die Überheblichkeit unserer Wissensgesellschaft. Stuttgart 2002.

FUHRMANN, HORST: Einladung ins Mittelalter. München 1997.

–: Überall ist Mittelalter. Von der Gegenwart einer vergangenen Zeit. München 1998.

GEO Epoche: Das Mittelalter. Ein neuer Blick auf 1 000 rätselhafte Jahre. Hamburg 1999.

Germanisches Nationalmuseum und Internationale Historische Kommission zur Erforschung des Deutschen Ordens (Hg.): 800 Jahre Deutscher Orden. Gütersloh/München 1999.

GIMPEL, JEAN: Die industrielle Revolution des Mittelalters. München 1980.

GLEBA, GUDRUN: Klöster und Orden im Mittelalter. Darmstadt 2002.

GOETZ, HANS-WERNER: Leben im Mittelalter. Vom 7. bis zum 13. Jahrhundert. München 1986.

GRUNDMANN, HERBERT: Religiöse Bewegungen im Mittelalter. Darmstadt 1977.

GURJEWITSCH, AARON J.: Das Individuum im europäischen Mittelalter. München 1994.

–: Stumme Zeugen des Mittelalters. Weltbild und Kultur des einfachen Menschen. Frankfurt a. M. 2000.

HAAS, WOLFDIETER: Welt im Wandel. Das Hochmittelalter. Stuttgart 2002.

HÄGERMANN, DIETER (Hg.): Das Mittelalter. Die Welt der Bauern, Bürger, Ritter und Mönche. München 2001.

HAHNLOSER, HANS R.: Villard de Honnecourt. Kritische Gesamtausgabe des Bauhüttenbuches ms. Fr 19093 der Pariser Nationalbibliothek. Graz ²1972.

HAMMEL-KIESOW, ROLF: Die Hanse. München 2000.

HANSSLER, MICHAEL: Katharismus in Südfrankreich. Struktur der Sekte und inquisitorische Verfolgung in der zweiten Hälfte des 13. Jahrhunderts. Regensburg 1991.

HARTMANN VON AUE: Erec. Mittelhochdeutscher Text und Übertragung von Thomas Cramer. Frankfurt a. M. 1972.

–: Iwein. Aus dem Mittelhochdeutschen übertragen, mit Anmerkungen und einem Nachwort versehen von Max Wehrli. Zürich 1988.

HEER, FRIEDRICH: Mittelalter. Vom Jahr 100 bis 1350, Teil 2. München 1983.

HOLMES, GEORGE (Hg.): Europa im Mittelalter. Weimar 1993.

HUMPERT, KLAUS/SCHENK, MARTIN: Entdeckung der mittelalterlichen Stadtplanung. Das Ende vom Mythos der »gewachsenen Stadt«. Stuttgart 2001.

IRSIGLER, FRANZ/LASSOTTA, ARNOLD: Bettler und Gaukler, Dirnen und Henker. Außenseiter in einer mittelalterlichen Stadt. München 1998.

KEEN, MAURICE: Das Rittertum. München/Zürich 1987.

KELLER, HAGEN: Zwischen regionaler Begrenzung und universalem Horizont. Deutschland im Imperium der Salier und Staufer 1024 bis 1250. Berlin 1990.

LANZARDO, DARIO (Hg.): Ritterrüstungen. Der eiserne Gast – ein mittelalterliches Phänomen. München 1990.

LEGOFF, JACQUES: Die Geburt des Fegefeuers. Stuttgart 1984.

–: Für ein anderes Mittelalter. Zeit, Arbeit und Kultur im Europa des 5.–15. Jahrhunderts. Frankfurt a. M. 1984.

–: Kaufleute und Bankiers im Mittelalter. Frankfurt a. M. 1986.

–: Wucherzins und Höllenqualen. Ökonomie und Religion im Mittelalter. Stuttgart 1988.

LEONARDY, HERIBERT J./KERSTEN, HENDRIK: Burgen in Spanien. Eine Reise ins spanische Mittelalter. Darmstadt 2002.

LIEDEL, HERBERT/DOLLHOPF, HELMUT: Alte Mühlen. Bilder des Abschieds. Würzburg 1983.

LIST, CLAUDIA/BLUM, WILHELM: Buchkunst des Mittelalters. Ein illustriertes Handbuch. Stuttgart und Zürich 1994.

MAGER, JOHANNES: Die Kulturgeschichte der Mühlen. Tübingen 1989.

MALE, EMILE: Die Gotik. Die französische Kathedrale als Gesamtkunstwerk. Stuttgart/Zürich 1994.

MEYER, HANS EBERHARD: Geschichte der Kreuzzüge. Stuttgart/Berlin/Köln 1989.

MITTERAUER, MICHAEL: Warum Europa? Mittelalterliche Grundlagen eines Sonderweges. München 2003.

MOORE, ROBERT I.: Die erste europäische Revolution. Gesellschaft und Kultur im Hochmittelalter. München 2001.

NORTH, MICHAEL: Das Geld und seine Geschichte. Vom Mittelalter bis zur Gegenwart. München 1994.

OHFF, HEINZ: Artus. Biographie einer Legende. München 1993.
OHLER, NORBERT: Reisen im Mittelalter. Zürich/München 1986.
–: Krieg und Frieden im Mittelalter. München 1997.
–: Die Kathedrale. Düsseldorf/Zürich 2002.
ORIGO, IRIS: Im Namen Gottes und des Geschäfts. Lebensbild eines toskanischen Kaufmanns der Frührenaissance. Francesco di Marco Datini 1335–1410. München 1985.
PÄCHT, OTTO: Buchmalerei des Mittelalters. Eine Einführung. München 2000.
PARAVICINI, WERNER: Die Ritterlich-höfische Kultur des Mittelalters. Enzyklopädie Deutscher Geschichte Band 32. München 1994.
PLÖTZ, ROBERT (Hg.): Europäische Wege der Santiago-Pilgerfahrt. Tübingen 1993.
PRAHL, HANS-WERNER/SCHMIDT-HARZBACH, INGRID: Die Universität. Eine Kultur- und Sozialgeschichte. München/Luzern 1981.
REICHERT, VOLKER: Erfahrung der Welt. Reisen und Kulturbegegnung im späten Mittelalter. Stuttgart 2001.
RILEY-SMITH, JONATHAN: Illustrierte Geschichte der Kreuzzüge. Frankfurt a. M./New York 1999.
RÖRIG, FRITZ: Die europäische Stadt im Mittelalter. Göttingen 1963.
RÖSENER, WERNER (Hg.): Grundherrschaft und bäuerliche Gesellschaft im Hochmittelalter. Göttingen 1995.
RUNCIMAN, STEVEN: Geschichte der Kreuzzüge. München 1957–1960.
SCHLUNK, ANDREAS/GIERSCH, ROBERT: Die Ritter. Geschichte, Kultur, Alltagsleben. Stuttgart 2003.
SCHNEIDER, ROLF: Vor 1 000 Jahren. Alltag im Mittelalter. Augsburg 1999.
SCHUBERT, ERNST: Alltag im Mittelalter. Darmstadt 2002.
SCHWAIER, GEORG/MANFRED HEIM: Orden und Klöster. Das christliche Mönchtum in der Geschichte. München 2002.
SEIBT, FERDINAND: Glanz und Elend des Mittelalters. Eine endliche Geschichte. Berlin 1987.
–: Die Begründung Europas. Frankfurt a. M. 2003.
SIMEK, RUDOLF: Erde und Kosmos im Mittelalter. Das Weltbild vor Kolumbus. München 1992.
SIMSON, OTTO VON: Die gotische Kathedrale. Beiträge zu ihrer Entstehung und Bedeutung. Darmstadt 1992.
STEIDLE, BASILIUS: Die Benediktusregel. Beuron 1980.
VOLKERT, WILHELM: Adel bis Zunft. Ein Lexikon des Mittelalters. München 1991.
Wie sie damals lebten. Im Europa des Mittelalters. Time-Life-Bücher. Amsterdam/München 1997.
WIECZOREK, ALFRIED/HINZ, HANS-MARTIN (Hg.): Europas Mitte um 1000. Band 1–3, Ausstellungskatalog. Stuttgart 2000.
ZIEGLER, UWE: Die Hanse. Aufstieg, Blütezeit und Niedergang der ersten europäischen Wirtschaftsgemeinschaft. Berlin/München/Wien 1994.
–: Kreuz und Schwert. Die Geschichte des Deutschen Ordens. Köln 2003.
Die Zisterzienser. Ordensleben zwischen Ideal und Wirklichkeit. Katalog der Ausstellung in Aachen 1980. Bonn 1980.

Personenregister